河南省“十四五”普通高等教育规划教材

# 心理学基础教程


主　编　孙天义　段海丹

参　编　（按姓氏音序排列）

蔡小霞　丁　洁　李丽华

李艳艳　汪媛媛　徐西良

主　审　许远理

安徽师范大学出版社

ANHUI NORMAL UNIVERSITY PRESS

·芜湖·

图书在版编目（CIP）数据

心理学基础教程 / 孙天义，段海丹主编．—芜湖：安徽师范大学出版社，2020.8
ISBN 978-7-5676-4628-5

Ⅰ．①心…　Ⅱ．①孙…　②段…　Ⅲ．①心理学—高等师范院校—教材　Ⅳ．①B84

中国版本图书馆CIP数据核字（2020）第136731号

心理学基础教程　孙天义　段海丹　主编
XINLIXUE JICHU JIAOCHENG

责任编辑：何章艳
责任校对：蒋　璐
装帧设计：嘉鸿永徽科技
出版发行：安徽师范大学出版社
芜湖市九华南路189号安徽师范大学花津校区　邮政编码：241002
网　　址：http://www.ahnupress.com/
发 行 部：0553-3883578　5910327　5910310（传真）
印　　刷：清淞永业（天津）印刷有限公司
版　　次：2020年8月第1版
印　　次：2020年8月第1次印刷
规　　格：787 mm×1092 mm　1/16
印　　张：18
字　　数：449千字
书　　号：ISBN 978-7-5676-4628-5
定　　价：43.00元

心理学是一门研究行为和心理活动规律的科学，具有描述、解释、预测和控制行为的功能。因此，学习心理学对个人发展有着重要的意义。在社会经济生活和科学技术飞速发展的今天，竞争激烈，压力倍增，如何知己知彼，更好地适应环境是每个人必须面对的问题。

师范类专业学生是未来教师的预备者，就业去向主要是各级各类学校或教育机构。现行教师资格证考试的理论基础含有心理学内容，包括心理学基本知识和教育心理学两部分。本书正是针对这两部分内容而编写，因此取名为《心理学基础教程》。

本书按照师范类专业认证标准制订教学大纲，并根据一线教师多年的教学经验组织编写，是顺应时代发展、凸显当代师范生实际需求的公共课教材。本书吸纳了公共心理学、教育心理学、普通心理学、发展心理学的最新成果，具有以下特点：一是在内容编写上，有利于教师授课，有利于学生学习；二是在内容构建上，充分体现知识的科学性、资料的新颖性、结构的合理性；三是在编写体例上，各章均采用“名人名言导入—学习目标—学习重点—学习难点—正文—课后巩固练习—感悟与提升”模式，使整本书的结构和内容浑然一体。本书中趣味拓展阅读材料以二维码加载，支持移动端扫描，拓展了学习维度。

本书由孙天义、段海丹任主编，参与编写的有蔡小霞、丁洁、李丽华、李艳艳、汪媛媛、徐西良。具体编写分工如下：第一、六章由孙天义编写，第二章由李丽华编写，第三、四章由段海丹编写，第五章由丁洁编写，第七章由蔡小霞编写，第八章由徐西良编写，第九、十章由李艳艳编写。汪媛媛负责拓展阅读资料的筛选。本书由孙天义统稿、定稿，由许远理审订。

本书是为高等师范院校学生编写的公共课程心理学的教材，也可作为其他心理学爱好者和教育工作者的参考书。本书在编写过程中借鉴了许多同类教材的理论观点和研究成果，在此一并表示衷心的感谢。

尽管我们投入了大量的时间和精力，付出了艰辛的努力，但由于编写人员的水平和研究视野的局限，问题和遗憾在所难免。敬请各位专家、同行、读者批评指正，以便再版时予以修订，使之日臻完善。

编　者

# 目录 CONTENTS

# 第一章 心理学概论

行为养成习惯，习惯形成性格，性格决定命运。

——英国谚语

## 学习目标

1. 理解心理学研究的对象及心理现象的结构。
2. 掌握心理是大脑的机能，是客观现实的反映。
3. 了解心理学的历史与发展。

## 学习重点

1. 心理现象的结构。
2. 心理的实质。
3. 西方心理学主要流派。
4. 中国心理学的发展。

## 学习难点

1. 心理现象的结构。
2. 心理的实质。
3. 西方心理学主要流派的形成背景和主要内容。

从事心理学相关工作的人经常会遇上这样的问题：“你是学心理学的，你能知道我现在在想什么吗？”“学了心理学是不是就能知道别人心里在想什么？”这样发问的人是由于不了解心理学的研究对象和学科性质才会引起误会。那么，心理学到底能否如上面所说，可以知道别人在想什么呢？要了解这个问题，首先就要弄清楚心理学的研究对象和学科性质。

# 第一节 心理学的研究对象和方法

## 一、心理学的研究对象

任何一门学科都有自己特定的研究对象。心理学是研究什么的呢？心理学是研究心理现象发生、发展与变化规律的科学，是探究心理本质、揭示心理特点和规律的科学。这个概念包含四层含义：其一，心理学是研究人类自身的科学之一。其二，心理学是研究心理现象如何发生的科学，这就意味着心理学首先要研究心理活动是在什么物质基础上产生，物质之间如何发生关系，产生的规律是什么。其三，心理活动一旦产生就不会停止不动，而是要发展。因此，心理学还要研究心理活动产生以后如何发展，受哪些因素的促进而发展，受哪些因素的制约而限制其发展，发展的规律是什么。其四，心理活动的发展并不都是线性的，在很多情况下是非线性的，这就是心理活动变化的结果。心理活动的变化使心理活动变得复杂起来，也使心理变得神秘起来。其实，心理活动的变化并不是杂乱无章的，而是有规律可循的。所以，心理学也要研究心理活动的变化规律，以便更好地掌握规律，运用规律促使自身的发展。为了研究方便，一般把心理现象分为两个方面：心理过程和个性心理。

### （一）心理过程

#### 1. 认知过程

认知过程是指人在认识客观事物的性质及其规律时所表现出来的各种心理活动过程。例如，人们看到颜色、听到声音、嗅到气味、尝到滋味、摸到物体的软硬或冷热等，这就是感觉。在感觉的基础上，能辨认出这是阳光，那是春风，这是树木，那是花朵，这些就是人们对事物的知觉。对感觉和知觉的材料进行分析、综合、判断、推理，从而认识事物的本质和规律，这就是思维。人们还可以在已有感知材料的基础上，在头脑中构思出未曾经历过的事物的形象，这就是想象。听过老师的教诲，仍“话犹在耳”，看到过的某种图形、物象，仍“历历在目”，这就是记忆。以上所说的感觉、知觉、思维、想象、记忆等都是人对客观事物认知的不同形式，统称为认知过程。

#### 2. 情感过程

人们不仅要认知周围的世界，还在认知过程的基础上对这个世界产生这样或那样的态度，体验着某种感情。例如，当我们看到港珠澳大桥正式通车时，不仅认识到这是我国改革开放的伟大成就，还会产生激动和兴奋的情绪。周围世界中有些现象和对象使我们愉快，而有些现象和对象会引起我们忧愁或恐惧。买到一本好书会感到愉快，他人的高尚品格和行为会引起我们的赞美，卑鄙的行为则会引起我们的愤恨。以上谈到的“激动”“兴奋”“愉快”“忧愁”“恐惧”“赞美”“愤恨”等心理活动，在心理学中称为情感过程。

#### 3. 意志过程

人们不仅在不断认知世界，产生情感体验，还在实践中改造世界。在社会实践活动中，拟订实践计划，作出决定，执行决定，以及为达到目的而克服各种困难等心理活动，在心理学中称为意志过程。

认知、情感、意志三种心理过程，简称知、情、意，它们之间有着密切联系。人在认知事物时，必然产生一定的情感，例如，一个人对祖国事业的发展和未来的认知越深刻，对祖国的情感就越深厚，“知之深，则爱之切”就是这个道理。同时，有了积极的情感，就会产生强烈的愿望，从而也产生坚强的意志行动。由此可见，情感和意志都是在认知的基础上产生的，认知是最基本的心理过程；反过来，人的情感和意志对认知也起着调节作用。

### （二）个性心理

认知过程、情感过程和意志过程，是每个人都有的心理活动。由于每个人的遗传素质、所处的生活环境、所受的教育及从事的活动等不同，这些心理过程在每个人身上就有不同的表现，从而形成了每个人不同的个性心理，简称个性。个性是指一个人的总的精神面貌，它是通过个人的生活道路而形成的，反映了人与人之间稳定的差异性特征。个性心理结构包含极复杂的成分，可以把它划分为三个主要的子系统：个性心理特征、个性倾向性和自我。

#### 1. 个性心理特征

个性心理特征是人的多种心理特征的一种独特的组合，集中反映了一个人的精神面貌的稳定的类型差异。例如：有的人聪明，有的人愚笨，有的人有高度发展的数学才能，有的人有高度发展的音乐才能，这是能力上的差异，能力体现了人在完成某项活动时的潜在可能性上的特征；有的人活泼好动、反应敏捷，有的人直率热情、情绪易冲动，有的人安静稳重、情绪不易外露，有的人敏感、孤僻、情绪体验深刻，这是气质上的差异，气质体现了人的心理活动的稳定的动力特征；有的人果断、坚忍不拔，有的人优柔寡断、朝三暮四，有的人急功近利，有的人疾恶如仇，这是性格上的不同，性格体现了人对现实的稳定的态度和行为方式上的特征。能力、气质、性格统称为个性心理特征。

#### 2. 个性倾向性

个性倾向性是推动人进行活动的动力系统，是个性结构中最活跃的因素。它决定着人对周围世界认识和态度的选择和趋向，决定着人追求什么，什么对他来说是最有价值的。个性倾向性主要包括需要、动机和价值观。需要是个性倾向性的基础。人有各种需要，如生理需要、安全需要、交往需要、成就需要等。个性是人在活动中满足各种需要的基础上形成和发展起来的。人的一切活动，无论是简单的或复杂的，都是在某种内部动力推动下进行的。这种推动人进行活动，并使活动朝着一定目标前进的内部动力，称为动机。动机的基础是人的各种需要。对一个人来说，什么是最重要的，想要怎样生活，又必须怎样生活，由此而产生的愿望、态度、目标、理想、信念等，都是由这个人的价值观所支配的。价值观是一种浸透于人的所有行动和个性中的支配着人评价和衡量好与坏、对与错的心理倾向性。价值观的基础也是人的各种需要。如果说需要是个性倾向性的基础，那么价值观则处于个性倾向性的最高层次，它制约和调节着人的需要、动机等个性倾向性成分。

#### 3. 自我

自我即自我意识，是个人对自己的自觉因素。自我意识是一种多维度、多层次的心理系统。从心理形式上来看，自我意识表现为认知、情绪和意志三种形式，分别称为自我认知、自我体验、自我控制。属于认知的有自我观察、自我概念、自我认定、自我评价等，统称为自我认知。自我认知使个人认知到自己的身心特点，自己和他人及自然界的关系，个人在不断变化的条件下和他一生的时间内始终是他自己。自我认知主要涉及“我是一个什么样的人”“我为什么是这样的一个人”等问题。属于情绪的有自我感受、自爱、自尊、自恃、自卑、责任感、义务感、优越感等，统称为自我体验。自我体验主要涉及“我是否满意自己”“我能否悦纳自己”等问题。属于意志的有自立、自主、自制、自强、自卫、自信、自律等，统称为自我控制。自我控制表现为个人对自己行为活动的调节、对自己对待他人和自己态度的调节等，如“我怎样节制自己”“我如何改变自己的现状，使我成为自己理想中那样的人”等。自我意识的上述三种表现形式综合为一个整体，便成为个性的基础——自我。自我使一个人的个性心理特征和个性倾向性等诸成分成为统一的整体。如果自我发生障碍，人就有可能失去自己肉体的实在感，或者感觉不到自己的情感体验，觉得自己陷入了麻木不仁的状态，又或者感到自己不能做主，总是受人摆布，等等，从而导致人格障碍。个性结构中的诸种心理成分不是无组织的、杂乱无章的，它们是由自我进行协调和控制而成为一个有组织的、稳定的整体。

总之，从人的心理特征的整体性、稳定性和差异性上来看，一个人的总的精神面貌就是他的个性。个性是一个多维度的、具有层次结构的心理构成物。

### （三）心理过程和个性心理的关系

心理过程和个性心理这两个方面同样是密切联系的。首先，个性心理是在人的长期心理活动过程中形成和发展起来的，同时也在当前心理过程中表现出来。例如，人的认知能力就是在长期认知过程中形成和发展的，而且也只有在当前认知某种事物的过程中才能表现出认知能力的强弱。其次，个人已经形成的个性心理对他当前的心理过程和结果又有深刻的影响。例如，能力、性格等都直接影响到当前个人对事物认知过程的效果。所以，要全面深入了解人的心理，就必须把心理过程和个性心理结合起来进行研究。

## 二、心理学的研究方法

心理学的研究方法很多，主要有观察法、调查法、实验法，此外还有个案研究法、相关研究法、产品分析法和质性研究等。

### （一）观察法

观察法是指研究者根据一定的研究目的、研究提纲或观察表，用自己的感官和辅助工具直接观察被研究对象，从而获得资料的一种方法。科学的观察具有目的性和计划性、系统性和可重复性。常见的观察方法有核对清单法、级别量表法、记叙性描述。观察一般利用眼睛、耳朵等感觉器官去感知被观察者。由于人的感觉器官具有一定的局限性，观察者往往要借助各种现代化的仪器和手段（如照相机、录音机、显微摄像机等）来辅助观察。

从观察者和被观察者之间的关系来看，观察有两种主要形式：参与观察和非参与观察。前者是观察者成为被观察者活动中一个正式的成员，其双重身份一般不为其他参与者所知晓；后者是观察者不参与被观察者的活动，不以被观察者团体中的一个成员而出现。无论采用哪种形式，原则上都应在被观察者不知晓的情况下对其进行观察，这样被观察者的行为表现才自然真实。

根据观察要求不同，观察法又可以分为长期观察和定期观察。长期观察是指在相当长的时期内进行系统性观察，有计划地积累资料。例如，英国生物学家查尔斯·罗伯特·达尔文的《一个婴孩的生活概述》，中国著名儿童教育家、儿童心理学家陈鹤琴的《一个儿童发展的程序》就是这一类研究。定期观察是指在某一特定的时间里进行观察记录。例如，在每周中几个特定时间里观察小学生的课业责任心行为表现，待资料积累到一定数量时，进行分析整理得出结论。

为了避免观察的主观性和片面性，使观察时能够获得正确的资料，在使用观察法时应遵循以下原则：观察必须要有明确的研究目的，对拟观察的行为特征要加以明确界定，做好计划，按计划进行观察；观察必须是系统的，而不是零星偶然的；必须随时如实地作好记录，严格地把“传闻”与“事实”、“描述”与“解释”区分开来，如果能用录音、录像设备做记录，效果更好；应在被观察者处于自然状态的情况下进行观察。

观察法是收集资料的初步方法。观察法使用方便，但积累的资料只能说明“是什么”，而不能解释“为什么”。因此，由观察法所发现的问题尚需用其他研究方法作进一步的研究。

### （二）调查法

为了达到设想的目的，制订某一计划全面或比较全面地收集研究对象的某一方面情况的各种材料，并进行分析、综合，得到某一结论的研究方法，就是调查法。它的目的可以是全面把握当前的状况，也可以是为了揭示存在的问题，弄清前因后果，为进一步的研究或决策提供观点和论据。调查法的主要特点是，以问问题的方式，要求被调查者就某个或某些问题回答自己的想法。调查法可以用来探讨被调查者的机体变量（如性别、年龄、教育程度、职业、经济状况等）、反应变量（他对问题的理解、态度、期望、信念、行为等）及它们之间的相互关系。根据研究的需要，可以向被调查者本人做调查，也可以向熟悉被调查者的人做调查。调查法可分为书面调查和口头调查。书面调查即问卷法，是研究者根据研究课题的要求，设计出问题表格让被调查者自行填写来收集资料的一种方法。这种方法具有向许多人同时收集同类型资料的优点。其缺点是发出去的调查表难以全部收回，只能得到被调查者对问题的相对完整的答案。要得到一份良好的问卷，在设计时应注意：要针对调查的目的来设计问卷；提出的问题要适合调查的目的和被调查的对象；使用方便，处理结果省时、经济。

口头调查即晤谈法，是研究者将预先拟好的问题向被调查者提出，以一问一答的方式进行调查。要使晤谈法富有成效，首先应创造坦率和信任的良好气氛，使被调查者做到知无不言；同时，研究者应当有良好的准备和训练，预先拟好问题，尽量使谈话标准化，记录指标的含义保持一致，这样才有可能对结果进行客观的分析和概括。与问卷法相比，晤谈法有如下优点：可以直接向被调查者解释晤谈的目的，提高他们回答问题的准备程度；可以控制晤谈进程，使调查中的遗漏大为减少；可以以不同的方式考察被调查者回答问题的真实程度；可以根据被调查者的反应提出临时应变的问题，有可能获得额外有价值的资料。晤谈法的主要缺点是：由于在一定时间内只能晤谈数量有限的对象，要收集较多对象的资料太费时间；研究者必须训练有素才能掌握晤谈法；研究者的言语不当可能导致被调查者拒答或谎答问题；研究者的行为，有时甚至是无意的行为也可能对被调查者的回答有暗示作用。

### （三）实验法

实验法是指在控制条件的情况下，对某种心理现象进行观察的方法。在实验过程中，实验者可以控制某些因素，或创造某种条件，使某种心理现象得以产生并重复出现或不出现。实验可分为实验室实验和自然实验。实验室实验是借助于专门的实验设备，在对实验条件严格控制下进行的。自然实验也叫现场实验，实验过程中虽然也对实验条件进行适当的控制，但它是在人们正常学习和工作的情境中进行的，由于条件控制不是很严格，也就难以得到精密的实验结果。

在实验研究中，实验者通过控制某些条件，从而引发待研究的心理现象，让它在预定的时间内发生，使实验者能进行精确的记录和测量。心理现象在精确的条件下产生，便于实验者找到事物之间的因果联系，使实验者和其他人能够随时加以重复。

与非实验法相比，实验法最大的优点在于，一个假设由实验法来验证比非实验法更可靠，实验法对结果解释的逻辑关系也更清楚。严格控制和可重复的实验是心理学原则建立的基础，实验研究是获得事物之间因果关系的最可靠途径。

### （四）个案研究法

个案研究法是指对某一特定对象的某些心理活动进行深入细致的研究。通过对一个独立的个案进行全面系统的研究，研究者希望能发现隐藏在那些表面现象背后的一般规律。例如，奥地利精神病学家、心理学家西格蒙德·弗洛伊德通过对其病人的个案研究，建立了心理分析的理论体系。个案研究的缺点在于，它很容易把人引入以偏概全的误区。心理学家不把个案研究法作为一种获得可靠结论的研究手段，而只是把它当作为进一步研究提供线索的有效途径之一。但是，对于许多偶发事件或非正常状态下（如遭遇龙卷风、水灾、脑损伤时）人的心理活动的表现，个案研究法可能就是唯一可用的研究手段了。

### （五）相关研究法

相关研究法是一种特殊的非实验研究方法。使用相关研究法研究心理现象时，研究者并不操纵有关的变量，而是把心理现象各方面的特征记录下来，然后寻找哪些特征之间存在某种联系。例如，人们发现身高和体重总是一起出现的，个子高的人通常体重也较重，身高与体重就有了一种共变关系，这种共变关系就是相关。通过相关分析，研究者能确定两个变量之间是否有关系。

相关研究法无法得到因果式的结论，但研究者可将所得到的相关模式与已有的因果模型相比较，从而获得有价值的参考信息。

### （六）产品分析法

产品分析法也叫作品分析法，是指通过对活动的产品或作品进行分析来揭示人的心理与行为特点的研究方法。因为人的作品或产品是其心理品质或态度的反映，所以我们可以根据某个人的作品或产品来判断其技能水平或熟练程度及工作态度等。例如，根据绘画、日记、文学作品可以分析作者的内心活动和人格特点。有时不仅要研究活动的产品，还要研究产品制造的过程。因为在产品制造的过程中，个体的心理品质和行为特征表现得更加明显。例如，我们只有分析有经验的技术工人的生产活动过程，才能把他所掌握的技能分解成一些有组织的心智元素，再用实物模型将其物化，以便新的技术工人学习掌握。又如，在心理咨询中，我们可以根据来访者完成特定任务的过程（如画图、摆设物品等）来分析和判断其心理和行为问题。这种产品分析法在教育心理学、人格心理学、工业心理学、临床心理学、司法心理学等领域更具有应用价值。

### （七）质性研究

质性研究也称质化研究，是以研究者本人作为研究工具，在自然情境下采用多种资料收集方法对社会现象进行整体性探究，使用归纳法分析资料和形成理论，通过与研究对象互动对其行为和意义建构获得解释性理解的一种活动。质性研究的特点是在自然情境下，研究者与被研究者直接接触，通过面对面的交往，实地考察被研究者的日常生活状态和过程，了解被研究者所处的环境及环境对他们产生的影响，其目的是从被研究者的角度来了解他们的行为及其意义的解释。质性研究要求研究者对自己的“前设”和“偏见”进行反省，并随着实际情况的变化，不断调整自己的研究设计。因此，质性研究的结果只适用于特定的情境和条件，不能推广到样本之外。应该指出的是，研究者必须事先征求被研究者的同意，对他们所提供的信息严格保密，与他们保持良好的关系，并合理回报他们所给予的帮助。简单来说，质性研究就是一种“情境中”的研究。

质性研究与量化研究也有所不同。量化研究是一种对事物可以量化的部分进行测量和分析，以检验研究者自己有关理论假设的研究方法。量化研究有一套完备的操作技术，包括抽样方法（如随机抽样、分层抽样、系统抽样、整群抽样）、资料收集方法（如问卷法、实验法）、数字统计方法（如描述性统计、推断性统计）等，量化研究正是通过这种测量、计算和分析，以求达到对事物“本质”的把握。而质性研究则是通过研究者和被研究者之间的互动，对事物（研究对象）进行长期深入细致的体验，然后对事物的“质”有一个整体性的、解释性的理解。质性研究与量化研究各有优势和弱点，两者不是相互排斥的，而是互补的。

## 第二节　心理的实质

自古以来，人们对人的心理的实质问题进行着不断的探索和追求。“灵魂说”“心脏说”“颅相说”等都体现了人类的先祖们对心理实质的探索和收获。在历史的长河中，对心理实质的探索最有代表性的是唯心主义心理观和朴素唯物主义心理观：前者认为人的心理是不依赖于物质而存在的虚无缥缈的永恒不变的灵魂；而后者则认为心理是人身体的一种机能，如是心脏的机能或是头颅的机能。虽然他们都不能够科学地说明人的心理的实质是什么，但他们为人类科学地解释心理的实质提供了探索的思路和宝贵的经验。

认识心理现象，是心理学要解决的一个根本问题。心理是什么，它是怎样产生的，它与物质现象的关系怎样，对此人们历来就有不同的看法。唯心主义者认为，心理现象是灵魂、宇宙精神，或是与身体无关的“心”的活动，并把人的心理和动物的心理完全等同起来，忽视人的社会性本质。凡此种种，都不能科学地认识心理。辩证唯物主义者以现代脑科学研究为基础，认为心理活动是脑器官及其机能活动的产物，同时从心理的内容和源泉来说，人的心理是对客观现实的反映，是人脑与客观现实相互作用的结果。也就是说，心理既是人脑的机能，又是对客观现实的反映，即人的心理是客观现实在人脑中的主观印象。

### 一、心理是人脑的机能

人脑是心理活动的器官，心理活动是脑的机能。从动物的演化历史看，心理是物质发展到一定阶段的产物。从低等动物到高等动物再到人类，神经系统越复杂，大脑越发达，心理活动也就随之越复杂越高级。科学实验和实际观察都证实，脑是心理活动的器官。古代人们认为心理是从心脏产生的，后来经过长期的观察，发现人在睡眠、觉醒或生病时，其心理活动的表现是不同的，但其心脏活动却同以往没有什么差异。可见，心理并不是由心脏产生的，而是与大脑的生理活动有关。临床上也有人因脑外伤，甚至仅仅是颅内血肿，而导致记忆、情绪及其他方面的心理障碍。

17 世纪法国哲学家勒内·笛卡尔认为，动物和人的一切不随意活动，都是自动实现的对外界刺激的反应。例如，手脚碰到灼烫或针刺时，会立即无意识地缩回来。笛卡尔把这种活动叫作反射，并认为反射是机械的，反射的发生受外界的影响。同时笛卡尔认为，人的感觉、思维是灵魂的活动，与反射无关。

科学地解释反射的概念，并使反射成为说明心理现象的基本原则的是近代俄罗斯生理学家伊万·米哈洛维奇·谢切诺夫和伊万·彼德罗维奇·巴甫洛夫。谢切诺夫在《脑的反射》一书中，把反射原则推广到脑的活动即全部的心理活动上。他认为，有意识和无意识的一切活动，就其发生方式而言，都是反射。谢切诺夫将脑的反射活动分为三个主要环节：一是开始环节，即外界刺激和它在感觉器官中引起的、由传入神经（内导神经）向脑传导的神经兴奋过程；二是中间环节，即脑中枢发生与传入的神经冲动相对应的神经过程和这一过程的主观表现——心理活动；三是终末环节，即神经过程由脑中枢沿传出神经（外导神经）传至效应器官，引起效应器官的活动，如动作、语言等。谢切诺夫认为各个环节是密切相连不可分割的。现代科学研究又发展了反射学说，认为终末环节并不意味着终止。通常情况下，反应活动的情况又成为新的刺激，引起新的神经过程，返回传导至脑中枢，这就是反馈。有了反馈，人的活动才是完整连续的过程，这样更符合客观情况。巴甫洛夫对动物和人的反射活动进行了长期的科学研究，并建立了高级神经活动学说，为科学地阐明心理现象和研究心理活动的生理机制奠定了基础。而信息加工理论则认为，反射的过程首先是传入神经向脑中枢输入信息，然后是脑中枢对传入的信息进行加工储存（表现为主观的心理现象），最后从脑中枢沿传出神经将信息传至效应器，即输出信息，引起效应器活动。一般情况下，效应器的反应活动又成为新的刺激，引起神经过程，新信息又返回传入脑中枢，于是就有了连续完整的心理活动。

由此可见，反射学说肯定了人的一切心理活动都是由外界刺激所引起，受客观现实的制约，如此便将心理现象纳入世界统一的、具有内在联系的各种现象之中，使心理活动与客观现实紧密地联系在一起。

19 世纪以后，人们对脑的科学研究逐渐发展，对脑的认识也越来越清楚。大量事实证明，脑是心理活动的器官。例如，完全被切除大脑皮层的狗，不能亲自摄食，不能躲避有害刺激。又如，当猴的大脑皮层枕叶被切除后，就会出现对光的反应失调；若是切除颞叶，则对声音的反应失调。再如，人的言语运动中枢（布洛卡区）受损，会出现“运动性失语症”（能听懂他人的讲话，自己却不能讲话），而言语听觉中枢（威尔尼克区）受损，则出现“听觉失语症”（听不懂他人的语言，自己讲话流利却无意义）。

现代科学研究表明，人的各种心理活动与行为不仅直接依赖于大脑的有关部位，同时也是神经系统中各部分协同活动的结果。

## 二、心理是对客观现实的反映

脑是心理活动的器官，心理是脑的机能，这并不是说人脑本身就能产生心理现象。心理是人脑与客观现实相互作用的结果，是对客观现实的反映。所谓客观现实是指不依赖于人的意志而独立存在的客观物质世界，包括自然和社会环境。

客观现实是心理的源泉。从内容看，心理是作用于人的客观现实的反映。这是因为人的心理活动是客观事物作用于人的感官所引起的人的高级神经活动。无论是简单的还是复杂的心理现象，其内容都可以在客观现实中找到其源泉。德国思想家、哲学家费里德里希·恩格斯认为，一切宗教都不过是支配着人们日常生活的外部力量在人们头脑中的幻想的反映，在这种反映中，人间的力量采取了超人间的力量形式。哪怕是人头脑中的鬼神等迷信观念，初看起来和客观现实没有任何联系，其实它是对自然界和社会力量的幻变与歪曲的反映。即使我们常说的创造，也往往是受原型的启发，而原型则是来源于客观现实的。例如，相传鲁班是从茅草割破手这一现象中得到启发而发明了锯子，瓦特发明蒸汽机是因为看见水蒸气冲开锅盖而受到启发的结果。可见人的心理活动离不开客观现实，客观现实是心理活动的源泉。人的实际生活不同，其心理活动也就有所不同。但心理活动与客观现实又有区别，心理作为对客观现实的反映具有观念性、主观性和能动性等特征。

### （一）心理具有观念性

事物和事物映象是两个不同的东西。诚然，事物映象和它所反映的事物，就其内容来说非常相似，但事物的映象不等于事物本身，正如我们在镜子里看到自己的形象一样。物质是实在的，心理是事物的映象，所以心理具有观念性。

### （二）心理具有主观性

对客观现实的反映，总是在一定时间、一定环境、一定的主体上进行的。同样的外部条件可以引起人们不同的主观映象，任何外界条件（客观现实）的作用，总是通过人们早先形成的心理特点及当时所具有的心理状态折射出来。不同的人甚至是同一个人，在不同的时期和不同的条件下，对同一事物的反映都可能不尽相同。正如谢切诺夫所指出的那样：各种心理活动，不管怎样简单，它总是人的全部过去和现在的发展结果。例如在教育教学中，同一个班上所有学生都听同样的教师讲授同样的内容，但学生对教材的理解和掌握却各不相同，其知识的巩固和运用差异甚大；教师对所有学生提出相同的要求，但学生对这些要求的领会和执行情况也各不相同。可见，人对客观现实的反映往往不是简单地取决于眼前的事物，而是表现出一个具体人的特点。由此可见，心理是客观现实的主观反映。

### （三）心理具有能动性

人对客观现实的反映不是像镜子反映事物那样消极被动的。人对客观现实的反映是在人的实践活动中发生的，是在人作用于外界事物，完成各种活动、操作各种事物的过程中实现的。心理不仅受客观事物的影响，同时，还受个体主观形成的心理特征和所积累的知识经验的影响，会根据自身的需要反作用于客观现实，即积极地作用于周围的客观事物。心理的这种特征表明，心理是人脑对客观现实的主观映象，在这种反映中外界事物的影响是通过反映者主体的内部特点而折射出来的。

## 三、心理在实践活动中发生发展

心理对客观现实的反映，是通过人的实践活动而实现的。实践活动检验、校正心理对客观现实反映的正确性；同时，心理又可对主体的行为进行调节。

### （一）实践活动是心理发生发展的重要条件

#### 1．心理的器官——人脑是在人的各种活动过程中发展成熟起来的

人并不是生来就具有一个成熟的大脑，缺乏人的正常实践活动，人脑就不能正常发育。例如，19世纪初，德国巴登大公国王子卡斯巴·豪瑟，由于宫廷内部斗争，从小被关在黑暗的地牢里，独自一人，每天仅凭供应的面包和凉水生活。到17岁被放出来时，他只会说几句话，目光呆滞，表情贫乏，明视觉差，暗视觉敏锐，智力低下如同幼儿。22岁他遇刺身亡时，解剖其大脑发现，其大脑很小，皮层的沟回萎缩，只有视觉区发展较为充分。

#### 2．人的一切心理现象都是在实践活动和人际交往中发生的

儿童是在自身的探究活动及与他人的交往中，逐步了解并掌握客观事物对自身的生存意义的。与此同时，人要顺利地完成各种活动，必须认识有关事物的特性，了解他人对自身的期望和要求，并以此来规范自身的行为，人的个性也就是在这样的过程中逐步形成和发展起来的。正是人从事的实践活动多种多样，才形成了人的各种不同的个性特征。许多事实证明，人的心理活动及心理能力的发展有赖于人的实践活动。例如，长期进行某一方面的特殊训练，就可以使脑的某一方面相应的反应能力充分提高（如炼钢工人能借助火焰颜色判断高炉的温度）。人的社会实践机会丧失，会导致人的心理发育受阻甚至心理发育异常。例如，1920年在印度加尔各答附近发现的两个在狼群中长大的孩子，由于没有人类的社会环境，她们身心的各个方面都受到抑制和阻碍。当她们被人们发现时，她们几乎不具有人的心理，既不会人的语言和思维，也没有人的情感和兴趣，其生活习性与狼一样。其实，人脱离正常生活，即使时间不长，也会导致不良后果。加拿大心理学家赫伦的感觉剥夺实验也证明了这一点。

#### 3．人的心理只能在实践活动中得以表现

如果一个人处在相对静止的状态，那我们就无法判断此人是否具有某一心理特点和能力。可见，实践活动是人的心理发生发展不可缺少的重要条件，个体的发展永远同个人所从事的实践活动相联系。

### （二）人的心理对实践活动起着支配、调节的作用

一个人的外部行为往往受其认识、态度、动机、目的的支配。一个人的心理不仅在实践活动中形成，还在实践活动中表现，这种表现体现在对活动的支配和调节上。在现实生活中，各种活动的完成，都需要不断地把动作的结果同活动的最终目的相比较，并以此来调节动作，直至最后达到目的。其间有需要、动机的支配，也有各种感官的协调活动。

综上所述，就心理产生的生理基础而言，心理是人脑的机能，脑是心理的器官；就心理的内容而言，心理是对客观现实的反映，客观现实是心理的源泉；就心理的功能而言，心理支配、调节人的实践活动，实践活动又是心理发生发展的重要条件。

## 第三节 心理学发展历程概述

心理学有一个漫长的历史。人类很早就开始了对心理现象的探索。在我国的春秋战国时代和西方的古希腊时期，先哲们站在各自的哲学、社会政治立场上谈论着心理的本质及身心关系等问题，并为后世留下了宝贵的财富。但是心理学成为一门真正的科学，是19世纪末的事情，所以现代心理学的历史还很短暂。一百多年来，心理学的发展如鱼得水，朝气勃发，特别是在20世纪初以来形成了一个学派林立、百家争鸣的态势。

### 一、科学心理学的诞生

人类对心理问题的探讨，在远古时代我国和古希腊的思想家的著作中，都有过不少论述。但是，在很长的时间里人们对心理问题的探讨仅属于哲学的一部分。心理学作为一门独立的科学，从德国心理学家威廉·冯特于1879年在莱比锡大学建立世界上第一个专门研究心理学的实验室算起，至今已有一百多年的历史了。曾有人比喻，科学心理学的发展，哲学是父亲，生理学是母亲，而生物学是媒人。经生物学为媒介，哲学与生理学结合而诞生的新生儿，就是以后脱离传统哲学范畴、独立门户的心理学。因为独立门户的心理学是采用科学方法去研究问题的，所以有时称它为科学心理学。

### 二、哲学对心理学发展的影响

从公元5世纪末叶到15世纪结束，是欧洲黑暗的中世纪时期。当时的统治思想是经院哲学，提倡盲目信仰宗教，对灵魂与身体关系问题的自由讨论是被禁止的。欧洲文艺复兴时期以后，对后来科学心理学的诞生产生重要影响的两位近代哲学家是法国的勒内·笛卡尔和英国的约翰·洛克。笛卡尔是二元论者，认为身和心是两种截然不同的本原。人的身体像一部机器，其结构和行动均可用机械原理来说明，因此他提出了反射的概念。而心则是自由的，是感知、思维和意志的主体。他认为，身和心可以互相影响，即所谓身心交感作用，身心交感地点在脑内的松果体。这就是笛卡尔的身心交感论。洛克是唯物的经验论者，他认为人的心灵是一块白板，一切观念都是从后天经验获得的。他把观念分为由感觉得来的观念和由反省得来的观念，并认为由感觉和反省得来的观念最初都是简单观念，许多简单观念经由心灵的结合而成为复杂观念，对此他提出联想的概念，从而为日后的联想心理学奠定了基础。

### 三、实验心理学对心理学发展的影响

实验心理学是应用实验方法即自然科学方法研究心理及行为规律的科学，有广义和狭义之分。广义的实验心理学是相对于人文取向的心理学体系，也叫科学心理学。19世纪中叶以前，人们是用思辨方法凭着经验研究心理现象的。那时，心理学不隶属于科学而隶属于哲学。19世纪中叶以后，冯特于1879年在莱比锡大学建立心理实验室，是应用实验方法研究心理学问题的开始。人们把这一年作为实验心理学诞生之年，同时它也标志着心理学脱离了哲学而成为一门独立的科学。狭义上来说，实验心理学是研究心理实验的基本理论、基本技术并介绍心理学各分支领域中实验研究成果的科学。

## 四、西方心理学发展过程中的主要流派

### （一）构造主义

冯特建立的实验心理学既标志着心理学作为一门独立的科学从哲学中分离出来，也标志着心理学上第一个思想学派——构造主义的开始。

冯特是德国的一位哲学家、生理学家和心理学家。他的学术活动开始是研究神经组织学，然后研究生理学、实验心理学，晚年研究社会心理学和哲学。1879 年，他创建了心理学实验室，从世界各地招来学生，对感觉、知觉、注意、反应时间、联想等过程进行研究。后来这些学生大多分散在西方各国，从事实验心理学的工作。冯特的心理学体系，可见于他的主要心理学著作《生理心理学原理》。他认为，心理学是研究直接经验（意识）的科学。心理学的研究方法是实验内省法。所谓实验内省法，就是让被试报告自己在变化的实验条件下的心理活动，然后由心理学家考察被试经验中所引起的变化。冯特认为，经验可以分析为各种元素。心理学的任务是用实验内省法分析出意识过程的基本元素，发现这些元素如何合成复杂心理过程的规律。他认为，最简单的心理元素只有两类：一类是感觉和意象（意象是感觉之后大脑内相应的局部兴奋引起的），另一类是感情。所有复杂的心理都是由这两类心理元素综合而成的（像化学元素的化合那样）。因此，他的理论体系也被称为心理化学。

冯特的理论体系为他的忠实弟子英国心理学家爱德华 · 布雷福德 · 铁钦纳所继承和发展，铁饮纳把这种心理学理论体系命名为“构造心理学”。

构造心理学在心理学史上的积极意义在于使心理学摆脱了思辨的羁绊而走上了实验研究的道路，从而使心理学成为一门独立的科学。但是，这个学派所从事的“纯内省”的“纯科学”分析，严重脱离实际，并且清规戒律甚多，故遭到许多心理学家的反对而逐渐消失。

人物简介
“威廉 · 冯特”

### （二）行为主义

行为主义是现代心理学中影响很大的一个学派，其创始人是美国心理学家约翰 · 华生。1913 年，华生在《心理学论坛》上发表了名为《行为主义者所见的心理学》的论文，正式举起了行为主义的旗帜。在这篇宣言性的论文中，他提出，心理学是行为的科学，而不是意识的科学。心理学的研究对象是人类行为和动物行为，而较简单的动物行为比复杂的人类行为更具有根本性。他坚决反对冯特心理学的“意识”和“内省”这两个基本概念，认为只有直接观察到的东西才能成为科学研究的对象，只有客观的方法才是科学的方法，而“意识”不能直接观察，因而就不能成为科学心理学的研究对象；冯特的内省法不能提供客观的事实材料，因而不能作为科学心理学的研究方法。他主张只有从可观察到的刺激和反应方面去研究，心理学才能成为像生物学、物理学、化学那样的自然科学。“刺激–反应（S–R）”就是华生行为主义的模式，也是华生的行为主义观点的公式。他主张把人的心理彻底生物学化和动物学化，提出“人的行为和动物的行为必须在同一层面来考虑”。他特别重视行为的分子概念，即将行为看作许多生理细节的组合。华生认为，传统心理学中的意识、感觉、知觉、意志、表象等是一大堆无用的概念，应彻底加以摒弃，而代之以刺激、反应、习惯形成、习惯联合等概念。他认为，心理学研究的目的，是寻找预测和控制行为的途径。

华生的极端主张虽然没有被人们全盘接受，但是他所提倡的方向却在美国得到广泛的传

播，从此行为主义就成为心理学中的一个重要派别而固定下来。虽然新行为主义与旧行为主义相比，不论在外表上和意向上都有很大的差别，但是仍然遵循着一个信条：对行为进行探讨，而无须涉及意识。

华生彻底否认人的主观世界，以生理反应代替心理现象，把动物和人等同起来，都看成是“有机的机器”，这显然与人们的常识相违背，是错误的。但是行为主义对心理学的发展也有一定的积极意义。华生竭力主张客观的研究方向，有助于心理学摆脱思辨的性质。他所强调的“刺激—反应”模式，容易对心理现象作数量上的描述。他收集的有关婴儿活动的材料，大部分也是可以肯定的。

人物简介
“约翰·华生”

## （三）格式塔心理学

格式塔心理学于1912年在德国诞生，后来在美国得到进一步发展。其创始人是德国心理学家马克斯·韦特海默、美籍德裔心理学家库尔特·考夫卡和美籍德裔心理学家沃尔夫冈·柯勒。

“格式塔”是德文“Gestalt”的音译，意为“完形”“样式”“结构”“组织”。格式塔心理学派是以似动现象的实验起家的。主持这个实验的是韦特海默，观察者是考夫卡和柯勒。实验用速示器将A、B两条发亮的直线先后投射在黑色背景上。两条线放映时间间隔过长，例如间隔2 000 ms或200 ms，观察者看到的是先后两条线出现；时间间隔过短，例如间隔30 ms，观察者看到的是两条线同时出现；如果时间间隔在60 ms左右，便可以看到A线向B线移动，或只看见运动，没看见线。这叫似动现象，又称动景现象，与我们看电影时所见相同。他们认为，这种知觉显然是无法用感觉元素的联合来解释的。于是他们认为，每一种心理现象都是一个“格式塔”，都是一个“被分离的整体”。整体不等于部分的总和，整体不是由若干元素组合而成的，相反，整体先于部分而存在并且制约着部分的性质和意义。他们坚决反对对任何心理现象进行元素的分析，并把冯特的构造心理学称为“砖块和灰泥的心理学”。

那么，为什么每一种知觉都是一个“被分离的整体”呢？格式塔心理学家认为，这并不完全取决于外界事物，而是由于人脑中有一些力量把它们组织起来。当时，物理学中“场”的理论盛行，于是他们认为头脑中也有一个磁场，这个“场”中的力量分布就决定了人把外界的东西看成是什么样的。他们提出了知觉中的许多组织原则，试图解决“格式塔”的生理基础问题。

格式塔心理学家认为，学习和问题解决也像知觉一样，是通过整体进行的。韦特海默在其《创造性思维》一书中把格式塔原理应用于人类的创造性思维。他认为，学生在解决问题时之所以产生迷惑不解，是由于没有把问题的细节方面与问题的整个情境结构联系起来考虑，一旦把问题看成一个有意义的整体，就会产生顿悟，问题也就解决了。

尽管格式塔心理学的理论基础是错误的主观唯心论，但该学派反复强调整体并不等于部分的总和，整体先于部分而存在并制约着部分的性质和意义的理论观点，则是正确的。此外，格式塔心理学家关于知觉的组织原则及学习和思维中的研究成果至今仍有积极的意义。

## （四）精神分析学派

精神分析学派的创始人弗洛伊德是一位精神病学家。他的代表作有《梦的解释》（1900）、《精神分析新引论》（1933）、《精神分析纲要》（1949）。弗洛伊德把一个人的人格看成是由本我、自我和超我三个部分构成的系统。本我是人先天具有的，其唯一目的是消除或减轻机体的紧张以获得满足和快乐；超我是内化了的道德标准，竭力压抑本我的盲目冲动；自我介于两者之间，负责理智地调节本我、超我和外界三者的关系。一个人的精神状态就是人格的三个部分相互矛盾、冲突的结果。当自我能很好地平衡三者关系时，人格便处于正常状态；当自我失去对本我和超我的控制时，人就会产生各种焦虑。为了减轻焦虑，自我便发展出了各种无意识的防卫机制。在弗洛伊德看来，意识仅仅是人的整个精神活动中位于表层的一个很小的部分，无意识才是人的精神活动的主体，处于心理的深层。无意识是正在被压抑的或从未变成意识的本能冲动，它对人的精神和行为有着重大的影响，通过对失言、梦等现象的分析可以窥见其一斑。

弗洛伊德关于性本能有许多惊人的叙述。他认为，性欲是人的所有本能中持续时间最长，冲动力最强，对人的精神活动影响最大的本能。根据他的说法，人的性欲不是始于青春期，而是始于婴儿期，在性本能的整个发展过程中，人由爱自己（自恋情结）到爱父母（男孩的恋母情结和女孩的恋父情结），最后在青春期发展为异性相爱。弗洛伊德认为，婴儿或儿童对性感区（如口腔、肛门、性器官）的各种活动会受到父母的管教而引起冲突，这样就会导致某种人格特征的产生。例如，根据他的说法，婴儿期由于过多或不足的口部满足，就会产生口恋型的性格，如强迫性大吃大喝者、抽烟者、健谈者、自私贪婪者等。他甚至认为，人类的一切创造都是追求性满足的无意识表现，精神病则是由于性欲过分受到压抑的结果。

弗洛伊德的这些观点，在其学派内部意见也不一致。例如，奥地利精神病学家、心理学家阿尔弗雷德·阿德勒宁愿强调自我，也不愿强调性欲作用。瑞士心理学家卡尔·古斯塔夫·荣格虽然仍使用“力比多”（libido）这个概念，但已排除其特定的性欲性质，指的是所有动机。而新弗洛伊德主义已不再特别强调性本能，而是从社会学的观点出发，强调人与人之间的文化关系。精神分析在西方心理学（如变态心理学、人格心理学、发展心理学）、精神医学和文艺创作中相当流行。

弗洛伊德把心理区分为意识和无意识，对心理的动力因素如需要、动机等方面的注意都是值得肯定的。但是，他把人的一切活动都归之于被压抑的性欲的表现，认为无意识决定着意识，甚至决定社会的发展，这显然是毫无科学依据的虚构。

人物简介
“西格蒙德 · 弗洛伊德”

### （五）人本主义心理学

20世纪50—60年代的美国，在社会物质文明快速发展的同时，也出现了各种社会问题，加之冷战的影响，给人们心理上造成了很大的压力。以美国心理学家卡尔·兰塞姆·罗杰斯和和亚伯拉罕·马斯洛为代表的人本主义心理学家认为，这一切不安的根源在于缺乏对人的内在价值的认识。因此，他们提出，心理学家应该关心人的价值与尊严，研究对人类进步富有意义的问题，反对贬低人性的生物还原论和机械决定论。也就是说，他们既反对把人的行为归结为本能和原始冲动的弗洛伊德主义；也反对不管意识，只研究刺激和反应之间联系的行为主义。由于行为主义和精神分析是近代心理学两大传统流派，人本主义心理学又与它们有明显的分歧。所以，在西方，人本主义心理学被称为心理学的第三势力。人本主义认为，人有自我的纯主观意识，有自我实现的需要；只要有适当的环境，人就会努力去实现自我，完善自我，最终达到自我实现。所以人本主义重视人自身的价值，提倡充分发挥人的潜能。

人物简介
“亚伯拉罕 · 马斯洛”

### （六）认知心理学

自20世纪50年代以来，由于信息论、控制论、计算机科学和语言学等学科的发展，西方心理学家冲破了行为主义心理学的简单公式，转而研究认知心理学。一般认为，1967年，美国心理学家乌尔里克·奈瑟尔的《认知心理学》一书的出版标志着认知心理学的正式产生。这本书第一次采用了认知心理学这个术语，提出了认知心理学的基本理论。认知心理学主要研究人类认知的信息加工过程。

认知心理学家采用信息加工观点，把人看作信息加工系统，通常用模型来表示人类心理过程和结构的某些主要方面。认知心理学中一种十分流行的模型是由四个主要成分，即感觉系统、记忆系统、控制系统和反应系统构成的，每个系统与其他系统相联系执行着某些操作。感觉系统接收环境提供的输入信息，并对刺激的基本特征加以抽取和组合。已编码的物理刺激进入记忆系统，与记忆中的信息相比较、相匹配。记忆一般分为两种：工作记忆（也称短时记忆）和长时记忆。工作记忆只对有限数量的信息进行集中注意的加工。长时记忆是一个巨大的信息储存库，存储着我们一生中习得的各种经验。控制系统决定着一个系统怎么发挥作用，主要处理目标和达到目标的计划，决定目标的先后次序，监督当前目标的执行。反应系统控制着人这个信息加工系统的全部输出，从运动动作到言语和表情。上述四个系统都以不同的方式相互作用着。来自环境的信息通过相应的感觉系统的加工达到长时记忆，但它是否能存入长时记忆则依赖于它是否受到工作记忆的加工，这种加工又依赖于控制系统的当前目标。同时，记忆系统也为控制系统所安排的优先目标提供输入，控制系统的状态会导致采取什么行为反应的决策。这种信息激活反应系统的输出又成为环境刺激的一部分，向感觉系统提供输入。

认知心理学家通过把人比作计算机，建立起信息加工的认知理论。这种类比有一定的合理性，但也有局限性。因为人不仅是信息的传感器，还是信息的发生器。人能辨认出以前从未提出过的问题，创造出新的概念和理论，制订出新的行动计划。即使是最高级的计算机也无法具有人脑意识活动的主观能动性、社会性及以自我意识为核心的主观世界。在将电脑和人脑的信息加工进行类比时，这个问题应当加以注意。

### （七）后现代心理学

后现代心理学是由持相近观点的心理学家及其他社会科学家汇集而成的一种新的心理学研究趋势。它产生于20世纪80年代中后期，是后现代文化思潮的产物，是在对科学心理学批判和解构的过程中逐渐形成和发展起来的。

在研究方法上，后现代心理学反对实证方法的霸权，主张心理学研究应该采用多元的思维方式、多视角地看问题，研究方法应该多元化，对现象学、释义学、文学评论等诸家学说兼收并蓄。后现代心理学关注社会发展和时代潮流，反对科学心理学把人视为机器的物化研究模式，重视对人的高级心理现象的研究；主张心理学应偏重人的思维、创造性、人际关系、共存意识等高级心理活动。他们呼吁心理学应该与伦理学、社会学、教育学、艺术学、文学相接触，以成为能够解决复杂的社会问题、指导人的发展、促进人际和谐的充满生机与活力的科学。后现代心理学为心理学的研究和发展打开了新的视界，增添了新的研究方法和思路。但是，由于起步较晚，它的存在前提、理论构想和发展前景等都没有达成共识，也没有形成完善的体系。尤其是它对科学心理学不加甄别地全盘否定，是从一个极端走向了另一个极端。

综上所述，心理学的发展史上曾经出现过许多有分歧的观点，且都曾一度兴盛，但学派之争是心理学发展的必经之路。值得注意的是，由于前人所处的社会环境和自然环境各不相同，个人的知识局限及时代背景决定了他们的观点必然存在着片面性。即使在一个完全开放的环境，人都不可能完全认识这个世界、发现全部真理，更不用说这些还受历史及个人等很多因素局限和心理现象本身复杂性限制的情况了。

## 五、中国心理学的发展

严格意义上的心理学在中国起步较晚。在很长的一段历史时期里，中国没有心理学专著，大量的心理学思想只能散见于诸多哲学家、思想家和教育家的著作之中。直到 19 世纪末 20 世纪初，西方心理学才开始被介绍到中国来。在心理学的传播上，一批留美和留日学者起了重要的桥梁作用。

1917 年，北京大学首次建立了心理学实验室，这标志着中国现代心理学的开始。1918 年，陈大齐出版《心理学纲要》；1920 年，南京高等师范学校（今东南大学前身）建立了中国第一个心理学系；1921 年，中华心理学会在南京正式成立；1922 年，中国心理学家张耀翔编辑出版了《心理》杂志，这是中国第一本心理学专业杂志。这一切都标志着中国有了自己的心理学组织，并开始培养心理学的人才。

此后，现代心理学的许多流派开始被介绍到中国，一些在海外学习的中国留学生开始进行一些重要的实验研究，如哺乳动物行为发生和发展研究、汉字心理研究、智力及其测验研究、阅读中文时的眼动研究、比奈－西蒙量表的修订等。

1949 年，中华人民共和国成立以后，心理学的发展进入了一个新的时期，但其发展的道路是很曲折的。中华人民共和国成立初期，随着国家社会政治和经济的根本变革，心理学也面临着改造的任务。此时，心理学主要以介绍和引进苏联的心理学为主，是在辩证唯物主义和巴甫洛夫学说的基础上改造心理学。其间心理学发展表现在：成立中国心理学会筹备委员会，北京大学哲学系设立心理学专业，出版大量心理学译著。

20 世纪 70 年代以来，中国心理学工作者到国外学习和进修，国外优秀的心理学家被请到中国访问、讲学，这为中国迅速了解世界各国心理学的发展趋势，赶上世界学科发展水平，起了十分重要的作用。近几十年来，中国心理学家在许多重要领域开展了系统的研究。例如，视觉领域中视觉早期加工的拓扑理论研究；结合汉字的特点，探讨汉语词汇表征和加工特点；结合中国儿童特点进行思维和智力发展的研究；教育、教学中的一系列心理学问题研究；在心理测量学、工程心理学、医学心理学、社会心理学、生理心理学、咨询心理学等领域进行了大量有价值的研究。中国心理学家与世界各国心理学家建立了广泛的合作与联系。1980 年，国际心理科学联合会正式接纳中国为会员国。近些年来，中国心理学界已经拥有了一大批年轻有为的心理学家，心理学作为重要的基础学科之一，已被列为国家重点发展学科之一。

经过多年的努力，中国心理学发展呈现好的趋势：一是国际化水平逐渐提高。2004 年，在北京召开第 28 届国际心理学大会之际，我国心理学界集中展示了一批在国际心理学前沿领域中的研究成果，吸引了国际学者的目光。二是本土化特色日益突出。中国心理学的本土化也称为心理学的中国化，是指起源于西方文化的现代心理学通过吸取中国文化思想精华，走向健康发展的科学之路。我国各领域的心理学在研究思路、研究对象和研究手段等方面摆脱了西方文

化思维方式的消极影响，积累了反映中国人心理特征的素材，形成了代表中国文化的心理学理论。三是应用研究明显增多。应用研究的一个突出特点就是对现实社会生活的关注。能否紧跟时代潮流，服务社会发展趋势，是衡量一个学科应用研究水平高低的重要标志。四是重视前沿研究。2018年5月，上海脑科学与类脑研究中心在张江实验室成立，标志着“中国脑计划（China Brain Project）”正式拉开序幕，它是世界科学前沿的研究领域。

## 课后巩固练习

1. 心理研究的对象是什么？
2. 心理过程指的是什么？
3. 个性心理包括哪些内容？
4. 观察法、调查法和实验法各自的优缺点是什么？
5. 如何理解心理是人脑的机能？
6. 西方心理学的主要流派有哪些？

## 感悟与提升

1. 如何结合心理过程和个性心理更准确地认识自我呢？
2. 心理是人脑的机能，心理出现问题就是大脑发生器质性改变吗？

拓展阅读

# 第二章 认知过程

想象力比知识更重要，因为知识是有限的，而想象力概括着世界上的一切，推动着进步，并且是知识进化的源泉。

——阿尔伯特·爱因斯坦（Albert Einstein，1879—1955 年）

## 学习目标

1. 掌握感知觉、记忆、遗忘的概念、种类及基本规律。
2. 掌握表象和想象的概念、分类。
3. 理解言语过程、思维过程及形式。
4. 掌握注意的概念、功能和分类。
5. 了解注意的基本理论。

## 学习重点

1. 各种认知过程的概念、种类及基本规律。
2. 各种认知过程的理论。

## 学习难点

1. 记忆与遗忘的规律。
2. 思维的过程及形式。
3. 注意的种类。

认知是人脑接受外界输入的信息，经过加工处理转换成内在心理活动的现象，是个体认识、了解客观世界，获取知识经验的过程。它包括感觉、知觉、记忆、想象、思维、注意等心理现象。

# 第一节 感觉和知觉

## 一、感觉和知觉概述

### （一）感觉和知觉的概念

1. 感觉

感觉是人脑对直接作用于感觉器官的客观事物的个别属性的反映。

人生活在丰富多彩的环境之中，外部世界的各种事物都在不停地运动着，它们以不断变化着的光、声、味、温度、硬度等各种属性作用于人们。人的感觉器官受到刺激，就会使人脑对客观事物的某一个别属性产生反映。例如，看到了水果的颜色、嗅到了氨水的气味、尝到了糖的甜味等。这种当前事物的个别属性在我们大脑中的反映，就是感觉。人不仅能感觉到人身体以外的事物状况，还能感觉到自己身体外表和内部的种种情况，如疼痛、饥渴等。

感觉是一种简单的心理现象。在心理发展的过程中，感觉是一个独立存在的阶段。例如，无脊椎动物中的腔肠动物，已经有了以感应性为主要反映形式的感觉萌芽。在儿童心理发展的初期，特别是出生六个月以内的婴儿，也存在着独立的感觉阶段。此外，在实验室的特殊条件下，也可以人为地使人产生单纯的感觉。

感觉虽然简单，却很重要，它在人们的生活和工作中有着重要意义。感觉是人们认识事物的入口，是一切知识的直接来源，是人的意识形态和发展的基本成分；通过感觉，人们才能够认识外界事物的各种属性，才知道自己身体的运动、姿势和内部器官的工作状况，因而有可能实现自我调节；只有在感觉所获得的信息基础上，知觉、记忆等其他较高级、较复杂的心理现象才可能产生和发展。对于一个正常人来说，没有感觉的生活是不可忍受的。

2. 知觉

知觉是人脑对直接作用于感觉器官的客观事物的整体属性的反映。

当我们感觉到梨子的颜色、香气、滋味、大小、形状等，把这些属性综合起来，有时还借助于过去的经验，就构成了我们对“梨子”的整体反映，这就是知觉。知觉的产生，必须是以各种形式的感觉的存在为前提，并且与感觉同时进行。但是，不能把知觉单纯地归结为感觉的简单总和，因为知觉除了以各种感觉为基础外，还要依赖于知觉者对事物的兴趣、爱好等，或其他的一般知识经验，这都在一定程度上影响到知觉的过程和结果。例如，我们到火车站去接一位不认识的客人，我们对客人的期待，将影响我们对他的识别和确认。因此，知觉是对事物整体的反映，这种反映不再是事物的孤立属性或部分，而是事物的意义。

### （二）感觉和知觉的种类

1. 感觉的种类

人们认识客观环境，与其保持接触和联系首先要通过感觉，即通过不同的感觉器官来获得外界的各种信息。根据感觉反映事物个别属性的特点，可以把感觉分为两大类：外部感觉和内部感觉。

（1）外部感觉。外部感觉是指接受外部刺激，反映外界事物的个别属性的感觉，包括视觉、听觉、味觉和嗅觉、皮肤感觉。

①视觉。视觉是可见光波刺激视觉分析器而产生的。眼睛是我们的视觉器官，构造颇似照相机，具有完整的光学系统及各种使眼球转动并调节光学装置的肌肉组织。视觉分析器的感受器是眼睛的视网膜。在眼睛的视网膜上有两种感光细胞：视锥细胞和视杆细胞。前者分布在视网膜的中央部分，是明视器官，它对色彩产生反应，能分辨物体的细节。后者分布在视网膜的边缘，是暗视器官，它对弱光反应很灵敏，却不能分辨颜色和物体的细节。这样，我们的视觉可分为色觉和非色觉。视觉是我们认识外部世界的主导感觉，一个正常的人从外界获得的全部信息中，80%是通过视觉获得的。同时，视觉在参与知觉物体的大小、方位、形状和距离等过程中都起着巨大的作用。

②听觉。人类的听觉器官是耳朵，听觉是由振动频率为 20 Hz~20 000 Hz的声波作用于内耳的螺旋器的毛细胞所引起的。其中人耳最敏感的声波频率为 1 000 Hz~4 000 Hz。

人类的听觉具有音调、音响、音色三种特性。这些特性主要是由声波的物理特性决定的。音调主要是由声波的频率决定的，频率越大，音调越高。成年男子说话声的频率一般为 95 Hz~142 Hz，而成年女子说话声的频率一般为 272 Hz~653 Hz。音响主要是由声波的强度决定的，强度越大，响度越大。普通的说话声的响度约为 60 分贝。音色主要是由声波成分的复杂程度决定的。我们听到说话声就能分辨出是谁在说话，就是因为每个人的说话声都有独特的音色。

③味觉和嗅觉。味觉和嗅觉时常联系在一起。味觉的适宜刺激是溶于水的化学物质。它是由分布在舌面各种乳突内的味蕾所引起的。人的味觉有酸、甜、苦、咸四种，它们对应的味蕾在舌面的分布是不一样的。舌尖对甜味最敏感，舌中、舌两侧和舌后分别对咸、酸和苦最敏感。其他的味觉都是由这四种感觉再加上温度综合作用的结果。嗅觉是由有气味的气体物质作用于鼻腔上部黏膜中的嗅细胞所引起的。目前对气味的分类尚未形成一致的看法，因为要准确说出某一种物质的气味是很难的。嗅觉的个别差异甚大，甚至有些人缺乏嗅觉。一般而言，动物的嗅觉优于人类。

④皮肤感觉。皮肤感觉是靠皮肤表面为感受器接受外来刺激而产生的感觉。它包括触压觉、冷觉、温觉和痛觉。这些感觉的感受器呈点状、不均匀地分布于全身。感觉点分布越密，对相应刺激越敏感。痛点除皮表外，还分布在机体几乎所有的组织中。

（2）内部感觉。内部感觉是指刺激来自机体本身，反映身体的位置、运动和内部器官不同状态的感觉。属于这类感觉的有动觉、平衡觉、内脏感觉等。内部感觉一般缺乏准确的定位，只有当内部器官受到较强烈的或经常不断的刺激时，内部感觉才会产生较鲜明的感觉。

①动觉。动觉也叫运动感觉，它反映身体各部分的位置、运动及肌肉的紧张程度。这种感觉是由肌肉收缩产生的刺激作用于肌肉组织、肌腱、韧带和关节中的感受器而引起的。动觉是主动触摸的重要成分，它在人的认识活动中具有重要意义，人在感知外界事物的过程中几乎都有动觉的反馈信息参与。

②平衡觉。平衡觉也叫静觉，它是由人体做加速或减速直线运动或旋转运动时所引起的。平衡觉的感受器位于内耳的前庭器官。人对头部和身体的移动、上升下降、翻身倒置、摇晃震

动等运动的辨别都要依靠平衡觉。平衡觉与视觉、内脏感觉都有联系。当前庭器官兴奋时，视野中的物体似乎出现移动，人的消化系统也出现呕吐、恶心等现象。人们熟悉的晕车现象就是由前庭器官受刺激所引起的。

③内脏感觉。内脏感觉也叫机体觉，是由内脏的活动作用于脏器壁上的感受器而产生的。这些感受器把内脏的活动及变化的信息输入中枢，并产生饥渴、饱胀、便意、恶心等感觉。内脏感觉性质不确定，缺乏准确的定位，因此又叫“黑暗”感觉。在通常情况下，内部感觉的信号被外部感受器的工作掩蔽着，它们不能在言语系统中反映出来，因而不容易被人们意识到。

**2. 知觉的种类**

人的知觉可以按照不同的分类标准来划分，最常见的是根据知觉的对象把知觉分为物体知觉和社会知觉。物体知觉包括空间知觉、时间知觉和运动知觉，社会知觉包括对他人的知觉、人际知觉、自我知觉和角色认知。

（1）物体知觉。世界上的一切物体都在一定的空间和时间中运动，物体存在的空间特征、时间特征及运动特征被人们所感知，就形成了对客观物体的空间知觉、时间知觉和运动知觉。

①空间知觉。空间知觉是反映空间物体特性的知觉。人们对物体大小、形状、方位和深度等的判断都属空间知觉。对一般人而言，空间知觉主要为视空间知觉和听空间知觉。视空间知觉指的是深度知觉，也就是平时所说的立体知觉或远近知觉。视空间知觉靠视觉器官收集视觉信息。外部世界在视网膜上的投影是二维的视像，但我们却可以知觉为三维空间，其主要原因是人们能根据一些信息来形成立体空间。对于生活在三维空间的个体而言，关于空间的感受，除了从视觉中获得之外还能从听觉中获得。耳朵不仅接受声音，还提供声音的方向和声源远近的线索，即空间知觉。听觉线索主要由单耳线索和双耳线索构成。若一只耳朵失聪，靠另一只耳朵还能感受到声音的刺激，但由单耳所获得的线索，不能有效地判断声源的方位，只能有效地判断声源的距离。平时我们以声音的强弱来判断声源的远近，强则近，弱则远。对声源的方向定位，靠双耳的协调工作才能准确地判断。从一侧来的声音，两耳感觉到的刺激有时间上的差异，这种时间差是声源方向定位的主要线索。除了听觉和视觉外，嗅觉、动觉和触摸觉也可以感受空间。

②时间知觉。反映事物和现象的持续性、速度和顺序性等时间特征的知觉就叫时间知觉。它是在不使用任何计时工具的情况下人们对时间变化的感受和判断。人总是通过某种衡量时间的标准来反映时间。这些标准可能是自然界的周期性现象，如太阳的升落、昼夜的交替、月亮的盈亏、季节的变化等，也可能是机体内的一些有节奏的生理活动，如心跳的节律、有节奏的呼吸等。人们常常有过高估计较短时间间隔和过低估计较长时间间隔的倾向。对时间的长短知觉依赖于人的活动内容。当学生从事积极努力的课堂活动时，对上课时间就会觉得“飞逝而过”；相反，如果没有发挥学生的积极性，他们就会觉得“漫漫无尽期”。

③运动知觉。运动知觉是反映物体空间位置的移动和移动快慢等运动特性的知觉。通过运动知觉可以分辨物体的运动、静止和运动速度的快慢。物体的运动总是在一定的时间和空间进行，所以时间知觉和运动知觉有非常密切的联系。运动知觉依赖于对象运行的速度、对象距观测者的距离及观测者本身的静止与运动状态。例如，对象距观测者的距离直接影响观测者对运动速度的知觉。对象距离远，看起来速度慢；对象距离近，看起来速度快。近处的汽车好像从

面前急驰而过，远处的汽车好像不动或只慢慢移动。在不同的条件下，运动知觉又分为真动知觉、似动知觉、诱动知觉和自主运动等。

（2）社会知觉。社会知觉也叫社会认知，是个体在社会生活实践过程中建立的对他人、对群体、对自己及人与人之间关系的知觉。它不仅是对人的外部特征（外貌、姿态、行为举止等）的知觉，还要在人与人的交往过程中，通过对人外部特征的知觉判断人的内部动机、兴趣、性格和心理状态等，从而形成对人的认识、印象和评价。社会知觉包括的范围很广，主要有以下四种。

①对他人的知觉。个体在社会交往中，通过与他人的接触，感知他人的外部特征，了解他人的内心世界，从而形成对他人的知觉。影响对他人的知觉的因素主要有以下两个方面：第一，知觉对象的外部特征。它包括人的体态、仪表、风度、言谈、举止、表情等。如果他人体态潇洒、仪表堂堂、言谈举止文明，就会给知觉者留下良好的印象，反之则产生不良印象。人的外部表情往往是反映其内心世界的一种标志，所以要重视对人的面部表情、言语表情等的观察。第二，知觉者的观点和态度方法。知觉者的观点和态度方法不同，对同一个人的看法也就不同。对他人内心世界的了解，包括对他人的需要、动机、兴趣、性格、信念、世界观等的了解，只能在长期的生活实践过程中通过人际交往逐步认识，一般很难在短时间内对他人做出正确的判断和评价。

②人际知觉。人际知觉是个体对人际关系的知觉。人际关系包括自己与他人的关系、他人与他人的关系两个方面。因此，人际知觉就是个体对自己与他人的关系及他人与他人关系的知觉。所谓人际关系，是指人与人之间心理上的关系、心理上的距离，如亲密友好、疏远冷淡、敌对关系等。人际关系往往带有鲜明的情绪色彩，并受诸多社会因素的制约，如受个人心理特点、角色、地位、价值观、权力、社会舆论等因素的制约。人与人之间的关系融洽与否，对人们的学习、工作和生活都有很大影响。人与人之间关系亲密，就会产生一种协调和谐的心理气氛，否则就会出现紧张的气氛。要形成良好的人际知觉，并非简单容易的事，需要知觉者具备良好的修养和心理素质。

③自我知觉。自我知觉是指个体通过自己的言行举止、心理活动来观察认识自己，并形成对自己的心理活动过程、心理状态和个性特征的知觉。个体不仅能够知觉他人、客观事物，而且能够认识自己主观世界各个方面的优缺点，形成对自己的一定的看法，留下一定的印象，从而产生所谓的“自知之明”。古希腊哲学家苏格拉底有句名言：“认识你自己。”个体在自我知觉的基础上，能够用自我理想、信念、意志努力来控制、调节自己的心理和言行，发扬优点、克服缺点，使自我不断完善。因此，个体要真正了解自己、评价自己，形成正确的自我知觉，避免自高自大或自卑自贱心理；要善于“以人为镜”，善于自我批评和虚心谨慎，客观公正地认知自己。

④角色认知。在社会心理学中，角色是指个体在特定的团体和社会中占有适当的位置，以及被该社会和团体规定了的行为模式。从社会价值来判断，“位置”即是社会地位身份。故角色认知是指个体根据自己、他人所表现出的各种行为（如言语、表情、姿态等）来认识自己或他人的社会地位、身份及相应的行为规范的知觉。角色的社会地位、身份和行为规范是社会的客观存在，并不是个体想扮演什么角色就是什么角色。例如，性别角色、职业角色等。同时，个体也只有在自己与他人的角色的相互关系中才能明确自己的地位，明确自己角色的权利、

义务和责任，也才会认识到对方的地位，从而采取适当的行为规范和反应方式。例如，通过母亲与孩子、医生与病人、教师与学生、上级与下级等关系，明确其角色地位，采取适当的角色行为。

## 二、感觉和知觉的规律

### （一）感觉的规律

1．感受性及其测定

感受性是人体感觉器官对适宜刺激的感觉能力，它反映了感觉的灵敏程度。感受性随刺激强度的变化而变化。人体的各种感觉器官具有不同的感受性，其中，视、听感觉器官的感受性特别高。相关实验证明，只要有 2~8 个光能量子落到视网膜上，人的眼睛便能看到它。我们能在空气透明度较好的完全黑暗中看到 27 km距离的一支点燃的蜡烛。人的感受性可以通过实践训练得到很大提高。

在心理学上，人的感受性（感觉能力）的高低可以用感觉阈限来度量。阈限泛指界限或范围。人的感受性可以分为两种类型：绝对感受性和差别感受性。因此，分别用绝对感觉阈限和差别感觉阈限来测定。

（1）绝对感受性与绝对感觉阈限。每一种感觉的产生都必须要有适宜的刺激，也就是说，引起感觉的刺激强度有一定范围。若超出这个范围，刺激太弱，就无法产生感觉；相反，刺激过强，感觉遭到破坏，便会引起痛觉。因此，我们把这个刺激强度范围的下限，也就是刚刚能引起感觉的最小刺激强度（或刺激量）称为绝对感觉阈限（或绝对感觉阈限的下限）。而把人体刚刚能察觉出最小刺激强度的感觉能力叫作绝对感受性。

绝对感受性和绝对感觉阈限之间的关系成反比：某种感觉的绝对阈限值越小，相应感觉器官的绝对感受性越高；反之，绝对感受性越低。绝对感觉阈限值的大小是随人的活动性质和年龄、感受器机能的状态、刺激强度及持续时间等不同条件的改变而改变的。

（2）差别感受性与差别感觉阈限。在可感觉的刺激强度范围内，感觉随同类刺激强度的增减而发生变化。如果刺激强度变化幅度过小则不能被感觉到。因此，差别感受性就是指刚刚能察觉出同类刺激最小差别强度（或差别量）的感觉能力。而刚刚能感觉出的两个同类刺激的最小差别强度，叫差别感觉阈限。例如，在用砝码测量重量差别阈限的实验中，原刺激强度是 100 g，加 1 g或加 2 g，人体感觉器官觉察不到 100 g与 101 g或 102 g之间有什么重量差别，只有增加 3 g，才能感觉到 103 g与 100 g之间重量有所差别，即才开始感到重量增加了，所以 3 g就是在原重量是 100 g时增加重量所产生的差别阈限值。实验证明，如果原重量改为 200 g，就只有增加 6 g才能感觉到重量在增加。以此类推，原重量为 300 g时，要增加 9 g，才能感到重量增加了。可见，在中等强度刺激的范围内，原来刺激强度越大，则增加量也应当越大；被机体感觉到的刺激强度变化与原刺激强度之比是一个常数。上述关系是由德国生理学家韦伯于 1834 年首先提出的，韦伯把它用数学公式表示为：

$$\frac{\Delta I}{I}=K$$

后人称之为韦伯公式或韦伯定律。其中，$I$为原刺激强度；$\Delta I$为差别感觉阈限值；$\Delta I$与$I$的比值$K$是一个常数，被称为韦伯常数，由于$K$值总是小于1，所以也常常被称为韦伯分数。不同种类的感觉，$K$值不同：对视觉器官来讲，$K$值大约是1/100；对听觉器官来讲，$K$值大约是1/10；对于触觉器官来讲，$K$值大约是1/30。差别感受性与差别感觉阈限之间的关系成反比：差别感觉阈限越大，差别感受性越低；反之，差别感受性越高。

2．感受性的变化规律

（1）感觉适应。由于刺激物对感觉器官的持续作用从而使感受性发生变化的现象，叫作感觉适应。适应可以引起感受性的提高，也可以引起感受性的降低。在生活中，感觉适应的现象很普遍，在各类感觉器官中都可以看到，但是，在各种感觉中适应的表现和速度是不同的。

视觉适应特别明显。它可以分为明适应和暗适应。明适应是指从暗处进入明处，最初的瞬间会觉得耀眼发眩，什么都看不清，经过几秒钟后，由于视觉器官对强光感受性的降低，视觉恢复正常的现象。例如，从黑暗的电影院里走到阳光下，便有这种明适应的过程。暗适应是指从亮处进入暗处，开始什么也看不见，经过一定的时间视觉恢复的现象。从明亮的阳光下进入已关灯的电影院时，开始什么也看不见，隔了一段时间后，我们就能分辨出物体的轮廓来，不再是一片漆黑，这是弱光持续刺激眼睛，提高了视觉感受性。

适应能力是有机体在长期进化过程中形成的。它对于我们感知外界事物、调节自己的行动，具有积极的意义。例如，在白天的阳光下和夜晚的星光下，亮度相差达百万倍，如果没有适应能力，人就不能在不断变化的环境中精细地感知外界事物，正确地调节自己的行动。研究适应现象对于创设良好的工作环境具有积极意义。

（2）感觉对比。同一感受器接受不同刺激而使感受性发生变化的现象叫感觉对比。它分为同时对比和继时（或先后）对比两种。同时对比是由几个刺激物同时作用于同一感受器时所引起的。例如，同样一块灰色的布，在白色的背景下显得暗一些，在黑色的背景下显得亮一些，而在红色的背景下，看起来则带有青绿色。继时对比是由不同刺激先后作用于同一感受器时使感受性发生异常变化的现象。例如，刚刷牙后吃苹果，会觉得苹果有种特殊的味道，而吃糖后吃苹果、柑橘、葡萄等水果，会觉得它们很酸。

生活中，感觉对比现象十分普遍，研究感觉对比现象，对于正确运用对比规律、提高感觉效果有着十分重要的实践意义。许多行业与感觉对比现象有关，需要运用对比规律。例如：建筑设计、广告设计、服装设计、电视电影画面等特别强调视觉效果，所以视觉的对比规律在这些领域“大有作为”；在交通、机械设备等方面，出于安全的需要，也特别需要色彩视觉的强烈对比，以便于识别。

（3）联觉。在一种感受器受到刺激而产生一种特定感觉的同时，又产生另一种不同的感觉的现象叫联觉，即一种感觉引起另一种感觉的心理现象。例如，优美的音乐旋律在引起听觉的同时，还使人感到全身舒畅、放松，或使病人减轻疼痛，或引起味觉，增进食欲。色彩视觉引起联觉的现象十分普遍。如红、橙、黄等色彩与火、阳光的颜色相似，在冬天使人感到温暖，在夏天使人感到炎热，故被称为暖色；相反，绿、紫、蓝等色彩使人产生寒冷或凉快的感觉，故被称为冷色。从事音乐的人常常发生视听联觉现象。另外，“甜蜜的声音”“苦涩的笑容”“喧嚣的色彩”“尖酸的语调”等词语也体现了一种感觉会引起另一种感觉。

（4）后像。对感受器的刺激作用停止以后，感觉并不立即消失，还能保持一段极短的时间，

这种暂时保留下来的感觉印象叫后像。我们看电影、电视就是依靠视觉后像的作用。后像是由于神经兴奋的后作用而发生的，它存在于各种感觉之中。

后像在视觉中表现得特别明显。例如，夜晚拿着火把以一定的速度做画圈动作，就会出现一个火圈；电扇转动时，几个叶片看上去像一个圆盘，这些就是视觉后像作用的结果。

视觉后像分两种：正后像和负后像。后像的品质与刺激物相同叫正后像，后像的品质与刺激物相反叫负后像。例如：在注视电灯光之后，闭上眼睛，眼前会出现灯的一个光亮形象，位于黑色背景之上，这是正后像；之后可能看到一个黑色形象，出现在光亮背景之上，这就是负后像。颜色视觉也有后像，一般为负后像。如果用眼睛注视一朵绿花，约一分钟，然后将视线转向身边的白墙，那么在白墙上将看到一朵红花；如果先注视一朵黄花，那么后像将是蓝色的。

### （二）知觉的特性及规律

人对客观事物的知觉，受主客观条件影响，有其特殊的活动规律。知觉过程的心理规律可以归纳为如下四个基本特征。

#### 1．知觉的选择性

从背景中把少数事物区分出来，从而对它们做出清晰的反映，知觉的这种特性称为知觉的选择性。在日常生活中，人在知觉客观世界时，总是有选择地把少数事物当成知觉的对象，而把其他事物当成知觉的背景，以便清晰地感知一定的事物与对象。例如，在课堂上，学生把黑板上的文字当作知觉的对象，而周围环境中的其他东西便成了知觉的背景。

知觉的对象与背景是互相依存、互相转化的。当我们从注视黑板上的文字转移到挂图时，挂图便成了清晰的对象，而黑板上的文字则成了知觉的背景。知觉的对象与背景的互相转化在双关图形中表现得更为清楚，如图 2-1、图 2-2 所示。

图2-1 双关图形（一）

图2-2 双关图形（二）

影响知觉选择性的因素有主观和客观两个方面。

（1）从客观因素看主要有以下几点。

①对象与背景之间的差别。对象与背景之间的差别越大，对象从背景中区分出来就越容易；反之，则越困难。例如，批改作业用红笔最明显。

②对象的活动性。夜空中的流星、人造卫星，闪烁的霓虹灯广告，等等，都易被人知觉。

③刺激物的新颖性。教师抑扬顿挫的语言，新颖的教学内容和教学方式，也容易引起学生优先知觉。

（2）从主观因素看，知觉有无目的和任务，已有知识经验的丰富程度，个人的兴趣、爱好、动机、定式与情绪状态等都影响其对知觉对象的选择。

2. 知觉的整体性

知觉的对象是由不同的部分、不同的属性组成的，但我们并不把它感知为个别孤立的部分，而总是把它知觉为一个有组织的整体，知觉的这种特性称为知觉的整体性或知觉的组织性。客观事物是由许多属性、部分组成的整体，它作为刺激物作用于我们的感官时往往是不完备的，只有部分或个别属性起作用，但是我们对它的知觉却是完整的整体。

知觉的整体性与知觉对象本身的特性及其各个部分之间的构成关系有关。格式塔学派对知觉的整体性进行了研究，并提出知觉的整体性主要有以下几个组织定律。

（1）接近律：空间、时间上接近的客体易被知觉为一个整体。观察图 2-3，我们很容易把它知觉为六组正方形。

■■ ■■ ■■ ■■ ■■ ■■

图 2-3 知觉的接近律

（2）相似律：物理属性（强度、颜色、大小、形状等）相似的客体易被知觉为一个整体。观察图 2-4，虽然各正方形之间的距离相同，但容易将白色正方形或黑色正方形分别看成三组。

□ □ ■ ■ □ □ ■ ■ □ □ ■ ■

图 2-4 知觉的相似律

（3）连续律：具有连续性或共同运动方向等特点的客体易被知觉为同一整体。观察图 2-5，我们不会把左边的图形知觉为右边图形的两个组成部分，而是知觉为“—”和“(”两个组成部分。

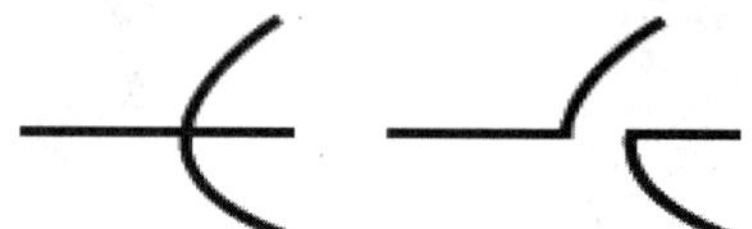

图 2-5 知觉的连续律

（4）封闭律：在知觉一个熟悉或连贯性的模式时，如果其中某个部分没有了，我们的知觉会自动把它补上去，并以最简单和最好的形式知觉它。观察图 2-6，我们倾向于把它知觉为一个正方体和 8 个圆形。

知觉的整体性不仅与知觉对象本身的特性有关，也与知觉者的主观状态有关。在知觉的过程中，过去的经验、知识可对当前知觉活动提供补充信息。比如，图 2-7 易被知觉为两个重叠的三角形覆盖在三个黑色的圆形上。但实际上图形中居于中央的白色三角形没有完整的边缘，即没有轮廓，然而在知觉经验中，它们都是边缘最清楚、轮廓最明确的图形。这种没有直接刺激作用而产生的轮廓称为主观轮廓。主观轮廓是在一定的感知信息的基础上，进行知觉假设的结果。视野中存在某些不完整因素是主观轮廓形成的必要条件。

图2-6 知觉的封闭律

图2-7 主观轮廓

3. 知觉的理解性

人对于知觉的对象总是以自己的过去经验予以解释，并用语词来标志它，知觉的这种特性称为知觉的理解性。

知觉的理解性是以知识经验为基础，是人把对当前事物的直接感知纳入已有的知识经验系统中去，从而把该事物看成某种熟悉的类别或确定的对象的过程。观察图 2-8，人们根据已有的经验很容易把它知觉为一匹马。知觉的理解性的基本特征是用语词把事物标志出来。语词对人的知觉具有指导作用，可以帮助并加快理解。例如，观察图 2-9，问你图上画的是什么，如果你看不出来，经提示图中画着的是一条狗，你可能就会看出它像一头生活在北极地带的狗。

图2-8 不完整图形

图2-9 隐匿图形

影响知觉的理解性的，除了以上因素，还有个人的动机与期望、情绪与兴趣爱好及定式等。此外，知觉的理解性对于我们从背景中区分出知觉的对象和形成整体知觉都有很大的帮助，有利于扩大知觉的范围，加快知觉的速度。

4. 知觉的恒常性

当知觉的客观条件在一定范围内改变时，知觉的映象仍然相对地保持不变，知觉的这种特性称为知觉的恒常性。知觉的恒常性主要表现为以下几种。

（1）大小恒常性。在一定范围内不论观看距离如何，我们仍倾向于把物体看成特定的大小，这就是大小恒常性。例如，同样的一个人站在离我们 3 m、5 m、15 m的不同距离处，他在我们视网膜上的像因距离不同而改变着，但是我们看到这个人的大小却是不变的。

（2）形状恒常性。当我们从不同角度观察同一物体时，物体在视网膜上投射的形状是不断变化的。但是，我们知觉到的物体形状并没有显出很大的变化，这就是形状恒常性。图 2-10

是一扇从关闭到敞开的门，尽管这扇门在我们视网膜上的投射形状各不相同，但人们看去都是长方形。

图2－10　形状恒常性

（3）明度（或视亮度）恒常性。在照明条件改变时，物体的相对明度（或视亮度）保持不变，叫明度（或视亮度）恒常性。决定明度（或视亮度）恒常性的重要因素是从物体反射出的光的强度和从背景反射出的光的强度的比例，只要这个比例保持不变，就可保证对物体的明度（或视亮度）恒常性不变。例如，两张白纸，不管是在阳光下，还是在阴影中，它们都互为背景和对象，对光的反射比例始终保持不变，因而我们对明度（或视亮度）的知觉也就保持了恒常性。

（4）颜色恒常性。尽管物体照明的颜色改变了，但是我们仍把它感知为原先的颜色，这就是颜色恒常性。例如，无论在黄光照射下还是在蓝光照射下，我们总是把一面国旗知觉为红色的。正如室内的家具在不同灯光照射下，它的颜色相对保持不变一样。

## 三、感觉和知觉的关系

### （一）感觉和知觉的联系

感觉和知觉的联系非常紧密，它们都是属于认知过程的感性阶段，都是对事物的直接反映。一旦事物在我们的感觉器官所及的范围内消失，感觉和知觉也就停止了。感觉是知觉的基础，而知觉则是感觉的深入和发展，对某个物体感觉到的个别属性越丰富、精确，对该物体的知觉也就越完整、正确。在现实生活中，人一般都是以知觉的形式直接反映客观事物，感觉只是作为知觉的组成成分而存在于知觉之中，很少有孤立的感觉存在。

### （二）感觉和知觉的区别

感觉和知觉是不同的心理过程，感觉是介于心理和生理之间的活动，它的产生主要来自感觉器官的生理活动，以及客观刺激的物理特性，相同的客观刺激会引起相同的感觉。而知觉则是纯粹的心理活动，它的产生是在感觉的基础上对物体的各种属性加以综合和解释的心理活动过程，处处表现出人的主观因素的参与。由感觉到知觉，其间经历一个主观选择的过程，即从感觉到的各种属性中选取一部分属性加以综合和解释，这在很大程度上依赖于一个人过去的经验，并受个人当时的兴趣、需要、动机和情绪等的影响。

虽然感觉和知觉是我们对客观环境和主体状态的简单认识，但它们却是我们高级心理活动的基础，我们的高级认知、情感、意志都是从这里开始的。

## 四、感知规律在教学中的运用

感知是认知过程的初级阶段，它为复杂的认知过程提供感性材料。学生要掌握科学理论知识，必须以感性认识为基础。所以，在教育教学过程中，教师必须重视学生的感知活动，充分调动学生的感觉器官，正确应用感知规律，使教育教学取得良好的效果。

### （一）直观教学的合理应用

#### 1．直观教学主要形式

在教学过程中，利用直观教学提高学生对知识感知效果的直观教学形式主要有实物直观、模像直观、言语直观等，见表 2-1。

表 2-1 不同直观教学形式的教学手段、特点和局限性

| 形式 | 手段 | 特点 | 局限性 |
| --- | --- | --- | --- |
| 实物直观 | 实物、标本、演示实验、真人真事、现场参观等 | 真实、生动、全面地反映事物的本来面目，使学生感知正确，亲切有趣 | 受时空影响大，事物的内部状态不易观察到，动静难以控制 |
| 模像直观 | 根据事物特点制成模型、仪器、图片、图表、人物塑像、教学电影电视、幻灯片等 | 根据教学需要运用着色、放大、缩小等方法突出事物的本质特征，使其易于成为学生感知的对象，操作演示方便灵活，可摆脱时空的限制。事物的重要特征可特写、可重复，且生动形象，可以弥补实物直观的不足 | 不如实物真实、全面和亲切，与具体实物之间总有一定距离。教学资料较难制作 |
| 言语直观 | 通过教师的语言对事物作形象生动的描述和举例 | 不受时空和设备条件的限制，使学生在头脑中形成事物的表象，具有一定的概括性，而且灵活、经济和方便 | 不如实物、模像直观那样鲜明、完整和稳定 |

以上三种直观教学形式应根据教学的需要和问题的性质，灵活选用，注意语言和形象的结合，这样才能提高教学的效果。

#### 2．语言与形象结合的注意事项

（1）形象的直观过程应受语言的调节。若教师错误地把直观本身当作目的，为直观而直观，满足于表面的热闹、生动，忽视语言对事物本质特点的揭示，就必然会使学生的感知失去目的性，从而降低教学效果，甚至产生消极影响。

（2）应注意用确切的语言对形象的直观结果加以表述。

（3）依据教学任务，选择合适的语言与形象结合的方式。如选用先直观后讲解，或直观与讲解同时进行，或先讲解后直观均可。在教学过程中，一般采用边使用直观教具，边讲解的形式。过多地运用直观教具而忽视语言的讲解，会降低直观教学的效果；对于挂图或模型上不能表示或没有表示出来的内容，应该加以说明，以免学生产生片面的或错误的理解。

（4）教师必须明确直观本身不是目的，而是一种手段。目的是引导学生在感知直观材料的基础上，积极进行思维活动，透过现象了解事物的本质，获得科学的理性知识。

### （二）遵循感知规律，提高直观教学效果

在教学过程中，教师应按照感知活动的特点和规律来正确地组织直观教学，才能提高学生的感知效果。

#### 1. 运用被感知事物的强度律

强度律表明，作为知识的物质载体的直观对象必须达到一定的程度，才能为学习者清晰地感知。因此，在直观过程中，教师应突出那些低强度但重要的元素，使它们充分地展示在学生面前；在讲授过程中，教师的语言应尽量做到抑扬顿挫、轻重有别。

#### 2. 运用对象与背景差别的差异律

对象与背景的差别越大，对象从背景中区分出来就越容易。对同一知识内容体系中对象与背景的设置与区别可以说是一门艺术。对象与背景的设置可以从两个层次分析：在物质载体层次，涉及的是如何在板书设计、教材编排、授课技巧等方面恰当地加大对象与背景的差异，突出直观对象；在知识本身层次，涉及的是新旧知识的安排，如何使已有知识在学习新知识时起到经验作用，即通过什么样的手段、途径唤起某些旧知识，使旧知识能成为学习新知识的支撑点。

#### 3. 运用静止背景上的对象活动性的活动律

在直观过程中，要善于使作为对象的知识较之作为背景的知识活起来。也就是说，应注意在活动中进行直观，在变化中呈现对象。因此，要善于利用现代科学技术作为知识的物质载体，使知识以活动的形象展现在学生面前，并注意在变换背景知识条件下多次突出对象知识，从而造成一种活动的态势。

#### 4. 运用知觉的组合律

组合律表明，凡是在空间上接近、时间上连续、形状上相同、颜色上一致的事物，易构成一个整体为人们所清晰地感知。因此，教材编排应分段分节；教师讲课应有间隔和停顿；板书布局应合理，顺序适当，大小主次适宜，重点突出。

#### 5. 让学生交替使用多种感官感知对象的协调律

要求学生不仅要留心听，还要用眼睛看，用手触摸，用鼻子嗅，亲自操作，用头脑思考。把有对比意义的材料放在一起，让学生进行内容对比、颜色形状对比、功能意义对比等，都有利于学生正确地知觉。

### （三）培养学生的观察力

观察是指有目的、有计划、有思维活动参加的、比较持久的知觉，是知觉的高级形式。因它与积极的思维相关，所以有时也称作“思维的知觉”。观察这种知觉形式和在长期系统观察过程中逐渐形成并发展起来的观察能力，对教育、科研、学习、军事等实践领域具有非常重要的作用。观察能力简称观察力，是个性心理特征中能力的重要成分。所谓观察力是指有目的、主动地去考察事物并善于全面正确地发现事物的各种典型特征的知觉能力。

在教学中，教师通过对一定直观教具的操纵来有效完成教学任务，其效果如何，主要取决于学生的观察力。因此，为了更好地完成教学任务，必须认真组织和培养学生的观察力。培养学生的观察力要注意以下几项工作。

1．明确观察的目的、任务

观察的目的、任务是否明确，是影响观察效果的重要原因。目的、任务明确，学生知道要观察什么，不观察什么，哪里是观察的重点，哪里只要一般了解，这样可以收到良好的预期效果。

2．教给学生观察的方法

观察前要制订出周密的观察计划，做好必要的知识准备，选择有效的观察方法。

观察可以按"整体—部分—整体"的顺序进行，也可以按"部分—整体—部分"的顺序进行。可以"由近及远"，也可以"由远及近"地进行观察。选择什么样的观察方法，要根据需要确定，不要顾此失彼。

观察的步骤和方法可以让学生自己制订，但是，观察的步骤和方法关系到观察的效率和效果，学生制订的观察步骤和方法，教师一定要认真加以审查。

3．启发学生积极思维

在观察过程中，要鼓励学生对观察到的每一个细节都要从不同的角度、不同的侧面加以分析，提出自己的见解，不要满足于现成的答案。

4．指导学生做好观察总结

观察结束后要进行总结。总结的形式可以是书面的、口头的，也可以是图表的、图解的。要提倡学生之间相互交流，找出自己的不足之处，相互学习。也要鼓励学生就观察涉及的问题进行评价。

5．培养良好的观察力品质

（1）客观性，即观察时要实事求是地按照客观事物本来面目进行观察，排除主观因素，获得准确、合乎事实的结论。

（2）全面性，即在观察时应从不同角度、不同方位、不同层次全面观察，避免以偏概全。

（3）创造性，即能在别人不以为然、司空见惯的事物和现象中发现新问题。

（4）敏锐性，即善于及时地发现别人不容易觉察到的事物的特征，捕捉其有价值的因素。

（5）精确性，即善于辨别事物或现象之间的细微差别，不遗漏重要的细节。

## 第二节　记忆

### 一、记忆概述

#### （一）记忆的概念

记忆是个人所经历过的事物，通过识记、保持、再认或回忆，以表象和语词等形式，将个体经验积累保存在头脑中，在一定条件下重新复现出来的心理过程。简言之，记忆是过去经验在人脑中的反映。

所谓经历过的事物，既包括在日常生活、学习和工作中感知过的事物，也包括思考过的问题、体验过的情绪和情感、练习过的动作等。它既有客观的对象，也有主观的思想、体验和愿望。这些经历过的事物，都会在头脑中或多或少、不同程度地留下印象，在一定的条件下，这些印象可在人脑中复现出来。

记忆是一种比感知更为复杂的心理过程。它包括识记、保持、再认或回忆三个基本环节。现代信息加工理论认为，记忆是人脑对信息的输入、编码、储存和提取的过程。通过这些过程，人就能逐渐形成和积累知识经验，并使行为日益复杂化。

记忆的内容主要是以表象和语词的形式储存在头脑中的。所谓表象，是指过去被感知过的事物在人脑中再现出来的形象。储存记忆内容的另一表现形式是语词。利用语词形式进行记忆是人类所特有的。人的大量记忆都属于语词记忆。正是由于语词所具有的高度概括性，从而大大地扩展了记忆的容量和对外界事物的反应能力。在记忆中，表象和语词的关系是非常密切的。语词对于表象有改造和说明的作用，表象则能使语词更形象化和具体化。它们相互作用，使记忆更加快捷、牢固。

记忆在人的心理活动和实践活动中具有重要作用。首先，记忆是人心理发展和个性形成的前提，是个体积累知识经验的重要形式之一，谢切诺夫把它称为“心理发展的奠基石”和“智慧发展的奠基石”。其次，记忆是进行其他心理活动和实践活动的重要条件。

### （二）记忆的分类

#### 1. 根据记忆的内容不同分类

根据记忆的内容不同，可将记忆分为情景记忆和语义记忆。

（1）情景记忆是指对个人亲身经历过的，在一定时间和地点发生的事件或情景的记忆。例如，对春节期间到剧场观看演出的记忆，就是情景记忆。由于情景记忆受一定时间和空间的限制，信息的储存容易受到各种因素的干扰，所以记忆不够稳定，也不够确定。

（2）语义记忆是对字词、概念、规律、定理和公式等各种概括化知识的记忆，它与一般的特定事件没有什么联系。它具有概括性、理解性和逻辑性的特点，是个体保存经验最简便、最经济的形式，它的内容无论在数量上还是质量上都超过情景记忆。语义记忆受一般规则、知识、概念和词的制约，很少受到外界因素的干扰，因而比较稳定。

#### 2. 根据记忆加工与存储方式不同分类

根据记忆加工与存储方式的不同，可将记忆分为陈述性记忆和程序性记忆。

（1）陈述性记忆，是指对有关事实和事件等陈述性知识的记忆。陈述性知识即事实类信息，包括字词、定义、人名、时间、概念和观念等。陈述性记忆可以通过语言传授而一次性获得，如我们在课堂上学习的各种课本知识和日常的生活知识都属于这类记忆。它的提取往往需要意识的参与。陈述性记忆的记忆内容可用言语表达。

（2）程序性记忆又称技能记忆，是指我们对如何做事情或如何掌握技能等程序性知识的记忆。它通常包含一系列复杂的动作过程。这类记忆往往需要通过多次尝试才能逐渐获得，而且在利用这类记忆时往往不需要意识的参与。例如，骑车、游泳和打网球等，都涉及一系列连续的动作过程，而对于其中各个动作之间的协调配合我们往往只能意会不能言传。即使你是一个骑车或游泳的高手，也不可能精确地描述出在某个时间的某个动作是什么样的。

#### 3. 根据信息保持时间的长短分类

根据信息保持时间的长短，可将记忆分为感觉记忆、短时记忆和长时记忆。

（1）感觉记忆是指作用于感觉器官的刺激停止作用后，感觉信息并不立即消失，它还能以感觉痕迹的形式在一个极短的时间内保存下来。由于它的存在转瞬即逝，所以又叫瞬时记忆。它是记忆系统的开始阶段。感觉记忆保持的时间非常有限。据研究，视觉的感觉记忆在 1 s以下，听觉的感觉记忆一般在 0.25 s~2 s的范围内。瞬时记忆个体自己意识不到，但它确实存在，后像是最明显的例证。

感觉记忆的特点是，保存的信息具有鲜明的形象性；保持的时间很短，但保持量很大；以物理性质的编码为主；保存的信息如果受到特别注意，便转入短时记忆，否则就会迅速消失。

（2）短时记忆是指信息的保持时间在 3 s~60 s的记忆。这种记忆在日常生活、学习和工作中经常遇到。

短时记忆的突出特点是其容量的有限性。美国心理学家乔治·米勒通过实验，在 1956 年发表了《神奇数字 7 ± 2：人类信息加工能力的某些局限》一文，明确提出了短时记忆的容量为 7 ± 2 个组块。后来人们利用数字、单词、字母、无意义音节等各种实验材料得到的结果都和米勒的结果一致。短时记忆的容量是 7 ± 2 个组块，是以单元来计算的。一个单元可以是一个数字、字母、音节，也可以是一个单词、短语或句子。单元的大小随个人的经验组织而有所不同。在编码过程中，将几种水平的代码归并成一个高水平的、单一代码的编码过程叫组块过程（chunking）。以这种方式形成的信息单位叫作块（chunk）。可见，组块是记忆的特殊单位，是一个有一定可变度的客体，它所包含的信息可多可少。若要增加短时记忆的容量，可以利用已有的知识经验，通过信息加工，将若干较小单位联合成熟悉的、较大的单位，扩大每个组块中的信息量来实现。决定短时记忆的容量的因素，往往不是信息的绝对项目数，而是其组块数。研究表明，在汉字材料的组块记忆中，以 4 字组块的记忆效果最好，而数字材料则以 4 字和 6 字组块的记忆成绩最优。

短时记忆的特点是，信息保存的时间较短，容量有限（7 ± 2 个组块），以听觉编码为主，信息的保持易受干扰。短时记忆的信息如果经过复述，运用或进一步加工，就会被转入长时记忆，否则，就容易遗忘，一旦遗忘，则不易恢复。

（3）长时记忆是指信息的保持时间在 1 min以上直至多年甚至终生不忘的记忆。从它的信息来源看，大部分是对短时记忆内容的加工复述，也有一些信息因印象深刻而一次性进入长时记忆。长时记忆的容量非常大，至今还没有人给它确定出一个为大家公认的范围。曾有人研究提出长时记忆的容量大约是 10 亿比特。诺贝尔奖（经济学类）获得者、美国心理学家赫伯特·亚历山大·西蒙对此有过具体阐述，他认为在记忆语词方面，若以语词为组块，中国人能记 2.5 万至 5 万个汉字。若以单字为组块，最多的能记 1 万个汉字。长时记忆的信息是依不同的方式进行复杂编码，以组块的形式，有系统、有组织地储存起来的。长时记忆的信息是能意识到的，遗忘后还可以恢复。

长时记忆的特点是：容量无限；保持时间长；储存有高度的编码组织，以意义编码为主。

以上三种记忆就是记忆的三级信息加工系统，或称为记忆过程的三个阶段。其关系可用记忆的三级加工模式表示，如图 2-11 所示。此模式显示：当外界刺激引起感觉后，它所留下的痕迹便是感觉记忆，如不注意，便很快消失；如果给予注意，进行初步处理，便转入短时记忆。对短时记忆的信息，如不及时复述，其信息也会很快遗忘或被新信息所替代；如果经过复述，就会转入长时记忆。在长时记忆中，其信息被继续编码、储存起来。当需要时，这些信息又从长时记忆中提取或检索到短时记忆中来供人们使用。认知心理学家认为，记忆系统的信息加工过程从开始到结尾都受整个心理结构，包括意识的控制。这个典型的记忆信息三级加工模式，是目前认知心理学中最流行的关于记忆结构的图示。

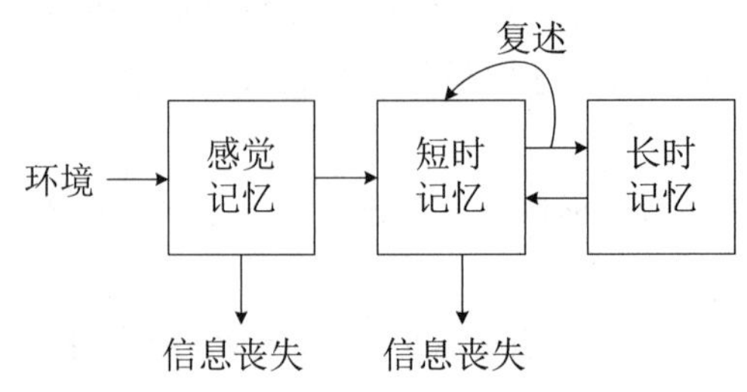


图 2-11 记忆的三级加工模式

三种记忆既有不同的特点和功能，又密切联系，前后贯通，构成了完整的记忆系统。外部信息最先输入感觉记忆，感觉记忆有丰富的信息，它具有各感觉通道的某些特征，可以被分为图像记忆、声像记忆等，但很快就会消失。有些信息会重新编码进入短时记忆，信息编码的形式可以是听觉的、口语的或书面语言的，短时记忆的信息也会很快消失。短时记忆可以被看作一个工作系统，当从感觉记忆传来的信息转入长时记忆以前，短时记忆可以作为一个缓冲器。短时记忆也可以被看作信息进入长时记忆的加工器。长时记忆是一个真正的信息库，信息在这里可以是听觉的、口语的、书面语言的或视觉的编码方式。信息从一个记忆阶段转到另一个记忆阶段，多半是受人有意识或无意识的控制。复述是完成信息转移的关键，简单的保持性复述不能起到作用，只有精细的整合性复述才能将复述材料加以组织，并与其他信息联系起来，在更深层次上加工，这时信息才能从短时记忆转入长时记忆。长时记忆中的信息可能因为消退、干扰或强度降低而不能提取出来，但这些信息的储存可以说是永久性的。

**4. 根据记忆时意识的参与程度分类**

根据记忆时意识的参与程度，可将记忆分为外显记忆和内隐记忆。

（1）外显记忆。外显记忆是指当个体需要有意识地或主动地收集某些经验用以完成当前任务时所表现出的记忆。它是有意识提取信息的记忆，强调的是信息提取过程的有意识性，而不在意信息识记过程的有意识性。外显记忆能随意地提取记忆信息，能对记忆的信息进行较准确的语言描述。例如，自由回忆、线索回忆及再认等，都要求被试参照具体的情境将所记忆的内容有意识地、准确无误地提取出来，因而它们所涉及的只是被试明确地意识到的，并能够直接提取的信息，用这类方法所测得的记忆即外显记忆。

（2）内隐记忆。内隐记忆是指在不需要意识或有意回忆的情况下，个体的经验自动对当前任务产生影响而表现出来的记忆。它是未意识其存在又无意识提取的记忆，强调的是信息提取过程的无意识性，而不管信息识记过程是否有意识。也就是说，个体在内隐记忆时，没有意识到信息提取这个环节，也没有意识到所提取的信息内容是什么，而只是通过完成某项任务才能证实他保持有某种信息。正因为如此，对这类记忆进行测量研究时，不要求被试有意识地去回忆所识记的内容，而是要求被试去完成某项操作任务，被试在完成任务的过程中不知不觉地反映出他曾识记过的内容的保持状况。如果人们在完成某种任务时受到了先前学习中所获得的信息的影响，或者说由于先前的学习而使完成这些任务更加容易了，就可以认为内隐记忆在起作用。

## 二、记忆的过程

### （一）识记过程

识记是反复感知信息材料并在头脑中留下印象的过程。识记是记忆过程的开端，要提高记忆效果，首先必须做到很好地识记。

#### 1. 无意识记与有意识记

根据识记时的目的性和是否需要付出意志努力，可以把识记分为无意识记和有意识记。

（1）无意识记指没有预定的目的，也不需要付出一定意志努力的识记。在日常生活中，虽然有时我们没有明确的识记目的，也没有付出意志努力，但有些事物却能够自然而然进入我们头脑内部，成为我们知识经验体系的一部分 。"潜移默化""耳濡目染"说的都是无意识记。无意识记具有较大的选择性、偶然性和片断性。一般来说，具有新异性、达到一定强度、富于运动变化及符合人们的需要和兴趣的事物，能够通过无意识记的方式进入人的头脑内部。例如，人们往往会记得惊险、精彩的电影镜头，风趣幽默的小品片断等。无意识记对人们获得知识经验有重要作用，但在学习过程中的作用显然是有限的。在教学活动中，大量的学习内容必须通过有意识记才能获得。

（2）有意识记是有预定目的，必要时还需要付出一定意志努力地识记。在学习和工作中，有意识记更为重要。研究表明，目的性对有意识记效果影响很大。因此，在教学中，教师应该对学生提出具体的要求，让学生产生清晰的学习目的，这样会对学生的学习产生积极的作用。

人的知识经验既可以通过无意识记的方式获得，也可以通过有意识记的方式获得，在其他条件相同的情况下，有意识记的效果优于无意识记的效果。

#### 2. 机械识记和意义识记

根据识记时学习者对学习材料是否理解，可以把识记分为机械识记和意义识记。

（1）机械识记是指不理解学习材料的意义，单纯依靠机械重复而进行的识记。机械识记的发生有两种情况：第一，学习材料本身没有意义或意义性不强，比如识记历史年代、人名、地名等；第二，学习材料本身有意义但学习者不能理解，比如幼儿背诵唐诗宋词、中学生背诵外语语法和数学公式等。

机械识记的基本条件是多次重复，所以具有较大的被动性，但对于学习者来说，这种识记方式也是必要的。有一些特殊的学习材料，比如外国地名、历史年代、无意义的数字等，一般只能用机械识记的方式来记忆。

（2）意义识记是指建立在对事物理解的基础上，根据事物的内在联系所进行的识记。意义识记的发生有两种情况：第一，学习材料本身有意义，学习者也能够理解；第二，学习材料本身没有意义，但学习者人为地赋予了其意义。如记忆圆周率 $\pi\approx3.141\,59$，有学生音译为"山间一寺一壶酒"等。

意义识记的基本条件是理解。运用意义识记，由于抓住了事物的内在规律性联系，所以学习材料易于记住，保持时间较长，提取信息时也更为迅速准确。教师应努力促使学生多进行意义识记，使之成为他们的主要识记方式。

### （二）保持过程

#### 1．保持

保持是识记过的内容在人脑中保留和储存的过程。保持不仅是对识记的巩固，也是实现再认或回忆的重要保证。知识经验在人脑中的保持不是静止不变的，而是一个动态的变化过程，发生的变化有质变和量变两种形式。

保持内容在质的方面的变化主要有几种情况：①不重要的细节被忽略，主要内容更加简洁、概括。比如我们看过一本小说，一般只能回忆起故事的主要情节，细节描写都记不得了。②内容更加完整、合理。③内容变得更为夸张和突出。

保持内容在量的方面的变化主要表现为记忆回涨和遗忘两种形式。记忆回涨也称记忆恢复，指识记的学习材料保持一段时间后，比识记过程刚刚结束时保持的量要多的现象。美国心理学家巴拉德发现，12岁左右的儿童识记诗歌时，延缓回忆的数量超过立即回忆的数量。一般认为，记忆回涨现象儿童比成人普遍，学习任务难度较大时比学习任务难度较小时普遍，学习不充分时比学习熟练时普遍。

#### 2．遗忘

保持内容量变的另一种形式是遗忘。遗忘是识记过的材料不能再认或回忆，或者发生错误的再认或回忆。

遗忘是一种正常、合理的心理现象。生活当中我们感知到的信息数量浩如烟海，没有全部记忆的必要，另外，有些信息的重要性具有时效性，时过境迁也就丧失记忆的意义了。根据遗忘时间的长短，可以把遗忘分为暂时性遗忘和永久性遗忘。暂时性遗忘是指遗忘的发生是暂时的，在适当的条件下还能重新回忆起来，如提笔忘字等现象。永久性遗忘指不经过重新学习，识记的内容就不能恢复。

产生遗忘的原因很多，既有疲劳、疾病等生理因素，也有情绪状态、动机水平等心理因素。关于遗忘，不同的心理学家提出了几种主要的假说。

（1）消退说。这种理论认为，记忆痕迹如果得不到强化，就会逐渐消退，遗忘就是在记忆痕迹消退到不能再激活的情况下发生的。很多人都接受这种说法，因为这与日常的"用进废退"经验相同，也与一些物理的痕迹或化学的痕迹随时间延长而衰退甚至消失的现象相一致。信息加工论在原则上也支持痕迹消退说的观点，并以所编的代码长期不使用的结果做解释。消退说对遗忘的解释符合常识性的规律，因为事物都有发生、发展以至死亡的过程。但并不符合所有的事实，也不能得到实验的证实。例如，学习A材料后，经过一段时间之后再测量A材料的保持量，如果数量有所减少，难以确定就是消退的结果，其间有可能是受到B材料的干扰。又如，童年时期的某些经验已事隔几十年，仍然历历在目，几天前刚学过的外语单词，却回想不起来。由此表明，时间延长不一定都会产生痕迹消退，这并非是遗忘的唯一原因。这种理论一般用以解释永久性遗忘，也可以解释"日久渐忘"，但无法解释为什么有些事件过去了许多年印象依然清晰，而另一些事件明明发生不久却被忘得干干净净这种现象。

（2）干扰说。这种理论认为，遗忘是由于所识记的先后材料之间的相互干扰造成的。干扰理论最明显的证据是前摄抑制和倒摄抑制。先学习的材料对回忆后学习的材料的干扰作用，叫前摄抑制；后学习的材料对回忆先学习的材料的干扰作用，叫倒摄抑制。在学习中，前摄抑制和倒摄抑制的影响是非常明显的。例如，学习一篇课文，一般总是开头和结尾部分容易记住，而中间部分则容易忘记。其原因是，课文的开头部分只受倒摄抑制的影响，不受前摄抑制的影响；结尾部分只受前摄抑制的影响，不受倒摄抑制的影响；中间部分则受两种抑制的影响，因而最易遗忘。一般来说，干扰作用的大小与先后两种材料的相似程度、时间间隔及所学材料的巩固程度有关。研究发现：中等相似程度的两种学习材料干扰最大，先后学习的材料间隔时间越长干扰越小，学习的材料巩固程度越高产生的干扰也就越小。

（3）压抑说。压抑说也称动机性遗忘，这种理论认为遗忘是某种动机的压抑作用造成的。弗洛伊德认为，人们时常压抑早年生活中的痛苦回忆，以免引起焦虑和不安。研究发现，一般人对不愉快事件的回忆，的确明显低于对愉快事件的回忆。该理论认为，遗忘是维护自我、自信的动态过程，目的是避免生活中的痛苦记忆引起的焦虑、羞耻、痛苦、紧张或不安等不良情绪或内心冲突。

（4）提取失败理论。我们都有这样的经验：有时我们明明知道某人的姓名或某个字，可是就是想不起来，事后却能忆起；有时我们明明知道问题的答案，一时就是想不起来，事后正确的答案不假思索便脱口而出。这种明明知道某件事，但就是不能回忆出来的现象称为“舌尖现象”（tip-of-the-tongue，TOT）。这种情况说明，遗忘只是暂时的，就像把物品放错了地方怎么也找不到一样。从信息加工的观点来看，遗忘是一时难以提取出欲求的信息，而一旦有了正确的线索，那么所要的信息就能被提取出来。这就是遗忘的提取失败理论。

遗忘的发生是有规律的，德国著名学者赫尔曼·艾宾浩斯对遗忘做过深入系统的研究。在研究中为了使学习和记忆不受旧经验的影响，他用无意义音节作为学习材料，用重学时节省的时间或遍数为指标，以自己作为被试，测量遗忘的过程。结果发现，材料学习到会背诵以后，经过 20 分钟，要达到原来背诵的程度，重新学习可节省学习时间 58.2%左右；24 小时后再学，可节省时间 33.7%左右；6 天后再学，可节省时间缓慢地下降到 25.4%左右。艾宾浩斯依据他的实验结果，绘制出了著名的遗忘曲线，如图 2-12 所示。在艾宾浩斯的遗忘曲线发表以后，又有许多学者重复了他的实验，其中有用无意义章节作为学习材料的，也有用有意义的字词作为学习材料的，其结果都与艾宾浩斯的遗忘曲线基本相同。

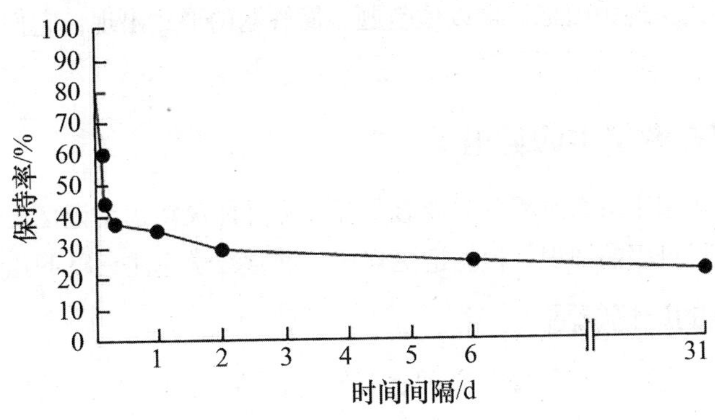


图 2-12 艾宾浩斯遗忘曲线

从艾宾浩斯的遗忘曲线可以看出，识记过的材料随着时间的推移必然会发生遗忘，这种遗忘在识记后短时间内速度很快，随着间隔时间的延长，遗忘的速度越来越慢，亦趋于稳定下降。这说明遗忘的进程是先快后慢的。

许多研究证实，遗忘受到很多因素的影响。第一，学习材料的意义。清代画家、诗人郑板桥说过："当忘者不容不忘，不当忘者不容忘耳。"说明没有意义的材料，必然是最先从人的记忆中消失的。第二，人的动机水平和情绪因素。有实验证实，在一个人的全部回忆内容中，愉快的事情约占55%，不愉快的事情约占33%，其余的12%是平淡的、没有引起情绪体验的事情。由此可以看出，积极的情绪体验会提高记忆效果。第三，学习材料的数量和性质。一般来说，生动形象的学习材料、有韵律的诗歌，遗忘都比较慢。所以在学习中，不少人喜欢用歌谣的方法记住一些学习内容，比如我国历史年代更迭、我国的省市名称等，都可以采用歌谣记忆法帮助记忆。

### （三）再认或回忆过程

#### 1. 再认

再认是指过去经历过的事物再次出现时，能够把它识别并确认的过程。影响再认的因素有以下两种。

（1）对事物识记和保持的程度。识记得越清楚，保持得就越牢固，再认也就越容易；识记得模糊，保持也不稳定，再认就会很困难。

（2）当前出现的事物和经历过的事物之间的相似程度。如果当前出现的事物和过去的印象反差太大，就很难把它再认出来。例如，我们非常熟悉的一位警察，有一天忽然脱下警服穿上便装，我们可能会一时认不出来。

#### 2. 回忆

回忆是指过去经历过的事物在头脑中重现的过程。回忆不是对过去经历过的事物映象的简单重复，而是根据活动任务有选择地再现事物的过程，需要在新旧知识经验之间建立密切的联系。

再认和回忆都是过去经历过的事物在人脑中的反映，二者之间没有实质上的区别，但在巩固程度方面还是有差别的。再认比回忆容易，所以在教学中不能只依靠它来检验学生的学业成绩。但是再认对需要精确掌握的知识的检查还是很有效的。在一般的考试试题中，再认通常以选择题、判断题的形式出现，回忆通常以填空题、简答题的形式出现，它们都是试卷题目中不可缺少的部分。

## 三、记忆规律在教学中的运用

记忆规律可直接运用于教学过程。只要教师能注意并能灵活运用记忆规律，就可提高课堂记忆效果，使学生获得巩固的知识。根据记忆规律，课堂教学应注意以下几点。

### （一）创造良好的记忆氛围

任何记忆都是在一定的时空环境和心理状态下进行的，它们对记忆效果具有明显的影响。要进行高效率的记忆，一般来说，在可能的情况下教师应该创设良好的教学心理背景。

1. 让学生处于良好的情绪状态

情绪对记忆活动有明显影响，尤其是识记和回忆两个环节，最易受到过分紧张、焦虑等负性情绪的干扰。因此，教师要善于调节课堂情绪气氛，尽可能消除不利于记忆活动的负性情绪干扰。

2. 使学生具有明确的识记目的

有意识记是教学活动中最主要的识记种类。教师应根据不同的教学内容，提出明确的记忆任务，如哪些需要完整背诵，哪些需要部分记忆，这样有助于提高学生记忆的针对性。

3. 提高学生对记忆意义的认识

如果记忆的意义仅在于检查和考试这样的近期目标，则不利于所学知识的巩固，只有提高对与长远目标相联系的识记意义的认识，才会大大延长保持时间，改善记忆效果。因此，教师在向学生提出明确的识记任务时，应向学生提出该识记内容的意义和重要性，使之成为学生长久的识记任务，而非短暂的识记任务。

### （二）注意教学安排的合理化

1. 要注意合理安排课程

教师应尽可能避免性质相近的课程经常安排在一起。例如，不要把文科类课程或理科类课程都集中在一起，最好做到文科类课程与理科类课程交叉安排，其间若再插入音、体、美、劳等课程则更好，因为这样能减少由于材料相似性引起的前摄抑制、倒摄抑制对记忆的影响。

2. 要保证课间休息

教师不应延长课堂教学，占用学生休息时间。因为课间休息几分钟，有利于学生巩固上一节课的记忆活动所留下的“痕迹”，提高保持效果。同时，也有助于减少由于前后课上的记忆材料的间隔时间过短引起的前摄抑制、倒摄抑制对记忆活动的影响。

3. 要适当调节教学进度

教师应控制每堂课的信息投入量，注意克服教学中比较普遍的“信息量越大越好”的错误倾向，这不仅有利于学生课上对所学内容的消化、吸收，也会因识记材料数量的适当控制而提高识记的效率。

### （三）掌握有效的记忆术

记忆术是指为了便于记忆而将信息加以组织的技巧，其基本原则是使新信息与熟悉的已编码信息相联系，从而便于回忆。科学的记忆方法能增强记忆，防止遗忘，收到“事半功倍”的效果。常用的记忆术有以下几种。

1. 谐音法

谐音法是利用谐音来帮助记忆的方法，也就是对要记忆的材料加上某种外部联系，这样便于贮存、易于提取。特别是可以利用一些方言的谐音来帮助记忆。

2. 算术法

算术法是对一些数字材料进行加、减、乘、除来帮助记忆的方法，这个方法对于记忆一些历史年代、电话号码是很有效的。

3. 口诀法

有些记忆材料可以编成押韵的顺口溜，朗朗上口，易于记忆。例如，我国历史朝代的名称就可编成这样的顺口溜来记：夏商周秦汉三国，西晋东晋十六国，南朝北朝连隋唐，五代十国北南宋，辽西夏并金，还有元明清。

4．联想记忆法

联想记忆法是指通过当前的事物回忆另一事物，建立事物间的联系而进行记忆的方法。可以采取接近联想、对比联想等各种联想进行记忆。例如，学习古代汉语，靠死读、死记，固然可以理解一些词语、句式和古汉语语法，但如果我们运用接近联想来帮助记忆，就可以把它同现代汉语联系起来，比较古今词义、句式、语法的异同，看有什么发展变化，这样就可以理解得更深刻，记得更牢固。

### （四）组织有效的复习，防止遗忘

人们常说，“熟能生巧”“温故知新”。这两句俗语包含了很重要的道理：学生要获得巩固的知识，不能没有复习或练习。我国古代教育家孔子说的“学而时习之”就是这个道理。复习是保持记忆最主要的途径。

1．及时复习

由于遗忘的进程是先快后慢，所以复习必须及时。及时意味着在遗忘尚未大规模开始前就及时复习，这样可阻止通常在学习后立即发生的急速遗忘。

2．合理分配复习时间

复习时间的分配有两种方式，集中复习和分散复习。连续进行的复习称为集中复习，间隔一定时间进行的复习称为分散复习。很多实验证明，一般情况下，分散复习比集中复习的效果好。

3．反复阅读与试图回忆相结合

在复习过程中，单纯阅读效果并不太好，应该在材料还没有记住以前，就要积极地试图回忆，当回忆不起来时再阅读。这种方法花的时间少，识记的速度快，保持的时间长，而且错误也较少。

4．复习方法多样化

复习方法的单调容易使人产生消极情绪和感觉疲劳，降低复习效果；而多样化的复习方法使学生感到新颖，注意力更能集中，并能调动学生学习积极性，提高复习效果。

5．适当的超额学习

超额学习是指在学习达到刚好成诵以后的附加学习，又称过度学习。它是巩固保持、防止遗忘的有效方法之一，特别是对识记需要长期保持或记不牢固就会严重影响下一步学习的基础知识具有重要作用。

### （五）注意科学用脑

良好的记忆有赖于科学用脑。应该注意学生的心理卫生和身心健康，合理使用大脑。营养不良、疾病缠身、心理障碍，均可能影响大脑功能的发挥，使正常的保持和回忆能力受到阻碍，产生遗忘现象。教育青少年切忌吸烟和饮酒，养成良好的生活习惯；不要过分紧张疲劳，要劳逸结合，兼顾娱乐休息，学会放松与缓解压力。

# 第三节 表象和想象

## 一、表象概述

### （一）表象的概念

表象是客观事物在人脑中的表征形式，具有鲜明的形象性，它是知识表征的形式之一，不仅可以存储，而且可以被加工与编码。由于表象的形成不需要客观事物的直接作用，可以不受时间和空间的限制而在头脑中出现，所以它对人的想象、思维等高级心理活动具有重要的影响作用。

表象是指人脑对感知过的事物的形象的反映。例如，人脑中出现小学老师的形象，电影中某个感人至深的镜头经常留在脑海里并浮现出来，等等，都属于表象。表象是人脑中以形象的形式对客观事物进行操作与加工的过程，是事物不在面前时关于事物的心理复现。表象由人脑中的刺激痕迹的再现引起。因此，它是以感知觉所提供的材料为基础，没有对客观事物的感知，表象就无法形成。但表象不是感知觉的翻版和重复，它是感知觉痕迹经信息加工后的产物。

### （二）表象的特征

1. 直观形象性

表象具有直观形象性特征，但它不同于感知觉的直接性特征。表象所反映的是客观事物的大体轮廓和主要特征，不如感知觉那么鲜明、完整和稳定。表象的直观形象性是指在人脑中所保持的生动的具体形象和过去感知过的对象具有一定相似之处。由于表象在人脑里存在着对感知过的形象的加工过程，所以表象的形象性与感知的直接性存在着差异。这些差异主要表现在：表象没有直接感知的形象那么鲜明、具体和生动，具有暗淡性和模糊性；表象不如直接感知的形象那么完整，具有片断性和零碎性；表象不如直接感知的形象那么稳定，具有动摇性和可变性。例如，看《新闻联播》时，看到的天安门形象，听到的音乐声音是具体的、完整的和稳定的，而当回忆这些镜头时，脑中所出现的形象，其清晰性和完整性就比较模糊，听到的乐曲也会时强时弱或断断续续。

2. 概括性

表象的概括性是指表象所反映的客观事物的形象，不是某个具体事物或事物的某个特征，而是一类事物所共同具有的特征，是一种归类后的事物形象。这是表象与直接感知形象的又一个区别。例如，看到某棵树的形象是具体的，但在脑中出现“树”的表象，则是各种各样树的形象的概括。

3. 可操作性

由于表象与知觉类似，所以人们可以在头脑中对表象进行操作，这种操作就像人们通过外部动作控制和操作客观事物一样。

表象的可操作性可以用心理旋转的实验来说明。在一项表象心理旋转实验中，每次给被试呈现一个旋转角度不同的非对称性字母，如“R”，呈现的字母有时是正写的，有时是反写的，如图 2-13 所示。被试的任务是判断字母是正写的，还是反写的。结果表明，当呈现字母旋转 0°（360°）时，反应时最短；随着旋转角度的增大，反应时也随着增加；当字母旋转 180°时，反应时最长，如图 2-14 所示。

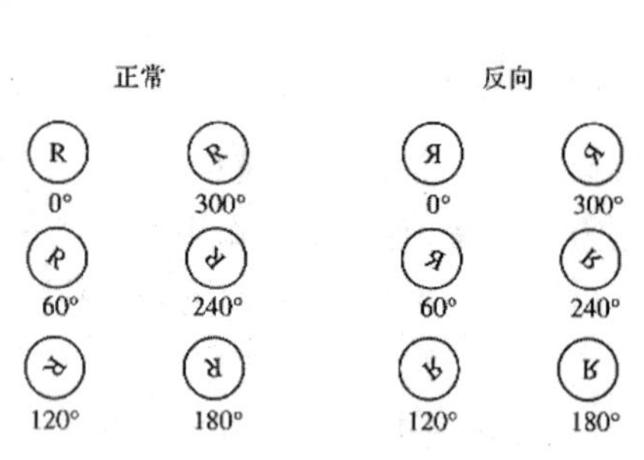

图 2-13　心理旋转实验的字母图形

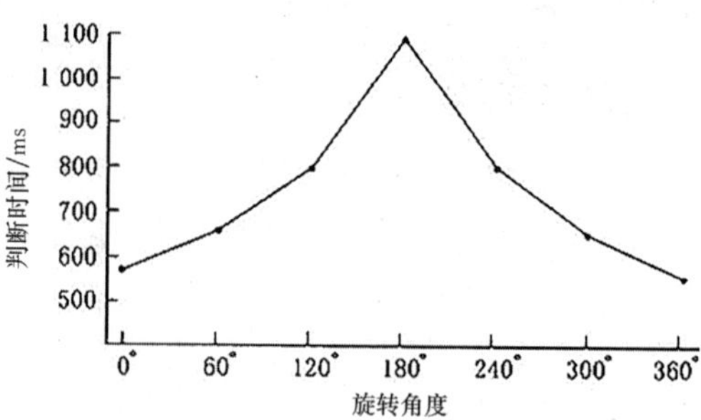

图 2-14　字母旋转角度与被试判断的反应时

上述结果说明，被试在完成任务时对表象进行了心理操作，即他们倾向于把倾斜的字母在头脑中旋转到直立的位置然后再做出判断。人们在完成某项作业时确实可以借助表象进行形象思维，形象思维的支柱就是人们已经形成的各种各样的表象。

### （三）表象的种类

#### 1．根据表象产生的感觉通道不同分类

根据表象产生的感觉通道不同，可把表象分为视觉表象、听觉表象、动觉表象、味觉表象和触觉表象等。其中视觉表象是比较鲜明、经常发生的表象形式。虽然各种表象的作用随着社会实践内容的不同而各有侧重，但表象往往都是综合起作用的。例如，舞蹈演员能随着音乐翩翩起舞，离不开听觉表象和动觉表象的综合作用。由于人们所从事的社会实践活动不同，各种表象形式所起的作用也有所侧重。一般而言，画家具有较好的视觉表象，音乐家具有较好的听觉表象，而体操运动员的动觉表象则较为丰富。

#### 2．根据表象产生的概括化程度分类

根据表象产生的概括化程度，可把表象分为个别表象和一般表象。对某一具体事物所形成的表象，称为个别表象；对某一类事物形成的表象，称为一般表象。二者之间关系紧密，个别表象是一般表象的基础和核心，而一般表象具有更高的概括性。

#### 3．根据表象的创造性成分分类

根据表象的创造性成分，可把表象分为记忆表象和想象表象。记忆表象是过去感知过的事物形象在人脑中的简单重现，想象表象是对已有表象进行加工、改造与整合的新形象。想象表象和记忆表象两者交织在一起，互为补充，很难把它们绝对分开来。只有从记忆表象中提取素材，想象才能得以进行；同时，记忆表象在某种程度上为想象表象所补充。

## 二、想象概述

### （一）想象的概念

想象是在头脑中对表象进行加工、改造、重新组合形成新形象的心理过程。

人在认识客观世界的过程中，不仅能感知到直接作用于感觉器官的事物，或者回忆起曾经

感知过的事物的表象，而且在思维参与后还能在头脑中创造出某些没有经历过的，现实中尚未存在或根本不可能存在的事物的形象。例如，我们能够根据别人口头的或文字的描述，运用头脑中已有的表象进行加工、改造，从而形成我们未曾到过的北极、月球等形象；作家可以创造出神话故事；学生在学习及阅读课外读物等活动中也经常在头脑中创造出许多新形象。

### （二）想象的种类

根据想象时有无预定目的，可以把想象分为无意想象和有意想象。

#### 1. 无意想象

无意想象是一种没有预定目的、不自觉的想象。它是当人们的意识减弱时，在某种刺激的作用下，不由自主地想象某种事物的过程。例如，人们看见天上的浮云想象出各种动物的形象，以及人们在睡眠时做的梦、精神病患者在头脑中产生的幻觉等，都是无意想象。

#### 2. 有意想象

有预定目的，在意识控制调节下产生的想象叫有意想象。在有意想象中，由于想象的新颖程度、创造水平和形成方式不同，又可分为再造想象、创造想象和幻想等几种形式。

（1）再造想象。再造想象是根据语词的描述或图像的示意，在头脑中形成的相应事物形象的心理过程。例如，建筑工人根据图纸想象出建筑物的形象；学生读了鲁迅的小说《孔乙己》后，在头脑中形成了孔乙己的鲜明形象；机器制造工人根据图纸想象出机器的主体结构。再造想象有一定程度的创造性，但其创造性水平较低。

再造想象的顺利进行，依赖于两个条件。一是正确理解与掌握语言与实物标志的意义，否则必然造成错误的再造想象。二是要有足够的表象储备。表象储备越多，再造想象的内容越丰富；表象储备质量越高，再造想象的内容越正确。

（2）创造想象。创造想象是根据一定的目的，独立地在头脑中形成新的事物形象的心理过程。例如，飞机设计师在头脑中形成了一架新式飞机形象，作家在头脑中形成了新的人物形象。

创造想象比再造想象更复杂，更困难，更高级。它是一种独立的过程，具有创造性、独立性和新颖性的特点。

（3）幻想。幻想是一种与生活愿望相结合并指向于未来的想象。幻想与一般的创造想象相比具有两个特征：第一，幻想体现了个人的愿望，是个人向往的形象；第二，幻想常是创造性活动的准备阶段。幻想可分为以下三种形式。

①科学幻想是科学预见的一种形式，是创造想象的准备阶段和发展的推动力，是具有进步意义和有实现可能的积极幻想。例如，一个多世纪前，人们做出的到天空和海洋遨游等科学幻想在今天已经变成现实。

②理想是符合事物发展规律、有实现可能的积极幻想，如想成为科学家、艺术家，为国家的繁荣富强做贡献，就是许多当代青年的理想。

③空想是与客观现实相违背的消极幻想，根本不可能实现。空想往往使人脱离现实，长期陷入空想的人往往碌碌无为，一事无成。

### （三）想象的功能

想象过程在人类社会实践中具有多种功能，主要有以下三种。

1. 预见功能

人类实践活动的一个重要特点是具有预见性。想象过程能使人对现实进行超前反映，在实践活动开始前，通过想象在头脑中拟定的活动蓝图，构成可能达到的预期结果。一个人的想象越丰富，越强烈，越主动，对实践活动的预见功能就发挥得越充分。爱因斯坦在16岁时就产生了美好的想象：如果我骑在一束光上，去追赶另一束光，将产生什么现象？他的创造性想象使他在长期的探索中，终于独具慧眼地创立了相对论。由此可见，想象的预见性对人类实践活动具有巨大的作用。

2. 替代功能

人类对客观世界的认识，总会受到一定的时空限制。例如，空间上遥远和时间上久远的事物，人们是无法直接感知的。没有去过南极的人，通过介绍，可以在头脑中形成南极的有关形象。当人们的某种需要得不到满足或某种活动不能直接参加时，想象则能帮助人们得到满足和实现需要。人们在生活中常有“想入非非”“异想天开”等情形，这些心理状态就是想象替代功能的具体表现。

3. 激励功能

人类在认识和改造世界的活动中，不是一帆风顺，总会遇到各种各样的困难。一个人必须克服各种困难，才有可能获得成功。激励人克服困难的一个重要心理因素就是想象，借助想象可以使人预测到采取何种措施去克服困难才会收到良好的效果，借助想象还可以让人联想到活动成功的意义。英国物理学家廷德尔曾说，法拉第在其全部实验之前和实验之中，想象力都不断作用和指导着他的全部实验，作为一名发明家，他的力量和多产，在很大程度上应归功于想象力给他的激励。

## 三、在教学过程中培养学生的想象力

### （一）培养和保护学生的好奇心

好奇心是发展想象力的起点，能够推动人们去想象、去探索、去创造。许多伟大的科学家、发明家都具有强烈的好奇心。但是，人们的好奇心往往容易被挫伤。例如，儿童对于周围的一切事物都感到新奇，并为这些新奇的事物所吸引。所以，他们总是这也问，那也问，这是探求知识的具体表现。可是有些父母和教师对此采取漠不关心或敷衍了事的态度，甚至呵斥、嘲笑、指责他们，挫伤儿童的好奇心。我们应该知道，好奇心是创造的重要源泉之一，所以在教学中，要培养和保护学生的好奇心，鼓励他们常问“为什么”。对于他们所提出的问题，引导他们自己去想象和思考，提出具有独到见解的答案。

### （二）丰富学生的表象储备

想象的基本材料是表象。表象储备得越多，想象就越广阔而深刻，构成的形象就越逼真。反之，表象储备得越少，想象就越狭窄而肤浅，构成的形象就越失真。例如，一些小学生，如果没有参观过历史博物馆，也没有观察过有关历史图片，在学习中国古代史的时候就不能正确地想象出中国古代封建贵族的衣服和装饰。

丰富学生表象储备的有效方法，就是组织他们进行观察。所以，在教学中，为了培养学生的想象力，组织学生观察实物、标本、模型、图片，参观自然博物馆和历史博物馆，看有价值的电视和电影，都是十分必要的。

### （三）挖掘和发挥学生的想象潜力

人的大脑有 4 个功能部位：感受器、储存区、判断区和想象区。一般情况下，人们运用前 3 个部位较多，运用想象区较少。据研究，一般人只用了想象力的 15%，可见想象力大有潜力可挖。在教学中，一要引导学生多想、多问，使想象区经常处于积极兴奋状态。二要允许学生想象失误，错误的想象正是达到正确想象的先导。教师发现学生想象有错误，应启发诱导他们去找原因，让他们的想象符合客观实际的规律。三要培养学生的意志力。教师应使学生认识到，所有的成功都得付出艰苦的劳动。只有这样，才能有所发现，有所创新，使想象升华到更高的境界。

### （四）加强学生的联想训练

联想在人的心理活动中占有重要的地位，没有联想，就很难展开想象。在教学中，教师要着重培养学生概括联想的能力。教学实践证明，在学生掌握知识结构的基础上，通过对具体典型范例的逐步研究，抽象出规律或概括出法则，揭示具体问题与抽象法则之间的内在联系，对培养学生的概括联想有较明显的效果。同时，注意知识的综合应用，进行“具体—抽象—具体”多层次的训练，能培养学生概括联想的能力。例如，学了圆的相交弦定理、割线定理和切割线定理后，可让学生通过分析它们的共同特征，概括出圆幂定理。

### （五）提高学生对于语言文字的理解能力

想象活动是在语言的调节下进行的，是根据文字的说明而展开的。如果对于语言和文字的理解能力不高，产生了错误，在想象过程中，也就会产生错误的形象。所以，我们必须提高学生对于语言和文字的理解能力，让学生充分运用语言和文字来组织和调节自己的想象，把想象从直观水平提高到抽象语词水平上来，使想象具有更大的概括性、深刻性和逻辑性。

### （六）培养学生欣赏文学和艺术的兴趣

文学和艺术的欣赏离不开想象。我们在欣赏文学和艺术作品的过程中，必须积极地开展想象活动，使自己能够深刻体会到文学和艺术作品中所描绘的一切。这样，也就同时发展了自己的想象力。有人说文学和艺术是发展想象力最好的“学校”，是很有道理的。因此，我们应重视培养学生欣赏文学和艺术的兴趣，指导他们多阅读文学作品、多观察艺术作品，不断提高他们的想象力。

# 第四节　言语和思维

## 一、言语概述

### （一）言语的概念

言语是个体运用语言工具进行思考和社会交往的行为过程。通过言语活动，可以理解对方语言和利用语言表达自己的思想和感情。人们日常的交谈、演讲、指示、写文章等，都属于言语活动，这个过程既包括说话、书写等表达的过程，也包括倾听、阅读等感受和理解的过程。因此，言语过程实质上是一种心理活动，它伴随着一个人第二信号系统的形成而产生与发展。

### （二）言语的种类

#### 1. 外部言语

外部言语是指言语活动的过程或结果具有外显表现的言语，它的结构比较严谨、连贯、完整，能够正确传递信息，有效实现与交际对方的思想与感情交流。外部言语包括口头言语和书面言语。

（1）口头言语。口头言语是指在大脑言语运动区的调节与控制下，个体的发音器官发出的旨在面对面与他人交流或演讲时表达思想和感情的语言活动。人们在学习、工作和生活中与人交往时，口头言语占有极其重要的地位。教育、传授知识等都是通过言语活动实现的。若言语不通，就难以表达自己内心的思想和感情，也就难以被其他人所理解。

口头言语包括对话言语和独白言语，其中除了语言成分外，还包括增强语言信息和语义内涵的语调、节奏、停顿等韵律成分。因此，口头言语活动比较灵活，可以根据交际对方的反应随时调整自己的言语内容和表达形式。

（2）书面言语。书面言语是指个人以文字形式表达思想和感情的言语活动。从人类的发展史来看，书面言语是在口头言语的基础上发展起来的。一个人的书面言语需要经过专门的训练而逐渐掌握。识字是人从口头言语过渡到书面言语的起始和基本环节，是阅读和写作的重要基础，也是系统学习与掌握科学文化知识的前提。

#### 2. 内部言语

内部言语是指一种伴随个人思维活动和感情产生的不出声的非交际言语。内部言语是言语的一种特殊形式，它与外部言语不同，是一种不出声的内隐言语。虽然这种言语无法用来直接与别人进行交流，但它仍然积极地参与和调节个体的外部言语活动，与外部言语紧密联系。内部言语有以下两个特征。

（1）隐蔽性。通过记录个体言语活动时发音器官的运动发现，内部言语具有发音隐蔽性的特点。例如，在思考时，尽管听不到发音器官发出的声音，但与言语发音器官相联系的肌肉仍在活动，言语器官的动觉冲动信号，不断地向大脑皮层语言中枢发送信息。心理学的实验研究表明，个体内部言语所表现出来的信号功能类似于出声言语，两者在性质上相同。

（2）简略性。与外部言语使用完整句子来表达思想与感情不同，内部言语所表达的思想与感情，往往可以简略或压缩至一个词或一个短语词组来代替。

### （三）言语的感知和理解

#### 1. 言语的感知

（1）口头言语的感知。口头言语的感知涉及语言的清晰度与可懂度。清晰度与可懂度是指听者了解讲话者所讲的话的百分率，或指听者听准确的百分率。

（2）书面言语的感知。人们通过视觉系统接受文字材料提供的信息，对字词做出正确判断与分辨，这就是书面言语的感知。书面言语的感知包括单词再认和阅读。

2. 言语的理解

言语的理解是指人们借助于听觉或视觉的语言材料，在头脑中建构意义的一种主动、积极的过程。可分为以下三级水平。

(1) 词汇理解或词汇识别是言语理解的第一级水平。

(2) 句子的理解是言语理解的第二级水平。

(3) 对课文或话语的理解是言语理解的第三级水平。

## 二、思维概述

### (一) 思维的概念

思维是人脑对客观现实间接的、概括的反映，是认知的高级形式。它反映了事物的本质特征和内部联系，主要表现在人们解决问题的活动中。思维不同于感知觉，但又离不开感知觉所提供的感性材料。只有在获取大量感性材料的基础上，才能进行种种推论，做出种种假设，并检验这些假设，进而揭露感知觉所不能揭示的事物的本质特征和内部联系。同时，人们在思维过程中，经常伴有感性的直观形象，这些直观形象便是思维活动的感性支柱。

### (二) 思维的特征

1. 间接性

思维的间接性是指思维活动不直接反映作用于感觉器官的事物，而是借助于一定的媒介和一定的知识经验对客观事物进行间接的反映。世界上有许多事物，如果单凭人的感官或仅仅停留在感知觉上，是认识不到或无法认识的。原因主要有以下几种。

(1) 由于人类感官的结构与机能的限制。对于人的视觉器官来说，可见光谱只是波长为400 nm~760 nm的电磁波，低于或超过这一区间的光，如紫外线、X射线等一般是看不见的。人的听觉只能感受到20 Hz~20 000 Hz的震动波，低于或超过这个范围的声音都不能听到。

(2) 由于时间、空间的限制。例如，人们不能直接感知猿人的生活情景，但是考古学家通过化石可以思考古老的过去，复现出猿人的形象和当时的生活情景。

(3) 由于事物本身带有蕴含或内隐的特点。例如，根据地心引力和事物运动之间的关系，我们可以预测卫星的发射是否成功；地震工作者可以根据动物的反常现象或其他仪表的数据来分析与预报震情。这些都是间接的认识，是通过人脑“去粗取精，去伪存真，由此及彼，由表及里”的加工活动来实现的。

2. 概括性

概括性是指思维在大量感性材料的基础上，把一类事物共同的本质特征和规律抽取出来，加以概括，这就是思维的概括性。它包含两层意思。

(1) 能找出一类事物所特有的共性并把它们归结在一起，从而认识该类事物的性质及其与他类事物的关系。例如，人们把植物中具有繁殖功能的部位叫作“种子”，不同植物的种子有不同的形态和颜色，人的思维不是反映它们的具体形态，而是反映它们的共同特征。

(2) 能从部分事物相互联系的事实中找到普遍的或必然的联系，并将其推广到同类的现象中去。例如，船浮在水上，通过知觉，人只能反映船和水的空间关系，这是一种自然现象，而船为什么能浮在水上，则需借助于思维才能获得反映，并把这种反映推广到类似的事物中去。

概括在人们的思维活动中有非常重要的作用，使人们的认知活动摆脱了具体事物的局限性和对事物的直接依赖关系，这不仅扩大了人们的认知范围，也加深了人们对事物的了解。所以，概括水平在一定程度上表现了思维的水平。

### （三）思维的种类

#### 1. 根据思维的内容不同分类

根据思维的内容不同，可将思维分为动作思维、形象思维和抽象思维。

动作思维是依据实际行动来解决具体问题的思维过程，也叫操作思维或实践思维。这种思维具有明显的外部特征，通常以直观具体的实际动作表现出来。幼儿 3 岁前的思维就属于动作思维。他们不能在动作之前思考，也不会计划行动、预见后果，只是结合游戏或动作而思维，动作停止，思维即停止。成人有时也会出现动作思维，往往是伴随动作操作进行的。例如，体操运动员一边进行运动操作，一边进行思维，就属于动作思维。但是，成人的动作思维比幼儿的动作思维更复杂，往往是与其他形式的思维结合进行的。

形象思维是依据头脑中的直观具体的形象或表象来解决问题的思维活动。学龄前儿童的思维主要是形象思维，他们可以脱离直接刺激物或实际动作，借助具体实物或表象进行思考。例如，他们在计算 1+2=3 时，可以想象 1 个橘子和 2 个橘子相加的表象，而不是一定要看见具体直观的实物再计算出结果。同样，形象思维在某些成人身上可能获得高度的发展。例如，艺术家、文学家、设计师等更多的是运用形象思维进行创作和解决问题。

抽象思维是以概念、判断、推理等形式进行的思维，也叫逻辑思维。这种思维是运用概念，以判断、推理的方式来反映事物的规律，它是人类思维活动的核心形态，是人类特有的复杂而高级的思维形式。例如，科学家利用实验材料进行科学推理和论证，数学家运用数学符号和概念进行数学运算和推导，学生进行科学文化知识的学习，都需要抽象思维。

#### 2. 根据思维探索目标的方向不同分类

根据思维探索目标的方向不同，可将思维分为聚合思维和发散思维。

聚合思维是指思考者把问题所提供的信息聚合起来，思路朝着同一方向聚敛前进，得出一个正确的或最佳答案的思维，也叫集中思维或求同思维。它的突出特点是求同与求优。这种思维是利用已有的知识经验和现成的方法来解决问题的一种有方向、有范围、有组织、有条理的思维形式。例如，“小李比小王高”，“小李比小张矮”，“小张比小王高”，“小张比小刘矮”，其结果必然是“小王比小刘矮”。

发散思维是指从一个目标出发，沿着各种不同途径去思考，探求多种合乎条件的答案的思维，也叫分散思维或求异思维。它的突出特点是求异与创新。这种思维无一定的方向和范围，不墨守成规，是一种由已知探索未知的开放式的思维形式。发散思维因其求异与创新的特点，成为创造性思维中的主要心理成分。

#### 3. 根据思维结论是否有明确的思考步骤和思维过程中意识的清晰程度分类

根据思维结论是否有明确的思考步骤和思维过程中意识的清晰程度，可将思维分为直觉思维和分析思维。

直觉思维是人们在面临新的问题、新的事物和现象时，能迅速理解并做出判断的思维活动。它的特点是快速、跳跃，往往不是“深思熟虑”的。直觉思维在解决问题时有重要作用，它与人们的知识经验有关。例如，医生听到病人的简要自述，即可迅速做出疾病的诊断。

分析思维也就是逻辑思维，它遵循严密的逻辑规律，逐步推导，最后得出合乎逻辑的正确答案或做出合理的结论。例如，学生解几何题的多步推理与论证；军事指挥员按一定程序分步剖析情势，进行敌我双方的力量对比，思考行动的条件与后果而做出决策的过程；等等。

4. 根据思维的创新程度及其结果的新颖性分类

根据思维的创新程度及其结果的新颖性，可将思维分为常规思维和创造性思维。

常规思维是指人们运用已有的知识经验，按照现成的方案和程序，用固定的模式来直接解决问题的思维，也叫再造性思维或再现性思维。这种思维的创造性水平很低，对原有的知识不需要进行明显的加工，也不需要有创新性的思维成果，往往缺乏创造性。例如，学生学习了阿基米德定律，就可以运用这一定律来直接解决现实中有关浮力的问题。

创造性思维是指以新颖、独特的方式来解决问题，并产生新的成果的思维。例如，小说家创作小说、发明家发明新的产品等，都属于创造性思维的范畴。创造性思维的根本特点是新颖性和独创性。它是人类思维的高级过程，是一切创造性活动的必要心理条件。创造性思维是多种思维的综合表现，包括聚合思维、发散思维和直觉思维三种形式。

## 三、思维的过程与形式

### （一）思维过程

思维过程是一个复杂的过程，它是通过分析、综合、比较、分类、抽象、概括、具体化和系统化等多个相互联系的环节来实现的。

1. 分析与综合

分析是指头脑中把事物整体分解为各个部分、各个方面或各个特征。例如，把一篇文章分解为段落、句子和词，把一棵树分解为根、茎、叶、花，等等。人们对事物的了解，往往是从事物的特征和属性开始的。

综合是在头脑中把事物的各个部分、各个特征、各种属性综合起来，了解它们之间的联系和关系，形成一个整体。例如，我们把文章的各个段落综合起来，就能把握全文的思想；把一个人的各种性格特点结合起来，就能了解一个人的个性。

分析与综合是相反而紧密相连的同一思维过程中不可分割的两个方面。分析是把部分作为整体的部分，从它们的相互关系上进行分析，只有这样，分析才有意义，才有方向。综合是通过对各部分、各特征的分析来实现的，所以分析又是综合的基础。任何一种思维活动，既需要分析，也需要综合。

2. 比较与分类

比较是在思想上把对象或现象的个别部分、个别方面或个别特征加以比较，确定被比较对象的共同点和不同点及其关系。它的特点是在某一事物的某个方面进行比较。为了确定几个对象的异同，人们在思想上把每个对象分解为部分，区分出某种特征，这就是分析；同时，在比较时，把相应的部分联系起来考虑，确定它们在哪些方面是相同的，在哪些方面是不相同的，这就是综合。因此，比较离不开分析和综合，分析和综合是比较的基本过程和组成部分。比较在人认识世界时起着重要作用。有比较，才有鉴别。人认识一切客观事物，都是通过比较来实现的，没有比较就不能认识事物。教师在教学中广泛地运用比较，常常通过把这个对象和与它十分相似的各种对象进行比较，找出它们之间的不同点，又把这个对象和与它差别很大的各种对象进行比较，找出它们之间的相同点，使学生较容易地明确这个对象的本质特征，从而帮助学生突破学习上的难点。

分类是指在头脑中根据事物或对象的共同点和不同点，把它们区分为不同种类的过程。也就是说，分类是以比较为基础的，通过比较，依据事物或对象的特点，把它们分门别类。因此，分类必须依据一定的标准，即根据事物或对象的某种属性和关系进行分类。例如，生物学的分类，由低到高的类别层次分别为种、属、科、目、纲、门、界。

#### 3．抽象与概括

抽象与概括是更高级的分析与综合活动。

抽象是指在头脑中把各种事物或对象之间的共同的、本质的属性抽取出来的过程。因此，抽象强调抽取出事物与事物之间的本质属性，舍弃事物的非本质属性。例如，对鸟的抽象，“羽毛”“动物”是共同的、本质的属性，而“飞”则是非本质的属性。

概括是指在头脑中把抽取出来的各种事物或对象之间的本质属性结合起来，推广到同一类事物或对象上去的过程。例如，由三条线段组成的封闭图形叫三角形，这就是概括的结果。因此，概括是一种特殊形式的综合，在概括的基础上形成各种概念、规则。

总之，概括是在抽象的基础上进行的，没有抽象就没有概括。如果我们不能从千差万别的事物中抽取事物共同的、本质的属性，就无法对这类事物进行概括；如果没有概括性的思维，就不可能抽象出这类事物的本质属性。因而，它们之间是相互依存、相辅相成的关系。

#### 4．具体化与系统化

具体化是指在头脑中把抽象和概括出来的本质属性和规律运用到具体事物中去的过程。也就是说，具体化是与抽象、概括相反的思维过程，是抽象、概括的理性认识与具体的感性认识相结合的方法，是启发人们思考和发展认识的重要环节。例如，教师在讲授一个新概念时常常用例子、图解、具体事实来说明，这就是一种具体化的过程。

系统化是指在头脑中把知识分门别类地按照一定的顺序、层次整理成具有层次结构的整体系统的过程。系统化是在复杂的分析、综合、比较、分类、抽象、概括和具体化的基础上实现的，有助于我们自觉深入、牢固地掌握科学知识体系，有利于我们全方位把握事物的本质和规律。

在解决问题的思维活动过程中，上述各种思维过程是相互联系的。人们利用概念、判断、推理等思维形式，进行分析、综合、比较、分类、抽象、概括的具体化及系统化预演的过程。借助于这些思维过程的不同组合，人们才能更加正确地认识世界、改造世界。

### （二）思维形式

思维过程总是以一定的形式表现出来。思维的基本形式是概念、判断、推理。

#### 1．概念

概念是人脑反映事物本质特征的思维形式。例如，“人”这一概念，反映的是“能进行抽象思维，能制造和使用工具”等本质特征，而不是反映肤色、长相、性别、年龄等非本质特征。概念是在抽象、概括基础上形成的，通过抽象，舍弃事物的非本质特征，把事物的本质特征抽取出来；通过概括，把事物的本质特征结合起来，从而形成该事物的概念。在人脑中任何概念都是用词来标志的，如果没有词，概念就不可能存在。

每一个概念都有它的内涵和外延。概念的内涵是指概念的含义，即概念所反映的事物的本质特征；概念的外延则是指概念的范围，即适合于这一概念的所有事物。例如，“钟表”这个概念的内涵是“用以计量时间”，它的外延包括各种各样的钟表。概念的内涵决定着概念的外延，内涵越少，外延越大；内涵越多，外延越小。因此，概念的内涵和外延是成反比的。

2. 判断

判断是肯定或否定某事物具有某种属性的一种思维形式。例如，“这是一块钻石”“今天下雨”“这是一个好人”，这是肯定的判断。“此人不是一个好人”“语言不是上层建筑”，这是否定的判断。任何判断都是我们对事物的认识，是对客观事物之间联系的反映，是判定事物情况的思想。我们头脑中的任何思想、任何词句，只要其中有某种内容，就一定包含着判断。思维的过程借助于判断去进行，思维的结果也是以判断的形式表现出来。

3. 推理

推理是由已知判断推出新判断的思维形式。一个推理由前提和结论两部分组成。前提是作为推理出发点的已知判断，结论是根据前提推出的新判断。

推理主要有两种形式：归纳推理和演绎推理。归纳推理是从特殊事例到一般原理的推理。例如，在平面几何中，根据“锐角三角形、直角三角形、钝角三角形之和都等于180°”可得出“任何三角形内角之和等于180°”的结论，属于归纳推理。演绎推理就是从一般原理到特殊事例的推理。例如，根据“一切金属均能导电”得出“铁也能导电”的结论，属于演绎推理。

## 四、创造性思维与教学

### （一）创造性思维

创造性思维是创造活动中的一种思维，它是应用新的方案或程序，创造新的思维产品的思维活动。例如，新机器的设计、文学艺术创作等。它是人类思维活动的高级过程，是一种复杂的心理活动，需要人们对已有的知识经验进行改组或重建，并在头脑中产生新的思想和形象。创造活动是创造性思维产生的基础。没有丰富的社会实践经验，创造性的思想或形象是不可能产生的。

关于创造性思维的成分，根据心理学的研究，目前认为主要有聚合思维和发散思维。创造性思维是这两种思维活动相结合的产物。没有发散思维，思维活动不可能有所创造。但仅有发散思维，又不可能选择到最合理的方案。所以在一项创造活动中，人们需要从发散思维到聚合思维，又从聚合思维到发散思维，经过多次循环往复才能形成新思想。所以，发散思维和聚合思维在不同水平上的结合，构成了创造性思维。

### （二）创造性思维的阶段

创造性思维的过程是指在问题情景中，新的思想从萌发到形成的整个过程。关于这个过程的研究，主要来自对科学家、艺术家创造时思维活动过程的分析，以及对他们的日记、传记的研究。在这一研究中，英国心理学家瓦拉斯的“四阶段说”最具有代表性。他认为无论科学研究、艺术创造，大体都经历以下四个阶段。

1. 准备期

准备期指进行创作活动前，积累有关知识经验，搜集有关资料及前人对同类问题的研究成果。研究前人的经验，不仅可以获得丰富的知识，而且能从中受到启发，从旧关系中发现新关系、新问题。例如，爱因斯坦的著名论著《相对论》，写作只花了5周时间，但是准备工作却花了7年之久。

2. 酝酿期

酝酿期是在积累一定知识经验的基础上，人们对问题和资料进行深入探索和思考的时期。在酝酿过程中，如果思路阻塞，可将问题暂时搁置，这时人的思路似乎中断，而实际上仍在潜意识中断断续续地进行。因此，有可能在从事其他活动时受到启发，使问题获得创造性的解决。例如，瓦特在看开水壶时发现蒸汽的原理，牛顿是在苹果树下看到苹果落下而发现地心引力的。

3. 豁朗期

豁朗期是新思想、新观念、新形象产生的时期，这个时期具有豁然开朗、突然出现的特点，所以又叫灵感期。这些思想有时产生在其他活动中，甚至产生在半睡眠的模糊状态下。例如，橡胶硫化的方法是海华德在梦中想到的，法国著名数学家笛卡儿提出解析几何学也得自梦中的灵感。创造性思维到了这个阶段，其思考过程已基本完成。

4. 验证期

验证期是对新思想或新观念等进行验证、修正和补充，使其趋于完善的时期。可以采取逻辑推理的方式，也可以通过实践活动求得事实上的结果。在这个过程中，可对新思想、新观念等反复修正、补充，使创造工作达到完善的境界。

### （三）培养学生的创造性思维

创造性思维并不是与生俱来的，它是在一般思维的基础上，经过后天的培养、教育和训练发展起来的。教师不仅要传授知识，而且要有计划地教给学生必需的思维方法，培养他们良好的思维品质，发展其创造性思维能力。创造性思维的培养应注意以下几点。

1. 运用启发式教学，保护学生的好奇心，激发学生的求知欲，培养学生的创造性动机，调动学生学习的积极性和主动性

好奇心是人对新异事物产生好奇并进行探究的一种心理倾向。求知欲又称认识兴趣，它是好奇心的升华，是人渴望获得知识的一种心理状态。好奇心和求知欲是学生主动观察事物、进行创造性思维的内部动因。一些研究认为，儿童的好奇心、求知欲如果得不到支持与扶植，就会泯灭。因此，儿童的好奇心、求知欲及由此引起的各种探索活动，应得到鼓励和保护。教师在教学过程中要创造条件，积极促进学生的好奇心、求知欲的发展。学习动机等非智力因素对创造性思维能力的培养也起着重要作用。发展学生的创造性思维，还要调动学生的积极性和主动性。

2. 培养学生的发散思维能力，并将发散思维和聚合思维相结合

创造性思维是发散思维与聚合思维相结合的产物，其中发散思维是创造性思维最主要的特点，为此在教学过程中要注重学生发散思维能力的培养。例如，对于一个问题，让学生从不同方面、不同角度进行思考，找出不同的解决问题的办法。从思维的独特性、变通性、流畅性等

方面入手，经常进行发散思维训练。培养聚合思维主要是培养学生抽象、概括、判断和推理的能力。例如，给学生提供众多案例，让他们总结规律或进行推理等。

### 3．发展学生的创造性想象能力

思维的基础是表象和想象。想象与创造性思维有着密切的联系，它是人类创造活动所不可缺少的心理因素。具有丰富的创造性想象能力是产生创造性成果的必要条件。因此，教师要注意发展学生的创造性想象力。

### 4．组织创造性活动，正确评价学生的创造性

创造性思维的培养依托于创造性活动的开展。教师应多组织合作教学、情境教学等有利于创造性思维发展的教学形式。

创造才能的形成，除了个人的主观努力外，还有赖于良好环境的熏陶。一个有利于创造的环境，不仅有利于求知欲的形成，而且还会刺激新思想的诞生，使创造成果层出不穷。要培养学生的创造性思维，教师应创设有利于创新精神形成的良好氛围，鼓励学生在学习活动中自己去领会或发现事物之间的联系，而不是要求学生背会教师告诉的标准答案。要鼓励学生的创造性行为，启发、协助、鼓励学生主动地独立发现问题、分析问题和解决问题，而不要预先树立是与非、对与错的绝对权威。有些创造型学生可能比较顽皮，爱争辩，常有越轨行为，经常提出各种怪问题，教师应该保护他们创造的萌芽，要给学生犯错误的机会，不要动辄厌恶指责。要创造民主的、平等的和自由探讨的气氛，最大限度地发挥学生的积极主动性，允许和鼓励每个学生大胆地发表各种设想。

### 5．开设具体的创造性课程，教授学生创造性思维的方法和策略

（1）常见的创造性课程：①创造发明课。②直觉思维训练课。③发散思维训练课。训练发散思维的方法有多种，如用途扩散、结构扩散、方法扩散、形态扩散等。④推测与假设训练课。⑤自我设计训练课。⑥侧向思维训练课。

（2）创造性思维的方法和策略。让学生掌握创造性思维的方法和策略，是发展学生创造力的重要途径。在教学活动中，教师应指导学生掌握一些创造性思维的方法和策略。例如，运用类比推理、原型启发方法，探索新事物；利用逆向求索，打破思维定式的束缚；把发散思维与聚合思维、直觉思维与分析思维有机结合起来；发挥发现法教学的作用；等等。借助这些方法和策略，使学生的创造活动由盲目到意识明确，由被动到主动发展。

国内外关于创造性思维训练的方法介绍有很多，主要有扩散思维训练、摆脱习惯性思维训练、自由联想技术、头脑风暴法等，其中有较大影响的是头脑风暴法。

头脑风暴法是由美国创造学大师亚历克斯·奥斯本提出来的，其基本做法是：教师提出问题，然后鼓励学生寻找尽可能多的答案，不必考虑该答案是否正确，教师也不做评论，一直到所有可能想到的答案都提出来了为止。教师暂时不做评论，可以防止学生因为怕说错受到批评而不敢说，在比较宽松的心理氛围下，学生的各种想法还能够起到相互促进的作用。

在采用头脑风暴法的时候要遵循以下原则：第一，让参与者畅所欲言，对提出的所有方案禁止批评，延迟评价。第二，鼓励标新立异、与众不同的观点，提倡自由奔放的思考，充分发表自己的看法。第三，以获得方案的数量而非质量为目的。第四，鼓励提出改进意见或补充意见，提倡对他人的设想进行组合和重建以求改善。

6．结合各学科特点进行创造性思维训练

虽然各种直接的、专门的创造性训练是有效、可行的，但不应取代或脱离课堂教学。许多研究证明，结合各个学科特点进行创造性思维训练，既可以发挥教师的创造性，也可以有效地提高学生的创造力。排斥或脱离学科而孤立地训练创造力，实际上是舍本逐末的做法，也不可能真正提高学生的创造力。

## 五、学生思维的发展

### （一）小学生思维的发展

小学生思维发展的基本特征是从具体形象思维为主逐步向抽象逻辑思维为主过渡。主要表现在：小学生的抽象逻辑思维逐步发展，但仍带有较大的具体性；小学生的抽象逻辑思维的自觉性开始发展，但仍带有很大的不自觉性；在从具体形象性向抽象逻辑性的过渡中，存在着不平衡性（不平衡性既表现为个体发展的差异，又表现为思维对象的差异，如不同学科或不同教材）；在从具体形象思维为主逐步向抽象逻辑思维为主的过渡中出现“飞跃”或“质变”。一般认为这种现象的关键年龄出现在小学四年级。如果教育条件适当，这个关键年龄可以提前到三年级。

### （二）中学生思维的发展

1．抽象逻辑思维逐渐占据主导地位，并随着年龄的增长日益成熟

初中阶段，由于生理心理的发展，初中生认知结构发生新的变化，使得他们在解决问题时能逐渐熟练地运用假设、抽象概念、逻辑法则及逻辑推理等手段来解决问题。但在一定程度上，初中生的抽象逻辑思维还需要具体形象思维的支持。

从初中二年级开始，中学生进入思维发展的关键期。中学生的抽象逻辑思维开始由经验型水平向理论型水平转化，到高中二年级，这种转化初步完成，中学生的抽象逻辑思维趋向成熟。

经过中学阶段的发展，高中生的抽象逻辑思维已具有充分的假设性、预计性及内省性。抽象逻辑思维的各种思维成分基本趋于稳定，开始达到理论型抽象逻辑思维的水平。个体在思维品质和思维类型上的差异已趋于定型，与成人期的思维水平基本保持一致。

2．形式逻辑思维逐渐发展，在高中阶段处于优势

整个中学阶段，形式逻辑思维已获得了相当完善的发展，在其思维活动中占据主导地位，主要表现在以下几个方面。

（1）经过整个中学阶段的发展，中学生已经逐步掌握了系统的、完整的概念体系。

（2）中学生的推理能力基本达到成熟。

（3）能够较好地运用逻辑法则。

3．辩证逻辑思维迅速发展

中学生的辩证逻辑思维发展趋势主要表现在以下几个方面。

（1）初中一年级学生已经开始掌握辩证逻辑思维，但水平较低。

（2）初中三年级学生的辩证逻辑思维处于迅速发展阶段，处于重要的转折时期。

（3）高中学生的辩证逻辑思维已居于优势地位，他们已经能多层次地看待问题，理解一切事物都处于互相制约、互相联系或是对立统一的关系之中。

# 第五节 注意

## 一、注意概述

### （一）注意的概念

注意是和意识紧密相关的一个概念，但它既不同于意识，也不同于对某一事物反映的感知、思维等认知过程。在大多数时候，人们可以有意识地控制自己的注意方向。所以，注意是心理活动对一定对象的指向和集中。注意的指向性是指人在每一瞬间的心理活动或意识选择了某个对象，而忽略了其余对象。例如，学生在听课时，他的心理活动不是指向教室里的一切事物，而是把教师的讲述从许多事物中挑选出来，并且比较长久地把心理活动保持在教师的讲述上。注意的集中性是指心理活动或意识在一定方向上活动的强度或紧张程度。当心理活动或意识指向某个对象的时候，它们会在这个对象上集中起来，即精神贯注，兴奋性提高。人在高度集中自己的注意时，注意指向的范围就缩小；指向的范围广泛而不集中时，则整个强度就降低。人在注意高度集中时，除了对目标事物之外，对自己周围的其他事物就都会变得“视而不见”“听而不闻”。例如，听课时不仅是指离开一切与听课无关的事物，而且是对与听课活动无关的甚至有碍的活动的抑制，这样，对教师的讲课就能得到鲜明而清晰的映象。

### （二）注意与心理过程

从反映论的角度来看，注意不是一种独立的心理过程。因为心理过程是对特定客观现实进行反映的过程。注意本身并不反映事物及其属性，它没有独立的对象，只是伴随性的一种心理现象。通常心理学家把注意看作心理活动的一种积极状态。当人在注意什么时，它表现在感觉、知觉、记忆、思维、想象等心理过程当中，成为这些过程的一种共同的特性而与这些过程密不可分。无论在什么情况下，注意都不能离开心理过程而单独起作用。平时我们常说“请注意黑板”“请注意我下面讲的问题”，这并不是说注意是一个独立的心理过程，可以离开认知过程，而是说“请注意看黑板”“请注意听我下面讲的问题”，只是在口语中把“看”字和“听”字省略掉了。

### （三）注意的功能

注意的基本特性决定了注意对人的心理和行为具有一些主要功能，具体表现在以下三个方面。

1. 选择功能

注意可使人的心理活动在种种刺激中有选择地指向那些有意义的、符合自身需要的，并且和当前活动有关的刺激。由于注意的作用，外界刺激进入感知、动作和记忆的范围便大大缩小了，其中一些强的、重要的或新的刺激占据优势，另一些弱的、无关的或非常熟悉的刺激则受到抑制。注意的选择功能使人有可能将有关信息检索出来，从而积极主动地完成当前活动。

2. 保持功能

注意的保持功能表现为心理活动在时间上的延续。注意的保持功能使人从外界获取的感知信息或从记忆中提取的信息能在一定时间内保持在意识中，从而实现对这些信息的深加工，使有用的信息进入长时记忆，为完成当前活动提供保障。没有注意的保持功能，所有信息在意识中转瞬即逝，人的任何智力操作就没有办法完成。

3．调节和监督功能

注意的调节和监督功能对于提高人的活动效率至关重要，只有在注意的状态下，人才能对自己的行为和活动进行监督。在注意状态下，人可以发现和纠正活动中的错误，提高活动的准确性和速度。同时，当活动的条件或人的需要发生变化时，可以适时分配注意和转移注意，使人能适应变化多端的环境。注意使人实现对活动全程的监督，适时调节，从而顺利地完成活动。

### （四）注意的外部表现

人处于注意状态时，会产生一系列生理反应，如呼吸运动的变化、内分泌腺分泌量的变化、皮肤电反应、瞳孔大小及脑电波的变化等。这些反应可以作为注意的生理指标。不仅如此，从行为上还可以观察到机体的各种定向反应。人在集中注意时，外部表现主要包括以下几个方面。

1．适应性的动作

人在注意状态时，常伴有一些适应性的行为，主要表现为感官朝向刺激源。例如，人在注意听一个声音时，耳朵就会转向声源的方向，即所谓“侧耳倾听”；人在注意看一个物体时，就会把视线集中在该物体上，即所谓“举目凝视”；当沉浸于思考或想象时，就会出现眼睛朝着某一方向“呆视”着，好像看着远方一样，周围的一切变得模糊起来。

2．无关动作的停止

当注意集中时，人会自动地停止与注意无关的动作。例如，教学过程中，学生高度注意时，他们往往会不由自主地停止做小动作或交头接耳，身体处于紧张状态，教室会呈现出一片寂静。

3．呼吸运动的变化

当人处于注意状态时，呼吸运动会发生适应性变化。人在注意时，呼吸变得轻微而缓慢，呼与吸的时间比例也改变了，一般吸的时间更短促，呼的时间延长了。在紧张注意时，甚至会出现呼吸暂时停止的情况，即所谓“屏息”现象。

4．多余动作的产生

当人处于高度注意状态时，由于机体紧张，有时会出现一些多余动作，如握紧拳头、咬紧牙关、手足无措等。

必须指出，虽然从注意时的适应性反应和表情动作容易看出人的注意状态，但是，注意的外部表现和注意的内心状态也有不一致的情况。例如，貌似注意一件事，而实际上心理活动却指向和集中于另一件事。在课堂教学中，有时学生貌似在注意听讲，实则已陷入“白日梦”或注意其他事物。有经验的教师对学生貌似注意的现象是不难发现的，通过认真的观察，还是能观察出学生的真实状态，如学生的外部表现不是随教学的进展或教学方法的改变而做出相应的调整，或者与教学进度的变化不合拍，或者面无表情地坐着。

## 二、注意的种类

根据注意产生和保持时有无预定目的和意志努力程度的不同，可以把注意分为无意注意、有意注意和有意后注意三种。

## （一）无意注意

### 1. 什么是无意注意

无意注意，也叫不随意注意，是指事先没有预定目的，也不需要作意志努力的注意。无意注意一般是在外部刺激物的直接刺激作用下，个体不由自主地给予关注。例如，正在上课的时候，有人推门而入，大家不自觉地向门口注视；一个人沿着街道走的时候，突然听到救护车尖锐的笛声，他就会不由自主地注意这一情况。无意注意是人和动物都具有的注意的初级形式。

### 2. 引起无意注意的原因

引起无意注意的原因可以分为两类：第一类是客观刺激物本身的特点，第二类是人的主体状态。同时二者也是相互联系的，前者是产生无意注意的主要原因。

（1）无意注意产生的客观原因。无意注意主要是由周围环境的变化引起的。当周围环境中出现了某种新异的刺激物，人就自然地把注意指向这种刺激物，并试图认识它。巴甫洛夫说："对于我们起作用的每一种新刺激物，在我们这方面引起一种相应的运动，以便更好地而且更充分地把这个刺激物报告给我们自己。我们留意出现的每一个图形，倾听所有发出的声音，用力地嗅闻奇异的气味，并且如果一个新的物体接近我们，我们就设法去触摸它；一般来说，我们用适当的感受表面，即相应的感觉器官，尝试去抓握或攫取每一种新的现象或物体。"

那些能引起我们无意注意的刺激物的特点主要表现在四个方面：刺激物的强度、刺激物的对比关系、刺激物的新异性、刺激物的运动和变化。

（2）无意注意产生的主观原因。无意注意主要是由事物的特点引起，但也跟人当时的主观状态有密切的关系。同样的一个刺激物可能引起这个人的无意注意，而不会引起另一个人的无意注意。引起无意注意产生的主观状态主要有以下几个方面。

①需要和兴趣。一切事物，如果它们跟满足需要（不论是机体的、物质的需要或是精神的、文化的需要）有关，都会使人产生期待的心理和积极的态度，从而引起无意注意。例如，一个饥饿的人，对餐馆、食物就很容易引起无意注意，而一个饱食的人可能对同样的事物并不会关注；建筑师由于职业的需要，当他们外出旅游时，各式各样的建筑物都会自然而然地引起他们的注意。兴趣是无意注意的重要源泉。越是与人的生活活动、当前的任务、从事的工作密切联系着的刺激物，越容易使人感兴趣，也就越能引起人的无意注意。例如，一个足球迷，对著名球赛、足球新闻很容易引起无意注意，而一个对足球不感兴趣的人则可能视而不见，充耳不闻。

②情绪和知识经验。人的情绪状态对无意注意也起着很大的作用，它在很大程度上决定着什么事物容易引起注意。当人处于愉悦心境中时，更容易对周围事物引起无意注意，注意也更容易持久。反之，如果一个人心境忧郁或悲伤时，平时容易引起注意的事物，这时也不容易引起注意。此外，人的特殊情感也与无意注意有关。凡是对某人或某事有着特殊情感的人，与此人或此事有关的情况都容易引起他的注意。

## （二）有意注意

### 1. 什么是有意注意

有意注意，也叫随意注意，是指服从于预定目的、需要做意志努力的注意。有意注意有两个明显的特征，即目的性和意志成分的参与较多。当人在记忆英文单词的时候，由于认识到单词记忆对英语学习的重要性，人就会自觉、主动地将心理过程指向这些英文单词，并积极地在经验中去搜寻相关知识对新单词进行组织。当学习过程中遇到困难或出现干扰时，由于学习的目的性，人常常会需要做出意志努力，克服困难，使注意始终保持在学习目标上。有意注意是注意中的一种积极、主动的形式，在人的心理成熟过程中，有意注意出现相对较晚。有意注意是人所独有的，是一种高级的注意形式。

2. 保持有意注意的条件

有意注意是一种需要做出意志努力的注意形式，在开展活动时要保持有意注意需要依赖于一定的条件。

（1）活动目的要明确，任务要具体。由于有意注意是一种有预定目的的注意，所以活动主体明确活动的目的和任务就显得尤为重要。对活动任务的意义理解得越清楚、越深刻，完成任务实现目的的愿望就会越强烈，有意注意也越容易维持。

（2）相关知识技能是活动顺利进行的重要条件。在活动中，如果主体对完成活动任务的相关技能和知识有更多的掌握，在活动中能更好地完成各项具体任务，逐渐靠近活动的目的，则有意注意更容易得到保持。

（3）充分利用间接兴趣。兴趣是引起和保持有意注意的重要条件。兴趣是人的认知需要的心理表现，它使人对某些事物优先予以注意，并带有积极的情绪色彩。根据兴趣的起因不同，可以把兴趣分为直接兴趣和间接兴趣。而在保持有意注意中，最初起作用的更多是间接兴趣，即不是对活动本身感兴趣，而是对活动的意义感兴趣。随着活动的进行和主体对活动的了解的深入，间接兴趣有可能转化成直接兴趣。例如，考试对于应试者来说可能没有兴趣，但对于考试结果，应试者非常感兴趣，从而在考试的过程中，应试者始终能较好地保持其有意注意。

（4）自我提醒和命令。在活动中经常进行自我提醒和命令是使有意注意得以保持的重要条件，特别是在活动中遭遇困难阻碍的时候，自我提醒和命令可以起到重要作用。

（5）用坚强意志与干扰作斗争。有意注意的产生和维持，有时是在有干扰的情况下进行的。对注意的干扰，可能是外界的刺激物，也可能是机体自身的某些状态，这就需要人们做出一定的意志努力去排除干扰。在某些情况下，排除内部干扰比排除外部干扰更困难，更需要意志上的努力。总之，只有用坚强的意志力，才能克服各种诱因的干扰，使有意注意保持下去。

## （三）有意后注意

无意注意和有意注意是两种最基本的注意形式，虽然二者存在区别，发生的原因也不同，但在人从事活动的时候，往往不能把二者截然分开。如果只凭无意注意来进行活动，那么活动就会显得缺乏计划和目的，很难顺利地完成任务，而且无意注意也极易分散。如果只凭有意注意来进行活动，虽然是围绕预定目的进行活动，但由于有意注意需要人更多的意志成分的参与，所以很容易使人疲劳，不利于注意的维持及活动的完成。因此，在一项活动中，往往需要二者的参与。同时，有意注意和无意注意在一定条件下可以相互转化。例如，有时刚刚从事一项不感兴趣的工作时，往往需要一定的努力才能将自己的注意力保持在这项工作上，经过一段时间后，当自己对这项工作产生兴趣或熟练后，不需要意志努力就可以保持注意了，这个现象就称为有意后注意。有意后注意是有预定目的，但不需要付出意志努力的一种注意形式，是注意的一种特殊形式，它兼具有意注意和无意注意两种注意的特点。由于有意后注意在有目的活动中无须付出艰苦的意志努力，所以对人顺利完成活动具有非常重要的意义。

## 三、注意的品质

### （一）注意的范围

#### 1．注意的范围的含义

注意的范围又称注意的广度，是指在同一时间内，人所能清晰把握注意对象的数量多少方面的特征。知觉的对象越多，注意的范围越广；知觉的对象越少，注意的范围越小。

研究注意的范围，一般利用速视器来进行实验。在实验中，以 1/10 s的时间向被试呈现刺激时，眼睛只能注视一次，在这段时间内，意识所能把握对象的数量就是注意的范围。根据实验，成人对黑色圆点的注意的广度平均是 8 个左右，对于不相关字母的注意的广度为 4~5 个。

#### 2．影响注意的范围的因素

（1）知觉对象的特点。知觉对象的特点影响注意的范围。例如，实验中用速视器呈现外文字母，颜色相同时注意的范围大，颜色不同时注意的范围小；排列成一行的字母注意的范围大，杂乱无章分散的字母注意的范围小；一样大小的字母注意的范围大，大小不同的字母则注意的范围小；组成有意义的词的字母比毫无意义孤立的字母注意的范围大。总之，注意对象越相似，越集中，排列越有规律，越能构成相互联系的整体，注意的范围就越大，反之注意的范围就越小。

（2）人的活动任务和知识经验。活动任务越简单，注意的范围就越大；活动任务越复杂，则注意的范围就越小。例如，一个人在感知外文字母的时候，要求他尽可能多地说出字母，或者要求他说出字母的颜色，或者要求他辨别字母的对错，或者以上三种任务同时提出来，每种任务下他所能注意到的字母数量是不相同的。

注意的范围还与个人的知识经验有关。一个人在某一方面的知识经验越丰富，就越善于把所感知的对象组成一个整体来认识，因而他在这一方面的注意的范围也就越广阔，反之则越狭窄。精通外文的人读外文书，注意的范围就大，外文水平差的人读外文书，注意的范围就小。如果看中文书，我们注意的范围就要比不熟悉中文的外国人大得多。

注意的范围的扩大，可提高学习和工作效率。在学习中，注意的范围大，阅读速度就快，所谓“一目十行”就是指在同样的时间内输入大脑的信息更多。因此，通过训练扩大学生注意的范围，是使他们较多、较快地获得知识的必要条件。

### （二）注意的稳定性

#### 1．注意的稳定性的含义

注意的稳定性又叫注意的持久性，是指人的心理活动持久地保持在一定事物或活动上的特性。这是注意在时间上的特征。注意集中的持续时间越长，注意的稳定性越高。

注意的稳定性并不意味着它总是指向同一个不变的对象，而是说行动所接触的对象和行动本身可以变化，但活动的总方向保持不变。例如，学生做作业时，看参考书、写字、演算等，这些活动都服从于完成作业这一总任务，仍表现为注意的稳定性。

在集中注意感知某一事物时，很难长时间地保持不变。如把一只手表放在离被试一定距离处，使其刚刚能够听到表的嘀嗒声，即使是十分专心地听，也会感到时而听到时而听不到，或感到表的声音时强时弱。注意的这种周期性变化现象，称为注意的起伏现象。注意的起伏现象是不能直接控制的感受性所发生的周期性变化。如图 2-15 所示，当要求被试全神贯注地持续观看时，便会发现该图中的小方块时而向外凸出，时而又向内凹进。

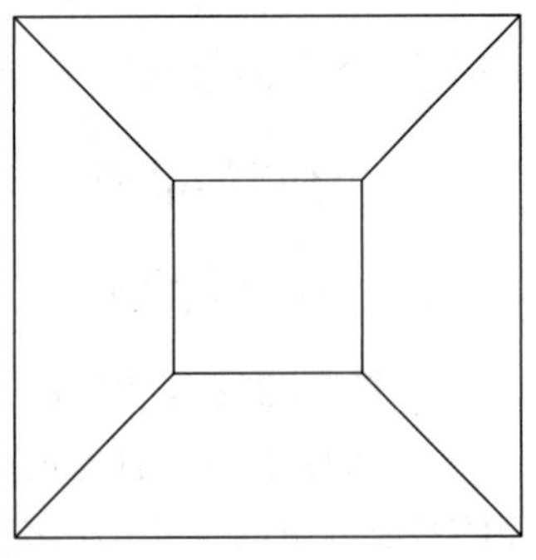

图 2-15　注意的起伏现象

这种看到图形反复变动的现象就是典型的注意的起伏现象。它是一种经常发生的、受神经活动本身特点影响的正常心理现象。一般来说，1~5 s的注意起伏，不影响完成复杂而有趣的活动。但研究也证明，经过 15~20 min的注意起伏，将导致注意不由自主地离开客体。根据这一特点，要保持学生稳定的注意，教师上课时，应每隔 10~15 min使学生转换活动方式，把一些实际动作夹杂在学生的听知觉和视知觉的活动中。

与注意的稳定性相反的一种现象是注意的分散，即分心，是指心理活动没有完全保持在当时所应该指向和集中的对象上。注意的分散是由无关刺激物的干扰或由单调刺激物所引起，是与注意的稳定性相反的一种注意状态，对完成当前的活动任务具有消极的影响。我们应该增强抗干扰能力，避免分心的产生。

#### 2. 保持注意的稳定性的条件

（1）注意对象的特点。一般来说，注意对象的内容丰富、复杂多变，注意可在一定范围内运动着，注意就较稳定和持久。而内容贫乏、单调而静止的对象，就不易稳定注意。例如，只看一个静止的字，难以维持注意；看内容丰富多变的小说，注意就能长时间保持。

（2）活动的组织安排。活动多样化，并且不同的活动交替进行，以及不断出现新内容，提出新问题，可较长时间地保持注意的稳定性。如看地图，如果只看一个点就不能持久，如果沿河流或铁路所经城市不断前进，就能较持久地稳定注意。要使注意持久，就不能单纯地看或听，还要动动手，实际操作一番，把注意和外部的实际活动结合起来。

（3）人自身的特点。一个意志坚强、善于控制自己的人，就能与干扰作斗争，保持稳定的注意。一个人处于头痛、失眠或过度疲劳等不正常状态时，就不易保持长久而稳定的注意。另外，人对事物的积极态度，对目的任务的明确认识，对活动意义的深刻理解，是否有浓厚的兴趣和高度的责任心，也是影响注意的稳定性的条件。

保持稳定的注意在实践中具有重要意义，许多工作都需要有高度稳定的注意，即使短时间的注意分散，也会严重影响工作质量。养成稳定注意的习惯对学生学习有重要意义，可以保障学生为达到一定的目标而持之以恒地努力。

### （三）注意的分配

#### 1. 注意的分配的含义

注意的分配是指人在同时进行两种或多种活动时，能够把注意指向不同的对象，或者在从事某种活动时，同时把心理活动指向两种或几种不同的动作上去的特征。

在日常生活和活动中，经常要求人同时注意更多的事物，把注意分配到不同的对象上，所谓“眼观六路”“耳听八方”就是形容这种状况的。谁能够把注意同时分配到较多方面，谁就能把握更多的事物，顺利地完成复杂的工作。例如，教师上课时边讲课、边板书、边观察学生的反应，学生听课时边听、边记、边思考、边注视教师和黑板，这都需要很好地分配注意力。

2．实现注意的分配的条件

（1）人对活动的熟练程度。在同时进行的多种活动中，最多只有一种是不熟悉的，需要集中注意观察它或思考它，而其余动作已成为熟练的动作，达到了自动化或半自动化的程度，不需要更多的注意参与也能完成时，就可以实现注意的分配。例如，初登讲台的教师，往往由于怕讲不好，情绪紧张，只注意自己的讲述，虽然看着学生却不能理会学生是否在注意听讲；教学经验丰富的教师，熟悉教材，从容不迫，能在讲课时注意到学生的反应及整个课堂活动。

（2）活动间的关系。为了更好地分配注意，同时进行的几种活动，通过练习建立起一定的联系，使这些活动之间形成统一的动作系统，协调一致甚至达到自动化的程度，那么它们同时进行就容易成功。如果要进行几种毫不相关的活动，则注意的分配是很困难的。例如，汽车驾驶员经过专门训练，形成了一定的动作系统，已不需要特别的意志努力就可以把注意分配到行车、会车、转弯、绕过障碍物及注意路面情况上。

（3）活动的性质。注意的分配与活动的性质有密切关系。如果同时进行的活动属于动作技能类活动，则注意的分配比较容易。如果同时进行的是两种智力活动，注意的分配就比较困难，即使这两种活动能同时进行，其中一项或两项活动也会受到影响。有一个实验，要求被试依靠脚腕的转动，用右脚按顺时针或逆时针（只能选用一种方式）方向画圆，同时在一张纸上连续笔算三位数的加减题，题目不重复，这两项活动进行得越快越好。结果发现：被试不能两者兼顾，很难实现注意的分配。

注意的分配能力是在实践活动中锻炼出来的，而且几乎所有的实践活动又都要求有较高的注意分配能力。另外，必须有意识地通过各种活动指导学生形成必要的熟练动作，使他们善于分配注意，能够把注意集中在主要的学习任务上，同时又能够照顾到次要的方面。

### （四）注意的转移

1．注意的转移的含义

注意的转移是根据新的活动目的和任务，主动地把注意从一个对象转移到另一个对象上去的特征。例如，上完一节语文课后，主动把注意转移到下一节数学课。

注意的转移与注意的分散有着本质的区别。注意的转移是根据新任务的需要，主动地把注意转移到新的对象上，使一种活动合理地代替另一种活动，是一个人注意灵活性的表现。注意的分散是由于受到无关刺激的干扰，使自己的注意离开了需要注意的对象，而不自觉地转移到无关活动上。

注意的转移有一个过程，这正是开始做一件事情时觉得有些困难的原因，故“万事开头难”。开始时，注意还没有完全集中在新的活动上，效率就不高。例如，写文章时，起初总觉得很难下笔，写好开头后，注意完全转移并集中在这方面上，写作的效率也会提高。

2．影响注意的转移的因素

（1）原来活动的吸引力。原来的活动如果是自己感兴趣的，就会有极大的吸引力，那么注意的转移就困难。原来的活动吸引力大，人的注意强度高，难转移；反之，原来的活动吸引力小，注意的转移就容易。

（2）新活动的特点。如果引起注意的转移的新活动意义重大，符合人的需要和兴趣，那么即使先前的活动吸引力很强，也能顺利地实现注意的转移；反之，对于新活动的意义理解肤浅，或不符合人的兴趣，那么即使先前活动的吸引力不强，也不能顺利地实现注意的转移。

（3）人的神经系统活动的灵活性。神经系统活动灵活性强的人，就能在必要的情况下顺利地把自己的注意从这一对象转移到另一对象上；神经系统活动灵活性差的人，就不能很快地实现注意的转移。

对于学生来说，具有注意的转移能力是非常重要的。一个学生每天要学习几门不同的课程，还要完成其他活动，这就要求有灵活的注意的转移能力。教师在培养学生注意的转移能力时，首先要注意教学内容的系统性和连贯性。教师可以利用复习提问的方式或自问自答的方式，由旧课自然地导入新课，学生的注意也就顺利地随之转移了。其次，要教育学生加强学习的计划性。要求他们按照计划，迅速地转移注意力，以免浪费时间，提高学习效率。

总之，人们在注意的品质上存在着个别差异。注意品质的综合表现就构成了各具特色的注意能力。一个人的工作效率如何，不仅取决于是否具有某种注意的品质，还取决于能否根据活动的性质把各种注意的品质有机地结合起来。

## 四、注意规律在教学中的运用

### （一）运用无意注意规律组织课堂教学

无意注意是一种较为轻松的注意形式，如果在教学中能很好地利用无意注意，将使教学收到意想不到的效果。但是，由于有诸多因素可能引起学生的无意注意，如果学生被与教学无关的干扰因素所吸引，则会对教学活动产生阻碍。引起无意注意的因素主要来自刺激的特点及人自身的状态。针对这些因素，在教学过程中要充分地利用与教学活动有关的有利因素为课堂教学服务，还要尽可能排除与课堂教学无关的各种干扰，扬长避短。

1．创设优良的教学环境

为了避免无关因素引起学生的无意注意而对教学活动造成干扰，应积极地采取相应措施。如在校舍的选择、教室的布置及教师的形象上下功夫。校舍的选择应远离喧嚣的场所，适当进行绿化，各项设施布局合理；教室布置应光线充足，空气清新，活动中心应在空间上处在所有学生注意的最佳位置；教师形象大方，举止得体。

2．合理安排教学过程

在教学中，要充分利用能引起学生注意的各个因素。如教学内容的选择应丰富，具有一定新异性；教学目标应适当在学生原有水平上有所提高；教学手段的选择应符合学生身心发展的特点，同时形式上要富于变化，从而不断引起和保持学生的无意注意。

### （二）运用有意注意规律组织课堂教学

无意注意由于其自身特点，容易出现注意的分散。所以，在进行一项有目的复杂活动时，常需要两种注意的参与。而引起和维持人的有意注意需要一定的条件，所以在教学中应采取积极措施引起和保持学生的有意注意。

1．设立教学目标，激发学习动机

在教学中，给学生设立一个明确且适当的学习目标对于学生有意注意的维持是非常必要的。当在教学中所确立的目标清楚、具体且难度适宜时，学生就会知道如何做，而且力所能及，容易受到强化，从而使学生不断受到激励，激发其学习动机。这样，才能使学生的有意注意得到保持。

2．使学生掌握与学习活动有关的知识技能

在教学中，学生掌握与学习有关的技能，以及与当前教学活动相关的知识经验，可以更顺利地完成任务，逐渐接近目标，获得良好的反馈，从而使有意注意可以得到更好的维持。

3．合理组织教学过程，积极培养学生的学习兴趣

前已述及，兴趣是维持有意注意的重要条件。在教学中，要善于利用多种方式去激发和培养学生对学习的兴趣。同时，教学过程应严密、紧凑，提供丰富的刺激，使学生的注意能有效地保持。

4．确立合理的教学常规，培养学生坚强的意志

确立合理的教学常规，使学生在学习活动和社会活动中学会合理安排自己的时间，通过纪律约束，养成良好的学习习惯。同时，在习惯的养成过程中，锻炼自身意志，因为有意注意需要较多意志成分的参与，一个人意志品质越优秀，越有利于自觉地维持有意注意，从而更好地完成活动任务。

### （三）运用两种注意交替的规律组织课堂教学

无意注意和有意注意二者具有的特点，决定了在一项复杂活动中，过分强调其中任何一方都不利于活动的完成。在教学中，若只强调无意注意，则容易使教学活动陷入无序，缺乏计划性与目的性，学生的注意也容易被无关干扰因素所吸引，从而不利于教学活动的进行。若只强调有意注意，则容易使学生陷入疲劳，同样不利于教学活动的顺利实施。所以，在教学中，常常需要二者交替进行。

在教学活动之初，通过组织教学活动，引起学生的有意注意，使师生顺利完成角色定位；在教学活动中，合理组织各个教学要素，尽可能多地引起学生无意注意；在处理重点难点时，则有必要提醒学生进行有意注意。这样，两种注意交替进行，张弛有度，就可以使学生的注意始终保持在教学活动上，从而使教学活动达到最好的效果。

### （四）课堂上学生的分心与控制

课堂上学生出现分心会直接影响教学活动的效果，为了教学活动的顺利进行，有必要对学生的分心现象做一些了解。

1．什么是分心

分心是指一个人的心理活动在必要的时间内不能充分地指向和集中，或者完全离开当前指向和集中的事物而转移到无关的事物上去的心理状态，也就是我们通常所说的思想“开小差”“走神”等。

2. 分心的表现

（1）注意的警觉水平降低，对事物和活动不能做出清晰的反应。

（2）经常改变注意对象，不能长久将注意力指向和集中于必须注意的事和活动上，心理活动处于频繁动摇状态。

（3）注意凝滞，缺乏反应的灵活性。

（4）注意发生转移，心理活动从当前应指向和集中的对象转移到其他的无关对象上。

3. 引起分心的原因

（1）从主观方面来说，引起分心的原因主要表现在学生对学习不感兴趣，缺乏自觉性和信心；注意的分配能力弱，稳定性差，身体不适，情绪烦乱，等等。

（2）从客观方面来说，引起分心的原因主要表现在无关诱惑性刺激物的干扰，长时间从事一种单调的活动，学习内容过难，教学方法不当，师生关系紧张，学习环境杂乱不卫生，等等。

（3）其他一些不可预期的因素，如课堂里的偶发事件等也会引起学生分心。

4. 控制学生分心的措施

当学生即将分心或已在课堂上出现分心现象，就需要采取一些必要的措施，重新唤起学生对教学活动的注意。一般来说，常用的措施有以下几种。

（1）超前控制。预先分析可能产生分心的学生，针对他们的不同特点，分别对他们进行必要的教育，减少和消除分心的可能性。

（2）信号控制。在教学中，教师可用举目凝视，变化的表情，变化的语调、语气，做出特定的手势或暂时停止言语等暗示性的信号，向开始出现分心的学生进行提示。

（3）提问控制。如果发现分心的、受诱惑性刺激物干扰的或长时间从事一种单调活动的学生，教师可结合教学内容，机智地提出问题，引起学生的觉醒，以达到控制学生分心的目的。

（4）邻近控制。教师可以在空间上缩小与出现分心的学生的距离，如走到其身边，以起到提示的作用。

（5）表扬（批评）控制。适当表扬对维持学生的注意，提示和控制学生的分心能起到良好的作用。必要时，教师也可以对分心的学生进行适当的批评。

（6）偶发事件的处理。当课堂里出现不可预期的偶发事件时，教师应合理运用教育机制，使教学活动顺利进行，防止学生分心。

**课后巩固练习**

1. 感受性的变化规律有哪些？
2. 知觉有哪些特征？
3. 记忆包括哪三个过程？
4. 遗忘是怎样发生的？遗忘有什么规律？
5. 什么是表象？什么是想象？它们有哪些区别和联系？
6. 注意的品质有哪些？

## 感悟与提升

1. 举例说明感受性变化与发展的规律在实践中的运用。
2. 联系实际，谈谈如何培养学生的创造性思维。
3. 结合所学内容，试分析如何根据注意规律组织课堂教学。

拓展阅读

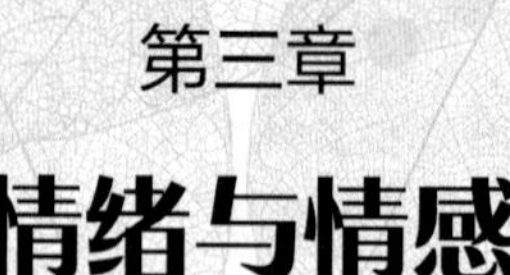

# 第三章 情绪与情感

适当的悲伤可以表示感情的深切，过度的伤心却可以证明智慧的欠缺。

——威廉·莎士比亚（William Shakespeare，1564—1616 年）

## 学习目标

1. 了解人类最基本的情绪与情感。
2. 记忆并理解情绪与情感的含义。
3. 认识情绪的功能。
4. 掌握中学生情绪发展的一般特点。
5. 掌握中学生情绪调节的方法。
6. 学会在教育教学实践中应用情绪与情感。

## 学习重点

1. 情绪与情感的区别与联系。
2. 情绪与情感的功能。
3. 情绪与情感的分类。
4. 中学生情绪发展的一般特点及其调节方法。

## 学习难点

1. 情绪与情感的理论。
2. 情绪与情感在教育教学实践中的应用。

众所周知，情绪与情感给人们的生活增添了色彩，在应激状态下，它可以毁掉或拯救人的生命。在所有的物种当中，人类显得最为情绪化，相比其他物种，人类会更多地表达害怕、愤怒、悲伤、喜悦与爱。那么，究竟什么是情绪与情感呢？

# 第一节　情绪与情感概述

## 一、情绪与情感的概念及其关系

### （一）情绪与情感的概念

19 世纪以来，心理学家进行了长期而深入的研究，对情绪与情感的实质提出了各种不同的看法，但是，由于情绪与情感的极端复杂性，至今还没有得到一致的结论。当前比较流行的一种看法是，情绪与情感是人对客观事物的态度体验及其相应的行为反应。这种看法说明，情绪与情感是以个体的愿望和需要为中介的一种心理活动。当客观事物或情境符合主体的需要和愿望时，就能引起积极的、肯定的情绪与情感。例如，大型考试榜上有名会感到欣慰，看到身边人成绩好或积极进取会产生敬慕，等等。当客观事物或情境不符合主体的需要和愿望时，就会产生消极、否定的情绪与情感。例如，失去亲人或考试失利会引起悲痛，工作失误会出现内疚和苦恼，等等。

由此可见，情绪与情感是个体与环境之间某种关系的维持或改变。同时，情绪与情感是由独特的主观体验、外部表现和生理唤醒三种成分组成的。主观体验是个体对不同情绪与情感状态的主观感受。情绪与情感的外部表现通常称为表情。它是情绪与情感状态发生时身体各部分的动作量化形式，包括面部表情、姿态表情和语调表情。一定的情绪状态总伴随有内脏器官、内分泌腺或神经系统的生理变化，情绪状态产生时的生理反应称为生理唤醒。

### （二）情绪与情感的关系

情绪与情感是对客观事物与个人需要之间关系的体验过程，是人对客观事物是否符合自身需要而产生的态度体验。情绪与情感同认知活动一样，都是人脑对客观现实的反映，只不过反映的内容和方式有所不同：认知活动反映的是客观事物本身，包括事物的过去、现在和将来；情绪与情感反映的是一种主客体的关系，是作为主体的人的需要和客观事物之间的关系。情绪与情感既有区别又有联系。

#### 1. 情绪与情感的区别

（1）情绪是原始的、低级的态度体验，与生理需要是否满足相联系，是人和动物所共有的，如饥饿时得到食物就会体验到满意、愉快，得不到食物就会难受、不安。而情感是后继的高级的态度体验，与高级的社会性需要是否满足相联系，如得到团队拥戴的集体荣誉感，身为祖国公民的爱国主义情感。

（2）情绪可以由对事物单纯的感知直接引起，较多地带有情境性、冲动性、短暂性和易变性。它往往由某种情境引起，一旦发生，冲动性较强，不易控制，而“事过境迁”后，情绪又会随之减弱或消失。与情绪相比，情感是由对事物的复杂意义的理解所引起，具有稳定性、深刻性和持久性，是人对事物稳定的态度体验。

（3）在个体发展和人类进化中，情绪发生早，并伴有明显的外部表现，而情感发生晚，比较内隐，较为深沉。

#### 2. 情绪与情感的联系

情绪与情感之间虽有区别，但两者又是密不可分的。

（1）情感依赖于情绪。人的情感是在大量情绪体验的基础上形成和发展起来的，人的情感总是通过各种不断变化的情绪得以表现，离开具体情绪，人的情感就不能存在和表现。例如，当人们看到自己的祖国遭到敌人侵略时，就会产生无比愤怒和激动的情绪，并由此表现出崇高的爱国主义情感。

（2）情绪依赖于情感。情绪受已经形成的情感及其特点的制约。因此，从某种意义上说，情绪是情感的外部表现，情感是情绪的本质内容。情绪的不同变化一般都受到个人已经形成的社会情感的影响。总之，情绪与情感是相互依存、不可分割的，有时甚至可以互相通用。

## 二、情绪与情感的功能及其应用

### （一）情绪与情感的功能

情绪与情感给我们带来丰富的精神生活的同时，也在我们的生活实践中有着重要的功能。其概括起来主要有以下几种。

1．适应和动力功能

从种族发展的过程来看，情绪是进化的产物，是适应生存的心理工具。情绪作为一种包含认知、生理、体验和行为等多种成分的全身性心理活动，是有机体力求应付和控制生存环境的心理衍生物，它对一个人的行为活动具有增力或减力的效能。例如，达尔文认为，人类祖先在捕猎、搏斗和防御时，产生愤怒的情绪反应有助于增强体力，战胜猎物或敌手。现代科学更清楚地揭示了人们情绪发生时所表现出的一系列生理变化。例如，在剧烈、紧张的情绪状态下，人的血压升高、脉搏加快、单位时间内心脏的排血量增加、肾上腺素分泌增加，等等，这些变化都有助于一个人充分调动自身的体力，去应付紧急环境，提高适应能力。据说，有位妇女平时体弱力薄，但当家里失火时，她竟在应激状态下，一个人将自己心爱的钢琴从屋里拖到外面。事后连她自己也不敢相信这一事实。

2．调节功能

情绪对人的行为或活动具有支配、指引和维持方向的作用。调节功能表现为情绪在一定程度上可以改变人们行为的发生、强度和对象。从情绪和行为的关系看，情绪对行为有促进作用，也有干扰作用。某种行为若能引起积极肯定的情绪体验，就会使人产生模仿或反复进行的趋向，而消极否定的情绪体验则使人产生改变或避开的趋向。研究证明，适当的紧张和焦虑能促使人积极地思考和成功地解决问题，过度的紧张和焦虑或无紧张感将不利于问题的解决。

3.信号功能

情绪与情感是人们在学习、工作和生活中相互影响的一种重要方式，具有传递信息、沟通思想的功能，这种功能是通过情绪与情感的外部表现——表情来实现的。表情是思想的信号，是人际交往的形式之一。例如，微笑的表情常常表示需要得到满足或对他人行为的赞赏，气愤的表情则表示对某人某事的否定态度，等等。这些都是情绪与情感信号功能（社会功能）的表现。人们通过表情传递信息，使其对环境事件的认识、态度和观点更容易为他人所感知和理解，成为人际行为的重要线索。

4．组织功能

情绪是一个相对独立的心理过程，有自己的发生机制及发生、发展的过程。情绪作为脑内的一个检测系统，对其他心理活动具有组织的作用，这种作用表现为积极情绪的协调作用和消极情绪的破坏、瓦解作用。中等强度的愉快情绪有利于提高认知活动的效果，而消极的情绪如恐惧、痛苦等会对操作效果产生负面影响。消极情绪的激活水平越高，操作效果越差。情绪的组织功能还表现在人的行为上，当人们处在积极、乐观的情绪状态时，容易注意事物美好的方面，其行为比较开放，愿意接纳外界的事物；当人们处在消极的情绪状态时，容易失望、悲观，放弃自己的愿望，有时甚至产生攻击性行为。

## （二）情绪与情感在教育教学中的应用

### 1. 情绪与情感对学习的影响

情绪与情感对人的学习活动的作用是两面的，既可能提高学习的积极性，促进和增强学习效果，也可能降低学习的积极性，削弱和降低学习效果。一般来说，高兴、愉快、喜悦、热情等积极情绪，对学习有促进作用；痛苦、忧伤、愤怒、冷漠等消极情绪，对学习有阻碍作用。

德国心理学家泽勒就情绪对学习的影响进行了实验研究。他让甲乙两组能力相等的青少年学习无意义的音节，同时让他们做排列方块实验，然后测验他们对所排列图形的记忆效果。当甲组学生测验时，给予赞美的评语，接着再让他们继续学习无意义的音节，而对乙组学生却给予非常严厉的批评，随后让他们再学习无意义的音节。结果发现，乙组的学生受到批评后，心情沮丧、紧张，排列方块测验成绩越来越差，无意义音节的学习效果也大大降低；而甲组的学生却积极性高涨，学习的效率大大提高。这表明，愉快而平稳的情绪，能使人的大脑处于最佳活动状态，人在愉快的心情下学习，精力会更加集中，思维更加敏捷，记忆效果大大提高。相反，如在痛苦、烦躁、不安的情形下进行学习活动，就不能集中精神，思维变得混乱，记忆力下降。

当然，情绪对学习的影响并不是绝对的、一成不变的，如果个体对学习有很大的热忱，具有坚强的个性，善于调节和控制自己的情绪，变消极情绪为重新努力行动的活力，那对学习的作用就是有益的了。

在影响学生学习的各种情绪中，焦虑具有特别重要的意义。所谓焦虑，是指对当前的或预计到的对自我有潜在威胁的任何情境而产生的一种担忧的反应倾向。例如，当学生面临毕业时，他们认识到考试的成绩跟他们的升学、毕业乃至今后的就业密切相关，他们就有考取好成绩的强烈需要，如果学生对这次考试感到把握不大，那么个人的需要就受到威胁，害怕不能考好的焦虑情绪就会油然而生。对学生来说，学习焦虑尤其是考试焦虑是普遍存在的，其原因有客观和主观两个方面。引起学生焦虑的客观原因主要有社会舆论的压力，家长和教师的压力，作业过多、考试频繁、不能完成作业、考试分数低会挨骂受罚等的压力；主观原因则是与个人的学习水平、抱负水平、个性特点有关。

焦虑对学习的影响是比较复杂的，因不同的个体、不同的情景而有所区别。一般来说，学习焦虑（压力）程度与学习效率之间是呈“倒U型曲线”（图3-1）的关系，即焦虑（压力）程度过高或过低都会降低学习效率，并且焦虑（压力）不仅会降低学习效率，而且会降低学生对考试的反应（图3-2）。

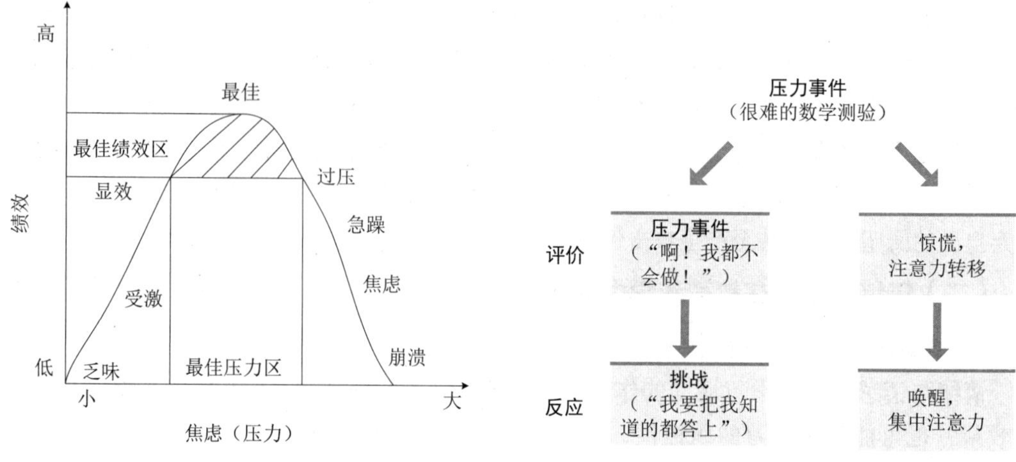


图 3-1 学习焦虑（压力）程度与学习效率的关系　　图 3-2 学习焦虑（压力）对考试反应的影响

### 2. 情绪与情感对教育教学的影响

学校教育是教师和学生共同参与的双边活动，也是特定情境中的人际交往活动。无论是处于教育主导地位的教师，还是处于教育主体地位的学生，都是有血有肉、有情有感的个体。因此，在教育教学活动中师生之间不仅有认知方面的信息传递，而且有着情感方面的信息交流，形成一个涉及教师和学生在理性与情绪两方面的动态人际过程，或称为“与个性或社会心理现象相联系的情感力量和认知力量相互作用的动力过程”。如何重视教育教学中的情感因素，发挥其积极作用，以增进教育教学活动的科学性和艺术性，优化教育教学效果，也就成为现代学校教育改革的一个重要课题，是教师日常的教书育人工作中不可忽视的一个重要方面。学校教育教学应根据青少年学生情绪与情感发展的特点，有意识地确立学生情感培养目标，融学科知识教学和情感教育于一体，促进学生情绪与情感的发展。具体可以通过以下几个方面来实现。

（1）确立教育教育教学中的情感目标。我国非常重视在各学科培养目标中的学生情感发展目标，强调在学科教学中丰富发展学生的各种情绪与情感。美国教育心理学家本杰明 · 布卢姆提出，教育目的中应包括情感目的。他认为：“情感目的包括那些描述兴趣、态度和价值变化的目的，以及发展评价（欣赏）和适应调节的目的。”

（2）创设问题情境，挖掘各学科知识内在的情感成分，丰富学生理智感。理智感是学生在智力活动过程中认识、探求或维护真理的需要是否获得满足而产生的情感体验，是一种高级的社会性情感。教学应激发学生的情绪与情感体验。

（3）实行“愉快教育”，缓解情绪紧张。教学中要强调“愉快教育”，让学生在轻松、愉快的气氛中掌握知识，使学生爱学、乐学、好学、学好。“愉快教育”的主要做法是教师要端正教学思想，转变教学主体观，改变教学方法，提高教学艺术，创设生动有趣的情境，形成活跃的课堂气氛，使学生能在轻松愉快的情绪之中主动地学习。

“愉快教育”强调要实现学生乐学和教师乐教的有机统一，师生之间建立和谐的人际关系；强调不仅要注重活动课程，而且要实现学科课程与活动课程的统一。

# 第二节　情绪与情感的分类

## 一、情绪的分类

### （一）基本情绪与复合情绪

《蒙娜丽莎》赏析

从生物进化的角度来看，人类的情绪可以分为基本情绪和复合情绪。基本情绪是人与动物所共有的，在发生上有着共同的原型或模式，是先天的、不学而能的。现代心理学通常把人的基本情绪分为快乐、悲伤、愤怒、恐惧四种类型。美国心理学家伊扎德提出人类的基本情绪有 11 种，即兴趣、惊奇、痛苦、厌恶、愉快、愤怒、恐惧、悲伤、害羞、轻蔑和自罪感。复合情绪是由基本情绪的不同组合派生而成的，例如，愤怒、厌恶、轻蔑的复合可命名为“敌意”。愤怒是一种“热”情绪，轻蔑和厌恶均为“冷”情绪，它们的结合决定着敌意情绪中攻击性的程度。又如，恐惧、内疚、痛苦、愤怒几种情绪的复合是典型的焦虑。复合情绪在生活中是很常见的，例如，我们生活中的微笑，就属于一种典型的复合情绪。科学家曾用计算机分析了《蒙娜丽莎》——全世界最有名的微笑，结果显示，蒙娜丽莎的“微笑”中，带有 83%的“快乐”、9%的“厌恶”、6%的“悲伤”及 2%的“气愤”。

### （二）积极情绪和消极情绪

根据情绪对人们所造成的影响与结果的不同，可以把情绪分为积极情绪和消极情绪两种。积极情绪是与接近行为相伴随产生的情绪，而消极情绪是与回避行为相伴随产生的情绪。

许多研究者对积极情绪给出过具体的描述或定义。概括地说，积极情绪即正性情绪，是指个体由于体内外刺激、事件满足个体需要而产生的伴有愉悦感受的情绪。在积极情绪状态下，个体会保持趋近和探索新颖事物，保持与环境主动的联结。从结果上看，凡是对人的行为起到促进和增力作用的情绪就是积极情绪，而对人的行为具有削弱和减力作用的情绪就是消极情绪。在一般情况下，兴奋、愉快、开心、欢乐、激动等情绪属于积极情绪，而紧张、慌乱、伤感、痛苦、生气等情绪属于消极情绪。消极情绪导致心理失衡，会引起神经活动的机能失调，经常出现这种失调就会得神经机能病，并由此而引发其他疾病，包括心血管疾病。

但应注意的是，积极情绪和消极情绪不能一概而论，我们不能简单地认为喜的情绪就是积极的情绪（如“范进中举”），也不能简单地认为怒、哀、惧的情绪就是消极的情绪。因为不同的人或在不同的情况下，对同一种情绪既可能是积极情绪，又可能是消极情绪。因此，判断哪些是积极情绪，哪些是消极情绪，主要是依据情绪对人产生的是促进、增力作用，还是削弱、减力作用，正如莎士比亚笔下的人物哈姆雷特所说：“其实世事并无好坏，全看你们如何去想。”

### （三）情绪状态及其分类

我国古代把人的情绪分为喜、怒、哀、乐、爱、恶、惧七种基本形式，现代心理学把这些情绪分为快乐、悲伤、愤怒、恐惧四种类型。根据这些情绪发生的强弱程度和持续时间的长短，又可以将人的情绪分为心境、激情、应激三种。三种情绪状态的比较见表 3-1 所示。

表3-1 三种情绪状态的比较

| 情绪状态 | 强度 | 时间 | 爆发度或紧张度 |
|---|---|---|---|
| 心境 | 微弱 | 持久 | 平静 |
| 激情 | 强烈 | 短暂 | 爆发式 |
| 应激 | 强 | 急速 | 高度紧张 |

### 1. 心境

心境是一种具有持续性、弥漫性的微弱情绪状态，它构成了人的心理活动的背景。事物作用于人脑所留下的痕迹性刺激有时并不会马上消失，而是会持续一段时间。针对该事物而发生的情绪也不会马上消除，也会延续一段时间，只是强度有所减弱而已。这种具有持续性且强度有所弱化的情绪状态，即为心境。所以，心境不是由事物的即时性刺激所引起，而是由事物的痕迹性刺激所引起，这就是心境的持续性。弥漫性，是指心境由某一事物引起后，具有扩散作用，它会影响一个人的全部行为和生活。愉快的心境会表现得无往而不乐，似乎一切都染上了“快乐的色彩”。悲伤的心境则会表现得无往而不悲，似乎一切事物都染上了“忧伤的色彩”。所以，心境不是关于某一事物的特定的体验，而是以同样的态度体验对待一切事物，如杜甫的诗句“感时花溅泪，恨别鸟惊心”体现的就是心境对事物感知的影响。

### 2. 激情

激情与心境相反，它是一种强烈而短暂的情绪状态。如果把心境比喻为“和风细雨”式的情绪现象，那么激情便可描绘成“狂风暴雨”式的情绪表现。例如，狂喜、暴怒、绝望等就属激情。

激情具有爆发性和冲动性的特点。所谓爆发性，是指整个激情的发生过程十分迅猛，大量心理能量在极短时间内喷薄而出，强度极大。所谓冲动性，是指个体处于激情状态时，往往失去意志力对行为的控制。处于激情状态中的人往往有一种“情不自禁”“身不由己”的感受。激情发展大致经历三个阶段：一是意识控制减弱，人的行为服从于体验的情绪；二是失去意志控制，人的行为完全超出平常的反应；三是激情平息，感到异常平静、乏力、冷漠，有时甚至会出现精力衰竭、精神萎靡的情形。

### 3. 应激

应激是人面对危险状况或出乎意料的紧张情境时所引起的高度紧张的情绪状态。例如，当面临一场意想不到的艰难考试时，或飞行员驾驶飞机在高空出现机械故障时，人所产生的害怕、紧张与焦虑的情绪体验就是应激状态。

应激具有超压性和超负荷性。所谓超压性，是指在应激状态下，个体往往会在心理上感觉到超乎寻常的压力。无论是出于危险情境的应激状态，还是出于紧要关头的应激状态，都会由于客观事物的强烈刺激而导致个体承受巨大的心理压力，并集中反映在情绪的紧张维度上。所谓超负荷性，是指在应激状态下，个体必然会在生理上承受超乎寻常的负荷，以充分调动体内的各种机能资源去应付紧急、重大的事变。人处在应激状态时，其生理状态会发生显著变化。肾上腺会分泌大量肾上腺素，使血压升高、心率加快、血液循环加速，同时肝脏释放的大量肝糖原随着血液循环不断提供给大脑与肌肉，而消化系统暂停工作，又使人体的血液相对集中。

于是，在血液量充沛的情况下，肌肉获得了远远超出通常水平的巨大能量，使人瞬间变得更为强壮有力，而大脑在养料与能量的补给中，使思维变得更为灵敏、警觉。这种生理上的突发性剧变，有助于当事人适应突如其来的偶发事件，动用自己的全部力量，集中自己的智慧和经验，果断做出抉择，迅速做出反应，力排危险和困难，平时所说的“急中生智”就属于情绪应激状态的积极作用。

## 二、情感的分类

情感是人对具有一定文化价值的东西（如道德、学问、艺术等）所怀有的复杂感情，包括道德感、理智感和美感等。它受个人的生活经验、教育水平、社会生活条件等因素的制约，人与人之间有很大的差异。

### （一）道德感

道德感是人类所特有的一种高级情感，是人们运用一定的道德标准评价自身或他人行为时所产生的情感体验。它体现了客观事物与主体的道德需要之间的关系。如果自己或他人的行为符合道德标准，便会产生肯定的道德体验，如敬佩、爱慕、赞赏、欣慰等；如果自己或他人的行为不符合道德标准，便会产生否定的道德体验，如厌恶、羞愧、憎恨等。

人们用善与恶、正义与非正义、公正与偏私、诚实与虚伪等道德观念来评价社会现象时所产生的道德感是复杂多样的。道德感可以分为三类。

（1）政治道德感，包括对祖国、人民、集体、社会制度、政党、社会团体等的情感，如爱国主义情感、国际主义情感、集体事业的义务感和责任感等。

（2）对他人行为及其人际关系的道德感。例如，我们赞赏真挚的友情，鄙视对他人采取的幸灾乐祸的态度，对虐待妇女、儿童的残暴行径表示义愤，等等。

（3）个人行为的道德感，是指个人对于自己作为某种社会角色进行活动时所产生的情感体验。例如，个人作为同事、领导、下级、朋友、夫妻、子女、父母等社会角色在活动中所怀有的情感等。

由于道德感是依据一定的道德标准评价社会现象与言行时产生的，而不同的历史阶段、不同的民族、不同的社会阶层对道德的理解不同，因而形成的道德标准有很大差异，所以当以不同的道德标准去评价同一社会现象和言行时，形成的道德感也就各不相同。在阶级社会中，许多道德感带有明显的阶级性。

道德感对人的实践活动有重要作用。它可以帮助人们按照道德准则的要求，正确地去衡量周围人的各种思想、行为，同时也可以使自己的思想、行为自觉地符合社会道德准则，做一个道德高尚的人。

### （二）理智感

理智感是人在获取知识的活动中所产生的情感。它是与人的求知欲、认知兴趣、解决问题的需要等的满足与否相联系的。科学家在创造发明过程中的喜悦感和成功感，人们在认识某些不解现象时的疑惑感，由偶发事件引起的惊讶等都属于理智感。

理智感是在认知过程中产生和发展起来的。它又反过来推动着人的认知进一步深入，成为人们认识世界和改造世界的一种动力。人的认知活动越深刻，求知欲望越强烈，追求真理的情趣越浓厚，则人的理智感也就越深厚。可见，理智感是推动人们探索、追求真理的强大动力。

### （三）美感

美感是人在欣赏自然景物、社会上的和谐现象和文学艺术时所体验到的崇高、优美的情感。美感的成分非常复杂，但从主观体验来看，它具有两个明显的特点。第一，美感是一种愉悦的体验。大自然的美景使人心旷神怡，高尚的行为使人在震惊中享受美的愉悦，喜剧艺术使人在笑声中享受美的欢乐，悲剧艺术使人在悲哀、痛苦以至流泪的同时享受着美的愉悦。第二，美感是一种倾向性的体验。俄罗斯著名作家尼古拉·加夫里诺维奇·车尔尼雪夫斯基说："美的事物在人心中所唤起的感觉，是类似我们在亲爱的人面前时洋溢于我们心中的欢喜。"美感的这种愉悦，表现为人对于美好事物的肯定，促使人一而再、再而三地去欣赏它，对它感到迷恋。而对丑的事物则产生强烈的反感。美感包括自然美感、社会美感和艺术美感三类。凡是符合个人美的需要的对象都能引起美的体验，如对祖国山河的赞美、对自然景色的欣赏、对艺术作品的鉴赏等，都是美感的体验和表现。

道德感、理智感和美感都是在社会实践和教育影响下形成和发展的，三者密切联系，相互交织。通常说的高尚的情操，就是三者融为一体的结果。

人的情绪与情感体验是极其丰富多彩的，不能简单认为我们能把人的所有感情都明确地归入上述各类之中。例如，爱情除包含性欲外，还包含美感、柔情、羞怯、道德感、责任感、赞扬、同情、尊重、敬畏、自尊、占有感等复杂情绪，该把它归为哪一类呢？又如，"悲喜交加""又爱又恨""惊喜疑惧"等，又如何分类呢？至今心理学家尚未找到将所有情绪进行分类的框架。

## 第三节　情绪产生的理论

阅读材料
"孩子走丢后"

### 一、詹姆斯-兰格理论

美国心理学家威廉·詹姆斯和丹麦生理学家卡尔·兰格认为情绪的产生是植物性神经系统活动的产物。

詹姆斯根据情绪发生时引起的植物性神经系统的活动和由此产生的一系列机体变化提出，情绪就是对身体变化的知觉。詹姆斯认为，我们感到难过是因为我们哭泣，感到气愤是因为我们打斗，感到害怕是因为我们的身体颤抖。也许你会想到你的汽车急剧滑向人行道的那一刻，汽车猛冲出去并失去控制，你会紧急刹车并使车重新得到控制。险情结束，你就注意到你的心脏怦怦直跳，害怕得浑身发抖，并有惊魂失魄的情绪体验。因此，你的恐惧感在你身体反应之后。詹姆斯的观点得到了兰格的肯定，所以被称为詹姆斯-兰格理论。

### 二、坎农-巴德理论

美国生理学家沃尔特·布拉德福德·坎农对詹姆斯-兰格理论提出了质疑，他认为躯体反应不足以明显地唤起不同的情绪，因为心跳加快并不一定是恐惧、愤怒和爱的信号，而且心率、呼吸、体温的变化太慢了，不足以引发突如其来的情绪，坎农和之后的另一位生理学家巴德一致认为：①生理变化在各种情绪状态下没有多大的差异，据此很难分辨各种不同的情绪。②生理变化受植物性神经系统支配，变化缓慢，不能说明情绪快速变化的事实。③机体的某些生理变化可由药物引起，但药物（如肾上腺素）只能使生理状态激活，但不能产生情绪。此学说被称为坎农–巴德理论，他们认为，情绪的产生主要是丘脑的作用。

在坎农看来，外界刺激引起的感觉器官的神经冲动，通过内导神经，传到丘脑，再由丘脑同时向上、向下发出神经冲动：向上传到大脑，产生情绪的主观体验；向下传到交感神经，引起机体的生理变化，使个体生理上进入应激准备状态。因此，情绪体验和生理变化是同时发生的，它们都受丘脑的控制。

## 三、激活归因情绪理论

根据詹姆斯–兰格理论和坎农–巴德理论的解释，假如一个人的大脑不能感知到心脏的剧烈跳动或是胃部的翻腾，坎农–巴德理论可能会认为你仍然能正常地体验情绪，因为他们认为情绪的产生是独立于躯体唤醒的；詹姆斯–兰格理论则可能会认为情绪体验将大大减弱，因为他们认为要产生情绪体验就必须先感知到生理唤醒。

美国心理学家沙赫特和辛格提出了第三种理论——激活归因情绪理论，即人们的生理和认知一起引发了情绪。他们认为对于特定情绪的产生，有两个因素是必须的：第一，个体必须体验到高度的生理唤醒，如心率加快、呼吸急促等；第二，个体必须对生理状态的变化进行认知性的唤醒。情绪的产生既来自生理反应的反馈，也来自对导致这些反应情景的认知性评价。认知性评价起两次作用，第一次是当人知觉到导致内脏反应的情景时，第二次是当人接收到这些反应的反馈时，把它标记为一种特定的情绪。在这个过程中，脑可能以几种方式解释同一生理反馈模式，给予不同的标记。标记的过程取决于归因。人对同一生理唤醒可以做出不同的归因，因而可以产生不同的情绪，这取决于可能得到的有关情景的信息。因为他们的情绪理论重视当事人自己的认知，故而又称情绪归因理论（attribution theory of emotion）。

对以上三种情绪理论的理解，可以用司机在马路上遇到突发状态的紧急刹车行为进行解释，如图 3–3 所示。这幅图可以形象地帮助我们回答三种理论的差异。

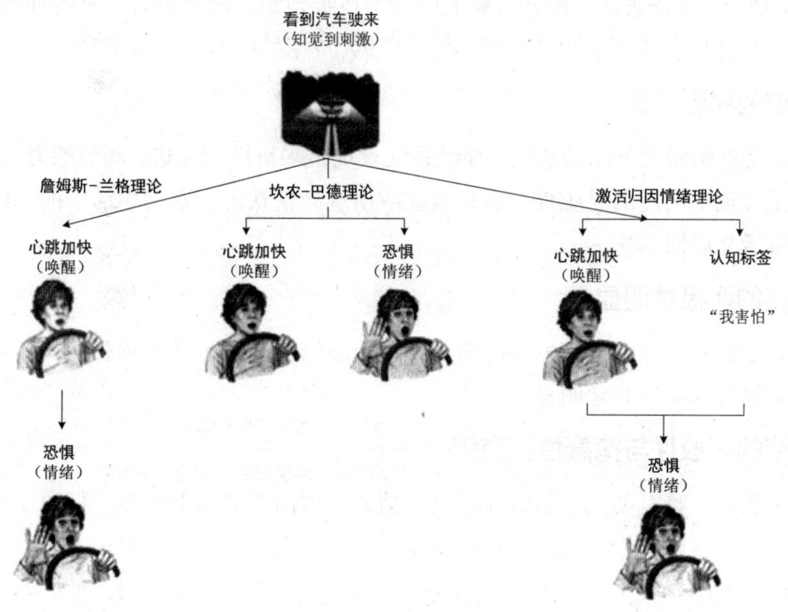


图 3–3 三种情绪理论的差异

# 第四节 中学生情绪的特点及情绪调节

## 一、中学生情绪的特点

中学阶段的青少年，学习的内容和要求更加复杂，身心发展日趋成熟，社会接触面及社会交往也日益丰富和广泛。因此，处于生长剧变的青春发育期的中学生，其情绪发展具有一定的独特性，具有如下特点。

### （一）情绪与情感更加丰富

随着学习、生活范围的扩大及自我意识的觉醒，中学生发展了多样性的自我情感（如自尊心、自卑感），而且两性的情感与社会性情感也日益丰富。例如，对国家命运及民族前途的情绪体验，对个人命运与社会变革关系的情绪体验，对人与人之间的关系的情绪体验，对学习重要性的情绪体验，对升学与就业的情绪体验，等等。

### （二）情绪的强烈性

中学生的情绪是强烈的。因此，有人形容此时是“暴风骤雨”时期。中学生的情绪经常具有不可遏制性，他们常常因为一点小事就欣喜若狂或垂头丧气，有时彼此之间仅仅因为一句话就怒不可遏、拔拳相向。中学生由于情绪的强烈性，如果在正确的世界观与理智的支配下，他们能够怀着强烈的情感做出惊天动地的光辉业绩，但如果被人利用，或卷入盲目狂热之中，他们的情绪也会给社会带来很大的危害。

### （三）情绪的不稳定性

中学生由于对自我的认识还不够全面，处于成长期，所以内心有可能会有很多的情结，或者脆弱点，这些点容易被碰触和激发而导致情绪敏感度高、耐受力低，有时候也会出现过多的自责，其情绪很不稳定。调查表明，有 20.7% 的中学生在听到别人的指责时心里会别扭很长时间，有 24.8% 的中学生在做错事后心里会惊恐不安，有 49.77% 的中学生心里感到烦躁又无处诉说。

### （四）情绪的易激怒性

中学生由于受性腺激素分泌的影响，神经系统表现出兴奋性的亢进，调节能力较低。因此，他们对外界刺激表现出高度的易感性，容易激动或出现激情状态，常为生活中的一些小事而做出过激行为，事后又后悔不迭。

### （五）情绪的两极性明显

中学生正处于身心各方面迅速发展时期，心理矛盾错综复杂，神经过程的兴奋和抑制发展不平衡，导致情绪的两极性非常明显。

### （六）情绪的开放性与掩蔽性相交织

中学生充满热情，富有朝气，活泼而坦率，情感表现出开放性的特点，但由于自控能力的提高，情感的外漏性逐渐减少，内隐、掩蔽性增强，有时会出现与外部表现不一致的现象。例如，一次考试中，某同学获得了班里唯一的满分，当老师宣布考试成绩时，该同学虽然内心非常高兴，却做出若无其事的样子。

### （七）逆反性

逆反性是彼此之间为了维护自尊，对对方的要求采取相反的态度和言行。例如，有的中学生不受教、不听话，甚至经常跟家长对着干，经常用反常的行为表现自己的“高明”和“不凡”。

## 二、情绪调节对中学生身心健康的影响

情绪调节是个体管理和改变自己或他人情绪的过程。在这个过程中，通过一定的策略和机制，使情绪在生理活动、主观体验、表现行为等方面发生一定的变化。情绪调节也可以发展成一种能力，称为情绪智力或情商。情绪调节对中学生的身心健康有重大影响，具体表现在以下几个方面。

### （一）对中学生身体健康的影响

人的情绪状态与人的身心健康有着密切关系，俗语说“笑一笑十年少，愁一愁白了头”，形象地说明了情绪与健康的关系。研究表明，积极的情绪可以提高人体的机能，能够形成一种动力，激励人去努力。比如说，笑能促进血液循环、消除疲劳，能驱散心中的积郁，去除对健康有害的精神紧张，使人心情畅快、生机萌发。笑被称为“绝妙的健身操”，当人哈哈大笑时，人浑身的肌肉得到了锻炼的机会，大笑一场如同做了一次全身运动。医学心理学认为，在学校教育中，批评过多，学习任务过重，适合学生年龄特点的课外活动太少，都会引起学生强烈的焦虑和恐惧，而焦虑和恐惧等负性情绪会使人感到难受，会抑制人的活动能力，活动起来动作缓慢、反应迟钝、效率低下，并且还会降低人的免疫力。

### （二）对中学生认知发展的影响

中学生的情绪对其认知有重要影响。心理学研究表明：一个人经常保持乐观、愉快、轻松的心情，能使记忆力增强，启迪和活跃个人思维，激发想象力，充分发挥心理潜能，使自身的学习、工作收到事半功倍的效果，从而使自身身心获得健康发展。以“乐观与识记”的实验为例，研究者将学生的心理分为 8 个等级：从最高级的“很乐观、很愉快”到最低级的“很低落、很沮丧”。通过检测这 8 个等级的学生对原始材料的记忆，得出结果：那些情绪很低落的学生，几乎忘掉了知识的 25%；而心情最好的学生，只忘掉了其中的 5%。这说明情绪乐观的学生显然比情绪低落的学生记住了更多的知识。除此之外，情绪还和青少年的智力发展有关，积极的情绪有助于智力的发展，消极的情绪会抑制智力水平的提高。科学研究表明，情绪积极、乐观的学生的智力水平要比情绪悲观、忧郁的学生的智力水平高。智力水平不仅体现在智商上，而且体现在记忆、思维、创造、想象等众多方面。因此，中学生在学习中应该保持一种积极的情绪，做到“乐学”，这样会提高学习效果。

### （三）对中学生个性的影响

人的全部活动和行为方式都要受到情绪状态的影响。因此，个性发展也不例外，当情绪对人的活动的影响，或人对情绪的控制具有某种稳定的、经常表现的特点时，这些特点就构成了性格的情绪特征。良好的情绪状态会对性格的形成起到积极的作用；反之，对性格的影响是不利的。中学生正处在情绪变化最激烈的时期，不良的情绪会影响他们的行为方式及优良性格的形成。为此，中学生应该注意培养自己良好的情绪体验，建立良好的情绪系统。

### （四）对中学生人际关系的影响

我国著名医学心理学家丁瓒教授曾指出："人类的心理适应，主要就是人际关系的适应。在人际交往中，人不但依靠语言传递信息，情绪的外部表现也是很重要的通道。"中学生在人际交往中，通过积极的表情，如真诚的微笑、欣赏性的点头等，往往能让其在同学中建立起和谐而友好的人际关系。乐观、快乐等情绪能使人积极地面对生活。当一个学生心情愉快时，上课就能专心听讲、积极思考，课后也愿意与人交流；当心情烦恼时，则心不在焉、郁郁寡欢，学习和生活效率降低。詹姆斯指出："控制情绪可以改变生活。情绪渗透在我们时时处处的生活之中，影响着我们行为的效果。"另有研究表明，个人取得成就的原因中，85%是因为有了积极健康的情绪，而只有15%是因为个人具备专门技术。

## 三、中学生情绪调节的分类

### （一）依据情绪调节的内容分类

依据情绪调节的内容，可以把情绪调节分为具体情绪的调节、情绪唤醒水平的调节、情绪成分的调节。

具体情绪的调节，包括所有具体的正性情绪和负性情绪的调节，如愤怒时要学会克制，取得成就时不要过于沾沾自喜。

情绪唤醒水平的调节，包括调节过高和过低的情绪唤醒水平，如抑制暴怒，保持理智。

情绪成分的调节，包括调节情绪的生理反应、主观体验、表情行为、格调、动力性等方面。例如，紧张或焦虑时控制血压和脉搏；体验痛苦时转换环境；过分高兴时掩饰和控制自己的表情动作；保持乐观，积极进取；等等。

### （二）依据情绪调节过程的来源分类

依据情绪调节过程的来源，可以把情绪调节分为内部调节和外部调节。

内部调节主要指个体的生理、心理和行为等方面的调节。例如教师对学生的不当行为进行批评，必然引起学生的不满情绪，要让学生理解、认识到教师的教育是对他（她）的关心和爱护，这种不满的负性情绪是可以克服和消除的。

外部调节主要包括社会、文化、人际关系及自然环境等方面的调节，如一个长期牢骚满腹的人可以通过落实相关政策、改善生活和工作条件、建立和谐人际关系等途径加以调节。

### （三）依据情绪调节的指向或侧重点分类

依据情绪调节的指向或侧重点，可以把情绪调节分为原因调节和反应调节。

原因调节是针对引起某种情绪的原因来进行调节，包括对造成某种情绪的情境的选择、修改，注意调整及认知策略的改变，等等。

反应调节是指通过对情绪反应的增加、减少、延长或缩短等策略来调节情绪，一般发生在情绪激活或诱发之后。

### （四）依据情绪的特点分类

依据情绪的不同特点，可以把情绪调节分为修正调节、维持调节和增强调节。

修正调节主要指对负性情绪所进行的调节和修正，如进行放松训练，消除考试怯场。

维持调节主要指人们主动地维持有益身心发展的正情绪，如乐观、豁达。

增强调节主要指积极干预某种情绪状态，如对抑郁进行增强调节，使其调整到积极的情绪状态。

## 四、中学生情绪调节的方法

掌握调适与消除不良情绪的方法，可以尽量减少或避免情绪对中学生身心发展带来的消极影响，使之保持愉快的心境，促进其情绪的成熟、稳定，从而使其形成良好的情绪和情感体验。下面我们介绍几种适合中学生情绪调节的方法。

### （一）生理调节法

从情绪理论中我们知道，情绪的改变总是要伴随生理状态的变化。由此反过来，我们主动地改变生理状态，必然也可以间接地改善情绪。

心理生理学的研究表明，当个体处于紧张焦虑状态时，总是伴有不同程度的肌肉紧张。所以人们假设，可以通过放松肌肉的方法间接地缓解紧张和焦虑，而临床实践也证明这种方法的确有效果。放松训练就是通过循序交替收缩或放松自己的骨骼肌肉，细心体验个人肌肉的松弛程度，最终达到缓解个体紧张和焦虑状态的一种自我情绪治疗技术。进行放松训练之前需要做好准备工作，如寻找一个安静的场所、一个舒适的姿势（站、坐、卧），让个人全身处于放松的状态，之后就可以进入正式的肌肉放松训练程序，先让自己体验全身紧张的感觉，然后从头到脚或从脚到头依次放松，这样就很容易使人全身松弛、轻松舒适、内心宁静。现在人们常用的正念冥想就是运用生理调节法调节情绪的典型例子。一系列研究发现，正念冥想可以让我们更久地控制情绪、培养慈悲心、减轻对疼痛的敏感性、减少焦虑、对抗抑郁症，以及提高多重任务的处理能力等。

### （二）认知调节法

中学生的情绪和情感是通过认知的折射而产生的，认知是产生情绪和情感的基础。正确的认知会产生积极的情绪和情感，错误的认知则产生消极的情绪和情感。如果中学生能把错误的认知改变为正确的认知，他们的消极情绪和情感就会被积极的情绪和情感所代替。

#### 1．不过分注意别人对自己的评价

每一个人都会在意别人对自己的评价，正是在别人的评价声中，人才逐渐形成了自我意识，也正是通过他人的评价，个体才实现了自己存在的价值。所以，如果一个人注意他人对自己的评价，有助于心理的发展，有利于良好人际关系的建立。但是这种需求走向极端时，就会使人丧失独立的人格，陷入为别人而活着的心理误区。尤其是陷入这种误区的学生，其每次行动都要看别人的脸色，乞求别人的微笑，每一个建议都要求得到所有人的满意，所以他们往往生活得很累，精神上的痛苦也就在所难免了。因此，中学生不要过分注意别人对自己的评价。

#### 2．调整理想自我与现实自我的差距

理想自我是自己追求的一种境界，现实自我是自己发展的真实水平。中学生在学习、生活中一旦受挫，就应重新检查一下，理想自我和现实自我之间的差距是否太大，个人发展目标是否定得太高。目标过高，超过自我能力所及的范围，只能受挫并带来痛苦。但目标也不能太低，如果目标太低，就不能带来真正的愉快和满足。中学生在目标的确立上应以“跳一跳就能摘到果子吃”为原则。

### 3. 消除不合理信念

美国心理学家阿尔伯特·艾里斯认为，一个人的消极情绪源自不合理信念。不合理信念有两大特点：其一是绝对化的要求。如果一个人对某些事物怀有其必定发生或不会发生的信念，常与“必须”“应该”“都要”“无论如何”等字眼联系在一起，那么他就极易陷入情绪的困扰，因为客观事物的发生发展都有其自然的规律和条件，不会以哪一个人的意志为转移。其二是过分概括化，以一种以偏概全的不合理方式来思考事物，表现为对自己和他人的不合理评价。例如，有些中学生遭遇失败时，马上认为自己一无是处，这就容易导致他们过分地自责和抑郁；因为别人的一个过错而否定其整个人的价值，其结果必然是自己气恼，对方也会觉得难以与其共事。因此，当中学生陷入情绪困扰时，应该反省一下自己在处理问题时是否受到不合理信念的支配，如果是，就应该主动放弃或改变它。

合理情绪疗法

## （三）行为调节法

行为调节法是在分析产生不良情绪行为的情境条件的基础上，通过改变其刺激物或强化物来达到情绪调节的目的，其理论基础是行为的操作条件反射理论和观察学习理论。这类方法具有简便、易于操作等特点，其具体方法有以下几种。

### 1. 正强化

正强化是利用各种形式的奖励或表扬改变行为的一种方法。通过正强化，可以增加或减少特定情绪行为出现的次数或频率，提高或降低特定行为发生的可能性。比如，对于那些情绪控制力差的中学生，只要他有情绪控制的表现，哪怕是很微不足道的表现，就应给予热烈的表扬或奖励，而对他的情绪冲动行为给予忽视，绝对不加以注意，这样就能很好地调节其情绪行为。

### 2. 角色扮演

角色扮演是指导者扮作与当事人情绪问题有关的人物，将其可能出现的行为表现出来的一种行为调节方法。由于角色扮演存在许多直接学习的机会，所以它是指导或帮助青少年改变情绪行为的有效手段。例如，对一位处于青春期的女中学生希望以成人化的方式与母亲交流，针对这种情况就可采用此方法。指导者可以先鼓励这位学生尝试几种不同的交谈方式，同时根据她的情况介绍扮演其母亲，这样可以帮助她在一种较为安全、很少焦虑的情境中尝试不同的做法，通过实际体验，她就能够比较准确地预知母亲的各种反应。

### 3. 想象放松

想象放松是指导当事人在放松的状态下回忆和想象那些有助于身心放松的事情或情节的一种方法。指导者可以通过丰富多彩的语言和恰如其分的语气鼓励青少年进行平和、安静的想象，可以让他们想象并描述一些事物及其生动情节，比如，“告诉我你现在（当时）有什么感受”“事情是怎样发生的”“当时的感受如何”等。

## （四）宣泄调节法

中学生出现消极的情绪后，如果过分地压抑自己，就会使这种情绪的困扰日趋严重，不利于身心健康。如果适度地宣泄，则可以把消极的情绪释放出来，从而使紧张的情绪得到缓解，这样会提高学习效率。

1. 哭的宣泄法

哭是一种纯真的情绪宣泄，它是释放体内累积的负能量、排除体内毒素、调节机体平衡的一种方式。当青少年面临严重情绪问题时，如受委屈、考试失败、情感挫折等，不妨在一个合适的场合大哭一场，这样可以很快地从情绪困扰中平静下来、解脱出来。

2. 体育运动宣泄法

体育运动也是一种宣泄消极情绪的方式。新的活动既能让一个人获得自尊自信，又能转移他们对于消极情绪的持续注意。中学生遇到负性的生活事件，出现压抑烦躁情绪时，如果做些适当的体育运动，就能起到宣泄负性情绪的作用。

3. 倾诉宣泄法

中学生的倾诉有几种形式：一是以谈心的形式向矛盾的对方开诚布公地说出自己的看法，通过交换意见消除误会，缓解不良情绪。二是以写日记的形式来倾诉内心的不快。通过写日记寻找自己产生消极情绪的原因和解决方法，以达到心理平衡。另外，还可以向知心朋友或信任的老师、家长倾诉心声。当然，中学生宣泄情绪也有一个“度”的问题，要做到适时、适度，注意时间、场合和方式方法。不能把不合理的情绪发泄理解为情绪宣泄。如果以暴力或其他不恰当的方式发泄情绪，其后果往往很严重，不仅不利于问题的解决，而且会引发新的问题。

### （五）转移调节法

转移调节法就是根据自我要求，有意识地把自己已有的情绪转移到另一个方向上，使情绪得以缓和。在发生强烈情绪反应时，头脑中往往有一个较强的兴奋灶，此时如果另外建立一个或几个新的兴奋灶，便可以抵消或冲淡原来的优势兴奋灶。因此，当情绪激动时，为了使它不至于立即爆发，使自己有足够冷静地考虑、分析问题的时间和机会，可以有意识地通过转移话题或转移行为的方法来分散注意力。

1. 转移或隔离环境法

环境对中学生的情绪有一定的影响。他们在一种情境中可能产生积极的情绪，在另一种情境中则可能产生消极的情绪。因此，如果 个中学生的情绪困扰或不良情绪和当前环境有关，那么改变其所处的环境也可以调节他们的消极情绪。例如，当与同伴发生争执时，可以选择避开同伴，让情绪暂时冷却一段时间，等再回过头来看这件事，可能会发现自己当时为一点小事而争得面红耳赤根本没有必要；而如果青少年当时没有避开，还是置身在当前环境中，则有可能会因为情绪冲动和同伴发生激烈争执，事后又因后悔而徒增烦恼。

2. 转移注意力

当一个人心情或情绪不好的时候，为了从当前不愉快的情绪中走出来，可以把注意力转移到五彩缤纷的大自然环境中。众所周知，颜色与情绪有一定的关联，不同的色彩可引起相应的情绪变化。而大自然中五彩缤纷的颜色本身对人的情绪就有一定的陶冶作用。因此，当一个人情绪糟糕时，为了转移注意力可以选择到野外郊游。又如，音乐本身就有情绪色彩，当一个人听到与自己的情绪完全合拍的音乐时，会感到无比的舒畅，这种现象是与细胞本身的节奏密切相关的，因为人体以细胞的微振为基础，全身无不在振动着，且都有一定的节奏。因此，借助音乐来改变心情也是一种有效的方法。

### 3. 实施“焦点转移”

出现情绪问题时，也可采用焦点转移法来调节。如考试中途出现怯场现象，可伏桌暂歇片刻，做深呼吸，默数 1、2、3、4……，尽量回忆生活中自认为最有趣的事，待情绪平复后再继续应试。

1. 什么是情绪？它具有哪些功能？
2. 简述中学生情绪的主要特点。
3. 简述情绪与情感在教学中的应用。
4. 什么是情绪调节？简述 1~2 种情绪调节的原理及策略。
5. 简述情感的定义，说说情绪与情感的差异。
6. 简述情绪分类的依据。

1. 情绪与情感对人的学习和发展有重要影响，积极的情绪对学习和发展起促进作用，消极的情绪对学习和发展起阻碍作用，那么在生活中，你可以通过哪些途径来调节情绪？
2. 为什么说中学生的情绪发展处于“暴风骤雨”时期？

拓展阅读

# 第四章 意 志

有百折不挠的信念所支持的人的意志，比那些似乎是无敌的物质力量有更强大的威力。

——阿尔伯特·爱因斯坦（Albert Einstein，1879—1955 年）

## 学习目标

1. 掌握意志与意志行动的概念。
2. 掌握意志的三大特征。
3. 理解意志品质。
4. 熟悉中学生意志发展的特点。
5. 掌握意志行动中的挫折及中学生的挫折教育。

## 学习重点

1. 意志与意志行动的概念。
2. 意志行动的心理过程。
3. 意志行动中的挫折。
4. 中学生的挫折教育。

## 学习难点

1. 中学生意志发展的特点。
2. 中学生意志的培养。
3. 中学生的挫折教育。

知（认知）、情（情感）、意（意志）是人类心理活动的三种基本形式，人们认识世界的主观意识过程，通常可以分为三个阶段：一是认知阶段。目的在于解决“是什么”或“什么事实”的问题。二是评价阶段。目的在于解决“有何用”或“有什么价值”的问题。三是意志（或决策）阶段。目的在于解决“怎么办”或“实施什么行为”的问题。其中，第三个阶段是针对事物的品质特性及每一品质特性对于人的价值，人将选择一个最合适的行为，以便能够充分有效地利用事物的价值特性来解决问题。

# 第一节 意志概述

## 一、意志的概念及特征

### （一）意志的概念

意志是指人自觉地确定目的，有意识地根据目的、动机调节支配行动，努力克服困难，实现目标的心理过程。意志是意识的能动作用，是人为了一定的目的，自觉地组织自己的行为，并与克服困难相联系的心理过程。

意志是人类特有的心理现象，是人类意识能动性的集中表现。意志对行动的调节，有发动和制止两个方面。前者在于推动人去从事达到预定目的所必需的行动，后者在于制止不符合预定目的的行动。意志调节作用的这两个方面在实际活动中是统一的。例如，有了利用业余时间学好外语的决心，这种决心一方面促使人去进行外语学习活动，另一方面又抑制与之不相干的其他活动。意志不仅可以调节外部动作，还可以调节人的心理状态。当学生排除外界干扰，把注意集中于完成作业时，就存在着意志对注意、思维等认知活动的调节；当人在危急、险恶的情境下，克服内心的恐惧和慌乱，迫使自己保持镇定时，就存在意志对情绪状态的调节。人的内脏活动是受自主神经系统支配的。人们历来认为，这类活动不受意识的控制。但近年关于生物反馈的研究证明，通过专门的学习和训练，人也可能在一定程度上调节自己的内脏活动，如影响心跳节律、血压升降、皮肤温度和内分泌水平等。这项发现，扩展了人们关于意志调节范围的概念。

动物没有意志，它们只能消极地顺应周围环境，成为自然的奴隶；人有了意志，就能够积极地改造外部世界，从而有可能成为现实的主人，在纷繁复杂的环境中主动地提出目的，同时主动地采取行动来改变环境以满足自己的需要。因此，意志集中地体现出人的心理活动的自觉能动性。

### （二）意志的特征

#### 1. 有明确的目的性

自觉地确定目的是人的意志的首要特征。人与动物不同，动物虽有活动，动作甚至还可能相当精巧，但它不可能意识到自己行为的目的和后果。而人与动物的根本区别之一，就是人在从事某种活动之前，活动的目的就以观念的形式存在于人脑之中，并能动地调节、支配着人的行为。离开了自觉的目的，意志便失去了存在的前提，就没有意志可言。意志行动的目的越明显、越高尚、越远大，意志水平就越高，行为的盲目性和冲动性也就越小。

#### 2. 与克服困难相联系

克服困难是意志的核心价值所在。目的的确立与实现，通常会遇到各种困难，克服困难的过程就是意志行动的过程。所谓困难，是实现有目的的行动的障碍；而克服困难，就意味着对行动的预定目的的坚持。一个人能够克服的困难越大，表明这个人的意志越坚强；反之，表明这个人的意志越薄弱。因此，人在活动中克服困难的难易程度，是衡量其意志强弱的标志之一。

3. 以随意动作为基础

人的行动都是由动作组成的，动作分为不随意动作和随意动作两种。不随意动作指不受意识支配的不由自主的动作，如眨眼、吞咽、咳嗽等。随意动作是在不随意动作的基础上，通过有目的的练习形成的，它受人的意识调节和控制，具有一定的目的性。随意动作是意志行动的必要条件。

## 二、意志与认知过程、情感过程的关系

### （一）意志与认知过程的关系

认知过程是意志形成的前提和基础。只有当人们认识了客观世界的规律，认识到自己的需要和客观事物之间的关系时，才能提出正确的目的和实现目的的适当的方式和方法。意志对认知过程具有反作用。人们在认识客观世界的过程中，总会遇到一定的困难，需要及时做出种种意志努力去克服它，以达到认知的目的。

### （二）意志与情感过程的关系

情感既可以成为意志行动的动力，也可以成为意志行动的阻力。当某种情感对人的活动起推动和促进作用时，这种积极的情感就可以成为人行动的动力；当某种情感对人的活动起阻碍和削弱作用时，这种消极的情感就成为意志行动的阻力。意志可以调节、控制人的情感。“胜不骄、败不馁”就是情感服从于意志的表现。

总之，意志过程和情感过程是人在实践活动中对客观现实反映的不同方面，它们之间密切联系，相互渗透。

## 三、意志行动过程

受意志支配的行动叫意志行动。意志行动是有意识、有目的的行动，行动的目的要通过克服困难和挫折才能达到。有些行动是习惯性的、无意识的，这样的行动不是意志行动；有些行动虽然有意识、有目的，但可以自然而然地完成，没有克服困难，就像吃一顿饭，玩一会儿游戏，这些行动也体现不出人的意志，所以也不是意志行动。意志行动是一种有目的的活动，人的大部分行动是意志行动。对意志行动过程进行心理分析有利于了解意志行动的内部机制。意志行动的心理过程分为两个阶段：采取决定阶段和执行决定阶段。

### （一）采取决定阶段

采取决定阶段有时也称为准备阶段，一般包含心理冲突、确定目的、做出决策、制订计划等环节。目的是人的行动所期望的结果，在行动中，人期望要得到的结果，有时是很明确的，有时则不一定是明确的。有时行动想要达到的结果只有一个，无选择之余地，这时确定目的不会产生内心冲突；有时则有好几个可供选择的目的，确定目的会产生心理冲突，需要做出意志努力。目的确定之后，就要选择达到目的的行动方式和方法，拟订出行动计划。对于行动的方式、方法的选择也有各种不同的情况。有时只要一提出目的，行动的方式、方法便可以确定，这无须意志的努力。但在通常的情况下，达到目的的方式、方法也要进行选择，要比较各种方式、方法的优缺点及可能导致的结果。这时也可能产生内心的犹豫不决，这就需

要做出意志努力。

1．心理冲突

意志行动中的心理冲突（或动机斗争）是很复杂的。人的行动总是由一定的动机引起并指向一定的方向，但在决定行为的方向时，往往存在着心理冲突。因为在同一时间内，个体的多种需要不可能同时满足，甚至有些需要可能是矛盾的。从性质上讲，心理冲突可能是原则性的，也可能是非原则性的。对于原则性的心理冲突，往往需要权衡其轻重缓急、利弊得失，评定其社会价值，然后抉择。从心理冲突的形式上，一般把心理冲突分为以下四类。

（1）双趋冲突（接近—接近型冲突）：当两种或两种以上的目标同时吸引着人们，但只能选择其中一种目标时，通常称为双趋冲突。例如，“鱼与熊掌不可兼得”，鱼好吃，熊掌也好吃，两种食物对人都有吸引力，而现在只允许选择一个。又如，中学毕业生填报高考志愿、顾客选择商品时出现的冲突都属于此类冲突。

（2）双避冲突（回避—回避型冲突）：当一个人遇到两个威胁而都想避开，但又不能全避开时的心理矛盾称为双避冲突。例如，某学生犯了个比较严重的错误，想去向教师坦白认错，但怕受批评丢脸，不去坦白，又怕被揭发后受到更大的处分。又如，某个小朋友得了蛀牙，疼痛难忍，却迟迟不敢就医，因为他害怕牙科大夫治疗蛀牙的疼痛。如此引起的冲突都属于双避冲突，我们平时生活中说的“前遇大河，后有追兵”正是这种处境的表现。

（3）趋避冲突（接近—回避型冲突）：当一个人对同一事物产生两种相反的动机时（对己有利则想趋之，对己不利则想避之，既想要又害怕要）的心理矛盾称为趋避冲突。例如，遇见歹徒，既想奋不顾身，挺身而出，又怕歹徒铤而走险，行凶杀人；想选修一门新的课程，但又害怕考试失败；想吃鱼，又怕鱼刺。是趋是避，是爱是恨，不同的人有不同的选择，但都是趋避斗争的结果。

（4）多重趋避冲突：多重趋避冲突是指一个人面对两个或两个以上的目的，而每一个目的又分别具有趋避两方面的作用。例如，现在各用人单位都提倡人员流动，当一个人看到某个城市的招聘有适合自己的岗位时，可能想到更换工作单位的许多好处，如城市相对发达、环境条件好、待遇高、住房条件也会好等等，但也存在一些担忧，如已经习惯原单位的工作、生活比较安定、子女的学习条件也比较稳定等等，像这种由于各种利弊得失的考虑而产生的复杂的心理状态，就称为多重趋避冲突。

2．目的的确定

通过动机冲突和斗争，行动的目的就可以确定下来。但行动的目的是有层次的，远大的目的确定后，先要依次实现一个个近期目的，然后才能实现最终目的。一般来说，行动目的的社会价值越高、越明确，对人的激励、鞭策作用越大，实现目的的决心和意志就越强。

3.选择行动的方法和制订行动计划

行动的目的确定后，还需要选择行动的方法。通常，实现目的的方法不止一种，这就要求经过反复思考、多方比较，选择最有效、最经济、最优化的方法，然后制订行动计划。

### （二）执行决定阶段

在做出决定之后，便过渡到执行决定阶段，采取实际行动。执行决定是意志行动的最重要环节，是意志努力的集中表现。因为即使在做出决定时有决心，有信心，如果不见之于行动，这种决心和信心依然是空谈，意志行动也就不能完成。

1．意志对行动的调节

决定一经采取，执行决定便是实现意志行动的关键阶段。在执行决定时，意志对行动的调节作用表现在两个方面：一是发动和激励人们采取积极行动来达到预定的目的；二是抑制和制止与达到目的相矛盾的行为。

2．克服内外困难

在执行决定的意志行动中会遇到许多困难，这些困难，既有内部的，也有外部的。千方百计地克服困难，坚决执行决定，努力实现预定的目的，是人意志努力的最好体现。

3．经受成败的考验

人的目的性行为有时可能成功，有时也可能失败，这需要运用意志调节与控制自己的反应。当遭受挫折，甚至面临失败时，一是要百折不挠，坚持到底；二是要冷静分析，总结教训。行动成功，常使人高兴和振奋，但亦容易使人自满，松懈斗志。在执行决定的过程中，既经得起失败的考验又经得住成功的考验的人，才是真正意志坚强的人。

从做出决定过渡到执行决定，在时间上往往因具体情况的不同而有所不同。有时在做出决定之后就立即过渡到执行决定阶段。这通常在下列情况下发生：行动的目的和实现行动的方式、方法比较明确具体，完成行动的主客观条件大多已经具备，而行动又要求不失时机地去完成。例如，在战斗中，做出军事行动的决定，就必须立即执行。有时，决定是比较长期的任务或是未来行动的纲领。这样的决定并不立即付诸行动，而仅仅是将来行动的企图。例如，我们准备在暑假内完成一篇论文，目的、计划都明确了，决心也下了，但并不立刻行动，因为条件还不完全具备，它只是一种打算。

在执行决定的过程中，已经确立起来的决心和信心也可能会发生动摇。这通常发生在下列几种情况下。

（1）执行决定时遇到困难，要付出巨大的努力，这与个体已形成的消极个性品质（如懒惰、骄傲、保守、坏习惯等）或兴趣爱好发生矛盾，从而使决心和信心发生动摇。

（2）在做出决定时虽然选择了一种目的，其他目的仅受到暂时的压抑，但仍然很有吸引力。在执行决定的过程中，暂时受到压抑的目的又可能重新抬头，产生了新的心理冲突。

（3）在执行决定的过程中，还可能产生新期望、新意图和新方法，它们也会同预定的目的发生矛盾，令人踌躇，干扰行动的进程。

（4）有时在做出决定时没有充分考虑到各种主客观条件，没有预见到事物的发展变化，在执行决定时遇到新情况，出现新问题，而人又缺乏应付新情况、解决新问题的知识和技能，这就可能使人犹豫不决。

以上矛盾都妨碍意志行动贯彻到底。只有解决了这些矛盾才能将意志行动贯彻到底，达到预定的目的。

# 第二节 意志行动中的挫折

## 一、挫折的概念及其心理反应

### （一）挫折的概念

挫折是个体在从事有目的的活动过程中，遇到障碍或干扰，致使个人抱负不能实现、需要不能满足时的紧张状态和情绪状态，也就是俗话所说的“碰钉子”。挫折包括三层含义：一是挫折情境，即干扰或阻碍意志行为的情境，如人生中无法预料的天灾、人祸、生老病死等。二是挫折认知，即个体对挫折情境的认知、态度和评价，这是产生挫折和如何对待挫折的关键。挫折情境能否构成挫折，在很大程度上取决于个体对挫折情境的态度和评价，同一挫折情境由于个体的志向水平不同，感受挫折的程度也是有区别的，如有的人把失败看作成功的前奏因而更加努力，有的人则把同样的失败看作命运的不公因而沮丧、放弃。三是挫折反应，即伴随着挫折认知而产生的情绪和行为反应，如愤怒、焦虑和攻击等。当挫折情境、挫折认知和挫折反应同时存在时，便构成心理挫折。但是，有时只有挫折认知和挫折反应这两个因素，也可以构成心理挫折。例如，有的人总是怀疑周围的同学在议论自己、看不起自己而产生紧张、烦恼等情绪反应。

### （二）挫折可能引发的个体情绪和行为变化

1．攻击

当个体受到挫折时，常常会引起愤怒情绪，因而出现攻击行为。攻击行为是人在精神紧张时的一种宣泄。攻击行为可能是直接的，直接指向构成挫折的人和物，其方式常常是嘲笑谩骂，甚至动手打人。美国心理学家西尔斯曾于1940年对一群大学生进行实验，先令其彻夜不眠，告诉他们不让睡眠是要观察失眠后对疲劳的影响，并且告诉他们，夜间将供应食物、饮料及游戏器材等以消磨时间。但到实验开始后什么也不给他们，且严格要求他们不许吸烟，禁止交谈，保持清洁，以此制造挫折情境。实验结果表明，被试多表现出直接攻击，有的辱骂实验主持者；有的同在场的管理者争辩；有一个被试甚至在墙上画一个四肢不全、遍体血迹的人像，并写上“此即心理学家”。

2．固执

固执是指个体受到挫折后，刻板、盲目地重复某种无效行为。尽管反复进行某种动作并无任何结果，但仍要继续这种动作，往往不能被更适当的行为反应所取代。例如，有人看到自己家着火了，只在那儿着急，而不知道叫人救火。

3．冷漠

冷漠是指个体在受到挫折后表现的对挫折情境漠不关心与无动于衷的态度，这是一种比攻击更为复杂的反应。每当受到挫折后如果采取攻击方式能克服挫折情境，人们以后会更多地采用攻击方式；反之，如果采用攻击方式遭受更大的挫折，人们就可能采取逃避攻击方式，如不能逃避，就只能以冷漠的方式反应。一般来说，冷漠反应多在以下情况中出现：①长期遭受挫折；②情况表明已无希望；③有过攻击无效的体验，或因攻击而导致更多痛苦的经验。

4．退化

退化又叫倒退，是指个体遇到挫折时表现出与自己年龄不相称的幼稚行为，即退回到原来较低的心理发展水平。当个体遇到挫折时，可能失去理智，不能控制自己，而以简单、幼稚的方式应付挫折，表现出一种由成熟到幼稚的反常现象，但本人并不能意识到。例如，有人钱包被偷走之后，号啕大哭、捶胸顿足等。退化的另一种表现是个体的受暗示性提高，挫折降低了个体明辨是非的能力，而盲目地相信别人。

## 二、挫折的适应

### （一）适应的含义

心理学认为，人的一生就是一个不断适应周围现实以追求理想实现的过程。适应是个体遇到挫折时，对挫折采取有效策略，改变主观态度或客观条件，以达到心理平衡的行为反应。适应有消极和积极两种。消极适应是指人们采取防御策略，力图摆脱引起挫折的情境，缓解心理矛盾，减轻焦虑和情绪困扰，取得心理平衡的活动过程。积极适应是指人们主动创造条件，自觉克服困难去改变挫折情境，以满足自己的需要和愿望，使心理达到平衡的活动过程。积极适应是心理健康的重要品质，是人格成熟的表现。

### （二）常见的消极适应方式

在日常生活中，失败和挫折会使自我受到威胁和伤害，并可能导致心理失衡而引起精神上的痛苦。人们为了解除心理上的焦虑和痛苦，使自尊心免受伤害，往往自觉不自觉地采用种种使自己容易接受的方式去解释和处理当前矛盾，这种对策或心理活动，称为心理防御机制。一般来说，心理防御机制的具体表现形式有以下几种。

1．合理化作用

合理化作用又叫文饰作用，指个人的行为不符合社会的价值标准，或未达到所追求的目标，为减少或免除因挫折而产生的焦虑，保持自尊，而对自己的不合理行为给予一种合理的解释，使自己能接受它。这是人们日常生活中使用最多的一种心理防御方法。

2．投射作用

投射作用也叫推诿作用，是指将自己内心存在的某种不被社会所接受的欲望、冲动或思想观念，转移到别人身上，说别人有这种欲望、冲动或思想观念，以此来逃避自己心理上的不安。“以小人之心度君子之腹”就是这种心理的表现。精神病患者的嫉妒、被害等妄想症状也常与此心理有关。

3．压抑作用

人在经受挫折后，常常有意无意地将其痛苦与焦虑压抑到无意识中去，使自己不能觉察和回忆，以求得心理上的安宁，这种心理作用称为压抑。

4．否定作用

否定作用就是把已经发生的痛苦的事加以否定，认为它根本没有发生过，以躲避心理上的痛苦。显然，这属于较简单而原始的心理防御机制，在日常生活中也是较常见的。人生有许多挫折、痛苦甚至灾难，最省事的办法是干脆不予承认，就像根本没有发生过一样。

5. 反向作用

反向作用又称矫枉过正，当个人的内在动机不能为社会所容忍时，他过分控制行为表现，反而出现了相反方向的行为。此种内在动机与外在行为不一致的现象，被称为反向作用。

我们在日常生活中常常可观察到反向作用。例如，有吮手指习惯的小孩，遇到不许他这么做的成人时，他赶紧把手放在身后，不但不吮手指，反而使手指与嘴的距离比正常状态时还远。这种过分行为恰恰表示他有吮手指的欲望。

6. 认同作用

认同作用又叫自居作用，是指一个人在生活中无法获得成功的满足时，将自己比拟成其他成功的人，或以他人自居，借此在心理上分享他人的成功，以消除个人因挫折而产生的焦虑和痛苦。例如，有人常把自己与在某项事业中获得成功的人或有名望的集体联系在一起，如“我和某某是同学”“我和某某是同乡”“我是某某学校毕业的”等，或模仿名人的风度、言谈腔调、手势、服装、发式等，借此来达到心理的满足，以维护个人的自尊心。

心理防御机制是生活中一种普遍的心理现象，往往是人们在挫折情境中不自觉运用的，是心理适应机制的一种。它可以暂时缓解人们的心理紧张，减轻内心的焦虑和痛苦，以适应挫折。但这不能从根本上解决现实矛盾，并且往往带有一种歪曲事实、自我欺骗的性质，只能起到回避现实的作用。

### （三）常见的积极适应方式

1. 理智的压抑

理智的压抑是一种成熟的适应方式，指当一个人的欲望、冲动不符合社会规范的要求而无法满足时，自我有意识地去压抑、控制的心理。例如，儿童能克制自己看动画片的欲望而完成作业，球迷能在大赛期间正常工作等，都是理智的压抑。一个社会之所以能有序地运转，都是依靠每个人根据社会的规范，理智的压抑来控制行为而实现的。

2. 升华

升华是指心理欲望从社会不可接受的方向转向社会可接受的方向的过程。当一个人意识到自己的某种欲望无法被接受，且与社会规范、伦理道德相悖时，为求得心理平衡，将其净化、提高，成为一种高尚的追求。

3. 补偿

补偿是指个人所追求的目标、理想受到挫折，或由于本身的某种缺陷而达不到既定目标时，用另一种目标来代替或通过另一种活动来弥补，从而减轻心理上的不适感。许多在身体上有残疾的人，常采用这种方式来弥补其与正常人之间的差距，获得了事业的成功，正所谓“失之东隅，收之桑榆”。

4. 幽默

幽默是指个体遇到挫折、处境困难或尴尬时，用一种机智、双关、诙谐、自嘲的语言或动作来化解困难，以摆脱内心的失衡状态。自嘲也是一种幽默，如秃顶的人称自己“绝顶聪明”。幽默恰当，可使人感到愉快，使生活增添情趣和活力。

5. 合理宣泄

合理宣泄是指通过创设一种情境，使受挫折的人能自由抒发受压抑的情绪。例如，将积压在心头的苦闷向亲人、朋友倾诉；有时干脆大哭一场，用眼泪冲走悲痛或委屈；也可到专门的

“情绪宣泄室”去发泄一番。宣泄要注意合理运用，以不损害他人，不影响工作为前提，切不可超越法制，违反道德规范。

6. 认知改组

主体对挫折情境的认识评价如何，直接影响挫折感的产生。比如，高考落榜是考生产生挫折的情境，而改变考生对高考落榜严重性的认识，使其看到上大学并非唯一的成才之路，就可以减轻高考落榜生的挫折感。这种对挫折情境的重新认识和评价，称为认知改组。

## 三、中学生的挫折教育

造成中学生心理挫折的原因很多，有客观的社会因素，但最主要的原因还在于主观上的心理动机冲突。中学生处于人生中心理激烈动荡、人生情感体验非常丰富又易于变化的“危机期”。稍不注意，挫折和失败便接踵而至，导致严重的心理冲突。尤其是当代中学生大都是独生子女，父母只要求他们学习好，其他一切事都包办代替，从起床吃饭、穿衣上学到防范安全，事无巨细，他们为孩子创设了过于优越舒适的生活环境，让他们免受一切挫折，致使他们缺乏生活的磨炼，养成依赖心理和养尊处优的不良品格，交往能力和适应环境能力极差，情感意志非常脆弱，一旦受挫，哪怕是极小的挫折他们也会惊恐万状，茫然无措，极易因绝望而轻生。因此，对这些敏感脆弱的中学生开展挫折教育，加强耐挫折能力的培养不仅必要，而且十分迫切。

### （一）加强学生学习心理指导，教会学生如何学习

教师应从如下四个方面给予学生指导：①指导学生掌握科学的学习方法，即对影响学习的智力因素给予指导，如指导学生如何观察、记忆、思维、想象，如何集中注意，如何解决问题，如何创造，等等。②学习环节的方法指导，即对学习过程给予指导。如指导学生制订符合自己实际的学习计划，合理安排学习时间，遵循学习规律和学习原则；指导学生掌握预习、听课、记课堂笔记、复习和做作业的方法；指导学生掌握课外自学的方法；指导学生如何运用工具书，学会查找、积累资料的方法；等等。③课程学习的方法指导，即将一般的学习方法应用到具体学科上去的指导，也就是指导学生掌握语文学习法、数学学习法、外语学习法等。④心理调节的方法指导，主要是对影响学习的非智力因素的调节方法指导。例如，指导学生培养学习动机，增强学习责任感，克服厌学情绪，增强学习信心，消除学习中的自卑心理，克服考试焦虑，掌握应试技能，增强学习毅力，养成良好的学习习惯，等等。

### （二）教会学生与人打交道的技巧，建立和谐的人际关系

建立和谐的人际关系对于增强挫折的承受力是有积极作用的。当一个人遭受挫折后，如果有几个在思想上、学习上、生活上志同道合的朋友，能向他们倾诉自己的心里话，便能使自己从挫折中解脱出来，内心的紧张也会逐渐减弱。同时，他还可以从朋友那里得到鼓励、信任、支持和安慰，重新振作精神，战胜困难和挫折。

因此，教师应根据学生的身心特点和具体情况指导他们掌握优化人际关系的策略。通过人际教育使学生增加对人际关系的感受力和协调能力，克服自卑、孤僻、猜忌等不良社交心理，从而建立起属于自己的交往环境，在和谐融洽的人际氛围中健康成长。

### （三）及时地对学生给予性教育

教师应对学生进行性生理知识教育，使他们懂得自身变化特点，解除烦恼和恐惧，避免因缺乏性知识而好奇犯错；进行性道德教育，使他们懂得如何正确对待异性，与异性交往应遵循哪些社会道德规范和行为准则，特别是要明白爱情不是一时冲动，更不是纵欲，而是意味着对未来家庭的责任和义务；进行性心理卫生教育，使他们正确对待对性知识的追求，对异性的渴慕向往，特别是避免陷入“早恋泥潭”。

### （四）引导学生形成正确的自我意识观

引导学生形成正确的自我意识观主要是教会学生以人为镜，从他人的态度中认识自己，正所谓“当局者迷，旁观者清”。应引导学生借助别人的看法和态度认识自己，虽然别人的态度有时也难免不客观，但多找几面镜子，总能看清自己。为学生创设多方面的实践机会，使他们在实践中认识自己的长处和短处，教他们学会自我剖析，全面客观地评价自己，既不妄自尊大，也不妄自菲薄，特别是正确对待自己的短处，对于能改变的如不良性格、习惯，力求“过则勿惮改”，对于无法补救的如生理缺陷，可以扬长避短。

### （五）加强情绪教育，培养学生良好的个性和对待挫折的积极态度

1．引导学生正确认识挫折的重要性

挫折一方面可以使人消沉悲观，情绪紊乱，行为失措，失去前进的目标动力；另一方面又可以使人从中得到磨炼，所谓吃一堑长一智，使人从逆境中奋起，变消极为积极。

2．培养学生积极乐观的生活态度，做自己情绪的主人

我们应通过组织经常性的活动，并注意挖掘和欣赏生活中的光明和乐趣，培养学生的生活情趣，充实他们的精神生活，使他们不断获得新知识、开阔新思路、体验满足感，从而增添自身奋进的勇气，并不断克服自己的不当情绪，如莫名其妙的烦恼、不必要的羞怯自卑、对同学的嫉妒讽刺等。

3．帮助学生保持适中的期望值

中学生精力充沛、朝气蓬勃，对工作、学习往往有较高的期望和要求，但对所遇到的困难估计不足，对自己的能力和知识水平也缺乏全面客观的评价，所以达不到目标时易灰心丧气。为此，我们必须帮助他们不断调整目标、行为，如果一种动机经再三尝试仍不成功时应让他们学会及时调整或改变行为方向。

### （六）组织多种实践活动，对学生进行挫折教育

“艰难困苦，玉汝于成”，许多研究表明早年的挫折经验对人影响甚大。苏联著名教育家苏霍姆林斯基就认为必须让孩子从小知道困难是与劳动、血汗和付出分不开的。我们应该有组织地对学生开展挫折教育：①自然环境和社会环境挫折教育，如进行“假如洪水淹没了我的家园”“假如战争来临”等讨论，通过迁移作用，使学生增加对突如其来的挫折的心理承受力。②个体需要挫折教育，如进行“假如我落选”“假如我失去知心朋友”等讨论，开展登山、野营等主题团队活动，为学生创设挫折情境。③以团队组织为依托开展“今天我当家”等实践操作活动，提高学生的自我生存能力。④针对某些学生的物欲膨胀，有意识地开展挫折教育，使他们认识到个人的需要要服从社会和他人的需要，对其不合理的需求加以矫正。

总之，苦难是人生的大学，挫折是人格的试金石。只要教师用自己的爱心加上正确的引导

教育，学生就会具有面对失败的不屈性、面对厄运的刚毅性和面对困难的勇敢性，增强耐挫能力，保持健康心理。

# 第三节 意志品质

心理测试
“意志品质测量”

## 一、常见的意志品质

构成意志力的稳定因素称为意志品质。人的意志力的强弱是有差异的，人的意志品质也存在着巨大的个别差异。主要的意志品质有：自觉性、坚定性、果断性和自制力。

### （一）自觉性

自觉性是指个体在行动中具有明确的目的，能认识行动的社会意义，并使自己的行动服从社会要求的意志品质。有自觉性的人有坚定的立场和信仰，相信自己的目的是正确的，能够把自己的热情和力量投入行动中，千方百计克服困难，充分发挥自己的主观能动性；同时，在行动中既不轻易接受外界的影响而改变自己的目的、计划和方法，也不拒绝一切有益的意见和建议，在思想和行动上表现出既有原则性又有灵活性。

与自觉性相反的意志品质是受暗示性和独断性。受暗示性表现为盲从、没有主见，很容易受他人的影响。易受暗示性的人行为动机不是由自己已形成的观点和信念产生的，而是受他人影响的结果。独断性是指对自己的决定坚信不疑，一概拒绝他人的意见或建议。独断性的人表面上看来似乎是独立地采取决定、执行决定，实际上是缺乏自觉性的表现。这种人坚持己见，以自己的意愿替代客观事物发展的规律，当客观环境发生变化时，也不肯更改自己的目的和计划，经常毫无理由地拒绝或考虑他人的意见。受暗示性和独断性都是意志薄弱的表现。

### （二）坚定性

坚定性表现为长时间地相信自己的决定的合理性，并坚持不懈地克服困难，为执行决定而努力。具有高度坚定性的人，毅力顽强，充满必胜的信念，不怕困难，不怕挫折，善于总结经验教训，既不为无效的愿望所驱使，也不被预想的方法所束缚。为了达到目的，坚毅有恒，百折不挠。所谓“富贵不能淫，贫贱不能移，威武不能屈”就是意志坚定性的表现。

与坚定性相反的意志品质是动摇性和刚愎、执拗。动摇性是遇到困难便怀疑预定的目的，不加分析便放弃对预定目的的追求。这种人不善于迫使自己去达到预定的目的，偶遇挫折便望而却步，做事见异思迁，虎头蛇尾。刚愎、执拗是对自己的行为不做理智的评价，总是独行其是。这种人不能客观地认识形势，尽管事实证明他的行为是错的，但其仍一成不变，自以为是。动摇性和刚愎、执拗虽然表面上不同，但实质上都是对待困难的错误态度，属于消极的意志品质。

阅读材料

### （三）果断性

果断性表现为善于迅速地辨明是非，能及时地坚决地采取决定和执行决定。意志的果断性品质是以自觉性品质和正确的认识为前提，以大胆无畏和深思熟虑为条件，并与思维的批判性和敏捷性相联系。果断的人对自己的行为目的、方法及可能的后果，都有深刻的认识和清醒的估计，所以当事态发展到最紧急关头的时候，能当机立断、及时行动、毫不动摇、毫不退缩，如少年司马光砸缸事件就是意志果断性的体现。

果断的班超

与果断性品质相反的是优柔寡断和草率决定。优柔寡断是指在做决定时顾虑重重、犹豫不决，一直处于动机斗争状态而迟迟做不出决定。其主要特点是思想分散，情感矛盾，在各种动机、目的、方法之间摇摆不定，时常怀疑自己做决定的正确性。当要其必须做出选择时，又会任意选择而无信心去完成。草率决定是指对任何事情总是不加思考，既不考虑主客观条件，也不考虑后果，选择的目的只是想尽快摆脱由此带来的不愉快的心理状态。草率决定的主要特征是懒于思考，轻举妄动。优柔寡断和草率决定都是意志薄弱的表现。

### （四）自制力

自制力是善于统制自我的能力，如善于控制自己的行为和情绪反应的能力等。在意志行动中，与目标不相一致的欲望的诱惑、消极的情绪（如厌倦、懒惰、恐惧）等都会干扰人做出决定和执行决定。有自制力的人，能控制自我，克制与实现目标不一致的思想情绪，排除外界诱因的干扰，迫使自己执行已经采取的、具有充分根据的决定。有高度自制力的人，为了崇高的目的，不仅能够忍受各种痛苦和灾难，而且在必要时还能视死如归。自制力是意志的抑制功能。易冲动、意气用事、不能律己、知过不改等，都是缺乏自制力的表现。

超凡的自制力救了他

与自制力品质相反的是冲动性。冲动性是指不能控制自己的情绪，对自己的动作和言语约束较差的品质。其主要表现为思想容易开小差，并易受到外界的引诱和干扰而不能律己，有时甚至会产生违反纪律的行为。冲动性也是意志薄弱的表现。

必须注意，意志品质都有它的具体内容，不能离开具体内容抽象地加以评价。对于意志品质，我们应当联系其具体内容，从社会的角度和道德的角度来加以评价。上述各种意志品质都是互有联系的。如果缺少其中任何一种品质，就必然会在性格上带来某种缺陷。个体只有在实践活动中不断地加强意志的自我锻炼，才能形成优良的意志品质。

## 二、中学生意志品质发展的特点

中学生正处在身心发展的半幼稚、半成熟时期，其意志品质有如下特点。

### （一）自觉性品质有所提高

自觉性反映了一个人的世界观、人生观和信念，并贯穿于意志行动的始终。它使人自觉、独立地调节自己的行为，使自身服从于一定的目的任务，而不是靠外力监督。中学生由于认识的局限性，自觉性和幼稚性仍处在错综矛盾的状态中。但是他们已能把个人目的和社会利益联系起来，使个人目的自觉地服从于社会利益。中学生的自觉性品质是随着年龄的增长而发展的，不同年级表现出不同的特点。

### （二）坚定性品质逐渐形成

坚定性同一个人的精力与毅力密切相连。精力，指一个人从事各种活动的紧张度；毅力，指一个人从事各种活动的持续度。意志的坚定性，意味着既能适应紧张的工作生活，又能锲而不舍，有始有终，直至实现目的。坚定性和学生的兴趣、动机及对任务意义的认识有关。初中生对自己感兴趣的课程能够保持较长久的注意力，当学习顺利时劲头十足，一碰到困难就容易退缩。高中生的责任感有所增强，即使智力水平一般的学生，在学习遇到困难时也不立刻退缩，而是尽可能地努力解决问题。

### （三）果断性品质有所发展

果断性以自觉性为前提，以大胆勇敢为条件。它是在社会实践中锻炼出来的，往往又在复杂的现实中表现出来。初中生的果断性水平还比较低，轻率往往是他们的主要特点，由于他们反应快，行动快，容易把不假思索的冒失看成是果断行为。高中生的认识能力迅速发展并趋于成熟，较之初中生有以下进步：知识更加丰富，社会和生活经验不断积累，因而在处事的果断性方面有了很大发展；对新事物、新情况反应快，行动也快；懂得珍惜时间，反对因犹豫不决而浪费时间；学习过程中的问题能及时解决，对待现实生活中的各种矛盾并不回避，而是以积极态度果断处理。

### （四）自制力有所增强

自制力也是以人的意志的自觉性为基础的。中学生自制力的发展有一个循序渐进的过程。初中生自制力比较差，因为正处于青春发育期，身体的急剧变化引起身心发展上的各种不平衡，故情绪波动大，对自己的行为举止难以控制，表现为好动。高中生的情绪比较稳定，道德认识也逐渐成熟，比较能控制和调节个人的行为举止。

总的说来，中学生的意志品质还没有完全成熟，在挫折和失败面前，易激动，易产生动摇、畏难和悲观情绪。

## 三、中学生不良意志品质的表现及良好意志品质的培养

由于中学生的个人成长经历、气质特征、价值观、需要、动机、兴趣的差异，他们的意志品质的表现存在强和弱的两极性。比如，自觉性强的学生在面对问题时选择迎难而上，自觉性弱的学生却表现为目标模糊、退缩逃避；果断性强的学生则表现为当机立断、急中生智，果断性弱的学生则表现为优柔寡断、草率行事；坚定性强的学生表现出百折不挠，坚定性弱的学生则表现为虎头蛇尾、半途而废。

### （一）中学生不良意志品质的表现

#### 1. 惰性

惰性是与意志品质自觉性相反的不良意志品质。它是常见的一种意志缺陷，指自己不能按自己的主观意愿行事的状态。同时也是许多人深感苦恼而又难以改正的一种意志缺陷。惰性的重要特征是拖延，拖延是对惰性的纵容。把今天该完成的事情拖到明天，把今年该完成的事情拖到明年，甚至遥遥无期直到被逼无奈、拖不下去时才来赶工。这种行为极具破坏性，也是最危险的恶习，因为人们一旦开始遇事推脱，滋生惰性，就很容易再次拖延，甚至养成习惯。一

旦形成习惯，就会消磨人的意志，使人对自己越来越失去信心，怀疑自己的毅力，怀疑自己的目标，甚至会使自己的性格变得犹豫不决。因此，处于拖延状态的人常常陷入一种恶性循环之中：惰性拖延—低效能—失败—情绪困扰—惰性。

2．盲从

盲从指的是没有主见，随大流，或轻信别人而忘记自己的目标。主要表现为盲目地接受别人的影响，没有自己的独立目标和独立见解，凡事不愿多动脑筋，对行动目的的正确性和重要性认识不足，对情况的变化缺乏判断能力和灵活应变能力，易受暗示，盲从权威。例如，有的中学生看到别人买名牌、去餐厅、打游戏、上网交友，羡慕不已，把自己的零花钱花光了不说，还伸手向父母要钱，以满足自己盲目追随的心理。由此可见，消极盲从心理会泯灭个体的独立性和创造力，容易令人混淆是非，助长歪风邪气，我们应注意引导学生加以克服。

3．怯懦

怯懦表现为胆怯和懦弱，即缺乏勇气，害怕困难。主要表现为不敢表明自己的态度，不敢承担责任，不敢冒风险，回避矛盾，畏避退缩，逃避困难，等等。怯懦是软弱无能的表现，不仅会使人一事无成，也可能导致自我封闭或不良的人际关系。

4．顽固执拗

顽固执拗表现为认准目标后，就坚持按计划行事，遇到特殊情况，或者客观条件发生了变化，也不能审时度势，寻求变通。平时我们说某人总是“一条道走到黑”或是“不到黄河心不死”，就是指行为过于执拗，总是一意孤行。

5．优柔寡断

优柔寡断是指在制订计划时认识不清，瞻前顾后，动摇不定，患得患失，难以下决心；在执行计划时缺乏信心，迟疑不决。例如，在滑铁卢战役中，拿破仑就因为优柔寡断以致在军事指挥上出现了一系列的错误。

### （二）中学生良好意志品质的培养

1．培养中学生的独立意识和自主精神

独立意识和自主精神是指学生能主动地，不需要旁人提醒督促，运用所学知识和方法去解决生活、学习中的问题，在实践活动中体验成功的喜悦。中学生的独立意识和自主精神体现为在学习和生活中能够明确目标，既树立远大目标也确定短暂目标，并且为了完成目标，自觉地将自己的言行置于目标的约束之下，自觉地排除困难，甘愿吃苦耐劳，努力地完成任务。中学生也可以在学习活动中逐渐培养自觉性。比如现在有些中学老师会要求那些独立意识和自主精神差的同学认真听讲，独立完成作业，并经常在班上开展一帮一的助学竞赛活动，评选先进学习小组，最终使他们不需要帮助、辅导就能独立自主地完成作业。这些都是老师有意培养学生独立意识和自主精神的较好途径。

2．培养中学生的自制力

中学生由于年龄发展的特点，对自己的行为活动缺乏自制力，尤其是遇到相对较难的任务，更容易浅尝辄止，产生动摇。所以这就要求老师在教学中要善于培养学生的自制力，善于让学生面对问题时迫使自己做出决定，并让学生抑制与自己的目的相违背的一切愿望、情绪、动机和行为，培养学生锲而不舍、迎难而上的好品质。

3．树立远大的志向

“有志者事竟成”，立下坚定而远大的奋斗目标，就会由此产生巨大而持久的动力。学生只有树立远大的志向，才能激发出火一般的热情，充分发挥主观能动性，冲破重重的阻力障碍，为实现自己的志向而奋斗。引导学生制定短期、中期和长期目标。短期目标要具体明确，让学生明白只要努力，一定会达到；中期目标要立足现实；长期目标要定得高远，最好有具体榜样。这样对于学生来说，更易理解和接受，有助于学生为之努力。

4．从点滴小事做起

“不积跬步，无以至千里；不积小流，无以成江海。”从小事做起，持之以恒，是磨炼意志的好方法。许多事业上有成就的人都曾通过小事来磨炼自己的意志。达·芬奇画画从画鸡蛋开始。巴甫洛夫以工作精确、细致著称，他写字十分工整，像印刷出来的一样。原来在年轻时，他就把工工整整地书写作为磨炼意志的开端。有的学生意志不够坚强，但又不肯从小事做起，以为一节课、一次作业没有认真对待无多大关系，认为这些与意志无关。岂不知，就是从这小小的一节课、一次作业开始，滋长了意志薄弱，最后才导致学习上的“全线崩溃”。反之，意志坚强的人，必定认真对待每一节课、每一次作业，积小胜为大胜，获得学习上的成功。

5．坚持体育锻炼

体育除了能“强筋骨”“增知识”“调感情”，还能强意志。对于学生来说，培养坚强意志的最好途径莫过于坚持体育锻炼，“坚持”本身就是坚强意志的重要组成部分。进行体育锻炼时“三天打鱼，两天晒网”或半途而废的人，归根结底就是缺少“坚持”二字。从这个意义上来说，学生什么时候能真正坚持体育锻炼了，他的意志也就坚强了。比如，有的学生无论寒冬腊月，还是炎热酷暑都坚持不懈做晨操、晨跑，这是意志坚强的最好表现。

6．学会时间管理

培养学生意志品质的实践模式

生活中许多人存在懒惰、优柔寡断和拖延等不良行为习惯，这和时间管理无效和对时间的不科学利用有关，所以为了克服这些不良行为习惯，就需要学会时间管理。时间管理四象限法则，按是否重要和是否紧急两个维度，把日常生活中的事情分成重要、不重要、紧急、不紧急四个象限。研究发现，在生活中大多数人会因为把太多的精力放在紧急却不重要的事情上（如不速之客的拜访、意外的电话）而浪费掉很多宝贵时间，而科学的时间管理倡导大家将精力集中在那些重要却不紧急的事情上（如制订目标与计划、人际关系的建立、锻炼身体、平时各门功课的复习和预习等），这些事情对每个人来说看起来不紧急，却是和自己的目标实现和满足内心的需要息息相关的。

## 课后巩固练习

1. 意志与意志行动的含义是什么？
2. 意志行动的心理过程有哪些？
3. 意志的特征有哪些？
4. 常见的意志品质有哪些？
5. 中学生意志品质培养的方法有哪些？

## 感悟与提升

1.构成意志力的稳定因素称为意志品质。人的意志力的强弱是有差异的，人的意志品质也存在个体差异，那么成就大事者，需要培养哪些优良的意志品质呢？

2.如何对中学生开展挫折教育？

拓展阅读

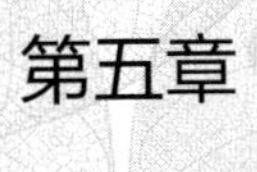

# 第五章
# 个性心理

> 人的鲜明特征是他独有的。过去不曾有、将来也不会有一个人和他一模一样。
>
> ——戈登·威拉德·奥尔波特（Gordon Willard Allport，1897—1967 年）

## 学习目标

1. 掌握需要与动机的种类、功能。
2. 理解动机与需要、活动的关系。
3. 掌握能力的分类。
4. 理解能力的规律。
5. 了解人格理论的基本观点。
6. 掌握人格的定义、特征、结构及测量方法。

## 学习重点

1. 马斯洛的需要层次理论。
2. 能力的规律。
3. 智力测验。
4. 气质类型。
5. 人格结构。

## 学习难点

1. 动机与活动的关系。
2. 能力的规律。
3. 人格的基本理论。

个性心理是心理学研究中的重要部分，它包括个性倾向性和个性心理特征两部分。个性倾向性是指个体所具有的意识倾向，包括需要、动机、兴趣等。个性心理特征是指个体经常地、稳定地表现出来的心理特点，包括能力、人格等方面。

# 第一节 需要与动机

## 一、需要概述

### （一）需要的内涵

需要是有机体内部的一种不平衡状态，它表现为有机体对内部环境和外部生活条件的一种稳定的需求，是有机体活动的基本动力，具有周期性和发展性。我们对需要的概念做如下几点解释。

1. 需要是有机体内部的不平衡状态

需要是有机体内部的不平衡状态。它主要表现为生理不平衡和心理不平衡。通常，当机体的平衡状态被打破并达到一定的程度时，需要便会产生。比如，血液中的水分缺乏，饮水的需要就会产生；血液中葡萄糖的比例降低到一定程度，进食的需要就产生了；当人孤独，渴望陪伴时，人际交往的需要就产生了。因此，有机体内部不平衡状态的出现是需要产生的前提条件。

2. 需要是有机体活动的基本动力

需要一旦产生，个体就必须采取一定的行动，以一定的方式来满足它，使有机体恢复平衡状态。如果有机体的平衡状态被打破并长时间不能得以恢复，个体的生存与发展就会受到威胁。为了满足需要，保持机体的相对平衡状态，个体就会不断地进行各种活动来获取物质与社会条件。

3. 需要具有周期性和发展性

机体的平衡状态只是相对的，而不平衡却是绝对的。某种需要获得满足以后会暂时中止，但一段时间后这种需要又会重新出现，如当人吃饱饭后，可能在一段时间内不会再有饮食的需要，可过了一定的时间后便会重新产生饮食的需要。再者，有机体不会满足于一直以某种特定的方式来满足需要，他会寻求新的满足方式。比如在饮食方面，条件不好时，人们追求能吃饱，但当吃饱了之后，还会要求吃好，吃精，吃得有营养。当一种需要获得某种程度的满足之后，另一种新的需要就会产生。需要的这种周期性和发展性决定了人类活动的长久性和永久性。

### （二）需要的特征

1. 对象性

需要总是指向某种事物。例如，人饿了就会产生进食的需要，此时需要的对象是食物；人孤独时会产生人际交往的需要，此时需要的对象是家人或朋友。

2. 紧张性

需要是个体在生活中感到某种欠缺而形成的某种心理状态。当某种需要产生后，总会形成一种紧张感与不适感，甚至烦躁感。如学生希望获得好成绩，得到老师和家长的认可，便会在考试前感到焦虑不安、担忧等，这都是紧张性的表现。

3. 层次性

人的需要是有层次的，先是满足最基本的生活需要，而后是满足社会和精神需要，人们的需要是不断地由低级向高级发展的。

### （三）需要的种类

人的需要是多种多样的，依据不同的标准可以将需要划分为不同的类型。

#### 1. 根据需要的起源分类

根据需要的起源可以把人的需要分为生理性需要和社会性需要。

生理性需要又称为本能需要，是有机体维持生命和种族延续所必需的需要，如饥渴、呼吸、排泄、休息、睡眠、性等均属于生理性需要。人与动物都具有生理性需要，不过人的生理性需要的满足受社会生活条件和社会道德规范的影响和制约。

社会性需要是与社会生活相联系的一些需要，如对学习、人际交往、自尊等的需要。这些需要是在后天社会生活中发展而来的，对维持个体的社会生活，推动社会的进步与发展有着重要的作用。如果人类的这些需要得不到满足，就会产生痛苦和忧虑，降低活动效率，不利于身心健康。

#### 2. 根据需要指向的对象不同分类

根据需要指向的对象不同，可以将需要划分为物质需要和精神需要。

物质需要是指人对物质产品的需求，如对衣、食、住、行等有关物品的需要，对工作和劳动条件的需要。在人的物质需要中，既有生理性的物质需要，也有社会性的物质需要。随着社会生产力的发展和社会的进步，人的物质需要也不断地丰富起来。

精神需要是指人对精神生活及其产品的需要，如对知识的需要、交往的需要、美的需要等。这类需要有时也称作认识需要。它是人们学习科学知识、探索自然和社会发展规律的动力。如欣赏艺术作品、进行文学创作、进行科学研究等都是基于人的精神需要而产生的活动。

#### 3. 根据需要的层次分类

美国人本主义心理学家亚伯拉罕·马斯洛提出了著名的需要层次理论。最初他根据需要出现的先后及强弱顺序将人的需要分为五类，即生理需要、安全需要、归属和爱的需要、尊重的需要和自我实现的需要。后来他又补充了认知需要和审美需要两种需要。在这七种需要中，生理需要、安全需要、归属和爱的需要、尊重的需要属于缺失性需要，认知需要、审美需要、自我实现的需要属于成长性需要。下面介绍一下这七种需要的含义。

（1）生理需要。生理需要是指维持个体生存及延续种族发展的需要，如人对食物、水分、空气、睡眠、性、排泄的需要等。这些需要在人的所有需要中处于最底层，是出现最早，也是力量最强的需要。

（2）安全需要。安全需要表现为人们要求稳定、安全、受到保护、有秩序、能免除恐惧和焦虑等。人们对人身安全、健康保障、工作职位保障、家庭安全等的追求都体现出了对于安全的需要。比如人们恐惧战争，希望有一个和平、有秩序的生活环境，学生期待有和谐安宁的校园环境、畏惧欺凌，等等。在出现新冠肺炎疫情以后，很多人出现恐慌、焦虑等情绪，也是因为安全需要没有得到满足。

（3）归属和爱的需要。归属和爱的需要是指个体渴望被他人或群体接纳、关注、支持等。例如，人对友情、亲情、爱情等的需要；学生渴望有亲密的同伴关系，期待被班集体接纳；孩子期待与父母之间有较浓厚的亲情，融洽的关系。这些都属于归属和爱的需要的表现。

（4）尊重的需要。尊重的需要一方面指自尊，即希望自己有实力、有成就、有信心，以及要求独立和自由；另一方面指被他人尊重，即渴望获得他人赏识、重视，获得荣誉威信，等等。学生希望得到老师和父母的认可，人们努力工作渴望得到一定的荣誉、名声、成就或社会地位等都是尊重的需要的表现。

（5）认知需要。认知需要也称为求知需要，指人希望认识周围世界、理解事物之间的关系、解决问题的需要。例如，学生努力学习知识、学者进行科学研究等都是满足认知需要的表现。

（6）审美需要。审美需要是指人对秩序、对称、完整结构及自身行为的完满性进行追求的需要。人们对艺术欣赏、行事完美、井然有序、外观美、平衡等的追求都属于审美需要。

（7）自我实现的需要。这是人最高层次的需要，即个体渴望自己的潜能得以充分实现。马斯洛曾说："一位音乐家必须作曲，一位画家必须绘画，一位诗人必须写诗，人们需要各尽所需，这需要就称为自我实现的需要。"但并不是所有人都能达到自我实现。

马斯洛认为，需要的层次越低，它的力量越强，潜力越大。随着需要层次的上升，需要的力量逐渐减弱。就个体来看，需要的产生与发展是从低到高发展的，在高级需要得到满足之前，通常需先满足低级的需要。但在基本需要都发展起来后，人们的需要往往是复合型的，在复合型的需要中有主导性需要和辅助性需要。不同的个体或同一个体的不同时期，其主导性需要是不同的。

马斯洛的需要层次理论将人的需要分为不同的层次，认为个体的需要会从低级向高级不断发展，这体现了马斯洛对于人性的积极看法，这对教育和管理工作具有重要的指导意义。

## 二、动机概述

### （一）动机的内涵

#### 1. 动机的含义

动机是指引发和维持个体活动，并使活动朝向特定目标的内部心理过程或内部动力。

动机是行为产生的基础，在动机作用下，个体产生各种有目的的活动。活动产生之后，动机还继续对活动进行维持与调节，使活动得以持续并向既定的方向和目标推进。比如，具有学习动机的学生会积极从事与学习相关的各种活动，并在学习动机的作用下坚持学习。从这个意义上讲，也可以把动机看作人们从事各种活动的内在原因。了解一个人的动机，即可知晓其行为的内在原因，理解、解释、预测其行为。

#### 2. 动机与活动的关系

在实际生活中，动机与活动之间的关系是非常复杂的。同一动机会引发不同的活动，不同动机也会引发相同的活动。比如，有高成就动机的学生，有的会努力学习争取获得优异的成绩，有的则积极参加各类竞赛活动；同样是努力学习，有些大学生是出于对知识的兴趣和追求，有些大学生是为了获取好的成绩和得到他人的认可和赞同，有些大学生则是为了增加个人的就业竞争力；同样是做体育运动，有些人是为了保持身体健康，有些人则是为了塑形美体。

动机不同，活动的效果也会不同。一般而言，好的动机导致有益的结果，不良的动机会产生有害的结果。但是，在实际生活中，动机与活动的效果有时会出现不一致的情况，因为活动的效果还会受到其他因素的影响。比如有的孩子希望能帮助家长做家务，如洗碗，虽然动机是好的，但由于做事情不够仔细或不熟练，不小心把碗打碎了。

动机强度与活动效率之间的关系也较为复杂。一般情况下，动机强度太弱，人的兴奋性低，活动的动力不足，容易产生畏难、退缩的行为；随着动机强度的提高，个体活动的动力加强，积极性得到提高，活动的效率会逐步提高；动机超过适宜的强度，易出现情绪紧张、思维紊乱，导致个体急于求成，结果欲速则不达，反而妨碍活动的顺利进行。例如，面临考试，有的学生动机过强，非常渴望取得好成绩，反而会产生较强的焦虑情绪，思维和行动会受到影响，不能高效率、高质量地进行复习，结果不太理想；有的学生对考试结果抱着无所谓的态度，动机很弱，不能很好地投入复习当中，最终也没有取得好成绩。可见，动机过低或过高都不利于活动的进行，在适宜强度的动机下，活动效率最高。美国心理学家耶基斯和多德森等对动机强度和活动效率之间的关系做了进一步的研究，他们发现各种活动都存在一个最佳动机水平，它随任务性质的不同而变化。在比较容易的任务中，工作效率随动机水平的提高而上升。随着任务难度的增加，动机的最佳水平有逐渐下降的趋势，如图 5-1 所示。

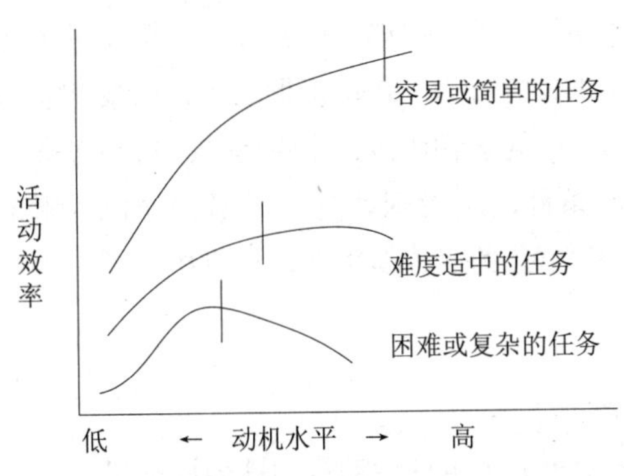


图 5-1　动机强度和活动效率的关系

## （二）动机的功能

### 1. 激活功能

动机是个体从事各种活动的内在原因，它具有引发行为的作用，能够推动个体产生某种活动。比如，饥择食，渴择饮，为了提高成绩而努力学习，为了实现自己的价值而努力工作。人的一切活动都是在动机的支配下产生的，动机是人们活动的原始动力。激活功能的大小取决于动机的强度和性质。

### 2. 指向功能

动机激发的活动总是指向特定的对象或目标，个体的活动必须围绕这一特定的对象或目标展开。在动机作用下，个体的活动具有一定的方向性，并朝向预定的目标推进。

### 3. 维持和调节功能

动机可对活动进行维持与调节。当活动指向并接近目标时，动机受到强化，活动得到加强；当活动偏离目标时，动机就会减弱，活动的积极性就会降低甚至停止。

### （三）动机的产生

需要是引起动机的内部条件。当某种需要产生时，它就会推动人们去寻找可以满足的对象或目标，从而产生活动的动机。需要引发动机，动机引发活动和行为，通过活动和行为获取物质产品和社会生活条件以满足需要，这一连续的过程揭示了动机产生的内在机制，其中，需要作为内部条件，在动机的产生中起到了重要的作用。

需要是动机的基础，但在有些情况下，即使个体并无需要，也会由于外界的刺激而引发活动的动机，这些能够引起动机的外部条件和刺激物就是诱因。例如，饥而求食固然常见，然而，面对色、香、味俱佳的食物，不饿的人也可能会食欲大开。生活中，人们很多行为的动机皆由诱因引发，如在直播中看到主播对商品的介绍和展示，在超市里看到生动形象的广告和各种各样的促销活动时就会产生较强烈的购买动机。

诱因可以分为正诱因和负诱因。凡是引起个体趋近或接受并因此获得满足的刺激物（如食物），称为正诱因；凡是因为个体逃离或躲避而获得满足的刺激物（如电击），称为负诱因。

需要和诱因作为引发动机的内部条件和外部条件，当它们同时出现时，就会引起最为强烈的动机，激发更具积极主动性的活动。例如，面对美食，饥饿的人比没有饥饿感的人具有更为强烈的动机，从而引发更为积极的行为。在动机形成中，需要和诱因各自所起的作用或起作用的方式是不同的。强调内部条件的学者认为，需要是一种内部力量，它在动机的形成中以“推”的方式发生作用；强调外部条件的学者则认为，诱因在动机的形成中以“拉”的方式发生作用。正是在需要“推”和诱因“拉”的双重作用下，动机形成了。

### （四）动机的种类

#### 1．根据动机的性质分类

根据动机的性质，可将动机分为生理性动机和社会性动机。

（1）生理性动机。生理性动机起源于生理性需要，饥饿、干渴、性、排泄、睡眠等动机均属于生理性动机。生理性动机推动人们从事各种活动，以满足自身的生理需要。生理性动机尽管与生理性需要密切相关，但它本身也受社会生活条件的制约。饥饿动机和干渴动机是心理学中研究较多的两种生理性动机。

①饥饿动机。饥饿动机是由体内缺乏食物或营养引起的一种生理上的不平衡状态而形成的内在的推动力，它驱使个体进行觅食活动。

在饥饿动机的研究中，心理学家最为关注的是引起饥饿的内在机制。坎农认为胃部活动是饥饿的唯一基础。为了验证这一假设，坎农的学生沃什伯恩训练自己吞食了一个连在橡胶试管上的没有膨胀的气球，试管的另一端连在记录空气压力变化的设备上。然后坎农给这个气球充气，并使气球与胃壁紧贴。当气球充气引起胃壁收缩时，被试就产生了饥饿感，这似乎说明饥饿的产生与胃壁的收缩有关。但其后的研究者发现，胃部被完全切除的人仍有饥饿感，这表明饥饿感的出现并不仅仅受胃部活动状态的影响。后来，研究者将饿狗身上的血液输入到饱狗的身上，这只刚刚吃饱的狗重新表现出进食的欲望；将饱狗身上的血液输入到饿狗身上，这只已经几天没有进食的饿狗对食物却没有多少兴趣。另外，关于脑神经科学的研究

神经性厌食症

发现，饥饿感的产生与中枢神经系统某些部位的活动状态相关。刺激“进食中枢”，动物的食欲和食量就会明显增加；刺激“厌食中枢”，动物的食欲与食量均下降。这些研究说明了饥饿感的产生受胃部活动状态、血液中的化学成分及中枢神经系统活动的影响。

饥饿动机尽管是人最基本的动机之一，但它仍然受到社会文化因素的影响与制约。社会文化条件、生活习俗和个人生活习惯都影响着人的进食活动，从而形成了不同的饮食文化。另外，随着社会的进步与物质生活条件的提高，肥胖问题随之产生并成为很多现代人的苦恼。出于对美的追求和健康的考虑，肥胖者开始节食，与自己的饥饿感进行抗争。近年来，一些并不肥胖的人也加入节食的队伍，由此产生神经性厌食症，甚至导致死亡，这种行为是不可取的。

②干渴动机。干渴动机是由于体内水分不足而引起的一种不平衡状态，它推动个体进行找水的活动。干渴比饥饿具有更强的驱动力，人可以几天不吃食物，却不能几天不喝水，体内如果严重缺水会导致死亡。研究表明，干渴与中枢神经系统及血液中的某种化学成分的变化有关。

干渴动机同样受社会生活条件的制约。不同地域、不同文化，人们满足干渴需要的方式是不同的。有的人喜欢喝白开水，也有的人喜欢喝绿茶、红茶、奶茶或汽水。另外，有许多人并不是在感到渴了才去喝水，他们往往在一天的某几个时间点定时喝水，以便及时地补充体内的水分，保持身体的健康。

（2）社会性动机。社会性动机又称为心理性动机，它起源于人们的社会性需要，推动个体从事各种社会性活动。社会性动机包括兴趣、交往动机、成就动机等。社会性动机是后天习得的，具有持久性的特点，对人的社会生活具有更为重要的作用和影响。

①兴趣。兴趣是个体力求认识事物或从事某项活动，并带有积极情绪色彩的心理倾向。兴趣以认识或探索外部事物的需要为基础，是推动人们认识事物、探求真理的重要动机。例如，对美术感兴趣的人，会观看大量的美术作品，学着鉴赏这些作品，也会试着去进行美术创作；对历史感兴趣的人会阅读各种关于历史的书籍和纪录片等。兴趣是个体从事活动的强大动力，符合个体兴趣的活动能给个体带来愉悦的情感体验，极大地提高个体活动的积极性和效率。美国著名华人学者丁肇中教授曾经深有感触地说：“任何科学研究，最重要的是要看对自己所从事的工作有没有兴趣，换句话说，也就是有没有事业心，这不能有任何强迫。……比如搞物理实验，因为我有兴趣，我可以两天两夜，甚至三天三夜在实验室里，守在仪器旁，我急切地希望发现我所要探索的东西。”正因为对自己所从事的科研工作有浓厚的兴趣，丁教授才会孜孜不倦地探索，最终获得了巨大的成功。

兴趣是在需要的基础上通过活动发生发展起来的。通常，需要的对象也就是兴趣的对象，正是由于某种事物能够满足我们的需要，我们才对这一事物产生了兴趣。

②交往动机。交往动机又称亲和动机，是在交往需要的基础上发展起来的一种社会性动机。它表现为希望归属于某个团体，希望与人交流合作，希望得到他人的关心、友谊、支持、合作与赞赏。交往动机是一种非常重要的社会性动机。人与人之间的和谐关系是个人心理健康的重要标志。哈佛大学对 700 人进行了长达 76 年的追踪研究表明，和谐的人际关系是人们幸福的关键。这项研究发现，那些跟家庭成员更亲近的人、更爱与朋友邻居交往的人，会比那些不善交际、离群索居的人更快乐、更健康、更长寿。当交往动机引发的交往行为得以顺利进行时，

人们分享信息、交流思想与感情，得到他人的理解与认同，个人就感受到安全、温暖和自信；如果交往需要得不到满足，人们就会感到寂寞和孤单，影响其身心的健康发展。

研究者认为，交往动机在人的发展进化过程中具有较为重要的作用与意义。从种系发展来看，凡是群居动物，都存在合群和个体间的亲近行为，这是它们固有的生存方式。在这类动物的生活中，我们可以观察到，谁要是破坏这种生存方式，谁就会受到孤立，而孤立对它就是一种惩罚。人类自古就是群居的动物。因此，交往动机可能具有某种生物学的根源。同时，交往动机也受人类社会生活本身的特点影响。人的幼年期特别长，而幼年期的生活尤其离不开他人的帮助。研究发现，儿童与其照看者之间通过积极的交往所形成的稳定的亲密关系，是其身体乃至心理正常发展不可缺少的条件。即使是成年人，遇到危险时，也需要他人的保护。在人类的社会生活及生产劳动中，不能没有分工协作、经验传递和信息交流。因此，交往动机根源于人类的存在方式。

个体交往动机的强度与幼年时期形成的依赖倾向有关，而依赖倾向又与母亲的养育方式有关。西尔斯等对这个问题进行了相关研究。首先，他们观察了40名学前儿童在不同场合对教师、同伴及游戏情境中代表父母的角色的依赖行为。然后，他们对这些学前儿童的母亲进行了访问，了解其在孩子婴儿期的抚育方式。在访谈中发现，母亲的抚育方式分为两类：自我需求制和定时制。采用自我需求制抚育方式的母亲通常以孩子的需求来确定给孩子喂奶的时间、奶量和断奶时间；采用定时制抚育方式的母亲则以特定的规则来抚育孩子，忽略孩子的需求。结果表明，婴儿期被母亲以自我需求制抚育方式抚育的孩子在学前阶段对教师、同伴或游戏中扮演父母角色的人的依赖较少；如果婴儿期被母亲完全按她自己的一套规则定时来抚育的孩子就会表现出较强的依赖性。这可能是因为后一种抚育方式易使婴儿遭受挫折，进而在以后的交往活动中表现出较多的依赖性。另外，交往动机还与人们所处的情境有关。例如，在焦虑恐惧的情境下，人们会产生较强的合群或亲近他人的动机。

③成就动机。成就动机是指人们追求成就、获取成功的内在动力，表现为人们在从事自己喜欢的、认为重要的活动时，总是希望自己能够取得优异的成绩和良好的结果。在成就动机作用下，个体在从事相关活动时精益求精，并在遇到困难时毫不气馁，克服各种障碍，最终达到自己期望的目标。

有着较高成就动机的人工作会更加努力，对自己有着较高的期待和严格的要求，竭尽所能追求成功，但对另外的事则可能浅尝辄止，甚至中途放弃。成就动机是人进行社会活动的内部推动力，对人的社会生活具有重要的影响。许多研究发现，两个智力相当的人，成就动机高的人更容易取得活动的成功。在学校中，成就动机高的学生整体上有着较好的成绩。

成就动机和抱负水平之间具有密切的联系。一个人的抱负水平越高，他的成就动机就越强。抱负水平是指人在从事一项活动之前，对自己所能达到的目标的预期水平。一个人成功与失败的经验通常会影响他的抱负水平，总是成功的人对于即将参与的活动充满信心，认为自己能够达到较高的目标；总是失败的人则会对自己的能力产生怀疑，就会降低对即将参与的活动的目标。由此可见，一个人的成败经验通过影响其自我评估从而影响其抱负水平，并进一步影响其成就动机。

美国著名心理学家阿特金森分析了成就动机的心理结构，认为成就动机由两种方向彼此相对的心理因素构成：追求成功和避免失败。前者使人趋近目标以追求成功，后者使人回避目标以避免失败。在现实生活中，这两种力量往往同时起作用，它们之间力量的对比决定了个体成就动机的水平。当追求成功的倾向在力量上大于避免失败的倾向时，个体就去追求目标；当避免失败的力量占优势时，个体就会退缩不前；当二者力量相当时，就会造成心理冲突，使人焦虑和痛苦。

人们的成就动机是在生活环境的影响下形成的。其中，家庭的特点与生活方式、父母的养育态度等对个体成就动机的形成和发展具有重要的影响。研究者发现，父母给予孩子更多的自主权，允许他们独立活动，让他们自己决定去做什么事情，并加以奖励，将有利于孩子成就动机的发展；相反，对孩子有过度干涉，甚至强迫孩子做自己不喜欢的事情，经常拒绝、否认孩子，会使孩子缺少参与活动的兴趣，对自身的评价较为消极，从而不利于成就动机的发展。另外，在学校生活中，教师也会对学生的成就动机产生重要的影响，如果教师能够积极挖掘学生所具有的优势和资源，正确地评价学生，就会促进学生成就动机的发展。

成就动机量表

2．根据动机的社会意义和价值分类

根据动机的社会意义和价值，可以将动机分为正确的高尚的动机和错误的低下的动机。正确的高尚的动机符合多数人的利益，与社会的发展进步相协调，能够有效地调动个体的积极性，推动个体为社会的发展做出重要的贡献；错误的低下的动机则不利于社会发展。例如，在新冠肺炎疫情时期，有许多的医护工作者主动奔赴前线，不畏危险，救治病患，驱使他们做出这一行为的动机即是正确的高尚的动机；但当人们处于危难时，有些人高价售卖口罩和消毒物品，甚至有人盗用爱心人士捐赠的物品，这些行为背后的动机则是错误的低下的动机。

3．根据动机所起的作用分类

根据动机所起的作用，可以把动机分为主导动机和辅助动机。个体的活动往往是在多种动机的作用下进行的。比如在学习活动中，既有对知识本身的兴趣，也希望能取得好的成绩，得到他人的认可与赞同。在这些动机中，对活动起推动和支配作用的动机是主导动机，它通常对活动具有决定作用。辅助动机则有助于加强主导动机，并有助于坚持主导动机所指引的方向。

4．根据动机持续的时间分类

根据动机持续的时间，可以把动机分为长远的动机和短暂的动机。长远的动机往往是建立在对活动意义深刻认识的基础上，比较稳定，能够持续较长的时间，对个体的行为有着较为广泛而深远的影响。短暂的动机常由活动本身的兴趣引起，常受个体情绪变化的影响，不够稳定和持久。在现实生活中，既要有长远的目标，也要有近期的目标，并将两者有机地结合起来，使长远的动机成为主导动机，就会对个体的活动起到极大的推动力。例如，有些学生学习是为了提升自己的专业知识水平，提高自己的职业竞争力，期待在未来谋求一份好工作或得到进一步深造的机会，以便自我实现，这属于长远的动机，可促使学生长期刻苦学习、埋头钻研；有些学生学习的动机只是想通过期末考试，这种动机属于短暂的动机，并不能使自己的学习行为更加持久、深入。

# 第二节 能力

## 一、能力概述

### 1. 能力的含义

能力是指人们成功地完成某种活动所必须具备的个性心理特征。能力总是和某种活动相联系并直接影响人的活动效率：第一，个人的能力是在活动中形成和发展起来的，并在活动中得到表现。例如，演员对台词的良好记忆，音乐家超常的听觉识记，体操运动员身体的协调性、柔韧性，都是在他们所从事的专业活动中发展起来的。第二，从事某种活动又必须有一定的能力作为条件和保证，能力的强弱决定活动效率的高低。例如，要想成为一名优秀的销售人员，就需要有敏锐的观察力、良好的言语表达能力、较强的记忆能力、优秀的人际交往能力。第三，能力是顺利完成某种活动的必备条件。缺乏这种条件，相应的活动就无法顺利完成。例如，缺乏节奏感、曲调感和音乐表象等能力，就不能顺利完成音乐活动。

虽然能力是与活动密切相关的心理特征，但是人在各种活动中表现出来的某些个性心理特征并不直接决定活动的完成，不是顺利完成活动的必备条件，因此不能算是能力。例如，在活动中，有人急躁、开朗，有人稳重、沉着，这些人格特征与活动完成也有一定关系，但它们并不是完成活动的必备条件，所以不能称作能力。只有那些是完成某种活动所必需的、直接影响活动效率与活动成败的心理特征，才能称作能力。例如，曲调感和节奏感对于音乐活动，彩色鉴别能力和透视能力对于绘画活动，口头表达能力和组织管理能力对于教学活动等，才能称作能力。能力高低会影响一个人掌握某种活动的快慢、难易和巩固程度。在其他因素相同的条件下，能力高的人比能力低的人可取得更好的活动效果，如一个记忆能力较强的人，在识记材料时比另一个记忆能力较弱的人速度更快，准确度更高。

### 2. 智力的含义

能力和智力经常被人们混用。那智力是什么？两者的概念是否一致呢？对于智力的界定，学术界至今没有统一的说法。国外关于智力含义的观点最有代表性的有以下四种：第一种观点认为智力是一种抽象思维的能力，例如，理解能力、判断能力、推理能力、创造能力。此观点的代表人物有法国心理学家比奈·阿尔弗雷德和美国心理学家刘易斯·麦迪逊·推孟等。第二种观点认为智力是一种适应环境的能力。此观点的代表人物有德国心理学家斯腾、瑞士心理学家让·皮亚杰和美国心理学家爱德华·李·桑代克等。第三种观点认为智力是一种学习知识和技能的能力。此观点的代表人物有美国心理学家马库斯·白金汉、美国智力心理学家亨曼、美国教育心理学家迪尔伯恩和美国心理学家盖茨等。第四种观点认为智力是一种综合的能力。此观点的代表人物是美国心理学家大卫·韦克斯勒。他认为智力是个体有目的地行动、合理地思维和有效地处理周围环境的汇合的或整体的能力。他所说的智力含义本质上是把前面的三种观点进行了有机的整合。后来的学者大多也认同智力是一种综合的能力，但对智力到底由几种成分构成，具体包括哪些成分等问题仍然存在分歧。在中国，大多数心理学家坚持综合的能力智力观，认为智力是个体顺利完成某种活动所必需的各种认知能力的有机结合，即观察能力、记忆能力、思维能力、想象能力的综合，其核心是抽象思维能力。

3．能力和智力的关系

对于能力与智力的关系，学者们的看法并不统一。主要有三种观点：①能力包含智力。智力是能力的一种，即认知能力。我国心理学教科书中大多持这一观点。②智力包含能力。西方心理学家大多持这一观点。③智能相对独立论。我国古代的思想家荀子认为，能力和智力是相互联系又相互区别的两个概念。智力侧重于认知，能力侧重于活动。智力主要涉及“知与不知”的问题，能力主要解决“能与不能”的问题。能力和智力虽然有一定区别，但在许多情况下还是可以通用的。汉代的思想家王充更是将智力与能力合称为“智能”。

4．能力与知识、技能的关系

（1）能力与知识、技能的联系。能力、知识、技能三者是紧密联系、相辅相成的。

①知识的掌握有助于技能的形成，而知识的掌握和技能的形成，又能推动和促进能力的发展。俗语说：“熟读唐诗三百首，不会作诗也会吟。”如果我们文学作品看多了，自身的欣赏和写作的能力也会相应提高。相反，缺乏必要的知识和技能，会造成能力发展的巨大障碍。

②能力是掌握知识和技能的前提。我们可以利用手的活动能力去培养不同的技能，如写毛笔字、弹琴、捏泥人、打字、做蛋糕等。反过来，技能的发展也促进了能力的发展。一个孩子去学习弹钢琴这种技能，那么他的手指灵活性及听力的敏锐性、眼手的协调性等能力也会得到发展。

③从一个人掌握知识、技能的速度和质量上，可以看出其能力。如果一个学生学习新知识和新技能的速度较快，表明其具有较强的思维能力、记忆能力、操作能力等。

（2）能力与知识、技能的区别。能力、知识、技能三者不能混同。

①能力与知识、技能具有不同的概括水平。知识是人们认识自然和社会的经验总结，以口头和文字的方式传授和保存下来。技能是个体运用已有的知识经验，通过练习而形成的合乎法则的活动方式。能力是一种心理特征，不像知识是认识世界的成果，也不像技能是练习的成果，它是从事某种活动时表现出来的多种心理品质的概括。

②个体的知识和技能的发展是无止境的，但能力的发展则有一定的限度。人们通过学习，可以获得更丰富的知识和更高超的技能，但并不能通过学习使能力的发展一直持续下去。因为个体能力与先天、环境、教育、个人主观能动性等因素有关，且随着个体年龄的增长呈现出一定的特点。

③三者的发展是不同步的。较之能力的发展，知识与技能的掌握更快一些，能力也不是永远随知识、技能的增加而成正比地发展。例如，一个教师具有扎实的教育学、心理学的知识，但并不一定有较强的教学能力；战国时赵国名将赵奢之子赵括自幼学习兵法，谈起兵法头头是道，但也只是“纸上谈兵”，并不具备军事指挥能力。

5．能力与才能、天才的关系

能力、才能和天才是按照能力发展的程度来划分的。才能是指完成某种活动所必需的多种能力的独特结合。例如，教师的教学才能包括驾驭教材的能力、逻辑思维能力、言语表达能力、注意分配能力和组织能力等。才能的高度发展就是天才，它表现为能以独特的、创造性的方式完成复杂的活动。例如，梵高是美术界的天才，爱因斯坦是物理界的天才，贝多芬是音乐界的天才。天才是在一定遗传素质的基础上，在后天环境和教育的影响下，通过不断的艰苦努力发展起来的。

## 二、能力的种类

### （一）根据能力的倾向性分类

根据能力的倾向性，可将能力划分为一般能力和特殊能力。

一般能力是指各种活动所共同需要的能力，它是从事一切活动所必备的，如观察能力、记忆能力、注意能力、想象能力、思维能力是人从事任何活动时必需的，属于一般能力。特殊能力是指从事某项专业活动所必备的能力，如音乐能力、绘画能力、体育能力、数学能力、写作能力等都是特殊能力。特殊能力是顺利完成某项专业活动的心理条件，并不是所有活动中都需要用到的。

一般能力和特殊能力是有机地联系并相互作用的。一般能力是特殊能力的重要组成部分，为特殊能力的发展提供有利的内部条件；特殊能力的发展也有助于一般能力的提高。因此，人在从事任何一项活动时，都依靠一般能力和特殊能力的有机结合和共同作用来完成。

### （二）根据活动中能力的创造性程度分类

根据活动中能力的创造性程度，可将能力划分为模仿能力和创造能力。

模仿能力是指通过观察他人的言行来学习知识、技能，并以相同方式做出反应的能力。模仿是儿童认识外界和形成行为方式最主要的途径，在成人身上也具有模仿性特点。创造能力是利用已知信息创造出某种新颖、独特、有社会或个人价值的产品的能力。创造能力的核心是创造性思维能力和创造性想象能力。创造能力的客观成果集中表现为首创性。例如，作家在脑中构思新的人物形象，创作新的作品；科学家提出新的理论模型，并用实验证实这些模型，这些都是创造能力的具体表现。

尽管模仿能力和创造能力的形成方式不同，但二者有一定的内在联系。一般来说，模仿在前，创造在后，模仿能力是创造能力形成的前提和基础。人类模仿蝙蝠发明了雷达，模仿鲸鱼的流线体提高了轮船的航行速度，模仿鸟翼发明了飞机。后人又在前人模仿所成的作品上不断地改进，才有了更多创新的产品。

### （三）根据能力在人一生中的不同发展趋势、能力与知识的关系分类

根据能力在人一生中的不同发展趋势、能力与知识的关系，可以将能力划分为流体能力和晶体能力。

流体能力是一种以生理为基础的认知能力，受先天遗传因素影响较大。它主要表现为对新奇事物的快速辨认、记忆、理解等方面。流体能力的主要特点是，对不熟悉的事物，能迅速、准确地反应，以判断其彼此的关系。流体能力的发展与年龄有密切的关系。一般人在20岁以后，流体能力的发展达到顶峰，30岁以后随着年龄的增长而降低。

晶体能力是以学得的经验为基础的认知能力，受后天经验的影响较大，主要表现为运用已有知识和技能去吸收新知识和解决新问题的能力。晶体能力与教育、文化有关，但在个体差异上与年龄的变化没有密切关系。它在人的一生中都在不断发展，只是到了青年后期，发展速度逐渐平缓。

### （四）根据能力的功能分类

根据能力的功能，可将能力划分为认知能力、操作能力和社交能力。

认知能力是指人脑加工、储存和提取信息的能力，是人们完成活动的最基本和最主要的能力，包括观察能力、记忆能力、思维能力、想象能力等，它是借助内部言语在头脑中进行的智力活动。操作能力是有意识地调节自己的外部动作，以作用于外界环境的能力，如生产劳动能力、体育运动能力等。社交能力是指人在社会群体生活中与他人相互交往、保持协调的能力，如人际知觉能力、信息沟通能力、组织管理能力等，它对促进人际交往和信息沟通有重要作用。社交能力中包含着认知能力和操作能力。

## 三、能力的结构

目前较多学者认可智力即智能，是使人能顺利完成某种活动所必需的各种认知能力的有机结合。因此，对能力结构的分析也是对智力结构的分析。分析智力的结构，对深入了解智力的本质，合理设计智力的测量手段，科学地设定智力培养的原则，都有重要的意义。关于智力的结构问题，心理学家提出了各自不同的理论观点。

### （一）斯皮尔曼的二因素论

1904 年，英国心理学家和统计学家查尔斯·爱德华·斯皮尔曼首先提出了智力的二因素论。他认为智力由一般因素（G因素）和特殊因素（S因素）组成。G因素是人的全部智力活动所共有的能力，是人的基本心理潜能，每个人拥有的G因素只有数量和高低的差别；S因素是保证人们完成某些特定活动所必需的智力，而每个人的S因素存在大小或有无的区别。完成任何一种活动，都需要G和S两种因素参与，但第一位的是G因素。

斯皮尔曼的智力二因素理论简单明确，为智力测验技术提供了理论依据，在智力理论的发展中具有重要地位，近半个世纪以来，智力测验的理论绝大多数是以这个理论为基础而建立起来的。但是，这个理论也有局限性。首先，斯皮尔曼的智力二因素论否定了群因素的存在；其次，斯皮尔曼把一般因素和特殊因素完全对立起来，没有看到它们之间的关系和联系，也是不可取的。

### （二）吉尔福特的智力三维结构理论

美国心理学家吉尔福特于 1967 年提出了智力三维结构理论。他认为，智力是一个由不同方式对不同信息进行加工的各种能力的综合系统，包括三个维度：内容、操作和结果。

（1）智力活动的内容（contents）包括视觉（我们所听到、看到的具体材料，例如，大小、形状、位置、颜色）、听觉、符号（字母、数字及其他符号）、语义（语言的意义概念）、行为（本人及别人的行为），它们是智力活动的对象或材料。

（2）智力活动的操作（operations ）指智力活动的过程，它是由上述种种对象或材料引起的，其中包括认知（理解、再认）、记忆（保持）、发散（对一个问题寻找各种答案或思想）、聚合（对一个问题寻找最好、最适当、最普通的答案）、评价（对一个人的思维品质做出某种决定）。

（3）智力活动的结果（product）是指运用上述智力操作所得到的结果，这些结果可以按单元计算（单元），可以分类处理（分类），也可以表现为关系、系统、转换和应用。

吉尔福特认为，每一个智力任务都包含这三个维度，智力活动就是人在头脑里加工（操作）客观对象（内容）产生知识（结果）的过程。而且，每一个内容、产品和操作的结合（模型中的每一个小立方体）代表一个独立的心理能力（图 5–2）。例如，语词测验是测量人的语义内容的认知单元，学习一个舞蹈动作需要行为系统的记忆，解密码锁需要的是符号关系的发散思维。由于三个维度和多种形式的存在，人的智力可以在理论上区分为 150 种组合（5 种操作过程 × 5 种内容 × 6 种结果）。1988 年，吉尔福特又把记忆分成短时记忆与长时记忆，从而使智力因素达到 180 种，每一种组合则代表了一种独特的因素。

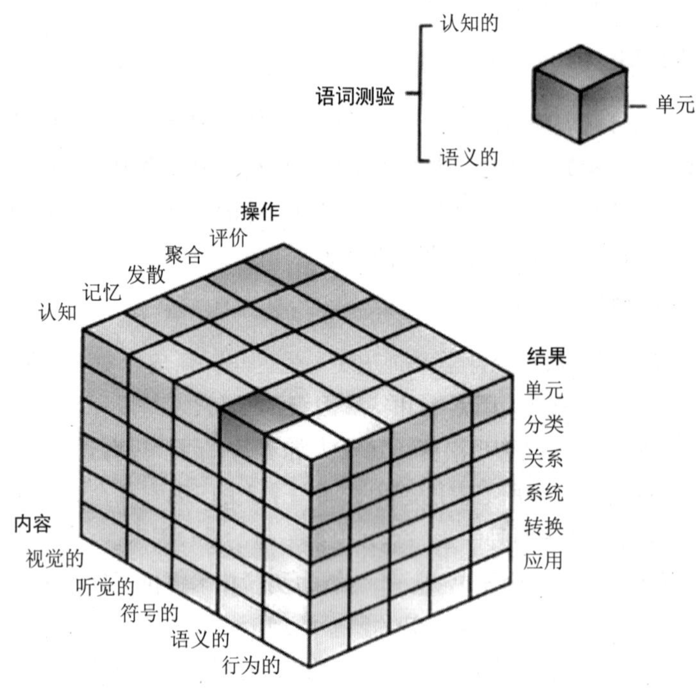


图 5–2　吉尔福特的智力三维结构模型

## （三）斯腾伯格的三元智力理论

1985 年，美国耶鲁大学教授斯腾伯格提出了三元智力理论（图 5–3）。这个理论受到了认知心理学的信息加工理论的影响，试图从认知历程的角度来解释认知活动中所需要的能力。

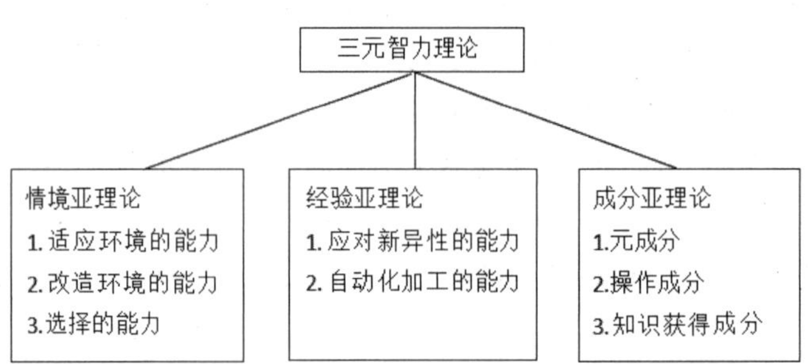


图 5–3　斯腾伯格的三元智力理论

斯腾伯格认为智力包括情境智力、经验智力、成分智力三个组成成分。

（1）情境智力。情境智力是个体有效地适应环境和改造环境并从中获得有用资源的能力。情境智力包括三种能力：适应环境的能力、改造环境的能力及选择的能力。

（2）经验智力。经验智力同时涉及个体的内部世界和外部世界，因为经验好比一座桥梁，它把个体的内部心理世界与外部世界联结起来。经验智力认为，智力表现为两方面的能力，其一是处理新的任务或新的情境的能力，其二是处理任务或情境的经验之多少或信息加工过程自动化之多少的能力。

（3）成分智力。成分智力涉及个体的内部世界，它解释智力行为的心理机制。成分智力的基本分析单元是智力成分，而智力成分就是一种基本的信息加工过程。成分的种类按照功能来分，可以分为元成分、操作成分和知识获得成分；按照普遍性水平来分，可以分为一般成分、分类成分和特殊成分。

斯腾伯格的三元智力理论是现代智力理论的代表之一，与当代认知心理学的发展契合，它使智力理论研究有了突破性的进展，也为今后的研究指出了一条可行之路。

### （四）加德纳的多元智力理论

最初，美国心理学家霍华德·加德纳认为人有七种不同类型的智力，后来他又增加了两种。这九种智力是：言语智力（说话、阅读、书写的能力）、逻辑—数学智力（数字运算、逻辑思考的能力与科学分析的能力）、视觉—空间智力（认识环境、辨别方向的能力）、音乐智力（对声音的辨识与韵律表达的能力）、身体运动智力（支配肢体以完成精密作业的能力）、人际智力（人际互动、和睦相处的能力）、内省智力（反省、认同、接纳自我的能力，选择自己生活方向的能力）、自然智力（对自然界的敏锐性及正确辨别的能力）、存在智力（对人生意义、价值及人类处境的客观思考的能力）。加德纳认为，每个人与生俱来都在某种程度上具有这九种智力，教育和训练对于开发这九种智力具有重要的作用。他还认为几乎所有的人身上都体现多种智力的组合，人与人之间智力的差异主要就是由于智力之间的组合不同造成的。

上述各种理论从智力的不同角度和智力的不同结构方面阐述了智力的特征，还有一些根据脑科学研究提出的新的智力理论的出现，表明人类对智力的认识更深入、更全面，这些对智力的发展和培养产生了重要的意义。

## 四、能力的测量

能力测量是运用经过精心研究、设计出的各种标准化量表对人的能力进行定量分析，并用数值表示其水平的一种方式。

### （一）常用的能力测量

能力测量按照所测能力的类别，可分为一般能力测量（又叫智力测验）、特殊能力测量和创造能力测量。

#### 1. 一般能力测量

智力测量是目前最普遍、最流行的一类能力测量。20 世纪初以来，不仅智力测量理论有了很大发展，智力量表编制的方法也越来越科学。

（1）比奈－西蒙智力量表。1904 年，比奈在西蒙的帮助下，编制了一个包括 30 个项目的正式测验量表，每个项目的难度逐渐上升，根据儿童通过项目的多少来判定他们的智力高低。例如，每个年龄组都有6个项目，每个项目代表2个月的智力。如果一个4岁儿童通过4岁组的全部项目，又通过5岁组的3个项目，那么这个儿童的心理年龄就是4岁6个月。1905年，他们发表了《诊断异常儿童智力的新方法》，这就是著名的比奈－西蒙智力量表。它成为世界上第一个智力量表。1908年和1911年，比奈对量表又进行了两次修订，测验题目由原来的30个增至54个，题目由原来的按难易排列，改为按年龄组排列，所以又称为年龄量表。比奈和西蒙首次用智力年龄或心理年龄表示儿童的智力水平。智力年龄是对智力的绝对水平的度量，它表明一个儿童的智力实际上达到了某个年龄的平均水平。

（2）斯坦福－比奈智力量表。比奈和西蒙编制了世界上第一个智力量表，对人的智力水平进行测量，做出了较大的贡献，但这个量表仍存在一定的问题，如这个量表测量的智力年龄大小并不能确切地说明一个儿童的智力水平和儿童之间的智力差异。为了克服这一缺陷，斯坦福大学的教授推孟在采用比率智商的基础上，对比奈－西蒙量表进行了修订，形成了斯坦福－比奈量表。推孟采用智商的概念来表示智力水平的高低。智商也叫智力商数，常用IQ（Inteligece Quobent）表示。所谓智商就是智力年龄（MA）与实足年龄（CA）的比率，用公式表示为：IQ=MA/CA×100。按照这个公式，如果一个5岁儿童的智力年龄与实际年龄都是5岁，那么他的智商就是100，说明他的智力达到了5岁儿童的平均水平。如果他的智力年龄是6岁，那么智商就是120。IQ为100代表智力的一般水平；IQ超过100，说明儿童智力水平高；IQ低于100，说明儿童智力水平低。由于智商用智力年龄与实足年龄的比率表示，所以这种智商也叫比率智商（ration IQ）。有了比率智商，不同年龄的儿童之间就可以相互比较了。

（3）韦克斯勒智力量表。斯坦福－比奈智力量表用比率智商衡量人的智力水平，是假定智力年龄随实际年龄一起增长的，但实际情况并非如此。人的实际年龄逐年增加，而智力发展到一定阶段后却稳定在一个水平上。此时如果继续用不再增长的智力年龄与继续增长的实际年龄相比，求得的IQ就会下降。例如，某人15岁时IQ为100，那么到30岁时，IQ将为50，这是不合常理的。因此，斯坦福－比奈智力量表仅适用于0~15岁的儿童。为了解决这一问题，韦克斯勒于1939年发表了他的第一个智力量表，此后他还编制了《韦氏成人智力量表》《韦氏儿童智力量表》《韦氏学前儿童智力量表》。这三种量表项目类别相似，只是内容难度存在差别。在韦氏量表中，韦克斯勒做出如下改变。

①用离差智商（deviation IQ）代替比率智商。采用离差智商的理论依据是人的智力测量分数按正态分布，大多数人的智力处于平均水平，即IQ=100；离平均数越远，人数就越少。人的智商从最低到最高，变化范围很大。智商分布的标准差为15。这样，一个人的智力就可以用他的测验分数与同年龄人的平均测验分数相比来表示。离差智商的计算公式为：$IQ=100+15Z$。其中，$Z=(X-M)/SD$，公式中的$X$代表个体的测验分数，$M$是该年龄组总体的平均分数，$SD$代表团体分数的标准差。可见，离差智商测量的是个人智力在同年龄群体中的相对位置。

②量表使用的试题与斯坦福－比奈智力量表的性质相差不大，但试题并不按年龄的大小来区分，而是以这些试题所测的能力来划分。它具体分为言语和操作两个分量表，言语分量表又包括常识、理解、词汇、记忆广度、算术推理、言语识别等分测验；操作分量表包括拼图、填图、

图片排列、搭积木、符号学习等分测验。每个测验均可单独记分，智力的各个侧面就能够直接从测验中获得。

2．特殊能力测量

在现代社会，人们的分工越来越精细，不同的工作需要相应的特殊能力，如机械操作能力、音乐能力、艺术能力等。使用不同的方法和手段来度量这些能力的测验，被称为特殊能力测量。例如，通过测定视觉阅读速度和手指灵活性，可以了解一个人的打字能力。特殊能力的测量具有较强的针对性，因而对职业定向指导、安置和选拔从业人员、发现和培养具有特殊能力的儿童有重要意义。下面列举两个常见的特殊能力测量。

（1）麦夸里机械能力测验。该测验常用来测试人的心理运动能力，包括以下几个项目：循轨，在若干条垂直线的很狭窄的断裂空间划一条线；敲击，尽快在纸上和圆圈里打上点；模画，模画简单的图样；定位，在一个缩小的图形中确定出具体的点；定块，在一个图样中确定有多少块；追视，在迷津中追视各线条。

（2）明尼苏达关系测验。该测验是测验人把握空间关系的能力。所用材料为A、B、C、D四块木板，每块木板上挖有58个形状不同、大小各异的空洞，另有同样数量的木块，其大小与形状和木板上的空洞一一对应，可分别放置空洞中。A、B两个板上的空洞除位置不同外，其形状和大小是一样的，因此合用一组木块；同理，C、D两板合用一组木块。测验时，要求应试者将木块放置在木板的空洞内，评分方法以时间和正确率为标准。该测验常用于对各种机械工种、修理工种、设计师和工程师等的选拔。

3．创造能力测量

经过研究发现，在智力测量中得分高的人，其创造能力不一定强，这表明智力和创造能力之间几乎没有关系。创造能力是指产生新思想和新产品的能力。它具有独创性与新颖性，主要的成分是发散思维。测定发散思维能力，在一定程度上可知创造能力的高低，因而许多创造能力的测验都是测量被试的发散思维水平。

20世纪60年代初，美国的心理学家盖茨尔斯和杰克逊编制了一套创造力测量表，这套测验量表由下列五个项目构成。

（1）物体用途测验：让被试说出“砖”之类的普通物品的尽可能多的用途，根据用途的类别及独创性评分。

（2）隐蔽图形测验：在印有各种隐蔽图形的卡片上找出这些图形，根据所要寻找图形的复杂性和隐蔽性评分。

（3）词汇联想测验：让被试对“螺钉”“口袋”之类的普通单词，说出尽可能多、尽可能新颖的定义。以定义数目、类别和新颖性进行评分。

（4）组成问题测验：给被试几节短文，让被试用所给材料尽量组成多种数学问题，根据问题的数目、恰当性、复杂性和独创性评分。

（5）寓言理解测验：给被试呈现几则短的寓言，但都缺少结尾，要求被试对每则寓言都给出三种不同的结尾，即“有教育意义的”“幽默的”“悲伤的”，根据结尾的数目、恰当性和独创性评分。

例如，在物体用途测验中，当询问学生“回形针”的用途时，甲生的回答是可用来夹纸、当牙签、叉食物；而乙生的回答则是可以做手工艺品、当鱼钩、做饰品、做手机支架、做防身武器、串起来当跳绳、作为化学实验材料、做物理实验时导电用等。因此，我们认为乙生比甲生更具有创造性，因为他所想到的用途不仅种类多而且新颖，有独创性。

### （二）能力测量的标准

#### 1. 信度

信度是指一个测验量表的可靠程度，即采取同样的方法对同一对象重复进行测量时，其所得结果相一致的程度。信度可用信度系数表示，信度系数越高即表示该测验的结果越一致、稳定与可靠。

#### 2. 效度

效度是指一个测验工具希望测到某种行为特征的有效性与准确程度。测量结果与要考察的内容越吻合，效度越高；反之，则效度越低。

#### 3. 标准化

标准化是指测验量表的编制、施测、评分及解释测验分数的程度的一致性。具体地说，测验标准化包括下列内容。

（1）测验内容：测验内容要对所有受测者施测相同的或等值的题目。

（2）施测过程：施测过程包括相同的测验情境、相同的指导语、相同的测验时限。

（3）测验评分：测验评分的客观性意味着两个或两个以上的评分者对同一份测验试卷的评定是一致的。

（4）测验分数的解释：在心理和教育测量中，测验分数要对照参照标准来解释。作为参照标准的分数分布被称为常模。个人在测验中得到的分数本身没有意义，只有与常模进行比较，才具有一定的意义。

### （三）使用能力测量的注意事项

能力测量是一项专业性很强的工作，使用能力测量时，一定要高度重视科学性与客观性，具体需要注意以下几个方面；第一，测验量表的科学性。这是首先要考虑的问题，只有采用科学的测验工具才能保证测验结果的可信和有效。所以所用量表必须要有很好的效度和信度。第二，测验量表的使用。使用能力测量要由心理学工作者和经专门训练的人员具体操作。测验主试应清楚测验的目的、功用、适用范围、测量方法和解释方法。第三，测验结果的呈现。在呈现测验结果时，必须提供真实和准确的信息，避免感情用事、虚假的断言和对结果的曲解。且主试要对测验结果保密，不向除了被试外的其他人透漏。第四，测验结果的解释。对测试结果进行分析解释时，不仅要利用测验结果提供的信息，还要整合其他方面的信息。向被试解释结果时，不应使用过多的专业术语，应用通俗易懂的语言。

## 五、能力的一般规律

人的智力水平随个体年龄的增长而变化。通常，人的一生大致可分为 9 个不同的时期，即新生儿期、乳儿期、婴儿期、幼儿期、童年期、少年期、青年期、中年期和老年期。在不同时期，人的能力的发展呈现以下趋势。

童年期和少年期是某些能力发展最重要的时期。3~13岁，智力的发展与年龄的增长几乎是等速的。随后，智力发展呈负加速度增长。这一发展趋势可通过贝利绘制的智力生长曲线（图5-4）直观地表现出来。此曲线是根据贝利使用3种智力量表，对同一组被试进行长达36年的追踪、研究的结果绘制的。

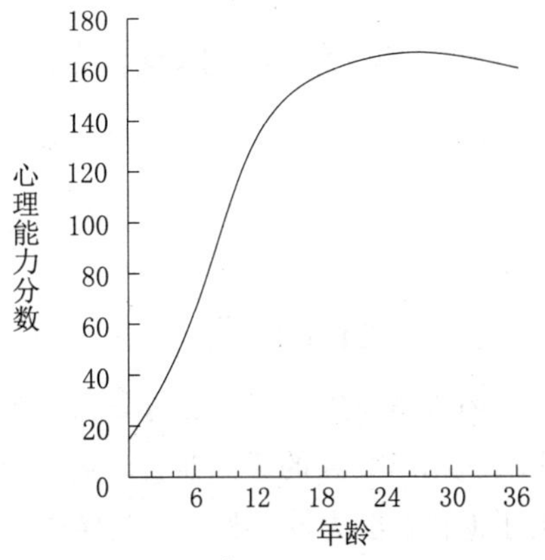


图5-4 智力生长曲线

人的智力在18~25岁就达到了顶峰。但是，智力的不同成分达到顶峰的时间是不同的。一般来说，知觉和推理能力接近成人水平的时间较早，言语理解和语词流畅性达到成人水平则较迟一些，如图5-5所示。智力不同成分的衰退速度也是不均衡的，如手眼协调、动手操作等能力一般从33岁开始衰退，到60岁衰退速度加快，写作能力约在65岁之后开始衰退。

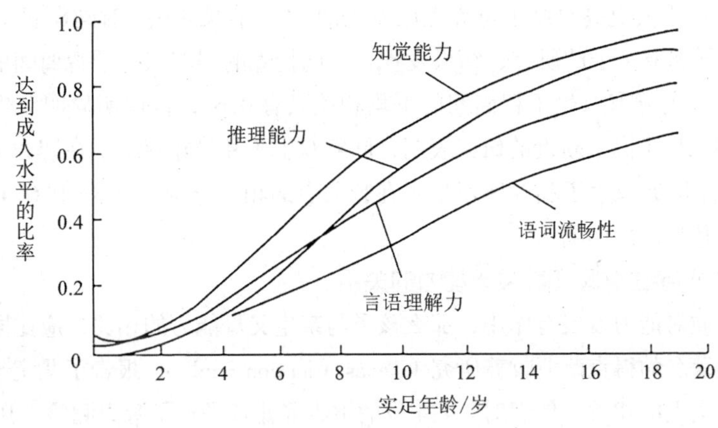


图5-5 智力不同成分的发展曲线

根据对人的智力毕生发展的研究，人的流体智力在中年之后有下降趋势，而人的晶体智力在人的一生中却是稳定上升的，如图5-6所示。

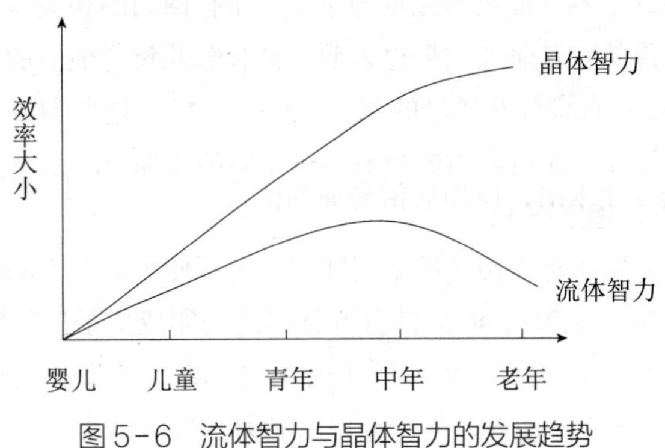


图5-6 流体智力与晶体智力的发展趋势

成年时期是各种能力发展相对稳定的时期。富有创造性的活动也常常在这个时期出现。

能力发展的趋势也存在个别差异。高能力者能力发展快，达到顶峰的时间也较晚；而低能力者能力发展慢，达到顶峰的时间也相对较早。

## 六、能力发展的影响因素

能力的形成与发展会受到先天素质和后天因素的影响。先天素质主要指遗传素质，后天因素主要包括环境因素、教育因素、实践因素和个人的主观能动性。能力是这些先天素质、后天因素交互作用的结果。

### （一）遗传的作用

遗传是指生物将自己的形态结构和生理特征相对稳定地传给后代的现象。通过遗传获得的素质包括一个人的感觉器官、运动器官及脑的结构形态和生理特质，它是人能力发展的基础。关于遗传在能力发展和个体差异形成中的作用，心理学家曾从以下三条途径进行研究。

#### 1. 血缘关系疏密不同的人在能力上的相似程度

如果遗传素质对能力的形成和发展有作用，那么血缘关系越密切，能力的水平应越相似。这种研究通常用同卵双生子和异卵双生子来进行。例如，美国明尼苏达大学的托马斯·布查德教授及其实验助手麦克高总结了世界上已发表的 34 个有关 4 672 对同卵双生子的研究和 41 个有关 5 546 对异卵双生子的研究，结果发现，一同抚养的同卵双生子智商间的平均相关达到 0.86，而一同抚养的异卵双生子智商间的平均相关只有 0.60，这说明异卵双生子在智力上的相似性不如同卵双生子高。新近的研究表明，同卵双生子和异卵双生子在智力上的差异比上述报告的差异更大：同卵双生子和异卵双生子在智力上的相关分别为 0.88 和 0.47。由此证明了能力的发展受遗传素质的影响。

#### 2. 养子养女与亲生父母和养父母能力的关系

如果遗传素质对能力发展有作用，那么孩子与亲生父母能力的相关，应比同养父母能力的相关高。如世界著名的得克萨斯收养研究（Texas Adoption Study），报告了儿童与亲生父母和儿童与养父母在智力上的相关。他们对 3~14 岁的被收养儿童进行了智力测验，10 年后再进行第二次测验。在他们的第一次测试中，被收养儿童与亲生母亲智商间的相关（$r=0.23$）稍高于儿童与养父母在智商上的相关（$r=0.13$）。10 年以后，当这些儿童长大成人时，第二次的测试结果表明，被收养儿童与亲生母亲智商间的相关略有增加（$r=0.26$），而被收养儿童与其养父母智商间的相关几乎近于零。被收养儿童与亲生母亲智商间的相关显著地高于他们与养父母智商间的相关。其他大量的收养研究结果也表明，被收养儿童与他们的亲生父母在智商上的相关（$r=0.20$）显著地高于他们与养父母的相关（$r=0.02$）。这些研究说明：家庭环境的影响随年龄的增加而减小，相反，遗传素质的影响却随年龄的增加而越来越大。

#### 3. 对同卵双生子进行追踪研究

如果遗传素质对能力发展有作用，那么同卵双生子即使生活在不同的环境中，他们的智力仍会有较高的相关。如有研究者对 40 对被分开抚养的同卵双生子进行的研究发现，即使生长在不同的家庭环境中，他们智商间的相关仍达到 0.75，显著地高于在同样环境中成长的异卵双生子智商间的相关（0.34~0.61）。在一些特殊能力，如言语推理、空间能力、知觉速度与准确性及视觉记忆等方面，分开抚养的同卵双生子之间也具有显著相关（0.29~0.71）。由于分开抚养的同卵双生子生长在不同的家庭环境中，因此，他们之间在智商上的积极相关更证明了遗传素质的影响。

另外，有些心理学家对不同类型的人的子女进行的横向研究也说明了能力与遗传素质有关。例如，英国心理学家费朗西斯·高尔顿在调查 1768—1868 年英国的首相、将军、文学家和科学家共 977 名智力成熟的人的家谱后发现，其中有 89 位父亲、129 位儿子、114 位兄弟，共 332 人是杰出人士；而一般人中 4 000 人才产生一位杰出人士。他用同样的方法调查了父母都有艺术才能的 30 个家庭。结果发现，这些家庭的子女中 64% 的人具有艺术才能；而对 150 个一般家庭的调查表明，他们的子女中只有 21% 的人有艺术才能。也有学者用类似的方法对美国一位知名神学家加纳赛的八代子孙进行调查，发现其中有 3 位大学校长，100 多位教授，60 多位医生，20 多名议员，120 人大学毕业，14 人创建了高等学校；而与他同年代有一位纽约酒鬼、赌徒马克斯，在他的八代子孙中，则有 300 多个乞丐，7 人被判处死刑，63 人有偷盗犯罪史，喝酒死亡或残废者达到 400 人。基于这些研究，一些学者认为能力形成是由遗传素质决定的。但有的学者则认为这同样可以说明环境的决定作用。

### （二）环境的影响

法国著名遗传学家米歇尔·杜依姆提出人们可通过遗传获得影响大脑细胞神经发育及运转的某种基因，但这并不能说明智力完全是由遗传素质决定的。因为智力的发展会受到环境影响，如母亲怀孕及分娩时的环境、孩子后天生活的家庭环境也会导致孩子智力发育的差别，从而造成智商各不相同。很多学者的观点与米歇尔·杜依姆相似，认为遗传为能力发展提供物质基础和自然前提，为能力发展提供了可能性，但环境才是使这种可能性变为现实性的重要条件。人们所处的环境与人的能力的形成和发展有着非常密切的关系。

#### 1. 产前环境和早期营养对孩子智力的影响

越来越多的证据表明，胎儿出生前的环境对儿童的智力发展有重要影响。第一，胎儿在发育期间母亲的营养状况。胎儿营养不良，会导致脑细胞数目低于正常数目，造成智力缺陷。婴儿期正是大脑迅速发育的时期。大脑的发育特别需要蛋白质、矿物质、维生素等营养物质的供应。有学者通过比较儿童头发中一定的微量元素含量来区别正常儿童和低能儿童，其准确度可达 98%。因此，加强孕期及婴儿期营养供给是智力开发不可忽略的因素之一。第二，母亲怀孕时的年龄对孩子智力发展也有一定影响。过早怀孕的女性由于自身神经系统和骨骼系统还未发育完善，极易出现营养缺乏、贫血、浮肿等状况，且会导致婴儿体质羸弱，生产先天愚型婴儿的概率较大。母亲怀孕时年纪过大也易导致孩子患某些罕见病的概率更高，如唐氏综合征。如果母亲的怀孕年龄低于 29 岁，唐氏综合征发病率只有 1/3 000；母亲的怀孕年龄在 30~34 岁，发病率为 1/600；母亲年龄为 40~44 岁，发病率为 1/70。第三，与母亲在怀孕期间服药、吸烟、饮酒、患病有关。在农村，许多母亲在孕期接触了农药，导致孩子先天愚型。有一些孕妇有抽烟、喝酒等不良嗜好，烟中的尼古丁、酒中的酒精都会对孩子的神经系统发育产生影响，造成孩子畸形。因此，孕妇要非常关注自己的身体健康。第四，母亲的情绪和对怀孕的态度等都可能引起体内内分泌系统的微妙变化，从而对胎儿发育造成影响。美国心理学家戴维斯等的研究表明，怀孕后焦虑不安的母亲与那些情绪比较正常的母亲相比，在分娩时更易出问题，甚至导致婴儿出现畸形。一个心情宁静、舒畅的母亲与一个心情紧张、忧虑的母亲相比，她们的胎儿的生活环境是大不相同的。因此，孕妇在怀孕期间要保持情绪稳定，这对孩子的智力发展有重要影响。

2. 孩子的生活环境对智力发展的影响

首先良好的环境对能力的完善和新能力的形成十分有利。有研究表明，亲生父母社会经济地位低的儿童，一旦被社会经济地位高的养父母收养，与生活在原来家庭的环境中相比，*IQ* 分数会增加 10～12 分。美国心理学家德尼斯等在孤儿院做过研究，发现留在孤儿院的儿童智力发展慢，智商平均只有 53，而被领养的儿童智力发展快，平均智商达到 80，特别是年龄很小时被领养的儿童，他们的智商有些可以达到 100，如图 5－7 所示。

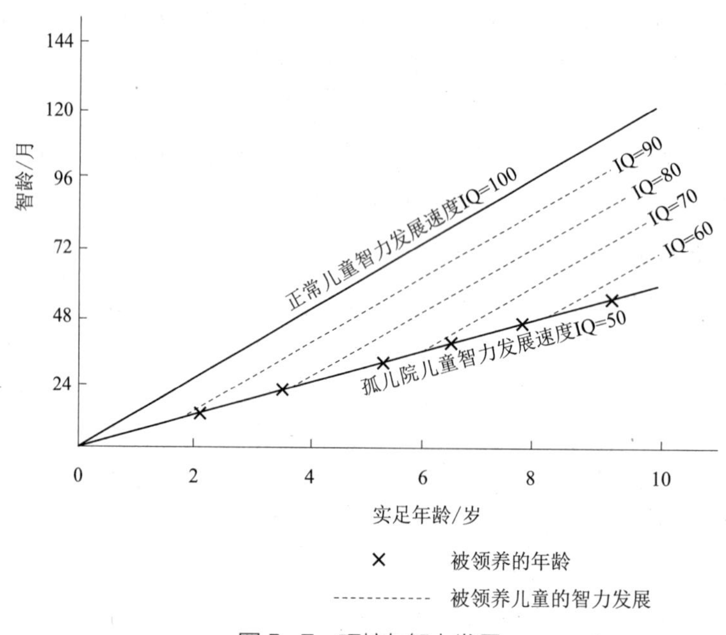


图 5－7　环境与智力发展

另外，学者们关于兽孩的观察研究也让人们更加了解环境与智力发展的关联。例如，1920 年，印度传教士辛格在一个人迹罕至的狼窝里发现两个女孩，小女孩 3 岁左右，大女孩 7 岁左右，后来分别被取名为阿玛拉和卡玛拉。刚被发现时，她们的日常生活习性竟和狼一般，用四肢着地走路、吃食生肉、昼伏夜出、不会说话，只会像狼一样引颈长号。随后她们被带往一家孤儿院抚养，阿玛拉不到一年就不幸伤亡。卡玛拉经过两年的特种教育训练，方才学会两脚站立，4 年仅学会 6 个单词，6 年学会直立行走，7 年学会 40 多个单词、用手吃饭、拿杯子喝水。直到约 17 岁去世的时候，她的智力也只相当于 3 岁小孩的水平。其实，阿玛拉和卡玛拉的遗传素质与一般孩子并无多大差别，但是由于环境因素的特殊影响，她们的智力没有得到正常的发展。结果，她们不仅缺乏正常人的智力，而且有着明显的兽性。又如，1983 年，我国辽宁省台安县某村的一名老师在村后树林里发现与猪一起觅食的王某某。当时她看似七八岁，衣衫褴褛，蓬头垢面，在猪群中时而爬行，时而行走，会在地里吃青草，也会挤到母猪身边吃奶。这名老师将这个女孩的情况报告给了中国医科大学。中国医科大学组织了 9 名心理学和儿科学的专家成立考察小组来到王某某生活的地方，将她从猪群中拉了出来，并对她的情况进行了调查。后来了解到王某某生于 1974 年，出生时无任何异常情况，但其母幼时曾因患脑炎导致重度智残，不会照顾孩子，其父为聋哑人，忙于生活，对孩子照顾不周。王某某家以养猪为业，家里住房与猪圈并未隔离开，王某某长期与猪为伴，吃猪奶、学猪爬、啃猪草，养成了许多类似猪的行为和习性。1982 年，其母改嫁，王某某跟着母亲来到了继父家。继父发现王某某的异常，试图帮助她回到正常生活，但并没有效果。前来考察的专家们发现王某某与“狼孩”不同，王某某虽然长期与猪生活在一起，但并未脱离人类社会，仍会穿衣吃饭和简单的语言，具有人的社会性和猪的动物习性。对其进行智力测量，结果发现 9 岁的她智商仅为 39（相当于 3 岁孩童）。后来王某某经过专家们的针对性辅导，在 12 岁时智商提升到了 68，接近正常人的最低水平，社会交往能力也基本达到正常人水平。这些都从反面证实了环境因素对智力形成的影响。

### （三）教育的作用

学校教育是对年轻一代施加有目的、有计划、有组织的影响的重要方式。学生通过接受系统的教育，不仅掌握了知识和技能，还发展了能力和其他心理品质。学校教育由具有学科专业知识和教育学、心理学知识的教师负责，遵循个体发展的规律，具有全面、系统、深刻等特点。因此，学校教育在学生能力发展中的作用是显著的。通过研究发现上学的儿童和不上学的儿童在智力测验分数上存在显著差异。因为学校教育可以通过多种途径影响智力的发展，一种最明显的方式就是知识的传授。其他的技能，如系统地解决问题的能力、抽象思维能力和分类能力等也都与接受学校教育有关。长期在不同教育水平的学校里接受教育的学生，其能力发展的水平也存在差异。因此，这就要求社会营造一个尽量公平的教育环境。

### （四）实践活动的影响

能力是在个体的实践活动中得以形成和发展的。遗传素质为能力的形成提供了可能性；环境和教育因素对能力的发展起到了决定性作用，但这一决定性作用，必须通过个体的实践活动才能得以实现。例如，长期从事管理工作的人，组织和领导的能力就会得到发展，整天和油漆打交道的油漆工人，能分辨 400~500 种颜色。我国古代思想家王充提出“科用累能”的观点，认为从事不同职业的活动就会积累不同的能力。他说：“谈论种田，农夫的能力高于一般人；谈论做买卖，商人的能力强于一般人。”因此，实践活动对人能力的形成和发展有重要影响。

### （五）主观能动性的作用

环境和教育是能力形成和发展的外部条件，一个人要想提高能力，除了有良好的外部条件，还离不开个人的主观努力，即人的主观能动性。一个人刻苦努力、积极向上，具有广泛的兴趣和强烈的求知欲，他的能力就可能得到发展。相反，一个人饱食终日、无所用心，工作上没要求，事业上无大志，对周围的一切事物态度冷淡、没兴趣，他的能力就不可能有较好的发展。古今中外，许多杰出的政治家、科学家和发明家，无论他们的天赋如何，他们的共同特点都是长期坚持不懈，刻苦努力，顽强地与困难作斗争。中国第一个自然科学领域的诺贝尔奖得主屠呦呦的成功经历正体现了这一点。屠呦呦在 16 岁时因患上肺结核而休学，经过两年多的治疗调理，身体状况好转以后继续学业。这次生病的经历使得屠呦呦对医药学产生了浓厚兴趣。后来她努力学习考上了北京医学院（现为北京大学医学部）。在后期的科研道路上，她刻苦钻研，不断探索。为了获得科研问题的答案，她几乎将自己所有的时间和精力都投入了阅读文献和实验中。为了进行青蒿素的相关研究，她和课题组成员进行了190次实验，每次都失败了，但她并未选择放弃，继续改进实验，终于在第191次低沸点实验中发现了抗疟效果为100%的青蒿提取物，并不断改进实验，最后发现了双氢青蒿素。她通过不懈的努力得到的研究成果获得了世界的认可，并因此获得2015年诺贝尔生理学或医学奖。这充分说明了勤奋和能力发展有密切关系。勤奋之所以成为能力发展的重要因素，是因为它能影响活动的深度和广度。

## 七、能力规律在教育中的应用

### （一）重视早期教育

人的智力发展的速度是不均衡的，学龄前期是智力发展的一个关键期。现代社会，家长们都已认识到早期教育的重要性，但对于如何实施早期教育问题，还存在着认识误区。有人认为早期教育就是要及早对儿童进行正规的、系统的学科知识教育。因此，在孩子幼儿园时期便让孩子学习各种知识，很多幼儿园的教育也出现了“小学化”趋势。这种“拔苗助长”的培养方式对孩子的能力发展是不利的。早期教育的目的是发展孩子的注意力、观察力，提高其认识各种事物的兴趣，培养乐观、自信、活泼开朗的情绪特征和行为特征，以便为日后接受正规、系统的教育教学打下良好的心理基础。因此，早期教育的方法应以游戏为主，包括音乐、美工、讲故事，参加简单的力所能及的劳动等，寓教于乐。到了接近学龄期时，也可以进行一些初步的读、写、算教学。这样，既不会剥夺他们的玩乐时间，泯灭儿童活泼好动的天性，又能提高他们的学习兴趣和学习的自觉性与积极性。因此，早期教育需要科学的指导，要按教育与心理规律办事，要重视儿童的观察，要纠正过分重视知识学习、强制儿童进行专业训练的不良倾向。

### （二）开展创造性的教学活动和丰富多彩的课外实践活动

通过创造性的教学活动，可以开发学生的智力，挖掘其智力潜能。这就需要教师对教学内容进行正确选择，对教学过程进行合理安排，对教学方法进行恰当运用。教师应采用启发式教学方法，帮助学生抓住关键、掌握规律、发现问题、解决问题，提高独立思考能力，促进智力发展。另外，在教学中，教师要营造一种和谐、愉悦的课堂情感氛围，让学生在积极的情绪、情感中学习，促进其智力与能力的发展。充分调动情感的激励与动力功能，进行“愉快教育”“快乐教育”。对于学生不良的情绪、情感，要教给学生控制、调节的具体方法。

健康、丰富的课外活动是发展学生兴趣、锻炼性格和养成良好习惯的重要方式，是促进学生探究兴趣的养成和观察力、思维力、想象力发展的有效途径。“兴趣是最好的老师”，要充分利用课外活动的空间，扎扎实实地诱发学生的认知兴趣，把它当作形成某种智力活动的契机进行培养；要正确处理好理想、动机二者之间的关系，引导学生将广泛兴趣与中心兴趣相结合，以使学生学习的自觉动力与探索倾向持久、深入；要培养学生必要的学习习惯。培养智力的智育过程，离不开良好的学习习惯和技能习惯，特别是技能习惯的形成。根据学生的年龄特点，开展游戏、棋类、谜语、球类、航模、桥牌等多种形式的活动，可以调剂学生的精神，增强体质、陶冶情操、增长知识、开阔眼界；可以培养学生勇敢、团结、互助的道德品质；还可以增进学生思路敏捷、判断正确、反应灵活等智力品质。实践经验表明，有益的文艺、体育、科技课外活动可以培养许多专门人才。

### （三）培养学生的创造力

创造力对个人、国家和民族的发展有至关重要的意义。爱因斯坦曾说："创造力比知识更重要，因为知识是有限的，而创造力几乎概括了这个世界的一切，它推动技术进步，它甚至是知识的源泉。"创造力的发展除了部分受遗传素质影响外，主要取决于后天创造力培养的程度。具体来说，对学生创造力的培养可从以下几个方面进行。

#### 1．强化创造意识和思维

创造意识是创造的欲望与意愿，是挖掘创造潜能、提前开发创造力的重要心理因素。每个人都要树立这样一个信念，创造力并非科学家、发明家的专利，人人都有一定的创造力。要强化自己的创造意识，需学会从普遍现象中发现问题、尝试解决问题，从而培养创造力。

创造力的核心成分是创造性思维，其中发散思维、形象思维和直觉思维更是创造性思维中最富有创造性的成分。因此，可以通过教学和训练，使学生掌握创造性思维的策略以发展其创造性思维能力。具体方法有以下几种。

（1）教学中注重运用发散思维方式提问。在教学中，教师的提问是促进学生进行思维活动的最直接的手段，因为人的思维往往是从问题开始的。教师要注意运用判别性提问、叙述性提问、说理性提问和发散性提问等多种提问方式，以培养学生的创造力。

（2）问题解决时教师要提倡一题多解。在传统教学中，教师特别注意标准答案，这对学生的创造性思维发展十分不利。教师在教学中，应鼓励学生从多方向、多角度进行探索，不能用单一的正确答案或标准答案束缚其创造性思维。

（3）注意质疑和批判性思维能力的培养。在学生学习教学内容时，教师应鼓励学生质疑、提问。在传统教学中，学生通常将教材乃至教师授课的内容视为权威观点，认为其完全正确。这事实上是被教材或教师授课的教学内容禁锢了思维。因此，教师要在教学中随时向学生讲明，教材或教师授课的教学内容并不总是正确或完善的，鼓励学生解放思想，活跃思维，积极地发现问题、提出质疑。这不仅有助于培养思维的独立性、批判性，加深对学习材料的理解，也是对不拘一格的发散思维的一种促进。

#### 2．培养创造性人格

创造性人格的形成与后天环境密切相关。美国心理学家戴维斯概括出具有高创造性的人的人格特征是："独立性强，具有好奇心，有理想抱负，不轻听他人意见，对于复杂奇怪的事会感到一种魅力，而且具有艺术上的审美观和幽默感。"创造性人格可从具体的活动中进行培养，如要求自己独立、有责任地完成各种作业，培养自己在解决问题中的好奇心、信心和恒心。教师对学生创造性人格的培养应注意几点问题：首先，应注意在用知识武装学生的同时，也要解除他们怕犯错误的恐惧心理，鼓励学生大胆进行一些尝试和冒险。其次，教师还要激发学生积极的自我意识，使他们能充分发现自己的优点和长处。最后，教师还要多鼓励学生与有创造性的人接触。因为学生通过与有创造性的人接触，可以使自己受到潜移默化的影响，产生模仿尝试的欲望，这对增强学生的创造意识，发展他们的创造力是很重要的。

### （四）在教学中针对学生智力与能力的差异因材施教

学生智力与能力的差异是客观存在的，教师在教学中需注意因材施教。因材施教就是根据学生不同的个性特点、智力发展水平，有区别地进行教育和教学工作。目前，一般学校多实行班级授课制，即将一部分知识水平相近的学生编在一个班里，进行统一教学。这种方式叫“同质分组”。但在相对同质的一个组里，学生仍存在一定的差异，教师如果对所有学生采用相同的教学方法进行教学，则不利于学生的能力发展。因此，在班级教学中，教师可对能力发展水平较高、成绩较好的学生提出稍高的学习要求，布置较难的学习任务，鼓励其独立思考，促进其能力的进一步发展；针对能力发展水平较差的学生布置相应难度的学习任务，提供更多的指导帮助，在教学时给予其一定的鼓励，帮助其树立信心；针对能力水平不差，但学习成绩较差的学生，帮助其增强对学习的兴趣，传授学习的方法，培养其良好的学习习惯。同时，教师在教学时应积极发现有特殊兴趣和才能的学生，给予其更多机会以促进其特长的发展。

#### （五）正确处理能力与知识、技能的关系

在我国教育中存在一些“高分低能”的现象，部分学生只会死记硬背知识，但对知识的理解不足，不会运用知识解决实际问题。这表明在教育工作中，教师不仅应关心学生对于基础知识的掌握，还需关心他们的能力提高，并促使知识向能力转化。因此，教师不应只重视学生对书本知识的掌握，也需重视帮助学生采用适当的学习方法形成良好的认知结构，促进学生学习迁移的产生。有些人因为“高分低能”现象的存在就否认传授知识的作用，这种观点是不科学的。知识对能力发展具有推动与促进作用：第一，知识掌握得越多，对能力的发展就越有利；第二，由于能力不等于知识、技能，需避免用知识和技能的评定代替能力鉴定，所以在教育过程中应努力寻求和发展评价能力的特殊方法，采用多元而非单一的评价方式对学习结果进行评价；第三，教师单凭考试成绩来判断学生能力的强弱也是不妥的，因为一个人的能力可能以外显的形式表现出来，也可能以潜在的方式存在。仅根据掌握知识和技能的多少来判断能力的强弱，常会做出错误判断。

## 第三节　人格

### 一、人格的定义

目前，学者们关于人格定义的认识并不统一，心理学家从不同的研究角度来界定人格。有的学者认为人格是习惯化的行为模式，有的学者将人格视为一种控制行为的内部机制，而有的学者把人格看成是个人在社会中扮演的角色。美国人格心理学家奥尔波特曾考察过50种人格定义，但迄今为止，还没有一种定义得到学者们的公认。如英国心理学家艾森克认为人格是个人的性格、气质、智力和体格的相对稳定而持久的组成，它决定着个人适应环境的独特性。英国人格心理学家沃尔特·米希尔认为人格是个人心理特征的统一，这些特征决定人的外显行为和内隐行为，并使他与别人的行为有稳定的差异。我国心理学家陈仲庚认为人格是表现一个人在不断变化中的全体和综合，是具有动力一致性和连续性的持久自我，是人在社会化过程中形成的给予人特色的身心组织。我国心理学家黄希庭认为人格是个体在行为上的内部倾向，它表现为个体适应环境时的能力、情绪、需要、动机、兴趣、态度、价值观、气质、性格和体质等方面的整合，是具有动力一致性和连续性的自我，是个体在社会化过程中形成的给人以特色的

心身组织。美国心理学家杰瑞·伯格认为人格是稳定的行为方式及发生在个体身上的内在过程，其中内在过程指发生在我们自身，影响着我们如何行动及如何感觉的情绪、动机和认知等过程。

综合不同研究者的观点，可以将人格的概念界定为：人格是个体在先天生物遗传素质的基础上，通过与后天社会环境的相互作用而形成的相对稳定而独特的心理行为模式。

## 二、人格的结构

人格是一个复杂的结构系统，包括许多成分，其中主要有气质、性格、认知风格、自我调控四个方面。

### （一）气质与性格

#### 1．气质

气质也被称为脾气或秉性，是个人生来具有的心理活动的动力特征，表现在心理活动的强度、速度、灵活性与指向性等方面，具有较强的稳定性。人的气质差异是先天形成的，受神经系统活动过程的特性所制约。气质是与生俱来的，无好坏之分。气质是一种典型的心理特征，具有某种气质类型的人会在不同情境中表现出相同性质的心理活动的动力特点。同时，气质也是一种稳定的心理特征，它不会因活动的情境不同而变化。

（1）气质学说。

①体液说。体液说是最早的气质学说。公元前 5 世纪，古希腊医生兼学者希波克拉底认为人体有四种体液：血液、黏液、黄胆汁、黑胆汁。希波克拉底根据哪一种体液在人体中占优势，把气质分为四种：多血质、黏液质、胆汁质和抑郁质。多血质的人体内血液占优势，黏液质的人体内黏液占优势，胆汁质的人体内黄胆汁占优势，抑郁质的人体内黑胆汁占优势。希波克拉底用体液多少来解释气质的类型，虽然缺乏科学根据，但人们在日常生活中确实能观察到这四种气质类型的典型代表。所以，这四种气质类型的名称为许多学者所采用，一直沿用至今。希波克拉底也被公认为是气质类型学说的创始人。

②体型说。德国精神病学家克瑞奇米尔把人的体格类型分为强壮型、瘦长型和矮胖型。他认为不同体型的人具有不同的气质。他认为正常人与精神病患者只有量的区别，没有质的不同，不同体型的正常人在气质上也带有精神病患者的某些特征。因此，他将人的气质分为躁郁气质、分裂气质、黏着气质。强壮型人具有黏着气质，固执、认真、理解迟钝；瘦长型人具有分裂气质，不善交际、沉静、孤僻、神经过敏；矮胖型人具有躁郁气质，善交际、活泼、乐观、情感丰富。事实上，现代研究表明气质与体型并没有必然关系。

③激素说。气质的激素说是由英国心理学家柏尔曼提出来的。柏尔曼认为，人的气质是由甲状腺、肾上腺、脑垂体、副甲状腺和性腺等内分泌腺的活动水平决定的。例如，甲状腺型的人甲状腺激素分泌多，则精神饱满、意志坚强、任性急躁；若甲状腺激素分泌少，则精神易疲劳、反应迟钝。研究表明，内分泌腺的活动对人的心理和行为有重要作用，因而对人的气质有一定的影响。但内分泌腺的活动受神经系统的调节。因此，不能孤立讨论内分泌腺对气质的影响。

④高级神经活动类型说。俄国生理心理学家巴甫洛夫提出高级神经活动类型学说。巴甫洛

夫发现，大脑皮层的高级神经活动有两个基本过程：兴奋和抑制。其有强度、平衡性和灵活性三种基本特性。他认为，有机体的不同行为表现，是其神经过程基本特征的差异性造成的，见表5-1。

表5-1 神经活动类型与气质类型的对应关系

| 神经活动类型 | 高级神经活动过程 | 气质类型 |
| --- | --- | --- |
| 不可遏制型 | 强、不平衡 | 胆汁质 |
| 活泼型 | 强、平衡、灵活 | 多血质 |
| 安静型 | 强、平衡、不灵活 | 黏液质 |
| 弱型 | 弱 | 抑郁质 |

由于气质类型主要取决于人的生理特征，特别是高级神经活动的类型特征，而人的高级神经活动类型本身是无所谓好与坏的。因此，气质类型本身也没有好坏之分。每一种类型都有积极和消极的一面。在个性系统中，气质仅是构成人心理独特性的最原始成分，是人的性格和能力发展的前提之一。

（2）气质类型。气质类型是指一类人所共有的气质特征的有规律的结合。但最有代表性的气质学说是希波克拉底的体液说，它将气质类型分为多血质、黏液质、胆汁质和抑郁质。每种气质类型都具有独特的气质特征。

多血质的气质特征是感受性低而耐受性高，不随意反应性强，易受外界刺激的影响，具有可塑性，情绪兴奋性高，反应迅速而灵活。其表现出来的心理特征是活泼好动，善于交际，思维敏捷，容易接受新鲜事物，情绪与情感容易产生也容易变化和消失，且易外露，但体验不深刻，缺乏耐心与毅力。多血质的典型表现为在新的环境中不感到拘束，在学习与工作中精力充沛，在集体中朝气蓬勃，善于合作，能迅速地把握新事物，但兴趣广泛，情感易变。其典型人物代表是《红楼梦》中的王熙凤。

黏液质的气质特征是感受性低而耐受性高，不随意反应性低，不易受外界刺激的影响，可塑性较差，情绪兴奋性低，反应速度慢，具有稳定性，比较内倾。其表现出来的心理特征是稳重，考虑问题全面，安静，沉默，善于克制自己，情绪不易外露，注意力稳定而不容易转移，外部动作少而缓慢。黏液质的典型表现为行动缓慢而沉稳，严格遵守既定的生活秩序和工作制度，态度持重，情感上不易激动，从容不迫，严肃认真，缺乏生气。其典型人物代表是《水浒传》中的林冲。

胆汁质的气质特征是感受性低而耐受性高，不随意反应性强，易受外界刺激的影响，反应迅速但不灵活，可塑性较差，情绪兴奋性高，抑制能力差，外倾性明显。其表现出来的心理特征是坦率热情，精力旺盛，容易冲动，脾气暴躁，思维敏捷但准确性差，情感外露，兴奋时决心克服一切困难，精力耗尽时情绪易一落千丈。其典型人物代表是《水浒传》中的鲁智深。

气质测试

抑郁质的气质特征是感受性高而耐受性低，不随意反应性低，易受外界刺激的影响，可塑性较差，具有刻板性，不灵活，情绪兴奋性高，情绪体验深刻，反应速度慢，具有严重的内倾性。其表现出来的心理特征是感受能力强，能观察到别人不易察觉到的细节，对外部环境变化敏感，易动感情，情绪体验深刻、持久，外表行为迟缓、忸怩，怯弱、怀疑、孤僻。其典型人物代表是《祝福》中的祥林嫂。

气质分类都是相对的，在现实生活中只有少数的人属于某种气质类型的典型代表，大多数人都属于中间型或不同气质类型组合而成的混合型，只是较多地具有某一类型的特点，却也同时兼具其他类型的一些特点。

2．性格

性格是个人的品行道德和风格。它是人格的一个重要组成部分，是个人有关社会规范、伦理道德方面的各种习性的总称，是不易改变的、稳定的心理品质，也是一种与社会相关最密切的人格特征。在现实生活中，性格主要体现在对自己、对别人、对事物的态度和行为举止上，也表现了一个人的品德，受其世界观、人生观、价值观的影响。所以我们又把这些具有道德评价含义的人格差异称为性格差异。性格是在后天社会环境中逐渐形成的，是最核心的人格差异，它有好坏之分，能最直接地反映出一个人的道德风貌。

（1）性格的特征。

①性格的态度特征。性格的态度特征，是指个人对自己、他人、集体、社会，以及对工作、劳动、学习的态度特点。对祖国或集体的态度特征可表现为爱祖国、爱人民、爱集体、诚实、正直有礼貌、大公无私、自私自利、虚伪、粗鲁等。对学习、劳动或工作的态度特征可表现为有责任心和进取心、敢于创新、认真细致、不负责任、懒惰、安于现状、墨守成规、粗心大意等。对自己的态度特征可表现为自信、自尊、自强、自制、谦虚、自卑、羞怯、自暴自弃、自我放纵、骄傲自满等。

②性格的意志特征。性格的意志特征是指个体自觉确定目标，调节支配行为，从而达到目标的特征。自觉性、坚定性、果断性、自制力等是意志的主要特征。自觉性是指在行动之前有明确的目的，事先确定了行动的步骤、方法，并且在行动的过程中能克服困难，始终如一地执行；与之相反的是盲从或独断专行。坚定性是指能采取一定的方法克服困难，以实现自己的目标；与坚定性相反的是执拗（不会采取有效的方法，一味我行我素）和动摇性（轻易改变或放弃自己的计划）。果断性是指善于在复杂的情境中辨别是非，迅速做出正确的决定；与果断性相反的是优柔寡断或武断冒失。自制力是指善于控制自己的情绪与行为；与自制力相反的是任性、冲动。

③性格的情绪特征。性格的情绪特征是指个人稳定而独特的情绪活动方式，包括情绪活动的强度、稳定性、持久性和主导心境方面的特征。在情绪的强度方面，有的人情绪强烈、不易控制，有的人则情绪微弱、易于控制。在情绪的稳定性方面，有的人情绪波动性大、变化大；有的人则情绪稳定、心平气和。在情绪的持久性方面，有的人情绪持续时间长，对工作学习的影响大；有的人则相反，情绪很快就会过去，对工作学习不会造成多大影响。在主导心境方面，有的人经常情绪饱满，处于愉快的情绪状态；有的人则经常郁郁寡欢、闷闷不乐。

④性格的理智特征。性格的理智特征是指个人在认知活动中表现出来的心理特征。性格的理智特征也是多方面的，表现为各种不同的认知特点的差异。在感知方面，有的人不易受环境的影响，能按照一定的目的任务主动地观察，属于主动观察型；有的人则明显地受环境刺激的影响，属于被动观察型；有的人倾向于观察对象的细节，属于分析型；有的人倾向于观察对象的整体和轮廓，属于综合型；有的人倾向于快速感知，属于快速感知型；有的人倾向于精确地

感知，属于精确感知型。在想象方面，有主动想象和被动想象之分，有广泛想象与狭隘想象之分，等等。在记忆方面，有主动与被动之分，有善于形象记忆与善于抽象记忆之分，等等。在思维方面，也有主动与被动之分，有独立思考与依赖他人之分，有深刻与浮浅之分，等等。

应当指出，性格的各种特征并不是孤立、静止地存在的，也不是各种性格特征的机械的组合，而是相互联系、相互制约成为一个整体。首先，各种性格特征之间具有内在联系。例如，自觉性强的人，往往具有很强的坚定性和自制力。正因为如此，可以根据某人的一种性格特征推知其他的性格特征。其次，各种性格特征在不同的场合有不同的组合。例如，一个懒惰的学生在严格要求他的教师面前就较少地表现这种弱点，而在溺爱他的父母面前则表现得较多。最后，性格具有可塑性，一个胆小的学生，经过一定的训练可变得很勇敢。

（2）性格类型。性格类型是指一类人所共有的性格特征的有规律的结合。通常性格有以下几种分类方式。

①按照心理活动的心理机能划分性格的类型。英国心理学家培因和法国心理学家李波提出按照性格结构中认知、情绪、意志三种心理机能哪种占优势，可以将性格分为理智型、情绪型、意志型和中间型。理智型的人善于以理智来调节自己的言行，深思熟虑地解决问题。情绪型的人的言行受情绪支配，处理问题不冷静，但情绪体验深刻。意志型的人自觉性强，处事果断，勇于克服困难，善于控制自己的言行和情绪。此外还可以划分出一些中间型。

②按照心理活动的倾向性划分性格的类型。这是根据瑞士心理学家荣格的观点提出的分类法，即按照个体心理活动是否外露，可以将性格分为外向型和内向型。外向型的人心理活动倾向于外露、活泼、开朗、好交际、不善掩饰自己的思想和情绪、不拘小节、社会适应能力强。内向型的人沉静、孤僻、不善交际、处事谨慎、思想和情绪不易外露、社会适应能力弱。但大多数人属于中间型。

③按照心理活动的独立性划分性格的类型。个体独立性有强有弱，可据此把人分为独立型和顺从型两种：其一，独立型的人心理活动的独立性强，有主见，不易受外界环境的影响，喜欢独立地完成任务；其二，顺从型的人心理活动的独立性弱，缺乏主见，依赖他人，容易受外界环境的影响而改变自己原有的观点，信奉权威，在没有权威的影响时，则顺从多数人的观点。

④其他的性格分类方式。性格分类还有其他几种方式，比较著名的有德国教育学家、哲学家斯普兰格和美国约翰·霍普金斯大学心理学教授约翰·霍兰德对性格类型的划分。斯普兰格提出，按照人的社会价值取向可将性格划分为理论型、社会型、经济型、政治型、审美型、宗教型六种；霍兰德提出，按照性格与职业选择的关系可将性格划分为现实型、研究型、艺术型、社会型、企业型、常规型六种类型。

### 3．性格与气质的关系

在日常生活中，人们常将气质与性格混为一谈。其实，性格与气质是两种既有本质差别，又相互联系的个性心理特征。

（1）性格与气质的区别。性格与气质作为不同的个性心理特征，都有其自己的特点。

①性格与气质虽然都与人的心理活动有关，并在人的活动中得到体现，但它们反映的是心理活动的不同侧面。性格侧重反映与心理活动的动机和内容有关的方面，是个体对现实的态度及与之相适应的行为方式的总和。气质则侧重于反映与心理活动的动机和内容无关的动力特征，是个体心理活动在速度、强度、稳定性、指向性等方面的特点。

②性格与气质的形成条件有很大区别。气质是以人的高级神经活动的类型为生理基础的，后天的环境因素只能改变人气质的某些具体表现形式，但很难改变人的气质。而性格则以后天形成的暂时神经联系为生理基础。虽然这种暂时神经联系的形成是以先天的高级神经活动为前提，但个体后天的生活经验起决定作用。因此，气质具有明显的天赋性，而性格是后天获得的，具有明显的社会性。从社会意义上讲，气质没有好坏之分，而性格则有好坏之分。

③性格与气质的发生发展也是不同步的。气质是生下来就有的，并逐渐在个体的生活中表现出来，具有很强的稳定性。而性格则是在个体的生活实践活动中，随个体的自我意识的发生发展而产生、发展的。相对于气质而言，性格较易发生改变。

④性格与气质的区别还表现在，相同气质的人可以形成完全不同的性格，而不同气质的人也可以形成基本相同的性格。

（2）性格与气质的联系。性格与气质都与人的神经活动有关，因而两者之间具有紧密的联系。

①由于神经活动的类型对暂时神经联系的形成有重要的影响，所以气质会影响性格的形成和具体表现。首先，一定的气质对形成某些性格特征有重要影响。例如，胆汁质的人，由于其神经过程的兴奋性强于抑制性，因而容易形成果断、勇敢的性格特点；但由于抑制过程过弱，因而较难形成细致、谨慎的性格特点。其次，气质会影响性格的具体特征的表现形式。例如，不同气质的人都能形成勤劳的性格特点，但他们的性格的具体表现则会因气质的不同而不同。胆汁质的人表现为急切或迅速地完成任务，多血质的人表现为充满热情、灵活地完成任务，黏液质的人表现为不动声色、默默坚持地完成任务，而抑郁质的人则表现为周密、细致地完成任务。

②由于已形成的暂时神经联系会改变神经活动类型的某些特征的具体表现，所以性格对气质有一定的制约作用。例如，一个胆汁质的人可能在生活中缺乏耐心，但如果他是一位非常热爱儿童的幼儿教师，就会对幼儿非常有耐心。性格对气质的制约作用具有重要的教育意义。胆汁质的人可以克制自己急躁的弱点，多血质的人会改变自己不踏实的弱点，黏液质的会改变自己固执的弱点，抑郁质的人会克服自己情绪的波动。同时，在良好的环境与教育的影响下，各种气质类型的人，都可以培养出积极的性格特征。因此，我们不必为自己属于哪种气质类型而烦恼，而要在各自气质的基础上培养诚实、勤奋、独立、创新、勇敢、果断等良好的性格特征，去掩盖或改变原有气质类型中的消极方面。

### （二）认知风格

认知风格也叫认知方式，是指个人偏爱使用的信息加工方式。例如，有人考虑问题时比较喜欢参考他人的想法，有人则喜欢自己独立思考。认知风格有许多种，主要有场独立性和场依存性、冲动和沉思、同时性和继时性等。

### （三）自我调控系统

自我调控系统是人格中的内控系统或自控系统，具有自我认知、自我体验、自我控制三个子系统，其作用是对人格的各种成分进行调控，保证人格的完整、统一、和谐。

自我认知是对自己的洞察和理解，包括自我观察和自我评价。自我观察是指对自己的感知、思想和意向等方面的觉察。自我评价是指对自己的想法、期望、行为及人格特征的判断与评估，这是自我调节的重要条件。如果一个人不能正确地认识自我，只看到自己的不足，觉得处处不如别人，可能会产生自卑，丧失信心；反之，如果一个人过高地估计自己，可能会骄傲自大、盲目乐观，导致工作的失误。因此，恰当地认识自我，实事求是地评价自己，是自我调节和人格完善的重要前提。

自我体验是伴随自我认知而产生的内心体验，是自我意识在情感上的表现。当一个人对自己做积极的评价时，就会产生自尊感；做消极的评价时，就会产生自卑感。自我体验可以使自我认知转化为信念，进而指导一个人的言行，自我体验还能伴随自我评价，激励适当的行为，抑制不适当的行为，如一个人在认识到自己不适当的行为后果时，会产生内疚、羞愧的情绪，进而制止这种行为的再次发生。

自我控制是自我意识在行为上的表现，是实现自我意识调节的最后环节，包括自我监控、自我激励、自我教育等成分。例如，一个学生意识到学习对自己发展的重要意义，会激发起他努力学习的动机，在行为上表现为刻苦学习、不怕困难。

## 三、人格理论

人格理论是对个体人格结构和功能的假设性说明，可以帮助人们理解人格的结构、起源及与此有关的特点，还有助于预测个体的行为。

### （一）弗洛伊德的人格理论

#### 1. 冰山理论

早期弗洛伊德认为意识（这里指人格）由三个不同的意识水平组成：意识、前意识、潜意识。他认为人的意识像一座冰山，只有一小部分是我们能觉察到的，还有一大部分是个体无法觉知的，就像冰山深藏在海面以下的部分。因此，这一理论也称为冰山理论。

弗洛伊德认为，意识是人格的最表层部分，由人能随意想到、清楚觉察到的主观经验构成，特点是具有逻辑性、时空规定性和现实性。前意识由那些虽不能即刻回想起来，但经过努力可以进入意识领域的主观经验组成。前意识位于意识和潜意识之间，它的主要作用是检查，即不许那些使人产生焦虑的创伤性经验、不良情感，以及为社会道德所不容的原始欲望和本能冲动进入意识领域，把它们压抑到潜意识中。弗洛伊德认为，意识和前意识虽有区别，但没有不可逾越的鸿沟，前意识的东西可以通过回忆进入意识中来，而意识中的东西没有被注意时，也可以转入前意识中。潜意识是不曾在意识中出现的或曾是意识的但受压抑的心理活动，是人格最深层的部分。其主要成分是原始的冲动和各种本能，通过遗传得到的人类早期经验以及个人遗忘了的童年时期的经验和创伤性经验，不合伦理的各种欲望和感情，等等。潜意识的主要特点是无矛盾性、无时间性、非现实性、活跃、能量大、易变形和替换等。

潜意识虽然不被人们所察觉，但影响着人的一生。无论是正常人的言行举止还是心理疾病患者的症状、行为，以及人类的科学、艺术、宗教和文化活动，都会受到潜意识的影响。弗洛伊德提出日常生活中的错误（如笔误、口误、某些事情忽然想不起来、丢东西）、梦、神经症、幽默和直觉都是潜意识存在的证据。弗洛伊德使用梦的解析等方法研究人的潜意识。

#### 2. 人格结构理论

弗洛伊德在后期对自己的人格理论进行了修改，提出了本我、自我、超我的人格结构说。

本我指原始的自己，包含生存所需的基本欲望、冲动和生命力，是一切心理能量之源。本我遵循“快乐原则”，只关心如何立即满足个人需求，追求快乐，避免痛苦，不受社会道德和外在行为规范的约束。其目标乃是求得个体的舒适、生存及繁殖，它是无意识的，不被个体所觉察。自我指自己可意识到的执行思考、感觉、判断或记忆的部分，自我的主要任务是满足本我冲动，但以考虑情境现实性的方式进行，它遵循“现实原则”。超我是人格结构中代表理想的部分，它是个体在成长过程中通过内化道德规范、内化社会及文化环境的价值观念而形成的。其机能主要是监督、批判及管束自己的行为。超我的特点是追求完美，要求自我按社会可接受的方式去满足本我，遵循“道德原则”，所以它与本我一样大部分是无意识的、非现实的。它不只对违反道德的行为进行惩罚，还为自我提供各种典范，用来判断某种行为是否合乎道德和标准。生活中，由于父母的教养方式不当，有一些孩子的超我没有充分地形成，这会使长大后的他们缺乏对不良行为的内部约束。而一些孩子由于父母管教过严，导致其产生过强的超我，使其对自我的要求过高，常会体验到道德焦虑，经常感到羞愧和内疚。本我、自我和超我好像一个张力三角形，三种力量相互补充，又相互对立。在健康人身上，人格的这三个部分是和谐存在的。

### （二）奥尔波特的人格特质理论

人格特质理论起源于20世纪40年代的美国，主要代表人物是美国心理学家高尔顿·乌伊拉德·奥尔波特和雷蒙德·卡特尔。人格特质理论认为，特质是决定个体行为的基本特性，是人格的有效组成元素，也是测评人格所常用的基本单位。奥尔波特首先把特质分为共同特质和个人特质。

共同特质是属于同一文化形态下人们所具有的一般人格特质。它在共同的生活方式下形成，并普遍存在于每一个人身上。从共同特质看，个体间的差异只不过是指个人所具备这种特质的多寡或强弱不同。奥尔波特提出了人格的14种共同特质，如支配—顺从、外向—内向、自信—自卑、合群—孤独、理论兴趣高—理论兴趣低等。

个人特质是个人所独有的人格特质。奥尔波特特别重视个人特质，他认为只有个人特质才能表现个人的真正特质，他主张心理学应集中力量研究个人特质。他指出：“严格地说，只有个人特质是真实的特质。这是因为：第一，特质是个人的而不是地区的或社会的；第二，特质是以个人经验的独特方式发展起来的动力倾向，所以共同特质不是真正的特质。”在世界上没有两个人的个人特质是完全相同的，即使两个人在共同特质上相似，但他们在行为表现上仍各具独特性。例如，两个人的攻击性特质（共同特质）可能相似，但两个人对人或对物作攻击表现时仍有差异，所以个人特质不能在个人间彼此比较。

奥尔波特认为个人所具有的个人特质对一个人的人格并不起相同的影响和作用，他进而把个人特质按其对人格的不同影响和作用区分为三个重叠交叉的层次：首要特质、重要特质和次要特质。首要特质是个人最重要的特质，代表整个人格，往往只有一个。它在人格结构中处于支配地位，具有极大的弥散性和渗透性，影响到个人行为的所有方面。不过未必每个人都具有首要特质。有些人因具有单个首要特质而成为著名人物，如创造是爱迪生的首要特质。重要特质是人格的构件，每个人都由几个彼此相联系的重要特质构成其独特的人格。它虽然不如首要特质那样对行为起明显的支配作用，但本身还相当概括，对人格有一般意义的倾向。例如，教师为学生写操行评语时，所考虑到代表某个学生人格的那些特质（如准时、整洁、勤奋、诚恳等），即属于其个人的重要特质。奥尔波特认为，每个人所具有的重要特质一般有5~10种。次要特质不是决定人格的主要特质。它最不明显，渗透性极小，对个体行为影响小。与首要特质和重要特质相比，次要特质是通过更为狭窄的各种刺激来体现的，它包括一个人独特的偏爱（如对某些食物、衣着的偏爱）、一些片面的看法和由情境所制约（如某人有恐高症）的特质等。

### （三）卡特尔的人格特质理论

卡特尔受化学元素周期表的启发，用因素分析法对人格特质进行了分析，提出了基于人格特质的一个理论模型。该模型分成四层：个别特质和共同特质；表面特质和根源特质；体质特质和环境特质；动力特质、能力特质和气质特质，如图5-8所示。

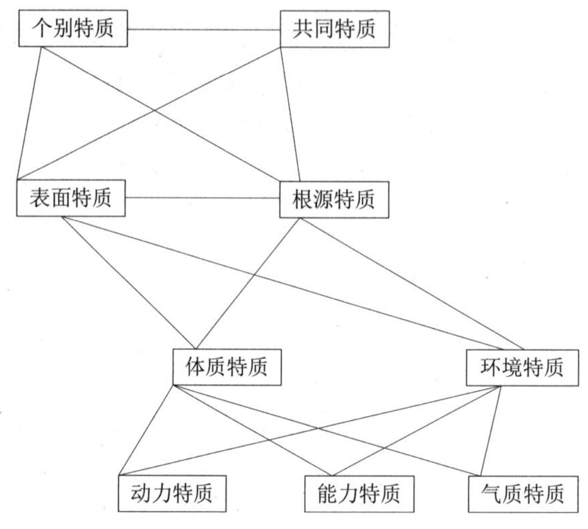


图5-8　卡特尔人格特质层次结构

卡特尔对人格特质理论的主要贡献在于提出了根源特质。1949年，卡特尔用因素分析法提出了16种相互独立的根源特质，并编制了《卡特尔16种人格因素测验》（16PF），见表5-2。

表5-2　卡特尔的16种人格特质

| 编号 | 特质 | 高分者的特征 | 低分者的特征 |
|---|---|---|---|
| 因素A | 乐群性 | 外向，热情，乐群 | 缄默，孤独，冷漠 |
| 因素B | 聪慧性 | 聪明，富有才识 | 思想迟钝，学识浅薄 |
| 因素C | 稳定性 | 情绪稳定，能面对现实 | 情绪激动，易受环境支配 |
| 因素E | 恃强性 | 好强，固执，独立，积极 | 谦逊，顺从，通融，恭顺 |
| 因素F | 兴奋性 | 轻松兴奋，随遇而安 | 严肃，审慎，冷静，寡言 |
| 因素G | 有恒性 | 有恒负责，做事尽职 | 苟且敷衍，缺乏奉公精神 |
| 因素H | 敢为性 | 冒险敢为，少有顾忌 | 畏怯退缩，缺乏自信心 |
| 因素I | 敏感性 | 敏感，感情用事 | 理智，注重现实 |
| 因素L | 怀疑性 | 怀疑，刚愎，固执己见 | 依赖，随和，易与人相处 |

续表

| 编号 | 特质 | 高分者的特征 | 低分者的特征 |
|---|---|---|---|
| 因素M | 幻想性 | 幻想，狂放不羁 | 现实，合乎成规 |
| 因素N | 世故性 | 精明能干，世故 | 坦白，直率，天真 |
| 因素O | 忧虑性 | 忧虑，抑郁，烦恼，自扰 | 安详，沉着，有自信心 |
| 因素Q1 | 激进性 | 激进，不拘泥于现实 | 保守，尊重传统观念 |
| 因素Q2 | 独立性 | 自立自强，当机立断 | 依赖，随群附众 |
| 因素Q3 | 自律性 | 知己知彼，自律谨严 | 矛盾冲突，不顾大体 |
| 因素Q4 | 紧张性 | 紧张困扰，激动挣扎 | 心平气和，闲散宁静 |

卡特尔认为，在每个人身上都具备这16种特质，只是在不同人身上的表现有程度上的差异。他同意奥尔波特的看法，认为人格中有共同特质和个别特质，但认为奥尔波特列举的特质太多、太繁，于是把1万多个形容人格特质的词归类为171个，然后用统计方法归并为35个特质群，卡特尔称之为表面特质。表面特质是可直接观察的个体行为的外在表现，不是人格的本质。为探究人格的基本特质，卡特尔运用因素分析法对35个表面特质继续加以分析，获得16个根源特质。表面特质和根源特质是有层次的，前者是表面的，可直接观察；后者是内蕴的、本质的、隐藏在表面特质后面和人格结构的内层，只能通过表面特质去推知和发现。

表面特质和根源特质。表面特质是指从外部行为能直接观察到的特质，根源特质是指那些相互联系而以相同原因为基础的行为特质。表面特质和根源特质既可能是个别特质，也可能是共同特质，它们是人格层次中最重要的一层。

体质特质和环境特质。在根源特质中可以再分为体质特质和环境特质两类。体质特质是由先天的生物因素决定，而环境特质则由后天的环境决定。

动力特质、能力特质和气质特质。动力特质是指具有动力特征的特质，它使人趋向某一目标；能力特质是表现在知觉和运动方面的差异特质，包括流体智力和晶体智力；气质特质是决定一个人情绪反应速度与强度的特质。

### （四）艾森克的人格三因素模型

艾森克依据因素分析法提出了人格的三因素模型。这三个因素是：外倾性（extraversion），表现为内、外倾的差异；神经质（neuroticism），表现为情绪稳定性的差异；精神质（psychoticism），表现为孤独、冷酷、敌视、怪异等偏于负面的人格特征。艾森克依据这一模型编制了《艾森克人格问卷》（*Eysenck Personality Questionnaire*，EPQ）。艾森克以外倾性为一个维度，将神经质作为另一个维度，绘制出人格结构图，如图5-9所示。这个人格结构图是一个环状图形，其中每一个象限代表了希波克拉底提出的四种人格类型中的一种。个体可落到这个圆圈中的任何一点上，从非常内向的到非常外向的，从非常不稳定的到非常稳定的。圆圈上所列出的特质描述了两个维度的组合。

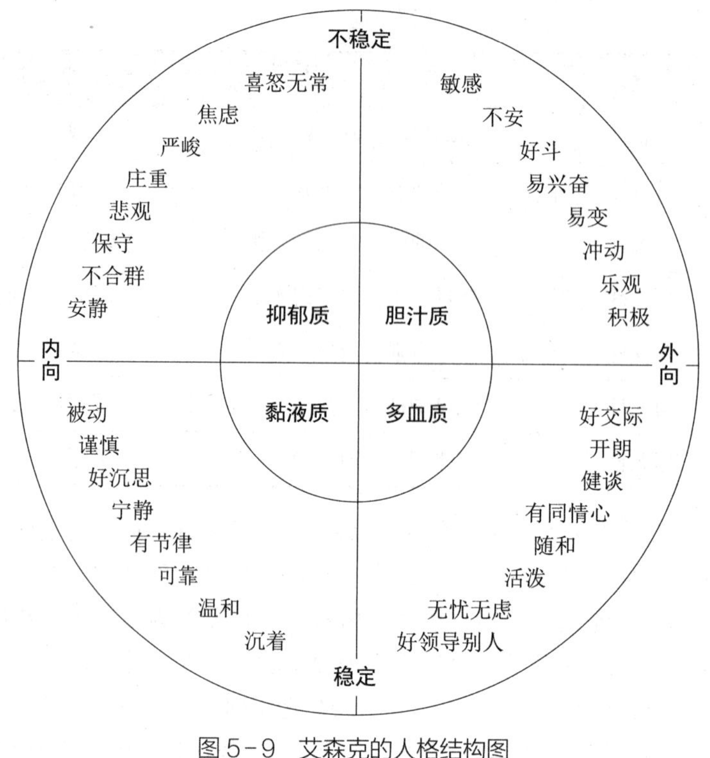


图 5-9　艾森克的人格结构图

### （五）人格五因素模型

研究者通过词汇学的方法，发现大约有五种特质可以涵盖人格描述的所有方面。因此提出了人格的五因素模型。五因素模型中所涵盖的五种人格特质如下。

外倾性：描述一个人善于社交、善于言谈、果断自信方面特点的人格维度。外向者善于交际、精力充沛、乐观友好。内向者安静、含蓄、自主，不爱与外界接触。

神经质：描述个体体验消极情绪的倾向、情绪稳定性等方面的特质。神经质高分者的特点包括焦虑，易感到危险和威胁，容易紧张、恐惧、担忧与不安。低分者的特点有情绪稳定、心态平静、放松。

开放性：开放性也称为求新性，描述个体对新经验和新想法的接受度、认知风格等特征。在此维度上得分高者有富有想象力、需求变化、喜欢新鲜事物等特征。得分低者较务实、传统、喜欢熟悉的事物，做事倾向于遵循过去的经验和规则，不愿积极创新。

随和性：随和性也称亲和性，描述个体随和、合作、信任方面的特征。随和性高者往往乐于助人、可信赖、富有同情心、善于合作。随和性低者表现出更多敌意、怀疑、喜爱竞争。

“尽责性”维度测试

尽责性：描述个体的责任感、可靠性、持久性、成就倾向方面的特征。尽责性高者具有胜任、条理、自律、谨慎、克制等特点。尽责性低者做事无条理、粗心大意、意志薄弱。

### （六）A—B 型行为模式

A 型行为模式是由英国临床医生弗里德曼和罗森曼提出的。他们发现冠心病患者普遍具有与众不同的行为模式，他们大多有强烈的成就努力、竞争性强、元气旺盛、精力充沛、有时间紧迫感。这些行为模式被认为与冠心病的发病率存在一定的相关，属于“冠心病易感行为模式”，这种行为模式被称为A型行为模式。而与这种行为模式相对应的就是B型行为模式，主要表现为比较松弛、悠闲自得，不争强好胜，能容忍，没有时间紧迫感，等等。A—B型行为模式也称为A—B型人格，不过这种名称并不十分确切，因为A—B型人格并不是个体的整个人格面貌，而是一组与冠心病发病率有关的特定行为模式。

### （七）中国人大七人格模型

我国学者王登峰按照人格研究的词汇学假设，将从词典和日常用语中收集到的中文人格特质形容词合并，按照形容词的属性分层随机抽取出410个形容词，作为中国人描述他人（及自己）的代表性样本。由被试就每个词能够描写自己及他人的程度进行评定，通过因素分析得出了中国人人格结构的7个维度及其所包含的18个小因素，基本上确定了中国人的人格结构，见表5-3所示。研究表明，当我们在描述自己的时候，首先我们会想到的特点是精明干练—愚钝懦弱，即我们的能力和知识方面的特点。第二，严谨自制—放纵任性，即自己的做事风格。第三，淡泊诚信—功利虚荣，即自己所追求的目标和个人的动机水平，有的人做事就是为了追求名利，追求一些虚荣的东西，而另外一些人相对来讲非常诚实，非常愿意把自己的真实面目表现出来，而不会去为一些虚名努力，这是一个志趣水平的问题。第四，温顺随和—暴躁倔强，反映在跟别人打交道的时候是很温顺、很随和，还是很暴躁倔强，即我们的人际关系特点和情绪稳定性特点。第五，外向活跃—内向沉静，反映我们的人际关系特点和内外向的特点。第六，善良友好—薄情冷淡，反映我们的伦理和道德修养水平。第七，积极豪爽—退缩自私，反映我们的个人风格，是很粗犷豪迈，还是比较计较、自私。这实际上是描述了人们的一种情绪的稳定性。对于比较粗犷豪迈的人来讲，他不太会为一些小事去斤斤计较，情绪状态也不会因为一时的或一点点小事就发生很大的波动，所以相对来讲情绪比较稳定。而那种计较、自私的人，对事比较敏感，情绪也可能会出现一些问题，难以稳定。

表5-3 中国人与西方人人格结构对照

| 中国人的人格结构 | 西方人的人格结构 |
|---|---|
| 1. 精明强干—愚钝懦弱 | 1. 外向性：行为活动的外在特点 |
| 精明果敢—退缩平庸 | 热情、合群、爱交际 |
| 机敏得体—羞怯保守 | 自信、活动性 |
| 优雅多才—肤浅愚钝 | 追求兴奋、积极情绪 |
| 2. 严谨自制—放纵任性 | 2. 和悦性：人际关系特点 |
| 坚韧自制—浮躁任性 | 信任、诚实、坦诚 |
| 严谨自重—放纵狡猾 | 利他、顺从 |
| 沉稳严肃—活跃轻松 | 谦逊、质朴、温和、亲切 |
| 3. 淡泊诚信—功利虚荣 | 3. 公正性：做事的风格 |

续表

| 中国人的人格结构 | 西方人的人格结构 |
| --- | --- |
| 淡泊客观—贪心虚荣 | 能力、守秩序 |
| 诚信公正—功利虚假 | 负责任、追求成功 |
| 4.温顺随和—暴躁倔强 | 自我控制、严谨、深思熟虑 |
| 温和宽厚—好斗计较 | 4.情绪性：消极情绪和敏感性 |
| 含蓄严谨—直率急躁 | 焦虑、愤怒、敌意 |
| 5.外向活跃—内向沉静 | 抑郁、自我意识 |
| 活跃随和—安静拘束 | 冲动、脆弱、敏感 |
| 开朗热情—拘谨多虑 | 5.创造性：创造性以及思路开阔程度 |
| 主动亲和—被动孤僻 | 幻想、爱美、有美感 |
| 6.善良友好—薄情冷漠 | 情感丰富、行动 |
| 7.热情豪爽—退缩自私 | 观念、价值 |

## 四、人格的测量

人格的测量是指对一个人的人格进行描述和评定。正确地评定人格可以帮助我们了解自己的人格特征与类型，预测自己的行为，这对于培养自己的良好人格、改造不良人格、调动自己的积极性，都是十分重要的。由于人格这一心理现象的复杂性，人格测量往往需要多种方法。下面介绍几种常用的方法。

### （一）行为评定法

#### 1. 观察法

观察法是在自然条件下通过观察一个人的行为、言语、表情、态度从而分析其人格的方法。采用此方法必须使被观察者处于自然情境中，保持心理活动的自然性和客观性，这样获得的资料才会真实。无论是长期观察还是短期观察，观察者都要做到有计划进行。

#### 2. 访谈法

访谈法是研究者根据一定的目的和方法，同被试进行口头交谈，以了解其心理活动的方法。访谈法是需事先确定谈话目的和按照一定规则进行的研究性交谈，与日常的谈话不同。访谈法可做比较深入、详细的调查，可直接了解受访者的想法和感受，有疑问时可及时澄清，且有较大的灵活性，在心理咨询中应用很广泛，它对了解人的人格、搜集资料、确定解决问题的途径具有重要意义。

#### 3. 作品分析法

作品分析法是通过对一个人的作品，如日记、命题作文、信札、传记、试卷及劳动产品等的分析，来间接了解其人格特征的方法。这种方法一般用来收集资料，对研究人的人格具有辅助性的意义。

4. 个案法

个案法就是对某一个体或群体组织在较长时间内（几个月、几年乃至更长时间）连续进行调查、了解、收集全面的资料，从而研究其心理发展变化的全过程的方法。根据研究对象可将个案法分为以个体为单位的个案研究；以社会机构为单位的个案研究，如对一个班级、对一个学校的个案研究；以社会团体为单位的个案研究，如对学术团体的个案研究。个案研究法的研究过程包括：制定研究方案；确定研究对象，进行个案现状评定；收集资料、诊断及因果分析；问题的矫正与指导；追踪研究；撰写个案研究报告。个案法可深入考察那些用定量不易测量的事物，但也存在一定的缺点，如通过个案法获得的结果无法横向比较，缺乏代表性，且难以确定因果关系。

### （二）自然实验法

自然实验法是目前研究人格采用较多的方法，它是在日常生活等自然条件下，有目的、有计划地，创设一定的情景，控制一些条件进行研究的一种方法。一位苏联心理学家曾用该方法设计了冬夜拾柴火的自然情境，以研究儿童在困难条件下的人格意志特征。实验是这样的：实验者把一部分干柴放到离宿舍不远但需要走一段夜路的山谷中，把一些湿柴放到离宿舍较远但一路上有路灯的储藏室中。要求学生定期在夜晚去捡柴火（不指定地点），实验者则藏在岔路口的小房内观察。结果发现，一部分学生勇敢而负责任地到山谷中取干柴；一部分学生边走边埋怨；还有一部分学生怕黑，宁走远路去储藏室取湿柴。在这个实验中，实验者真实地了解到了学生人格意志特征的差异。

自然实验法比较接近人的生活实际，易于操作，且减少了实验室实验法的人为性。同时，它也存在一些缺点，如实验较难控制，会受到额外因素的影响，且花费的时间较长，等等。

### （三）测验法

测验法是用标准化测验测定人格特征的方法，主要包括自陈法和投射法。

1. 自陈法

自陈法也称问卷法，一般是让被试按一定标准化程序和要求一次性回答问卷中的大量问题，最后根据测验分数和常模来推知被试属于哪种人格类型。常见的人格问卷有以下四种。

（1）卡特尔 16 种人格因素测验。该测验根据卡特尔通过因素分析法得出的人格的 16 种根源特质编制而成，共有 187 个题目，适用于具有阅读能力的 16 岁以上的成人。卡特尔等人后来又设计了分别适用于中学生、小学生、学前儿童的 3 个个性问卷。

（2）明尼苏达多项人格调查表（MMPI），该调查表由美国明尼苏达大学的两位教授编制，共 566 个题目，包括 14 个分量表。其主要的目的是根据精神病学的经验效标来对个体进行诊断，它可以测量人格的各个特征，也可以鉴别癔症、强迫症、精神分裂症、抑郁症等。

（3）艾森克人格问卷，该问卷由艾森克等人编制。问卷有适用于 7~15 岁儿童和 16 岁以上成人的两个版本。每个问卷包括 4 个分量表，即精神质量表、内外倾量表、情绪稳定性量表和效度量表。

（4）人格五因素量表（NEO）。该量表是建立在人格五因素模型的基础之上，由美国心理学家科斯塔和麦克雷在 1987 年编制而成。量表共有 60 题，包含神经质、随和性、尽责性、开放性、外倾性 5 个维度。

2. 投射法

投射法是利用某些材料（一般是意义模糊的刺激），要求被试对刺激材料进行解释，让其在不知不觉中将自己的思想、态度、愿望和情感泄露出来，从而确定其人格特征。常用的投射测验有主题统觉测验、罗夏墨迹测验、房树人测验。

（1）主题统觉测验。主题统觉测验由美国心理学家默瑞所创制，由30幅图像和一张空白卡片组成。图像中多是人物，也有一部分风景。每幅图像都模棱两可，可以做种种不同的解释，如图5-10所示。但被试所编的故事必须包括4个方面的内容：图片中故事发生的情景；图片中故事发生的原因；图片中故事发生的结果；自己的感受。主试则根据被试对当前知觉图片所编的故事对其人格做出评估。

图5-10　主题统觉测验示例

（2）罗夏墨迹测验。罗夏墨迹测验也称墨迹图测验，常被用于临床诊断和人格发展研究。它是由瑞士精神病学家罗夏编制的。罗夏墨迹测验由10张对称的墨迹图片组成，其中5张黑白图片、5张彩色图片，如图5-11所示。测试时，主试依次呈现图片，问被试“这看上去像什么”，然后对被试的描述做详细记录，并记下完成的时间。被试若不愿回答时，主试应尽量鼓励他，实在不能回答时，再换下一张图片。全部图片看完后，主试再问被试一些问题，要求他解释回答的内容，指明图片的哪一部分，为什么说它像某些事物，主试将其回答记在另外一张记录纸上。然后综合被试叙述的位置，决定反应的因素、反应的内容、反应的独特性等因素对其反应结果进行评分。

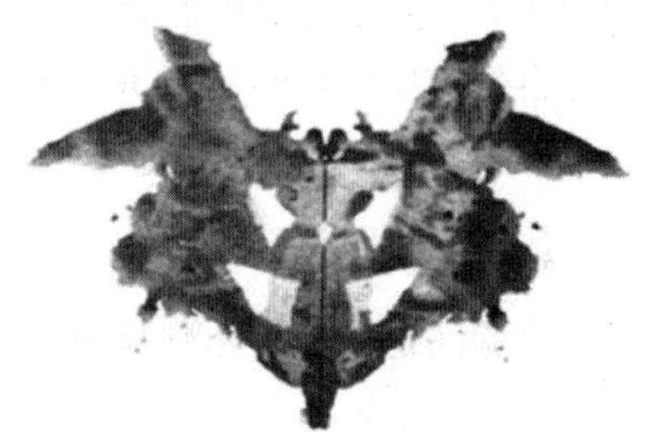

图5-11　罗夏墨迹测验示例

（3）房树人测验。房树人测验始于美国心理学家约翰·巴克在1948年提出的“画树测验”。该测验要求受测者只需在3张白纸上分别画出房子、树和人。后来，房树人绘画分析师布恩于1970年提出了动态房树人测验，要求受测者在同一张白纸上画房子、树和人，并指出从房子与人的位置和距离可看出受测者与家庭的关系，如图5-12所示。目前学者对于房树人的认识较为统一，房屋表示受测者从小生活的家庭环境或其对家庭和家庭成员的情感；树反映受测者潜意识中的自我形象；人反映被试的自我形象。房树人测验具有主动性、构成性、非言语性，既可作为考察智力的辅助工具，也用于了解作画者的人格特点、内在的心理冲突、人际关系状况、对家庭的感受、关于自我成长的看法等方面的信息。

上述了解人格的方法各有优缺点，在使用时应根据需要结合多种方法的结果综合评定受测者的人格状况。

图 5-12 房树人测验示例

## 课后巩固练习

1. 简述马斯洛的需要层次理论。
2. 简述动机与活动的关系。
3. 简述能力的种类与结构。
4. 简述能力发展的规律。
5. 简述气质的类型。
6. 试述有关人格的基本理论观点。
7. 人格的测量方法有哪些?

## 感悟与提升

1. 根据所学知识分析自己属于哪种人格类型，如何扬长避短。
2. 谈谈如何利用能力的规律更好地进行教学?

拓展阅读

第六章

# 心理发展与个别差异

集体生活是儿童之自我向社会化道路发展的重要推动力，为儿童心理正常发展所必需。一个不能获得这种正常发展的儿童，可能终其身只是一个悲剧。

——陶行知（1891—1946 年）

## 学习目标

1. 掌握心理发展的概念及规律。
2. 掌握个别差异的概念。
3. 掌握认知发展、社会化发展的理论。
4. 理解认知方式的个别差异。

## 学习重点

1. 心理发展的一般规律。
2. 认知发展的理论。
3. 社会化发展的理论。
4. 认知方式的个别差异。

## 学习难点

1. 心理发展的规律。
2. 认知发展的理论。
3. 社会化发展的理论。

人的一生就是心理不断发展变化的过程。在此过程中，个体之间有类似之处，但每个人又都有各自不同于他人的地方。正是基于此，才构成了缤纷多彩的人类世界。

# 第一节　心理发展概述

## 一、心理发展

心理发展是指个体从出生、成熟、衰老直至死亡的整个生命进程中所发生的一系列心理变化。心理发展有广义和狭义之分。广义的心理发展一般指人类个体从出生到死亡的整个一生的心理变化（毕生发展）。狭义的心理发展一般指人类个体从出生到心理成熟阶段的变化（儿童与青少年）。心理发展的八个阶段：乳儿期（0~1岁）、婴儿期（1~3岁）、幼儿期（3~6岁）、童年期（6~11、12岁）、少年期（11、12~14、15岁）、青年期（14、15~25岁）、成年期（25~65岁）、老年期（65岁以后）。

目前关于心理发展的理论越来越倾向于强调人生全程发展。人生全程发展的主要观点有：个体心理发展是整个生命历程中持续不断的变化过程，这个过程由若干发展阶段构成；发展是多维度、多侧面、多层次的；个体发展存在极大的可塑性；个体发展是由多种因素共同决定的。

## 二、心理发展的一般特征

### （一）连续性与阶段性

心理发展是一个不断由量变到质变的发展过程。这种从量变到质变的过程使心理发展表现出既有连续性又有阶段性的特征。心理发展是一个连续、渐进的过程。心理发展的连续性表现为个体整个心理的发展是一个持续不断的变化过程，当某一种心理活动在发展变化之中而又未表现出质变时，它就正处在一种量变的积累过程。这种心理变化在未达到新质变之前进行的孕育新质变的量变过程，被称为心理发展的连续性。心理变化遵循一定的发展顺序，要依次经过不同的时期，同时每一时期又有相对固有的特性，这就是心理发展的阶段性。

### （二）顺序性和方向性

心理发展总是指向一定的方向并遵循确定的先后顺序。尽管发展的速度有个别差异，会加速或延缓，但发展是不可逆的，也不可逾越。例如，儿童体内各大系统成熟的顺序依次是神经系统、运动系统、生殖系统；儿童动作的发展严格遵循着从上到下、从中心到外周的原则；儿童先会辨认上下，后会辨认前后。

### （三）不平衡性

心理发展可以因进行的速度、到达的时间和最终达到的高度而表现出多样化的发展模式。一方面表现出个体不同系统在发展的速度、发展的起止时间与到达成熟时期方面的不同进程，另一方面也表现出同一机能特性在发展的不同时期有不同的发展速率。奥地利生态学家康拉德·劳伦兹在发现幼禽的印刻现象时提出“关键期”的概念。所谓关键期是指个体发展过程中环境影响能起最大作用的时期。他在对鸟类自然习性的观察中，发现刚孵出的幼鸟，如小鸡、小鹅等，会在出生后很短的一段时间内学会追逐自己的同类或非同类，过了这段时间便再也不能学会此类行为或印刻自己的母亲，而这段时间是很短的，故称为关键期，又称最佳期、敏感期、临界期、转折期。后来，心理学家将这类研究借用到儿童早期发展的研究中，提出了儿童心理发展的关键期问题。如 2 岁是儿童口头语言发展的关键期，4~5 岁是儿童学习书面语言的关键期，等等。在关键期中，个体对某些刺激特别敏感，通过适宜环境的影响，某种行为习得比较容易，心理发展的速度也比较快。过了这一时期，同样的刺激对个体的影响将变得很小或没有。

### （四）差异性

任何一个人的心理发展总要经历一些共同的基本阶段，但发展的速度、最终达到的水平，以及发展的优势领域等方面往往又千差万别。在教学中，学生心理发展的个别差异是教师要面对的一个重要问题，只有了解学生的个别差异，才能通过因材施教满足具有不同智力结构和学习风格的学生的不同需求，促使每个学生得到全面的和个性的发展。

## 三、中小学生心理发展的阶段特征

### （一）童年期

童年期为 6~11、12 岁，这一年龄阶段又称学龄初期，相当于小学阶段。童年期是个体一生发展的基础时期，也是生长发育最旺盛、变化最快、可塑性最强、接受教育最佳的时期。在这一阶段，儿童以学习为主导，生活环境起了很大变化，这促使他们的心理快速发展起来。

童年期学习开始成为儿童的主导活动，通过识字、阅读和写作，小学生的口头言语逐步过渡到书面言语。四年级（10~11 岁）儿童的思维开始从具体形象思维为主过渡到抽象逻辑思维为主，但其抽象逻辑思维仍需以具体形象为支柱。儿童的自我意识增强，对自我有了一定的评价。道德概念也已从直观具体的比较肤浅的认识逐步过渡到比较抽象的、本质的认识，并开始从动机与效果的统一来评价道德行为。小学生与父母在总体上仍保持着亲密关系，小学低年级学生对教师绝对崇拜和服从，高年级学生的独立性和评价能力不断增强，开始对老师做出评价。

### （二）少年期

少年期是指 11、12~14、15 岁这一年龄阶段，大致相当于初中生阶段，这是从儿童的幼稚期向成熟期过渡的阶段。一般把少年期称为过渡期。由于这一阶段的发展极其复杂，充满矛盾，所以又称为困难期、危机期。少年的主要特点是半成熟、半幼稚，独立性和依赖性共存。

在少年期，学生的抽象思维已占主导地位，并出现反省思维，但抽象思维在一定程度上仍要以具体形象思维为支柱；思维的独立性和批判性也有所发展，但仍带有不少片面性和主观性；心理活动的随意性显著增长，可长时间集中精力学习，能随意调节自己的行动；开始关心自己和别人的内心世界，同龄人之间的交往和认同大大增强，社会高级情感迅速发展；道德行为更加自觉，能通过具体的事实概括出一般伦理性原则，并以此来指导自己的行动，但因自我控制力不强，常出现前后矛盾的行为。

进入少年期，学生个性结构的主要变化在于自我意识有了质的飞跃。这个时期的少年突出地表现出一种强烈的独立倾向，他们极力想争得在社会生活中独立自主的地位。青少年男女身体的迅速发育与成熟所引起的自我感觉及社会对他们的评价，使他们感到自己是个大人了，与儿时的“我”不同了，产生了“成人感”，并努力以“成人式”的义务感与责任心去学习知识技能，去与别人交往，因而出现了前所未有的独立性。但他们对自己往往估计过高，事事想自己做主，把自己的见解看成是评价客观事物的标准，对周围成人的话都不轻易相信。

身体状态的巨变、内心世界的发现、自我意识的觉醒、独立精神的加强是少年期表现出来的总体性的阶段特征。

### （三）青年初期

青年初期是指14、15岁~17、18岁这一时期，相当于高中时期。青年初期是个体在生理上、心理上和社会性上向成人接近的时期。他们的智力接近成熟，抽象逻辑思维已从“经验型”向“理论型”转化，开始出现辩证思维。

青年初期又称学龄晚期，这一时期的青年，与人生观相联系的情感占主要地位，道德感、理智感和美感有了深刻的发展。他们不仅能比较客观地看待自我，而且能明确地表达自我，敏感地防卫自我并尊重自我，形成了理智的自我意识。然而，理想自我与现实自我仍面临分裂的危机，自我肯定与自我否定常发生冲突。他们对未来充满理想，意志的坚强性与行动的自觉性有了较大发展，但有时也会出现与生活相脱节的幻想。

经过青年初期自我的觉醒及对自我的重新认知之后，进入成年初期的青年开始摆脱那种肤浅的、表面的对外界及对自我的认识，从而促进了自我意识的形成。

## 四、影响心理发展的因素

### （一）遗传

遗传是指从上代继承下来的生理解剖上的特点，如机体的结构、形态、感官和神经系统等方面的特点，这些生理特点也叫作遗传素质。遗传素质在人的发展中起着不可忽视的作用，具体表现在以下几点：首先，遗传是人身心发展的前提，为个体身心发展提供了可能性。比如说，拥有一个健康的身体是成为一名运动员的前提。其次，遗传素质的差异对人的身心发展有一定的影响作用，但遗传素质具有可塑性。也就是说遗传素质能影响个体的发展，但它并不起决定作用，通过后天的一些努力（如胎教），遗传素质可以适当地改变。最后，遗传素质的成熟机制制约了人的身心发展的水平及阶段，它为一定年龄阶段的身心特点的出现提供了可能和限制。比如说，让初中一年级的孩子做小数除法没问题，但是要让幼儿园的孩子来做同样的习题就不大可能，这就是个体身心成熟机制为其提供了可能和限制所致。

### （二）环境

环境是指影响个体身心发展的所有外部因素，主要包括自然环境和社会环境。环境对人的身心发展起着重要作用，主要表现在：第一，环境为个体的发展提供了各种各样的可能。比如机遇、条件和对象。第二，环境是人身心发展的外部客观条件，环境使遗传提供的发展可能性变成了现实，比如具有音乐天赋的孩子出生在一个音乐世家的环境里，这个孩子成为音乐家的可能性就会增大许多。第三，人在接受环境的影响时，并不是消极被动的，而是具有自身的主观能动性，所以一味地夸大环境作用，尤其是环境决定论，是不科学，也是不正确的。

### （三）学校教育

学校教育主要是指教育者根据一定的社会要求，有目的、有计划、有组织地对受教育者施加影响，促使他们朝着所期望的方向发展的活动。学校教育对人的发展起着主导作用的原因有以下几个方面：第一，学校教育按照社会对个体的基本要求对个体发展方向做出社会性规范；第二，学校教育具有加速个体发展的特殊功能；第三，学校教育，尤其是基础教育对个体发展具有延时和即时的作用；第四，学校教育具有开发个体特殊才能和发展个性的功能。

### （四）个体主观能动性

个体主观能动性是指通过自我意识、自我态度，根据自己的意愿和思想，主动、自觉地而不是被动地按照自己的意愿进行认识和实践的特性。个体主观能动性是人的主体性的表现，其最高层次表现为创造性。个体主观能动性对人的发展起决定作用，是人身心发展的动力，是促进个体发展的决定性因素。它具有鲜明的目的性、指向性、程序性。

## 五、中小学生心理发展的教育含义

### （一）教育必须以一定的心理发展特点为依据

#### 1．结合学生的心理发展特点，注意学生心理发展的个别差异

我们的教育要结合学生的心理发展特点进行，不能脱离学生的发展实际。另外，虽然学生的心理发展有共同的特点，但学生与学生之间也存在着诸如认知、个性等方面的差异。因此，教师在教育中除了以心理发展的共性为依据外，还要考虑学生的个别差异，因材施教。

#### 2．注意学生的学习准备

学习准备，又可称为学习的“准备状态”或学习的“准备性”，指的是学习者在从事新的学习时，其身心发展水平对新的学习的适合性，即学生在学习新知识时，那些促进或妨碍学习的个人生理、心理发展的水平和特点。学习准备不仅会影响新学习的成功，而且会影响学习的效率。为此，要遵循学习的准备性原则（又称为“量力性原则”或“可接受性原则”，指要根据学生原有的准备状态进行新的教学）。具体措施包括：应了解学生学习准备的具体程度；根据实际情况选择教学内容和方法，让学校也适应学生的具体实际水平，不应只强调学生要适应学校。

#### 3．抓住关键期

已有研究指出，2 岁是口头言语发展的关键期；2~3 岁是计数能力（口头数数、按物点数、按数点物、说出总数）发展的关键期；2.5~3.5 岁是教育孩子遵守行为规范的关键期；3 岁左右是培养儿童独立生活能力的关键期；4 岁是形状知觉形成的关键期；等等。当然，关键期也并非是绝对的，错过关键期之后，经过补偿性学习仍有可能得到发展，只是难度要大些。所以，抓住关键期的有利时机，进行及时、适当的教育，能收到事半功倍的效果。

### （二）教育对心理发展起主导作用

有研究者指出，教育对心理发展具有主导作用，具体表现在以下几个方面。

（1）学生心理的发展依赖于教育提出的要求和方向。

（2）教育能够促进学生的心理发展。

（3）教育可以加速或延缓学生心理发展的进程。

（4）教育能够使学生心理发展的可能性转化为现实性。

# 第二节 心理发展的理论

## 一、皮亚杰的认知发展阶段理论

### （一）建构主义的发展观

1．心理发展的实质

皮亚杰的理论核心是“发生认识论”。他认为，所有生物包括人都有适应和建构的倾向，这也是认知发展的两种机能。人的知识来源于动作，动作是感知的源泉和思维的基础。儿童心理发展的实质和原因就是主体通过动作完成对客体的适应。适应的本质在于取得机体与环境的平衡。适应分为两种不同的类型：同化和顺应。

儿童对环境做出的适应性变化并不是消极被动的过程，而是一种内部结构的积极建构过程，即儿童的认知是在已有图式的基础上通过同化、顺应和平衡，不断从低级向高级发展。

2．图式、同化、顺应与平衡

图式是指人在认识周围世界的过程中，形成自己独特的认知结构。从发展的角度来看，儿童最初的图式是遗传所带来的一些本能反射行为，如吸吮反射、定向反射等。同化是指有机体在面对一个新的刺激情境时，把刺激整合到已有的图式或认知结构中，通过这一过程，主体才能对新刺激做出反应，动作也得以加强和丰富。顺应是指当有机体不能利用原有图式接受和解释新刺激时，其认知结构发生改变来适应刺激的影响。平衡是指同化和顺应之间的“均衡”。皮亚杰认为，同化和顺应过程对于认知能力的发展变化是非常重要的，儿童通过同化和顺应达到机体与环境的平衡，如果失去平衡，就需要改变行为以重建平衡；平衡是相对的，不是绝对的，儿童在平衡与不平衡的交替中不断构建和完善认知结构，从而实现认知发展。

### （二）个体认知发展的四个阶段

皮亚杰认为，认知发展是一个建构的过程，是在个体与环境的相互作用中实现的。他提出认知发展的阶段理论，将个体的认知发展分为 4 个阶段。

1．感知运动阶段

感知运动阶段（0~2 岁），儿童认知发展主要是感觉和动作分化，只能靠肌肉动作和感觉应付环境中的刺激，依靠自己的肌肉动作和感觉应付外界事物。思维开始萌芽，并获得客体永久性的概念。动作表现为外显活动，尚未内化，还不能在头脑中进行。通过与外界的交往，动作慢慢协调起来，逐渐知道自己的动作与动作对外物所起的作用之间的关系，并能有意识地进行某种活动。进而，开始把自己和外物区别开来，有了客体永久性观念，知道物体在看不见摸不着的时候仍继续存在。

2．前运算阶段

前运算阶段（2~7 岁），儿童只能以表象进行思维，他们的思维是表面的、原始的和混乱的。自我中心思想是这一阶段的突出特点，儿童用自己的观点看一切事物，不知有别人的观点（自我中心主义）。而且幼儿在同一时期内只能注意事物的某一方面，思维缺乏可逆性，还没有守恒概念。儿童思维特征主要表现在三个方面：早期的符号功能，自我中心性，思维的片面性。他们只能以表象进行思维，思维是表面的、原始的和混乱的。

3．具体运算阶段

具体运算阶段（7~11岁），儿童形成初步的运算结构，能够进行逻辑推理和群集运算，但仍局限于具体事物，缺乏抽象性。该阶段的标志是儿童获得了长度、面积、体积和质量的守恒概念（儿童认识到即使客体在外形上发生了变化，但特有的属性不变）。守恒概念是运算结构是否形成的重要标志。

儿童发展了去中心化。在同一时间内，儿童不再仅能集中注意情境或问题的一个方面，而能注意几个方面；不再仅能注意事物的静止状态，还能看到动态的转变。

思维的三个方面——中心化与去中心化、静态与动态、不可逆性与可逆性，是相互依存的。例如，去过几次小朋友家，就能画出具体的路线图来，这是儿童认知发展到具体运算阶段的表现。此阶段已有可逆性，但可逆性的两种形式，即逆向性（比如“+A”的逆向是“-A”）和互反性（比如A＜B是B＜A的互反）还是互相孤立的，因此运算还有局限性。此外，儿童的思维还直接与具体事物相联系，离不开具体经验，缺乏概括的能力，抽象推理尚未发展，不能进行命题运算。

4．形式运算阶段

形式运算阶段（11岁~成人），也称命题运算，是儿童思维发展趋于成熟的标志。个体形成了完整的认知结构系统，能进行形式命题思维，智力发展趋于成熟。他们开始从具体事物中解脱出来，能在头脑中将形式和内容区分开来，能运用语词或符号进行抽象逻辑思维，能根据假说或命题进行逻辑演绎推理。这一阶段的思维比具体运算阶段有更大的灵活性。这是由于能用符号代替符号，比如代数中以x、y代替数字。另外，两种可逆形式（逆向性和互反性）联合成一个单独的系统，因而能随心所欲地支配整个整合系统，进行复杂而完备的推理，如根据某些或所有可能的组合去推论一个问题。而且，能对一个问题提出可能的假设，并能详尽而系统地变换有关因素逐个论证所提假设，最后得出恰当的结论；甚至能根据实验的结果找出事物的规律并建立理论，尽管还很幼稚。他们还能“对运算进行运算”，即除了能思考具体事物外，还能思考自己的思维过程，能回想、分析一系列内心活动，评价自己的和别人的思想；能将不同的运算加以整合，形成适用于更大范围的高一级的运算。例如，将各种算术运算整合起来，形成更普遍的代数运算。

皮亚杰的认知发展阶段论对教育教学具有重要作用：①制约教学内容和方法。各门具体学科都应研究如何针对不同发展阶段的学生提出适当的发展任务。②教学科研促进学生的认知发展。教师应当根据学生的特点选择形象的、有趣的材料促进学生的发展，提高学生的逻辑思维能力。皮亚杰认为发展先于学习，不主张通过学习加速儿童的认知发展，忽视教育对儿童认知发展的积极作用。但研究发现，皮亚杰低估了儿童的综合能力。

## 二、维果斯基的最近发展区理论

### （一）“文化－历史”发展理论的基本观点

苏联心理学家维果斯基强调社会文化在认知发展中的作用。为此，维果斯基创立了“文化－历史”发展理论。维果斯基根据恩格斯关于劳动在人类适应自然和在生产过程中借助于工具改造自然的作用的思想，详细地阐述了高级心理机能的社会起源的观点。

1．两种工具的理论

维果斯基认为，人有两种工具，一是物质工具，如原始人所使用的石刀、石斧，现代人所使用的机器。二是精神工具，主要指人类所特有的语言、符号等，人因使用精神工具，从而使人类的心理发生质的变化，上升到高级阶段。

2．两种心理机能

维果斯基主张人的心理机能分为低级心理机能和高级心理机能两种，低级心理机能包括感觉、知觉、不随意注意、形象记忆、直观的动作思维与情绪冲动等，它受个体的生物成熟所制约；高级心理机能包括观察、随意记忆、词语逻辑记忆、抽象思维和高级情感等，它是社会文化历史发展的产物，是受社会规律支配，通过语言符号的掌握和运用使人类心理机能不断内化的结果。高级心理机能是人类所特有的，它使得人类心理在本质上区别于动物。维果斯基指出，儿童在与成人交往的过程中，通过掌握高级心理机能的工具——语言、符号这一中介环节，使其在低级心理机能的基础上形成了各种新的心理机能。

综上所述，心理机能由低级向高级发展的原因主要概括为以下三点。

（1）起源于社会文化历史的发展，是受社会规律所制约的。

（2）从个体发展来看，儿童在与成人交往过程中通过掌握高级心理机能的工具——语言符号这一中介环节，使其在低级心理机能的基础上形成了各种新质的心理机能。

（3）高级心理机能是不断内化的结果。

### （二）心理发展的实质“内化说”

维果斯基强调环境和社会因素在儿童发展中的重要作用。他提出心理发展的实质是在教育和环境的影响下，个体在低级心理机能的基础上逐渐向高级心理机能转化的过程。他认为发展大部分得益于由外向内，即个体通过内化，从情境中汲取知识，获得发展。儿童的许多学习发生在与环境的相互作用中，这个环境决定了大部分儿童内化的内容。在儿童环境中的父母和其他人，可以通过他们与儿童的相互作用来扩大儿童的知识视野，促进儿童的学习。“内化说”是维果斯基心理发展观的核心思想，是与他的“文化–历史”发展观密切联系在一起的。

### （三）最近发展区的概念

大量的研究表明，通过适当的教育训练来加快各个认知发展阶段转化的速度是可能的。只要教学内容和方法得当，系统的学校教学就可以起到加速认知发展的作用。维果斯基的认知发展理论运用最近发展区的概念，阐明了这种可能性。

维果斯基认为，儿童有两种发展水平：一是儿童的现有水平，即由一定的已经完成的发展系统所形成的儿童心理机能的发展水平；二是可能达到的发展水平。这两种水平之间的差异，就是最近发展区（zone of proximal development）。也就是说，最近发展区是儿童在有指导的情况下，借助成人或同伴的帮助所能达到的解决问题的水平与独自解决问题所达到的水平之间的差异，实际上是两个邻近发展阶段之间的过渡状态。

最近发展区

### （四）“教学应走在发展的前面”包括的两层含义

在维果斯基看来，教学的可能性由学生的最近发展区决定，“教学应走在发展的前面”。这里有两层含义：其一，教学在发展中起主导作用，它决定着儿童的发展，决定着发展的内容、水平、速度及智力活动的特点；其二，教学创造着最近发展区，教学应适应学生的现有水平，但更重要的是要发挥教学对发展的主导作用。

最近发展区的提出说明了儿童发展的可能性，其意义在于：指导教育者不应只看到儿童今天已达到的发展水平，还应看到仍处于形成的状态，正在发展的过程。所以，维果斯基强调教学不能只适应发展的现有水平，还应适应最近发展区，从而走在发展的前面，最终跨越最近发展区而达到新的发展水平。因此，教学的最佳效果产生于最近发展区。

### （五）适时辅导学生是教学的必由之路——教学支架的应用

为促进教学发展，维果斯基认为教师可采用教学支架，进行支架式教学（scaffolding），即在学生试图解决超出当前知识水平的问题时给予支持和指导，帮助其顺利通过最近发展区，使之最终能够独立完成任务。教学支架的类型与实例见表 6-1 所示。

表 6-1　教学支架的类型与实例

| 支架类型 | 实例 |
|---|---|
| 示范 | 美术课教师在让学生自己尝试一种新画法之前给学生做演示性绘画 |
| 大声思维 | 数学老师在黑板上解决应用题时，边示范边将其解题思路大声地说出来 |
| 提问 | 在给学生做示范并大声思维后，数学老师向学生提出了几个关键性问题 |
| 调整教学材料 | 一名小学体育教师在教学生投篮技术时先降低了篮球筐的高度，当学生熟练后，再将球筐高度升起 |
| 言语指点 | 当幼儿园的孩子学习穿鞋带时，老师跟他们说：“鞋带像个兔宝宝，现在宝宝来到了洞口并跳了进去。” |
| 提供线索 | 当学生初学写作时，老师给学生提供若干写作的线索，如“写谁”“为什么写”“写什么”“怎么样写”等，以帮助学生组织写作思路 |

支架式教学可采用的方式有：把学生要学习的内容分制成许多便于掌握的片段，向学生示范要掌握的技能，提供有提示的练习，等等。需要注意的是，教师提供的支持和帮助要合适。帮助过多，学生独立解决问题的能力就不能充分发展；帮助不够，学生亦可能因失败而泄气，久而久之，可能会形成习得性无助感。

### （六）维果斯基的心理发展理论对儿童教育的意义

最近发展区概念的提出对于儿童教育具有重大意义，根据这一观点，教育者若总是针对儿童现有水平，考查儿童目前解决问题的水平，即便成绩很理想，也不能说明儿童认知发展有多大的进步，因为在这种情况下学生的学习还未突破他实际的发展水平。因此，教师应提供学生较高难度的学习任务，当儿童得到适当的帮助后，就可以促进其智力有高一级的发展。当然，这个过程中，教师的把握至关重要，若是在最近发展区让儿童独自学习，学生面对新知识就会无所适从、停滞不前。因此，教师辅导学生学习是完成智力活动发展的必要条件。但同时，教师和同伴对儿童的帮助应恰如其分，指导成分应逐渐减少，以避免儿童产生依赖心理，即支架式教学。

维果斯基的理论对于合作学习、情境学习等教学模式也具有一定的指导性。

# 第三节 中小学生人格、社会化发展与教育

## 一、人格概述

### （一）人格的概念

本书在第五章已经对人格这一概念做了定义。它是构成一个人的思想、情感及行为的特有模式，这个独特的模式包含了一个人区别于他人的稳定而统一的心理品质，即人格是决定个体外显行为和内隐行为，并使其与其他人行为有稳定区别的综合心理特征。

### （二）人格的特征

1．独特性

一个人的人格是在遗传、成熟，以及环境、教育等先天与后天因素的交互作用下形成的。不同的遗传、生存及教育环境塑造了形形色色的心理特点。人与人没有完全一样的人格特点。例如，“固执”在不同的环境下有其特定的含义，在不同的人身上也有不同的含义。在娇生惯养、过度溺爱的环境中，“固执”带有“撒娇”的意思；而在冷淡疏离、艰难困苦的环境中，“固执”又带有“反抗”的意思。所谓“人心不同，各如其面”，正说明了人格是千差万别、千姿百态的，这就是人格的独特性。

但是，人格的独特性并不意味着人与人之间的个性毫无相同之处。在人格的形成与发展中，既有生物因素的制约作用，也有社会因素的作用。人格作为一个人的整体特质，既包括每个人与其他人不同的心理特点，也包括人与人之间在心理、面貌上相同的方面，如每个民族、阶层和集团的人都有其共同的心理特点。人格是共同性与差别性的统一，是生物性与社会性的统一。

2．稳定性

人格具有稳定性。个体在行为中偶然表现出来的心理倾向和心理特征并不能表征他的人格。俗话说，“江山易改，禀性难移”，这里的“禀性”就是指人格。一个人的某种人格特征一旦形成就相对稳定下来了，要想改变它是比较困难的事情。这种稳定性还表现在人格特征在不同时空下表现出一致性的特征。

当然，强调人格的稳定性并不意味着它在人的一生中是一成不变的，随着生理的成熟和环境的变化，人格也有可能产生或多或少的变化，这是人格可塑性的一面，正因为人格具有可塑性，才能培养和发展人格。人格是稳定性与可塑性的统一。

3．整合性

人格是由多种成分构成的有机体，具有内在的一致性，受自我意识的调控。人格的各种结构的组合千变万化，表现千姿百态，因而使个体的行为呈现出多元化、多层面的特征。每个人的人格世界并非是各种特征的简单堆积，而是依照一定的内容、秩序、规则有机结合起来的系统。当人格结构的各方面彼此和谐一致时，就会呈现出健康的人格特征；否则，就会产生心理冲突，出现适应困难，甚至“分裂人格”。

4. 功能性

人格是一个人生活成败、喜怒哀乐的根源。人格决定一个人的生活方式，有时甚至会决定一个人的命运，因而是人生成败的根源之一。人们经常使用人格特征来解释某人的言行及事件的原因。当面对挫折与失败时，坚强者能发愤拼搏，懦弱者会一蹶不振，这就是人格功能的表现。当人格功能发挥正常时，表现为健康而有力，支配着人的生活与成败；当人格功能失调时，就会表现出懦弱、无力、失控甚至变态。

5. 社会性

人格的社会性是指社会化把人这样的动物变成社会的成员。人格是社会的人所特有的。人格是在个体的遗传和生物基础上形成的，受个体生物特性的制约。构成人的本质的东西，是个体所特有的，失去就不能称其为人的因素，这种因素就是人的社会性。其实，即使是人的生物性需要和本能，也是受人的社会性制约的。例如，人满足食物需要的内容和方式是受具体的社会历史条件制约的。

## 二、影响人格形成与发展的因素

人格的形成与发展离不开遗传和环境。心理学家认为，人格是在遗传与环境的交互作用下逐渐形成并发展的。遗传决定了人格发展的可能性，环境决定了人格发展的现实性。

### （一）生物遗传因素

由于人格具有较强的稳定性特征。因此人格研究者更注重生物遗传因素的作用。总结以往研究，遗传对人格的作用主要体现在以下几个方面：第一，遗传是人格不可缺少的影响因素。第二，遗传因素对人格的作用程度因人格特征的不同而异。通常在智力、气质这些与生物因素相关较大的特质上，遗传因素的作用较重要；而在价值观、信念、性格等与社会因素关系密切的特质上，后天环境的作用可能更重要。第三，人格的发展过程是遗传与环境交互作用的结果，遗传因素影响人格的发展方向及改变。

### （二）社会因素

每个人都处在特定的社会环境中，人格的发展是个体社会化的结果。不管什么社会，影响个体人格发展的社会因素基本上都是家庭、学校、同伴及电视、电影、文艺作品等社会宣传媒体。社会塑造了社会成员的人格特征，使其成员的人格结构朝着相似性的方向发展，这种相似性具有维系社会稳定的功能，又使得每个人能稳固地“嵌入”在整个社会形态里。

1. 家庭教养方式

美国心理学家鲍姆宁曾根据控制、成熟的要求、父母与儿童的交往、父母的教养水平等四个指标，将父母的教养行为分成专制型、放纵型和民主型三种方式。

（1）采用专制型教养方式的父母在教育子女时，表现得过于支配，孩子的一切都由父母来控制。

（2）采用放纵型教养方式的父母，对孩子过于溺爱，任孩子随心所欲，父母对孩子的教育有时处于失控状态。

（3）采用民主型教养方式的父母，与孩子在家里处于一种平等和谐的氛围，父母尊重孩子，给孩子一定的自主权和积极正确的指导。

鲍姆宁研究了不同的教养方式对儿童人格发展的影响。结果发现，专制型教养方式下的儿童容易消极、被动、依赖、服从、懦弱，做事缺乏主动性，甚至会形成不诚实的性格特征。放纵型教养方式下的儿童是最不成熟的，多表现为任性、幼稚、自私、野蛮、无礼、独立性差、蛮横无理、胡闹等。民主型教养方式下的儿童是最成熟的，他们多形成一些积极的性格，如活泼、自立、彬彬有礼、善于交往、富于合作精神、思想活跃等。

2. 学校教育

学校教育按一定社会的教育目标，有计划、有步骤地对学生施加影响，因而直接制约着学生人格发展的方向和基本质量。学校教育在学生社会化中的作用主要是通过教师与学生的相互影响来实现的。教师对学生人格的发展具有指导定向的作用。教师的品德修养、知识经验、教育和教学技巧、对学生的态度等，对学生社会化与人格的发展都有举足轻重的意义。

美籍德裔心理学家库尔特·勒温等研究了不同管理风格的教师对学生人格的影响。结果表明，在专制型、放任型和民主型的管理风格下，学生表现出不同的人格特点。专制型管理风格中的学生作业效率高，依赖性强，缺乏自主行动，常有不满情绪；放任型管理风格中的学生作业效率低，任性，经常遭遇失败和挫折；民主型管理风格中的学生完成作业的目标是一贯的，行动积极主动，很少表现出不满情绪。

3. 同伴群体

与其他关系相比，学生与同龄伙伴的交往更加自由和平等。与同伴群体的交往使学生能够进行人际关系和交流的探索，并发展人际敏感性，奠定学生今后社会交往的基础，促进学生的社会化和人格的发展。一方面，同伴群体是学生学习社会行为的强化物；另一方面，同伴群体又为学生的社会化和人格发展提供社会模式或榜样。随着年龄的增长，同伴的影响越来越强，在某种程度上甚至超过父母的影响。但应该注意的是，不良同伴群体对学生人格发展的影响极坏。教师要让学生远离这种不良同伴群体，防止它对学生的成长带来危害，同时，对于已存在的不良群体应采取某种教育手段，对其成员进行分化和引导。

### （三）个人主观因素

社会上各种影响因素，首先要为个体接受和理解，才能转化为个体的需要、动机和兴趣，才能推动个体去思考与行动。另外，个体已有的心理发展水平对人格特征形成的作用会随着年龄的增长而日益增强。

## 三、自我意识的发展与教育

### （一）自我意识概述

1. 自我意识的概念

自我意识也称自我，是个体对自己及自己与周围事物的关系的意识。自我意识是人格的重要组成部分，也是使人格各部分整合和统一起来的核心力量。同时，一切社会环境因素对人产生的影响，都必须通过自我意识的中介而发挥作用，因而自我意识在人格的形成和发展中起着不可缺少的作用。一般认为，自我意识包括以下三种成分。

（1）自我认知，即个体对自己的心理特点、人格特征、能力及自身社会价值的自我了解与自我评价。

（2）自我体验，如自尊、自爱、自豪、自卑及自暴自弃等。

（3）自我监控，即对自己的意志控制，如自我检查、自我监督、自我调节、自我追求等。

### 2. 自我意识的发展阶段

个体自我意识的发展经历了从生理自我到社会自我，再到心理自我的过程。

（1）生理自我（自我中心期）。生理自我是自我意识最原始的形态。通常儿童1周岁末开始能将自己的动作和动作的对象区分开来，把自己和自己的动作区分开来，并在与成人的交往中，按照自己的姓名、身体特征、行动和活动能力来看待自己，并做出一定的评价。生理自我在3岁左右基本成熟，是自我意识发展的第一个飞跃期。

（2）社会自我（客观化时期）。儿童在3岁以后，自我意识的发展进入社会自我阶段。他们从轻信成人的评价逐渐过渡到自我独立评价。这时，自我评价的独立性原则性、批判性正在迅速发展，对道德行为的判断能力，也逐渐达到了前所未有的水平，从对具体行为的评价到有一定概括程度的评价。但他们的自我评价通常不涉及个人的内心世界和人格特征，自我的调节控制能力也较差，常出现言行不一的现象。社会自我到少年期基本成熟。

（3）心理自我（主观自我时期）。心理自我是在青春期（自我意识发展的第二次飞跃期）开始发展和形成的。这时，少年开始形成自觉地按照一定的行动目标和社会准则来评价自己的心理品质和能力。他们的自我评价越来越客观、公正和全面，且具有社会道德性，并在此基础上形成自我理想，追求最有意义和最有价值的目标。

## （二）学生自我意识的发展

### 1. 小学生自我意识的发展

（1）自我意识发展的趋势。小学阶段，儿童的自我意识处于客观化时期，是获得社会自我的时期。小学生的自我意识随着年龄的增长从低水平向高水平发展，但发展不是匀速的，而是既有快速上升期，又有平衡发展期。具体表现为：小学一、二年级是主要发展期；小学三年级至五年级，自我意识发展相对平稳；小学五年级至六年级是自我意识发展的第二个上升期。

（2）自我意识发展的特点。从自我意识的各成分来看，发展并不同步。

①在自我认知方面。小学生能够形成自我认知，但其自我认知仍然带有很大的具体性和绝对性。研究还发现，小学高年级学生自我认知的发展趋势存在性别差异。另外，作为自我意识发展的主要成分和主要标志，小学生的自我评价能力也进一步发展起来。

②在自我体验方面。小学生的自我体验逐步加深。

③在自我监控方面。小学生的自我监控能力还不高。

### 2. 初中生自我意识的发展

（1）自我意识发展的趋势。从初中开始，学生已经能够比较自觉地认识和评价自己的心理品质，独立地支配、调节自己的行动。青少年时期是自我意识发展的第二个飞跃期。其总的发展趋势是：从小学六年级开始到初中三年级，学生的自我意识发展总体上处于平稳期；从初中三年级到高中一年级为显著上升时期。

（2）自我意识发展的特点。

①初中生的自我体验随着年龄的增长而不断发展，主要表现在以下几个方面。

a. 出现成人感。所谓成人感是指初中生感到自己已经长大成人，渴望参与成人的活动，要求独立，希望得到自尊的体验。初中生成人感的出现，在行为上有一系列的表现：凡事不再征求成人的意见，自己开始做主；自己的心扉也不再向成人敞开，有了自己的小秘密；希望与成人建立一种新型的人际关系，即平等的人际关系；反感成人对自己的行为进行监视；出现了抗拒心理和行为。自我意识的突然高涨是导致初中生反抗心理出现的第一个原因。随着初中生自我意识的高涨，他们更倾向于维护良好的自我形象，追求独立和自尊，但他们的某些想法及行为不能被现实所接受，屡遭挫折，于是就产生一种过于偏激的想法，认为其行动的障碍来自成人，便产生了反抗心理。

b. 自尊感增强。所谓自尊感是指对社会评价与个人的自尊需要之间相互关系的反映。初中生希望别人尊重自己，希望得到社会的认可，并会通过自己的努力来获得一定的地位。当社会评价与个人的需要相一致时，他们的自尊需要得到满足，就容易出现沾沾自喜；当社会评价与个人的需要不一致时，他们的自尊需要得不到满足，就容易出现自暴自弃。

c. 出现自卑感。所谓自卑感是指一种轻视自己、不相信自己、对自己持否定态度的一种自我体验。自卑的人热衷于与人比较，他们对自己有很高的期待，但无法接受追求成功过程中的失败，因为他们对自己缺乏客观、清醒的认识，无法悦纳自己。一旦失败受挫，就容易产生自我怀疑和自我否定，引发一系列的心理困扰。自卑是不容易处理的心理问题，教师若能引导学生对自己进行客观全面的认知，对成败进行正确的归因，消除非理性观念，使他们不时地得到成功体验，有助于减少学生的自卑感。事实上，超越自卑除了外在的帮助外，当事人自身的心理资质和自助意向也是一个要素。自卑感在初中阶段萌芽，其行为表现主要有丧失独立性、缺乏自强不息的精神、掩饰自己的行为。

②自我开始分化，开始分成“主我”“客我”或“理想的自我”“现实的自我”。初中生对自己的内心品质产生兴趣，开始要求自己了解自己的个性特点，关心自己的形象，想按自己的意愿塑造自己。当“主我”与“客我”、“理想的自我”与“现实的自我”产生矛盾时，他们会自责，会对自己不满意。

③能够更自觉地评价别人的和自己的个性品质，但评价别人和自己的个性品质的能力与高中生相比，水平还不高，而且也不稳定。

### 3．高中生自我意识的发展

（1）自我意识发展的趋势。高中生的自我意识从总的发展情况来看，处于显著上升期之后的平稳期。这一平稳期，在某些成分的发展上又有缓慢上升的趋势，呈现“稳中有升”的特点。

①高中生的自我认知水平随着年级的升高而不断提高。

②自我体验在高一、高二比较平稳之后，又呈现缓慢上升的趋势。

③自我监控方面，从高二开始，出现了缓慢上升的趋势。不难看出，高中二年级是学生自我意识各成分普遍提高的发展阶段。

（2）自我意识发展的特点。高中生自我意识发展的特点有以下几个方面。

①自我意识中独立意向的发展。

②自我意识的组成成分分化。

③强烈地关心着自己的个性成长。

④自我形象受到了空前的关注。

⑤自我评价逐渐成熟。

⑥自尊心强。

高中生在自我认知、自我体验、自我监控诸成分上都获得了高度的发展，并趋于成熟。

## 四、埃里克森的心理社会发展阶段论

爱利克·埃里克森是美国著名精神病医师，新精神分析派的代表人物。尽管埃里克森忠实于弗洛伊德，但是他的基本概念是高度原创的，更多地来源于常识语言，而不是精神分析晦涩的专业术语。这一倾向使他的观点没有更好地与其他理论家的多数概念联系起来。他最具有创造性的观点就是“同一性危机”，这使他迈入几乎尚未有人探索的人格领域的媒介。奥尔波特曾经论述过“成熟人格”，但只有埃里克森推广了人格发展并不终止于青春期这一观点。奥尔波特虽然关注到成人生活，但没有设计发展阶段。而埃里克森则详细说明了人的自我意识发展持续一生，他把自我意识的形成和发展过程划分为八个阶段，这八个阶段的顺序是由遗传决定的，但是每一阶段能否顺利度过却是由环境决定的，所以这个理论可称为心理社会发展阶段论。心理社会发展阶段论中的每一个阶段都是不可忽视的。

### （一）婴儿期（0~1.5 岁）：基本信任和不信任的心理冲突

不要认为婴儿是一个不懂事的小动物，只要吃饱不哭就行，这就大错特错了。此时是基本信任和不信任的心理冲突期，因为这一期间孩子开始认识人了，当孩子哭闹时，父母是否出现是建立信任感的重要问题。信任在人格中形成了“希望”这一品质，它起着增强自我的力量。具有信任感的儿童敢于希望，富于理想，具有强烈的未来定向。反之则不敢希望，时时担忧自己的需要得不到满足。埃里克森把“希望”定义为：对自己愿望的可实现性的持久信念，反抗黑暗势力、标志生命诞生的怒吼。

### （二）儿童期（1.5~3 岁）：自主与害羞（或怀疑）的冲突

儿童在这一阶段掌握了大量的技能，如爬、走、说话等。更重要的是他们学会了怎样坚持或放弃，也就是说儿童开始有意志地决定做什么或不做什么。这时候父母与子女的冲突很激烈，也就是第一个反抗期的出现。一方面，父母必须承担起控制儿童行为使之符合社会规范的任务，即养成良好的习惯，如训练儿童大小便，使他们对肮脏的随地大小便感到羞耻，训练他们按时吃饭、节约粮食等；另一方面，儿童开始了自主感，他们坚持自己的进食、排泄方式，所以训练良好的习惯不是一件容易的事。这时孩子会反复应用“我”“我们”“不”来反抗外界控制，而父母决不能听之任之、放任自流，这将不利于儿童的社会化。反之，若过分严厉，又会伤害儿童自主感和自我控制能力。如果父母对儿童的保护或惩罚不当，儿童就会产生怀疑，并感到害羞。因此，把握住“度”的问题，才有利于在儿童人格内部形成“意志”品质。埃里克森把“意志”定义为：不顾不可避免的害羞和怀疑心理而坚定地自由选择或自我抑制的决心。

### （三）学龄初期（3~6 岁）：主动对内疚的冲突

如果在这一阶段儿童表现出的主动探究行为并受到鼓励，儿童就会形成主动性，这为他将来成为一个有责任感、有创造力的人奠定了基础。如果成人讥笑儿童的独创行为和想象力，那么儿童就会逐渐失去自信心，这使他们更倾向于生活在别人为他们安排好的狭窄圈子里，缺乏自己开创幸福生活的主动性。

当儿童的主动感超过内疚感时，他们就有了“目的”的品质。埃里克森把“目的”定义为：一种正视和追求有价值目标的勇气，这种勇气不为儿童想象的失利、罪疚感和惩罚的恐惧所限制。

### （四）学龄期（6~12 岁）：勤奋对自卑的冲突

学龄期的儿童都应在学校接受教育。学校是训练儿童适应社会、掌握今后生活所必需的知识和技能的地方。如果他们能顺利地完成学习课程，他们就会获得勤奋感，这使他们在今后的独立生活和承担工作任务中充满信心。反之，就会产生自卑感。另外，如果儿童养成了过分看重自己的工作的态度，而对其他方面木然处之，这种人的生活是可悲的。埃里克森说："如果他把工作当成他唯一的任务，把做什么工作看成是唯一的价值标准，那他就可能成为自己工作技能和老板们最驯服的最无思想的奴隶。"

当儿童的勤奋感大于自卑感时，他们就会获得有"能力"的品质。埃里克森把"能力"定义为：能力是不受儿童自卑感削弱的，完成任务所需要的是自由操作的熟练技能和智慧。

### （五）青春期（12~18 岁）：自我同一性和角色混乱的冲突

一方面，青少年本能冲动的高涨会带来问题；另一方面，青少年面临新的社会要求和社会冲突会感到困扰和混乱。所以，青少年期的主要任务是建立一个新的同一感或自己在别人眼中的形象，以及他在社会集体中所占的情感位置。这一阶段的危机是角色混乱。

埃里克森说："这种同一性的感觉也是一种不断增强的自信心，一种在过去的经历中形成的内在持续性和同一感（一个人心理上的自我）。如果这种自我感觉与一个人在他人心目中的感觉相称，很明显这将为一个人的生涯增添绚丽的色彩。"

埃里克森把同一性危机理论用于解释青少年对社会不满和犯罪等社会问题上，他说："如果一个儿童感到他所处于的环境剥夺了他在未来发展中获得自我同一性的种种可能性，他就将以令人吃惊的力量抵抗社会环境。在人类社会的丛林中，没有同一性的感觉，就没有自身的存在感，所以，他宁可做一个坏人，或干脆死人般地活着，也不愿做不伦不类的人，他自由地选择这一切。"

随着自我同一性可形成"忠诚"的品质。埃里克森把"忠诚"定义为：不顾价值系统的必然矛盾，而坚持自己确认的同一性的能力。

### （六）成年早期（18~40 岁）：亲密对孤独的冲突

只有具有牢固的自我同一性的青年人，才敢于冒与他人发生亲密关系的风险。因为与他人发生爱的关系，就是把自己的同一性与他人的同一性融合为一体。这里有自我牺牲或损失，只有这样才能在恋爱中建立真正亲密无间的关系，从而获得亲密感，否则将产生孤独感。埃里克森把"爱"定义为：压制异性间遗传的对立性而永远相互奉献。

### （七）成年期（40~65 岁）：生育对自我专注的冲突

当一个人顺利地度过了自我同一性时期，以后的岁月中将过上幸福充实的生活，他将生儿育女，关心后代的繁殖和养育。他认为，生育有生和育两层含义，一个人即使没生孩子，只要能关心孩子、教育指导孩子也可以具有生育感。反之没有生育感的人，其人格贫乏和停滞，是一个自我关注的人，他们只考虑自己的需要和利益，不关心他人（包括儿童）的需要和利益。

在这一阶段，人们不仅要生育孩子，还要承担社会工作，这是一个人对下一代的关心和创造力最旺盛的时期，人们将获得“关心”和“创造力”的品质。埃里克森把“关心”定义为：是一种对由爱、必然或偶然所造成的结果扩大了的关心，它消除了那种由不可推卸的义务所产生的矛盾心理。

#### （八）成熟期（65 岁以上）：自我调整与绝望感的冲突

由于衰老过程，老人的体力、心力和健康每况愈下，对此他们必须做出相应的调整和适应，所以被称为自我调整对绝望感的心理冲突。当老人回顾过去时，可能怀着充实的感情与世告别，也可能怀着绝望走向死亡。自我调整是一种接受自我、承认现实的感受，一种超脱的智慧之感。如果一个人的自我调整大于绝望，他将获得“智慧”的品质，埃里克森把它定义为：以超然的态度对待生活和死亡。老年人对死亡的态度直接影响下一代儿童时期信任感的形成。因此，第八阶段和第一阶段首尾相连，构成一个循环的生命的周期。

埃里克森认为，人格发展是一个逐渐形成的过程，必须经历八个顺序不变的阶段，每个阶段有每个阶段相应的核心任务，当任务得到恰当的解决，就会获得较为完整的同一性。核心任务处理得不成功或是失败，会出现个人同一性残缺、不连贯的状态，处理得成功与失败即为两个极点。例如，婴儿期时的最优状态是基本信任的状态，最劣的状态是基本不信任的状态。核心任务的处理结果会影响人的一生。

就像荣格一样，埃里克森倡导一种实体，在这种实体中，论题与反论题并存。成熟和满足是综合后的结果，停滞和适应不良会在解决冲突失败之后到来。每一阶段的冲突都可以称为“危机”。事实上，在每一阶段，个体经历的危机需要在与该阶段有关的对立的正极点和负极点之间拉伸。成功解决一个阶段的危机会让人们对下一阶段的同一性问题做好准备。

埃里克森理论的教育意义十分突出。它指明了每个阶段发展的任务，并给出了解决危机、完成任务的具体教育方法，其中前五个阶段属于人的成长和接受教育的时期。每一个阶段都有一个由生物学的成熟与社会文化环境、社会期望之间的冲突和矛盾所决定的发展危机。成功而合理地解决每个阶段的危机或冲突，将使个体形成积极的人格特征，发展健全的人格。这也有助于教师理解不同发展阶段学生所面临的冲突类型，从而采取相应的措施，因势利导，对症下药。

## 第四节　学生的个别差异

学生的个别差异，从心理角度来看，包括认知差异与性格差异。其中认知差异包括认知能力差异和认知方式差异。

### 一、学生的认知差异及教育意义

#### （一）学生的认知能力差异

研究表明，个体的智力在 13 岁以前是直线上升发展的，以后缓慢发展，到 25 岁时达到最高峰，26~35 岁保持高原水平，35 岁开始有下降趋势。学生的智力发展也存在一定的差异，主要表现在以下几个方面。

1. 智力的个别差异

（1）智力类型差异。智力类型差异是指构成智力的各种因素存在质的差异。学生的智力类型差异主要是指学生在知觉、记忆、言语和思维方面表现的差异。智力类型差异一般不代表智力水平的高低，只影响人们学习的过程和获取知识经验的方式。

（2）智力发展水平的差异。智力发展水平的差异也称一般能力的差异，指的是个体之间或个体内部智力水平高低的不同程度。它表明人的智力发展有高有低。研究表明，人们的智力水平呈正态分布，又称常态分布，大多数人的智力属于中等水平。

心理学家根据智力发展水平把儿童分成三个等级，即超常儿童、常态儿童、低常儿童。超常儿童是指智力发展或某种才能显著超过同龄儿童平均水平的儿童。一般认为，*IQ*超过 130 为智力超常，这些人在全部人口中大约占比 4.4%。低常儿童是指智力发展明显低于同龄儿童平均水平并有适应性行为障碍的儿童，又称智力落后儿童。1Q 低于 70 为智力落后，这些人在全部人口中大约占比 2.7%。其余均为常态儿童。

（3）智力表现早晚的差异。各种智力不仅在质或量的方面表现出明显的差异，而且智力表现的早晚也存在着明显的差异。有的人在儿童时期就显露出非凡的智力或特殊能力，这叫“早慧”或“早熟”。例如，我国初唐时期诗人王勃 6 岁善文辞，10 岁能赋，少年时写了《滕王阁序》。在人的智力发展中，也有不少人的能力表现较晚，这叫作“大器晚成”。例如，我国著名画家齐白石，40 岁左右才表现出卓越的绘画才能。

2. 智力的群体差异

智力的群体差异是指不同群体之间的智力差异，包括智力的性别差异、年龄差异、种族差异等。其中，智力的性别差异是主要的，它表现在以下两个方面。

（1）男女智力的总体水平大致相等，但男性智力分布的离散程度比女性大。

（2）男女的智力结构存在差异，各自具有自己的优势领域。男女在一般智力因素上没有显著差异，其性别差异主要反映在特殊智力因素中，主要包括数学能力、言语能力和空间能力。

智力是影响学习的一个重要因素。在传统教学条件下，智力是学习成绩的一个可靠的预测指标。然而，智力并不影响学习能否发生，它主要影响学习的速度、数量、巩固程度和学习迁移。

## （二）学生的认知方式差异

认知方式，也称认知风格，是指人们在认知活动中所偏爱的信息加工方式。它是一种比较稳定的心理特征，存在着很大的个别差异。认知方式没有优劣、好坏之分，只是表现为学生对信息加工方式的某种偏爱，主要影响学生的学习方式。认知方式有场依存型和场独立型、冲动型和沉思型、聚合型和发散型三类。

1. 场依存型与场独立型

心理学家把外界环境描述为一个场。美国心理学家赫尔曼·威特金将认知方式分为两种：场依存型与场独立型，见表 6-2 所示。

场依存型的学生，对客观事物的判断常以外部的线索为依据，他们的态度和自我认知易受周围环境或背景（尤其易受权威人士）的影响，往往不易独立地对事物做出判断，而是人云亦云，从他人处获得标准。行为常以社会为定向，社会敏感性强，爱好社交活动。因此，这类学生适合那些强调“社会敏感性”的教学方法。

表 6-2 场依存型与场独立型学生各自在学习上的特点

| | 场依存型学生 | 场独立型学生 |
|---|---|---|
| 学习兴趣偏好 | 人文、社会科学 | 理科、自然科学 |
| 学习成绩倾向 | 理科、自然科学成绩差，人文、社会科学成绩好 | 理科、自然科学成绩好，人文、社会科学成绩差 |
| 学习策略特点 | 易受暗示，学习欠主动，由外在动机支配 | 独立自觉学习，由内在动机支配 |
| 教学方式偏爱 | 结构严密的教学 | 结构不严密的教学 |

场独立型的学生，对客观事物的判断常以自己的内部线索（经验、价值观）为依据，他们不易受周围因素的影响和干扰，倾向于对事物的独立判断。行为常是非社会定向的，社会敏感性差，不善于社交，关心抽象的概念和理论，喜欢独处。因此，他们不适合于那些强调“社会敏感性”的教学方法，更喜欢自己独立思考，独立学习。

#### 2. 冲动型与沉思型

冲动型的学生在解决认知任务时，总是急于给出问题的答案，他们不习惯对解决问题的各种可能性进行全面思考，有时问题还未搞清楚就开始解答。这种类型的学生认知问题的速度虽然很快，但错误率高。冲动型学生在运用低层次事实性信息的问题解决中占优势。

沉思型学生在解决认知任务时，总是谨慎、全面地检查各种假设，在确认没有问题的情况下才会给出答案。这种类型的学生，认知问题的速度虽然慢，但错误率很低。沉思型学生在解决高层次问题中占有优势。他们多采用细节性加工方式。

冲动型与沉思型的判断标准是反应时间的快慢和反应的精确性。冲动型认知方式的特点是反应快，精确性差；沉思型认知方式的特点是反应慢，精确性高，总把问题考虑周全后，再做反应，看重的是解决问题的质量，而不是速度。

#### 3. 聚合型与发散型

聚合型认知方式是指在解决问题的过程中常表现出聚合思维的特征，表现为搜集或综合信息与知识，运用逻辑规律缩小解答范围，直到找到最合适的唯一正确解答。

发散型认知方式则是指在解决问题的过程中常表现出发散思维的特征，表现为个人的思维沿着许多不同的方向发展，使观念发散到各个有关的方面，最终产生多种可能的答案而不是唯一正确的答案，因而容易产生有创见性的新颖观念。

### （三）学生认知差异的教育意义

根据学生认知差异的特点，需要不断改革教学方式，因材施教。

#### 1. 创设适应学生认知差异的教学组织形式

为了适应学生的认知差异，我们常常采用的教学组织形式包括分校、分班、班内分组（同质分组）、复式教学、升留级、跳级、开设特长班和课外兴趣班等。

#### 2. 采用适应认知差异的教学方式

掌握学习、个别指导教学法和个人化教学系统就是适应认知差异的三种教学方式，它们努力使教学方式个别化。

3．运用适应认知差异的教学手段

当前适应认知差异并直接应用于教学的现代技术手段主要有计算机辅助教学、多媒体计算机辅助教学（电视及录像设备、电声设备、光学投影设备、教学机器）、网络辅助教学等。

## 二、学生的性格差异及教育意义

### （一）学生的性格差异

1．性格的特征差异

（1）奥尔波特的性格特征分类。奥尔波特将性格特征分为共同特质和个人特质。特质是决定个体行为的基本特性，是人格的有效组成元素，也是测评人格常用的基本单位。共同特质是在同一文化形态下的群体所共同具有的特质，它是在共同的生活方式下形成的。个人特质是个人所独有的、代表个人行为倾向的特质，它包括首要特质、中心特质和次要特质。首要特质是一个人最典型、最具有概括性的特质，它影响一个人的各方面的行为，如多愁善感是林黛玉的首要特质。中心特质是构成个体独特性的几个重要特质，在每个人身上有 5~10 个，如清高、率直、聪慧、孤僻都属于林黛玉的中心特质。次要特质也是人格的组成因素，是个体的一些不太重要的特质，往往只有在特殊的情况下才会表现出来。

（2）卡特尔的性格特征分类。卡特尔将性格特征主要分为表面特质和根源特质。表面特质指从外部行为能直接观察到的特质。表面上看起来相似的特征或行为，却可能有大相径庭的原因。比如，一个学生表现出勤奋好学，原因可能是求知欲强烈，也可能是对学习意义的深刻认识，还可能仅仅是为了获得家长的奖励。根源特质是决定外显行为的潜在变量，是人格的本质。卡特尔用因素分析的方法，找出了 16 种相互独立的根源特质。

（3）苏联心理学家的性格特征分类。关于性格的特征差异，苏联心理学家一般是从以下四个方面进行分析的：性格的态度特征，即对现实态度的性格特征；性格的理智特征；性格的情绪特征；性格的意志特征。

2．性格的类型差异

性格的类型是指在一类人身上所共有的性格特征的独特结合。常见的分类学说有向性说和独立顺从说。依据个人心理活动的倾向性，可把人的性格分为外向型与内向型；依据一个人独立或顺从的程度，可把人的性格分为独立型和顺从型。

### （二）学生性格差异的教育意义

1．影响学生的学习方式

性格虽然不会决定学习是否发生，但它会影响学生的学习方式。性格也可以作为动力因素影响学习的速度和质量。性格的个别差异不但会影响学生对学习内容的选择，还会影响学生的社会性学习和个体社会化。

2．启示学校重视情感因素在教育中的作用

为了促进学生的全面发展，学校教育应更重视情感因素的作用，使教育内容的选择和组织更好地适应学生的性格差异。情感交流可以增强学生积极的情感体验，培养和发展学生丰富的情感，促进他们忽略个体间的性格差异，形成团队精神。

## 课后巩固练习

1. 学生心理发展的一般规律是什么？

2. 简述皮亚杰的心理认知发展阶段理论。

3. 简述维果斯基的最近发展区理论。

4. 简述埃里克森的心理社会发展阶段理论。

5. 学生智力发展差异的主要表现有哪些？

6. 认知方式的个别差异表现类型有哪些？

## 感悟与提升

1. 认知方式是指个人所偏爱使用的信息加工方式，分析自己属于哪种方式，应该如何利用其优势呢？

2. 如何利用“教学应走在发展的前面”指导教学？

拓展阅读

# 第七章
# 学习理论

> 人不光是靠他生来就拥有的一切，而是靠他从学习中所得到的一切来造就自己。
> ——约翰·沃尔夫冈·冯·歌德（Hohann Wolfgang Von Goethe，1749—1832 年）

## 学习目标

1. 掌握学习的内涵及特点。
2. 掌握加涅学习水平与学习结果的分类。
3. 了解动物学习的相关实验，理解并掌握行为主义学习理论的基本观点。
4. 掌握认知主义学习理论的基本观点及其在教学中的应用。
5. 掌握建构主义学习理论的基本观点及其在教学中的应用。
6. 了解人本主义学习理论的基本观点。

## 学习重点

1. 学习的内涵及分类。
2. 经典性条件作用的主要规律。
3. 桑代克的联结－试误学习理论。
4. 操作性条件作用的基本规律。
5. 班杜拉的社会学习理论。
6. 布鲁纳的认知－发现学习理论。
7. 奥苏贝尔的有意义接受学习理论。
8. 建构主义学习理论的基本观点。

## 学习难点

1. 加涅的信息加工学习理论。
2. 人本主义学习理论。
3. 建构主义学习理论。

学习问题自古以来就受到哲学家和教育家的关注。古希腊哲学家亚里士多德对感觉和记忆做过论述，中国古代思想家也有不少这方面的论述。在我国古代，学与习总是分开讲的。《辞源》指出，“学”乃“仿效”也，即获得知识；“习”乃“复习”“练习”也，即复习巩固。

## 第一节 学习概述

### 一、学习的内涵

长期以来，心理学界对学习的理解尚不统一，目前较为广泛接受的定义是“学习是个体在特定的情境下由于练习或反复经验而产生的行为或行为潜能的较为持久的变化”。这一概念有三层意思。

#### （一）学习是由练习或反复经验所引起的

这里的经验有两个含义，既可以指个体通过活动直接作用于客观现实的过程，即“经历”，是个体与外界信息相互作用的过程；也可以指在这一过程中所得到的结果，如个体学会的知识、技能和形成的人生观、世界观等。学习是在个体与环境的交互作用过程中产生的，个体不是被动地接受外界的刺激或信息，而是主动地与其所处的环境之间进行双向的交互作用。一方面，外界信息要对个体产生影响，需要以个体已有的知识、技能和态度为基础，即个体以已有的经验、信念等为基础来理解和把握外界信息；另一方面，新信息的输入又使个体已有的经验结构得以丰富或改造。

#### （二）学习表现为行为或行为潜能的变化

学习是个体获得新的行为经验的过程。经过学习，个体将出现某些可观察的行为变化，可以完成一些以前无法完成的事情，如学会骑自行车、打乒乓球、溜冰等。这种变化是由于学习引起且立即见之于行为的变化，是明显的、外在的行为变化。但是有时经过学习形成的变化需要经过很长时间才能见之于行为，这种变化是内隐的、潜在的，有些心理学家把这种需要经过很长时间才能见之于行为的变化称为行为潜能的变化。例如，教儿童一首古诗，5 分钟后进行测试，结果发现儿童能够正确背出 3 句，这是明显的行为改变。但是，这并不意味着儿童对于其余句子完全没有学习。儿童对其余句子的学习程度可能还没有达到能立刻正确背诵的地步，但在今后的学习中，当儿童再次学习这首古诗时，也许很快就能背诵，这说明儿童的行为潜能已经发生了改变。

个体行为的改变可能是由经验引起的，也可能是由成熟、疲劳、药物或疾病等引起的，前者属于学习，而后者不属于学习。例如，明适应与暗适应、服了兴奋剂后比赛成绩提高、吃了感冒药后神志模糊、学习时间久了效率下降等，这些都不属于学习，因为它们主要是由视觉适应、药物、疲劳等非学习因素引起的行为改变。由此可见，并非所有的行为变化都是由学习引起的，行为变化不等于学习。

#### （三）学习引起的行为或行为潜能的变化是相对持久的

大量事实证明，由学习因素引起的行为变化和非学习因素引起的行为变化具有不同的特点。由学习引起的行为变化是比较持久的，且这种变化会引起行为水平的提高，如通过大量的练习学会了打乒乓球，这种技能一旦学会将持续一生；而由疲劳、创伤、药物、适应所引起的行为变化都比较短暂，且行为水平会降低，如运动员服用兴奋剂后比赛成绩大大提高（药物的作用）、喝醉酒的人走路一摇三摆（酒精的作用）、长时间从事一项活动工作效率下降（疲劳引起行为改变）等都是比较短暂的。由此可见，无论是外显的行为变化还是行为潜能的变化，只有变化持续时间较长时，我们才可以说发生了学习现象，否则，即使有行为或行为潜能的改变，也不能说发生了学习现象。

需要说明的是，上述对学习内涵的理解属于广义的学习，它不仅是人类普遍具有的，而且动物也存在学习。学习不仅指有组织的知识、技能、策略等的学习，还有态度、行为准则等的学习，既包括学校的学习，也包括从出生以来就出现且一直持续终生的日常生活中的学习。

## 二、学习的分类

学习现象是非常复杂的，依据不同的标准可以将学习分为不同的类型。以下列举几种较有代表性的学习类型。

### （一）学习主体分类

根据学习主体（或学习者）的不同，一般可以将学习分为动物学习、人类学习和机器学习三种。

#### 1．动物学习

动物学习仅限于消极适应环境变化，以满足其生理需要；动物主要是靠直接方式获取个体经验的，且局限于第一信号系统。

#### 2．人类学习

人类学习与动物学习具有本质的区别，人类学习的特点具体表现为以下几点。

（1）人类学习的社会性。人类除了通过直接方式获得个体经验外，还通过社会实践活动，在与他人的交往过程中以间接方式获得人类社会的历史经验。自有人类文化以来，人类社会积累了大量的知识和经验，这些知识和经验通过社会传递保存下来。个体从出生以来，就是通过与成人或同代人的交往，通过在学校里与教师的交往，学习、掌握前人所积累的经验，从而获得大量的社会经验。这种间接经验的学习无论从内容上还是从形式上都是非常丰富的，这是动物学习不可能具有的。且人类学习不仅为了满足其生理需要，还为了满足其社会需要。

（2）以语言为中介。人类学习主要是以语言为中介进行的，语言扩大了个体掌握社会历史经验的可能性。有了语言，人不仅能掌握具体的经验，而且有可能掌握概括、抽象的经验，因为语言是使事物之间关系抽象化、概括化的信号。学习是第一信号系统与第二信号系统的协同作用。用巴甫洛夫的学说来讲，第二信号系统给人类的学习带来了新的学习机制，也使得人类的第一信号系统不同于动物。维果斯基认为由于儿童掌握了语言，以此为中介才可能由以知觉过程为主的低级心理机能转变成以抽象思维为主的高级心理机能。

（3）积极主动性。动物学习的特点是为了适应环境，因此是被动的；而人类学习不仅是为了适应环境，还为了认识世界和改造世界，所以人是在积极地作用于环境，与周围人的交往过程中进行学习。由于人类学习不仅仅是为了满足生理的需要，更重要的是为了满足社会生活的需要，所以人有极为丰富的学习动机、学习目的，而为了达到这一目的，人们主动地探索各种有效的学习方法，这是动物学习根本不可能具有的。

由此可见，动物学习和人类学习虽然有共同点，但其本质是不同的。既不能抹杀二者的区别，把人类学习导向生物学化的方向，也不能盲目、绝对地否认二者的连续性、共同性，把人类学习导向社会学化的方向。人类学习是在社会实践中，以语言为中介自觉积极地掌握社会经验和个体经验的过程。

3．机器学习

机器学习主要指计算机的学习，它是人工智能的一个活跃的研究领域。人工智能就是把人的某些智能赋予机器，把人的某些思维活动物化，让机器模拟人的某些智能，以代替和扩展人脑的某些功能。所以，人工智能也称为机器智能或智能模拟。机器学习的过程实际上就是一个随着经验的积累而不断改善其操作，并使之表现出智能的过程。简言之，就是计算机系统如何获得信息并利用信息来解决问题的过程。

### （二）学习水平分类

根据学习情境由简单到复杂、学习水平由低到高的顺序，美国教育心理学家加涅将学习分为八类，建构了一个完整的学习层级结构。

1．信号学习

信号学习是指学习对某种信号做出某种反应。其过程是：刺激—强化—反应。例如，小孩看见穿白大褂的人就联想到打针从而产生恐惧、害怕的反应。信号学习是一种最简单的学习，其先决条件主要取决于有机体先天的神经组织。

2．刺激－反应学习

刺激－反应学习是指学会对某一情境中的刺激做出某种反应，以获得某种结果的学习。例如，学生在课堂上由于正确回答问题而得到老师的表扬，多次以后变得爱在课堂上回答问题。与巴甫洛夫的经典性条件作用不同，其过程是情境—反应—强化，即先有情境，做出反应动作，然后得到强化。其中，强化在该类学习中起着非常关键的作用。

3．连锁学习

连锁学习是指学习联合两个或两个以上的刺激－反应动作，以形成一系列刺激－反应动作的联合。个体首先要习得每个刺激－反应的联结，并按照特定的顺序反复练习，同时还应接受必要的及时强化。例如，学蛙泳就必须学会如何用手臂划水、蹬腿并夹水、抬头呼吸，以及如何将上述三个主要动作组成一个和谐的系列。

4．言语联想学习

言语联想学习是指形成一系列以语言为单位的联结，即言语连锁化，其实质是连锁学习。

5．辨别学习

辨别学习是指学会识别多种刺激的异同并对之做出不同的反应，包括一些简单的辨别，如对红绿灯做出不同的反应；也包括复杂的多重辨别，如对相似的、易混淆的单词做出正确的反应。

6．概念学习

概念学习是指对刺激进行分类时，学会对同类刺激做出同样的反应，也就是对事物的抽象特征的反应。概念学习时，人不仅要比较事物的异同，而且要将事物的本质特征抽取出来，并将具有同样本质的事物归为一类，由此形成概念。

7. 规则的学习

规则学习也称为原理学习，是指学习两个或两个以上概念之间的关系，如各种定律、定理的学习。一般来说，规则学习有两种基本方式：例—规法、规—例法。例—规法指的是在教学中先呈现一系列例证，让学生从例证中概括出原理；而规—例法指的是先呈现要学习的规则，然后用例证来说明规则。

8. 解决问题的学习

解决问题的学习亦称高级规则的学习，指的是在各种情况下，应用所学原理（或规则）及规则的组合去解决问题的学习。

加涅的这一分类是由简单到复杂、由低级到高级的层次分类。各层次间又具有累积性，每类学习都以前一层次的低级学习为前提，较高级、较复杂的学习是建立在较低级、较简单的学习基础之上的。前三类学习都是简单反应，许多动物也能完成。而且，事实上这几类学习大多是从动物实验中概括出来的。

1971 年，加涅对学习水平分类进行了修正，把前四类学习合并为连锁学习，将概念学习扩展为具体概念学习和定义概念学习两类。于是原来的八种学习水平的分类就变成了后来的六种学习水平的分类：①连锁学习；②辨别学习；③具体概念学习；④定义概念学习；⑤规则的学习；⑥解决问题的学习。

## （三）学习结果分类

加涅根据学习所得的结果不同，将学习分为以下五种类型。

1. 智慧技能

智慧技能指运用符号或概念与环境交互作用的能力的学习。智慧技能又可分为五个小类：辨别学习、具体概念学习、定义概念学习、规则学习、高级规则学习。如运用“长方形的面积=长×宽”这一公式求出某些具体的土地或房屋的占地面积。要求学生理解和运用概念、规则进行逻辑推理。

2. 认知策略

认知策略指调控自己的注意、学习、记忆和思维等内部心理过程的技能的学习。例如，在打电话时，为了记住要拨打的电话号码，在拨打之前，先重复几遍，这种方法被称为复述策略。

3. 言语信息

言语信息指有关事物的名称、时间、地点、定义及特征等方面的事实性信息的学习。例如，知道书的英文单词是“book”，一星期有七天，了解第二次世界大战产生的原因及主要参战国，等等。

4. 动作技能

动作技能指运用规则调控自身肌肉协调的能力。例如，婴儿学会发“喵喵”的声音，成人学会打乒乓球、游泳、骑自行车等。

5. 态度

态度指通过后天学习形成的影响个体行为的内部倾向，包括儿童对家庭和其他社会关系的认识，对某种活动所伴随的积极的喜爱的情感，有关个人品德的某些方面，如爱国、助人等。

以上五种学习分属于三个领域的学习：智慧技能、认知策略和言语信息属于认知领域的学习；动作技能属于动作技能领域的学习；态度属于情感领域的学习。

加涅认为，以上五类学习不存在等级关系，其顺序是随意排列的，它们是范畴各不相同的学习。这种分类是对学习层次分类的一种减缩，集中于学习的更高水平，充分体现了人类学习的特点，尤其符合学生学习的性质。学习结果的五种分类，其产生依赖于不同的内外部条件，教学中只有了解各种不同的条件，才能有效地促进各种学习结果的产生。这一观点是积极的。但是除态度以外，加涅对其他四类学习结果的含义的界定仍然模糊不清。

### （四）学习性质与形式分类

美国认知教育心理学家戴维·保罗·奥苏贝尔依据学生学习的方式，将学习分为接受学习与发现学习；依据学习材料与学习者原有知识之间的关系，将学习分为意义学习和机械学习。这两个维度互不依赖，彼此独立，并且每一个维度都存在许多过渡形式，具体组合如图 7-1 所示。

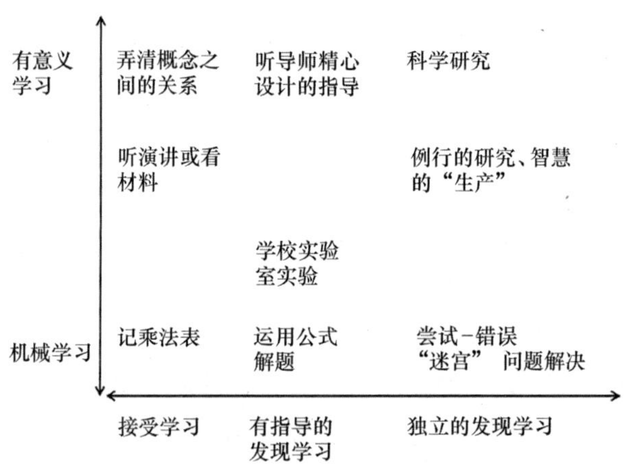


图 7-1　奥苏贝尔的学习分类及举例

由图 7-1 可知，无论是接受学习还是发现学习，都可以是有意义学习，也都可以是机械学习，我们不能单纯地说，发现学习是有意义学习，接受学习是机械学习，或者说发现学习是机械学习，接受学习是有意义学习，这两种说法都是错误的。科学家的发明创造属于有意义的发现学习，动物通过盲目地尝试-错误的过程成功解决“迷宫”问题就属于机械的发现学习；类似地，小学生采取死记硬背的方式来记忆乘法口诀属于机械的接受学习，而大学生通过理解弄清楚概念之间的关系就属于有意义的接受学习。此外，机械学习与有意义学习之间还存在许多过渡形式，例如，听演讲或看材料既可以是机械的接受学习，也可以是有意义的接受学习。若学习者只是一味地听讲演的内容或看材料的内容，而不调动原有知识经验并将二者相结合，则属于机械的接受学习；反之，则属于有意义的接受学习。与之类似，例行的研究、智慧的“生产”以及学校实验室实验既可以是机械的发现学习，也可以是有意义的发现学习。

此外，发现学习是人和动物共有的，但人和动物的发现学习在性质与水平上是有区别的。人的发现学习水平也是不同的，存在着高级和低级之分。幼儿在掌握语言以前的学习基本上都属于低级的发现学习，难以发现事物的本质和规律，他们获得的经验一般属于感性范畴，而科学家发明创造活动中的发现学习，则属于理性经验的获得。接受学习区别于发现学习之处在于主体所获得的经验来自经验传递系统中他人对此经验的传授，并非来自主体的发现与创造。接受学习也有高级和低级之分。低级的接受学习主要表现为呆读死记，高级的接受学习则表现为举一反三，融会贯通。

此外，我国教育心理学家冯忠良认为，依据所传递经验的内容的不同，可以将学生的学习分为知识的学习、技能的学习和社会规范的学习三类。美国学者布鲁姆及其同事从教育目标和教育任务出发，将学习分为认知领域的学习、情感领域的学习和动作技能领域的学习三类。

## 三、学生学习的特点

学生学习作为人类学习的重要组成部分，除具有人类学习的一般特点外，还具有自身的特殊性。忽视或否定学生学习的特殊性，就难以揭示学生学习的规律，建立科学的教学体系，从而难以找到切实有效的教学措施。因此，探讨学生学习的特点是非常有必要的。所谓学生学习，指的是在教师的指导下，有目的、有计划、有组织地掌握系统的科学知识和技能，发展各种能力，形成一定的世界观和道德品质的过程。学生学习的特点主要表现在以下方面。

### （一）学生学习的接受性

从狭义的教育系统来看，学生学习的根本特点是接受学习，这主要是由学生所处的教育系统的整体特性决定的。狭义的教育即教学，是一种经验传递系统，是由经验的传递者及其教授活动（教师及其教学活动）、经验的接受者及其接受活动（学生及其学习活动）、作为传递对象的经验（知识、技能和社会规范，主要以教材为载体）三个基本要素构成的。学生及其学习活动是构成狭义教育系统的要素之一，学生作为经验的接受者，就决定了学生学习的根本特点具有接受性，换句话说，学生学习的主要方式是接受学习。此外，依据学生学习的含义可知，学生学习具有目的性、计划性和组织性。

### （二）学生学习的主动构建性

依据建构主义学习理论的基本观点——知识是动态的，学生的经验具有丰富性，学生的学习具有主动建构性、社会互动性和情境性，可以看出学生学习是在一定的社会实践活动中，在一定的社会历史文化背景下，利用已有的经验与外界环境中新的刺激双向的、反复的作用，从而建构起有关事物意义的过程。所以说，学生学习具有主动构建性、社会互动性和情境性。

### （三）学生学习具有间接性和连续性

在经验传递过程中，学生主要是接受前人的经验，而不是亲身去发现经验，获得的经验主要是间接经验。这种经验将体现在学生学习过程的始终，使学生学习表现出一定的特殊性。例如，美国心理学家阿尔伯特·班杜拉的观察学习即体现了学生学习的间接性。同时，学生的学习是一个连续的过程，这表现在前后学习相互关联，当前的学习与过去的学习有关，同时也影响着今后的学习。可以说，前面的学习为后来的学习奠定基础，而后来的学习又是前面的学习的补充和发展。根据这一特点，一方面，教学要考虑学生的原有水平，把学生现有的知识经验作为新知识增长的基础；另一方面，要对教学进行整体设计，使学生的学习循序渐进，以利于学生认知结构的科学建构。

### （四）学习目标的全面性

学生学习不但要掌握知识经验和技能，还要发展智力、形成行为习惯、培养道德品质、促进人格发展。教学的目标不仅包括促使学生掌握知识、技能、学习策略，发展其问题解决能力和创造力，而且也要注重学生道德品质和健康心理的培养。

### （五）学生学习具有定向性和言语性

学生的学习是在经验传递条件下进行的，无论是传递经验还是接受经验，双方都有明确的目的性和方向性。教师依据学生学习的规律来传授经验，学生又在教师符合规律的指导下接受经验，一定程度上可以避免走弯路，提高学习效率。同时，在经验的传递系统中，传递经验的主要媒体是言语符号，这使学生能够掌握具体的经验，而且也能够超越狭隘的具体事物的限制，去掌握抽象、概括的经验，从而有助于学生的心理由低级水平向高级水平发展。

# 第二节　行为主义学习理论

## 一、巴甫洛夫的经典性条件反射学说

巴甫洛夫是俄国著名的生理学家和心理学家，高级神经活动学说的创始人，经典性条件反射学说是在他的研究工作的基础上建立起来的。

### （一）巴甫洛夫的经典实验——狗分泌唾液的实验

经典性条件反射学说也称为经典性条件作用说，是以巴甫洛夫的狗分泌唾液的实验（图7-2）为基础而建立起来的。巴甫洛夫在研究狗的进食行为时发现：狗吃到食物时，会分泌唾液，这是自然的生理反应，不需要学习，这种反应叫作无条件反射（unconditioned reflex），引起这种反应的刺激是食物，称为无条件刺激（unconditioned stimulus）。铃声本来不能引起狗分泌唾液的反应，是一种无关刺激，或称为中性刺激（neutral stimulus）；当铃声与食物同时或近于同时、多次反复出现后，狗只要听到铃声就会分泌唾液，这时中性刺激铃声由于与无条件刺激食物联结而变成了条件刺激（conditioned stimulus），这种单独呈现条件刺激即能引起的唾液分泌反应叫作条件反应（conditioned response），这就是经典性条件反射的形成过程。

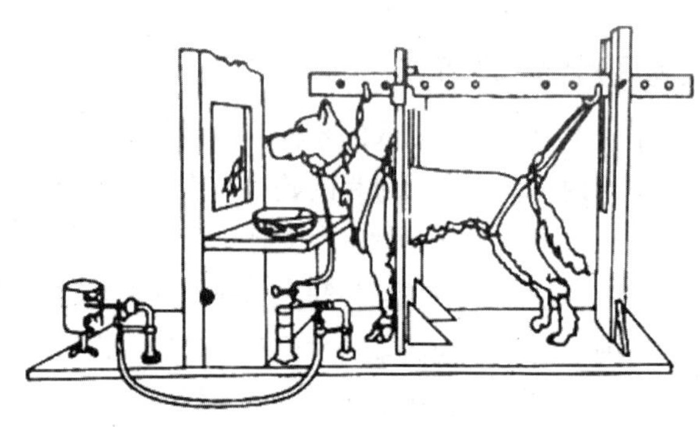

图7-2　巴甫洛夫的经典实验研究装置

### （二）巴甫洛夫的经典性条件作用说的主要规律

1．获得

条件作用是通过条件刺激与无条件刺激反复匹配，从而使个体学会对条件刺激做出条件反应的过程。在条件作用的获得过程中，有两点十分重要：一是条件刺激和无条件刺激必须同时或近于同时呈现，间隔太久则难以建立联系；二是条件刺激作为无条件刺激出现的信号，必须先于无条件刺激而呈现，否则也将难以建立联系。

2．消退与自发恢复

条件作用建立以后，如果条件刺激重复出现多次而没有无条件刺激相伴随，则条件作用会变得越来越弱并最终消失，这种现象被称为消退。以巴甫洛夫的经典性条件反射实验为例，当狗形成了铃声与分泌唾液之间的条件作用以后，如果反复在狗面前摇铃但始终不给狗食物，那么多次以后狗分泌唾液的量会越来越少并最终不再分泌唾液，即体现了条件作用的消退现象。根据此原理，在行为矫正中，可以采用消退的方式来消除个体的不良行为。

条件作用的消退现象发生以后，如果有机体得到一段时间的休息，条件刺激再度出现，这时条件作用可能又会自动恢复。这种未经强化而条件作用自动重现的现象被称为条件作用的自发恢复。

3．刺激的泛化与分化

人和动物一旦学会对某一特定的条件刺激做出条件反应以后，其他与该条件刺激相类似的刺激也能够诱发相同的条件反应，即刺激的泛化。例如，生活中常见的“一朝被蛇咬，十年怕井绳”，经常打疫苗的孩子看到穿白大褂的人就哭，初学汉语的外国人误把“银行”读成“很行”等现象。

刺激分化是指通过选择性强化和消退，使有机体学会对条件刺激和与条件刺激相似的刺激做出不同反应的一种条件作用过程。在巴甫洛夫的实验研究中，为了使狗能够区分圆形光圈和椭圆形光圈，实验者只在圆形光圈出现时才给予无条件刺激进行强化，而在呈现椭圆形光圈时则不予强化。经过一段时间的训练以后，狗便可以学会只对圆形光圈做出反应而不理会椭圆形光圈。

刺激泛化和刺激分化是互补的过程，泛化是对事物相似性的反应，分化则是对事物差异性的反应。泛化能使我们的学习从一种情境迁移到另一种情境，而分化则能使我们对不同的情境做出不同的反应。

### （三）巴甫洛夫的经典性条件作用说在教育实践中的应用

经典性条件作用说在课堂教学中可以得到广泛应用。例如，“亲其师信其道”，教师可以通过给予学生关心和鼓励，使学生将这种愉快感觉与学习建立联结，进而热爱学习、喜欢学校。同时，学生的情绪和行为也会受到经典性条件作用的泛化、消退等规律的影响，如学生课堂发言多次受挫或多次举手却没被老师提问到，时间长了其发言的积极性就会降低。因此，教师要注意加强学生某些联结的强度，让学生在群体竞争与合作中学习，提供温暖、舒适的课堂环境，使学生产生温馨的感觉，并将这种感觉泛化到学习活动中。

## 二、桑代克的联结–试误学习理论

爱德华·李·桑代克是美国著名的心理学家，现代教育心理学的奠基人，联结主义学习理论的创始人。他提出的联结–试误学习理论是教育心理学史上第一个较为完善的学习理论，该理论系统地回答了有关学习的一些最基本的问题，这为教育心理学成为一门独立的学科起到了奠基的作用。

### （一）学习的实质——形成一定的刺激与反应的联结

通过对动物和人类的学习实验研究，桑代克认为，学习的实质在于形成一定的刺激与反应之间的联结。所谓联结，指的是某种情境（situation）仅能唤起某些反应（response），而不能唤起其他反应的倾向，并且这种情境与反应的联结是在尝试—错误—再尝试的过程中形成的。他常用字母S和R作为情境和反应的符号，其联结的公式就是S–R。

桑代克的"情境"一词有时也叫"刺激"，不过同华生等对刺激概念的理解不完全一致。所谓情境，他认为不仅包括"脑部及其末梢器官以外的事态"，同时还包括他所谓的"脑内状态"，即思想、感情或脑内活动等。前者称为外部情境，后者称为内部情境。所谓反应，他认为不仅包括"肌肉与腺体的活动"，而且包括"内部反应"，即一种观念、情感、态度等。例如，在巴甫洛夫的经典性条件反射实验中，响铃引起的狗分泌唾液的反应，就属于外部情境引起的狗的唾液腺的活动；而由于过于看重某次考试结果而导致某学生产生考试紧张、焦虑等情绪状态，则属于内部情境引起的内部反应。在桑代克看来，情境是引起反应的原因，而反应则是由情境引起的结果。它们之间的联系似乎是直接的，不需要任何中介。

### （二）学习的过程——尝试—错误—再尝试的过程

在大量以动物为被试进行的迷笼实验的基础上，桑代克发现，动物的学习过程是一种渐进的、盲目的、尝试—错误—再尝试的过程。在此过程中随着错误反应的逐渐减少和正确反应的逐渐增加，而最终在刺激与反应之间形成了牢固的联结。这种理论又被称为尝试–错误论，简称试误论。

### （三）联结–试误学习的基本规律

桑代克认为，一定的联结是通过尝试与错误，按一定的规律养成的。他在《教育心理学概论》一书中提出，试误过程主要受练习律、效果律和准备律的支配，并把它们称为"学习的公律"。

练习律指在试误学习中，任何刺激与反应的联结，如果经常对其进行练习和运用，则其联结的力量就会逐渐增大（应用律）；如果不练习和运用，则其联结的力量会逐渐减少，直至消退（失用律）。也就是说，刺激与反应之间的联结会由于重复或练习而加强，不重复或不练习，联结的力量就会减弱。在桑代克后来的著作中，他修改了这一规律，因为他发现没有奖励的练习是无效的，联结只有通过有奖励的练习才能得以增强。

效果律是指刺激与反应之间的联结可因导致满意的结果而加强，也可因导致烦恼的结果而减弱。如果一个动作跟随情境中一个满意的变化，在类似的情境中这个动作重复的可能性将增加（满意律）；但是，如果跟随的是一个不满意的变化，这个行为重复的可能性将减少（烦恼律）。这样我们就能看到一个人当前行为的后果对他未来的行为起着关键的决定作用。在桑代克后来的著作中，他取消了效果律中烦恼律的部分，因为他发现惩罚并不一定削弱刺激-反应之间联结的力量，其效果并非与奖励相对立。

准备律指在试误学习的过程中，当刺激与反应之间的联结事前处于准备状态时，实现则感到满意，不实现则感到烦恼；当此联结不准备实现时，实现则感到烦恼。也就是说，联结的加强或削弱取决于学习者的心理准备和心理调节状态。学习者有准备而且给以活动就感到满意，有准备而不活动则感到烦恼，学习者无准备而强制活动也感到烦恼。

桑代克的“学习的公律”指导了大量的教育实践。效果律指导人们在教育孩子的过程中使用一些具体的奖励，如小红花、奖品、口头表扬等，以增强学生学习的积极主动性。练习律指导人们对学生进行大量的重复与练习，以巩固学生对知识技能的学习效果。桑代克对教师的劝告是“集中并练习那些应结合的联结，并且奖励所想要的联结”。

### （四）联结-试误学习理论的教育意义

桑代克的联结-试误学习理论虽然是在动物学习实验的基础上推导出来的，但对于人类学习和学生学习仍具有借鉴意义。科学发展史上的许多发明创造和技术革新，都是通过尝试与错误的过程而获得的，中小学生的学习也是如此。该理论强调“做中学”，即在实际的操作过程中学习有关的概念、原理、技能和策略等。该理论对教育的指导意义具体表现在：教师应该允许学生犯错误，并鼓励学生多尝试，从错误中进行学习，这样获得的知识才会更牢固；教师应努力使学生在学习过程中获得自我满意的积极结果，防止一无所获或得到消极后果；教师应安排学生进行合理的练习，并引导学生在学习结束后及时进行练习；任何学习都应该在学生有准备的状态下进行，不能经常搞“突然袭击”。

## 三、斯金纳的操作性条件作用理论

伯尔赫斯·弗雷德里克·斯金纳是美国著名的新行为主义心理学家。他在桑代克的联结-试误学习理论的基础上，对桑代克的动物学习实验装置进行了改进，并以白鼠和鸽子等动物为被试进行了精密的实验研究，提出了独具特色的操作性条件作用理论。

### （一）斯金纳的经典实验——斯金纳箱实验

斯金纳在桑代克的迷笼实验基础上设计了斯金纳箱（图7-3）实验。箱内有一个伸出的杠杆，下面有一个食物盘，只要箱内的动物按压杠杆，就会有一粒食丸滚到食物盘内，动物即可得到食物。斯金纳将饥饿的白鼠置于箱内，白鼠便在箱内不安地乱跑，活动中偶然压到了杠杆，一粒食丸就会滚到食物盘内，白鼠便吃到了食丸。以后白鼠再次按压杠杆，又可得到食物。由于食物强化了白鼠按压杠杆的行为，所以白鼠按压杠杆的速率迅速上升。这时我们可以说，白

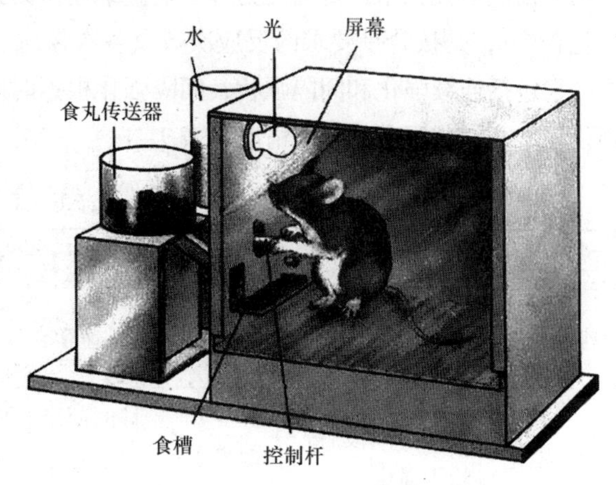

图7-3 斯金纳箱

鼠学会了按压杠杆以取得食物的反应，按压杠杆变成了获取食物的手段或工具，所以操作性条件作用又称为工具性条件作用。

通过大量的实验研究，斯金纳认为人和动物的行为有两类：应答性行为和操作性行为。应答性行为，又称引发行为，是由特定刺激所引起的、不随意的反射性行为，是经典性条件作用的研究对象，如狗听到铃声后分泌唾液，学生一听说要考试就紧张等行为。而操作性行为，又称自发行为，不与任何特定刺激相联系，是有机体自发做出的随意反应，是操作性条件作用的研究对象，如斯金纳箱实验过程中小白鼠无意中触碰到杠杆从而成功地吃到食丸的行为，学生为了在考试中取得好成绩而积极、努力备考的行为。斯金纳认为，在日常生活中，人们的行为大部分都是操作性行为，主要受强化规律的制约。

### （二）操作性条件作用理论的主要规律

#### 1. 强化

强化是采用适当的强化物而使有机体的反应频率、强度和速度增加的过程。凡是能增强反应概率的刺激或事件都称为强化物。斯金纳认为强化是借助于强化物来实施的，强化物的呈现或撤除能增加反应发生的概率。强化有正强化和负强化之分。正强化也称积极强化，是通过呈现某种积极刺激来增加反应发生的概率。例如，教师对于期末考核优秀的学生予以奖励，父母允许表现好的孩子看 20 分钟喜欢的动画片，领导对于下属的肯定和赞扬等都属于正强化。负强化也称消极强化，是通过撤销或去除某种厌恶刺激来增加反应发生的概率。例如，某学生害怕课堂上被老师提问，某次他发现只要坐在教室的后排并且趴在桌子上就可以避免课堂上老师对他的提问，于是每次上课他都选择坐在教室的后排并趴在桌子上的现象就属于负强化。在操作性条件作用中，无论是正强化还是负强化，都能增加今后反应发生的概率。

斯金纳认为强化是塑造行为的重要条件，塑造行为的过程就是学习的过程。如果有机体自发做出某种反应，并得到了正强化物，那么这一反应在今后发生的概率便会增加，这一现象表明了正强化在塑造行为中具有重要作用。在日常生活中，人们常常自觉不自觉地运用奖励对他人的行为进行正强化。例如，家长对于考试成绩好的孩子给予奖励、老师表扬课堂上积极回答问题的学生等。需要强调的是，奖励虽然是塑造良好行为的有效手段，但奖励的运用必须得当，否则奖励便会强化不良行为。另外，斯金纳还认为强化程序不止一种。所谓强化程序（又称为强化程式），是按合乎要求的反应次数及各次强化之间的时距的适当组合而做出的各种强化安排。它包括连续强化和间隔强化，间隔强化根据时间和比率、固定和可变两个维度组合出四种强化程序。强化程序的分类情况见表 7－1。

表 7－1　强化程序的分类

| 强化程式 | 定义 | 示例 | 反应建立方式 | 强化终止后的反应 |
| --- | --- | --- | --- | --- |
| 连续强化 | 给予每个反应强化 | 一开灯就亮 | 迅速学会反应 | 反应迅速消失，毫无持续性 |
| 定时强化 | 固定时间段后给予强化 | 按时发工资 | 随强化时间的邻近，反应数量迅速增加，强化后反应数量骤减 | 反应具有很短的持续性，当强化时间过去不再出现强化物时，反应速度迅速降低 |

续表

| 强化程式 | 定义 | 示例 | 反应建立方式 | 强化终止后的反应 |
|---|---|---|---|---|
| 定比强化 | 固定反应次数后给予强化 | 计件工作 | 反应建立迅速，强化后反应会暂停 | 反应具有很强的持续性，当达到预期的反应数而不再有强化物时，反应迅速降低 |
| 变时强化 | 不定时给予强化 | 随堂点名 | 反应建立缓慢，稳定，强化后反应不会暂停 | 反应具有更长的持续性，反应降低的速度缓慢 |
| 变比强化 | 在不定反应次数后给予强化 | 买彩票 | 反应建立的速度很快，强化后几乎不会暂停 | 反应具有最长的持续性，保持很高的水平，不会消失 |

由此可知，强化既能影响行为的习得速度与反应速度，也能影响行为的消退速度。强化的安排可以有很多种，不同的强化安排可以起到不同的强化效果。一般来说，间隔强化的效果比连续强化的效果好；变化时间和变化比例强化的效果好于固定时间和固定比例强化的效果。因此，教师强化时应遵循以下原则。

（1）教新任务时，进行及时强化，不要进行延缓强化。依据行为主义学习理论的基本思想，后果紧跟行为比后果延缓要有效得多。及时反馈不仅使行为与后果之间的联系更为明确，而且可以增加反馈信息的价值。

（2）在任务早期阶段，强化每一个正确的反应，随着学习的发生，对比较正确的反应优先强化，之后逐渐地转到间隔式强化。

（3）强化要保证做到朝正确方向促进或引导，不要坚持一开始就做到完美，不要强化不希望的行为。

### 2．逃避条件作用和回避条件作用

逃避条件作用，指当厌恶刺激或不愉快情境出现时，有机体做出某种反应，从而逃避了厌恶刺激或不愉快的情境，则该反应在以后类似的情境中发生的概率便增加的条件作用。在日常生活中，逃避条件作用不乏其例，如看见路上的垃圾后绕道走开，感觉屋内人声嘈杂时暂时离去等条件作用都属于逃避条件作用。

回避条件作用，指当预示厌恶刺激即将出现的信号呈现时，有机体可以自发地做出某种反应，从而避免了厌恶刺激的出现，则该反应在以后类似情境中发生的概率便会增加的条件作用。它是在逃避条件作用的基础上建立的，是个体在经历过厌恶刺激的痛苦之后，学会了对预示厌恶刺激的信号做出反应，从而免受痛苦。例如，害怕见生人不敢上街，过马路时听到鸣喇叭赶紧躲避，教师发现学生有早恋的苗头立即制止等条件作用都属于回避条件作用。

由此可见，逃避条件作用和回避条件作用，都是在反应后撤除了厌恶刺激，增加了同类反应发生的概率，都属于负强化的原理。回避条件作用是在逃避条件作用的基础上建立的，是个体在经历过厌恶刺激的痛苦后，学会了对预示厌恶刺激的信号做出反应，从而避免痛苦。在回避条件作用中，厌恶刺激或不愉快情境因有机体事先做出的反应而得以避免，个体并未遭受厌恶刺激的袭击。正因为如此，采用回避条件作用来维持行为比采用逃避条件作用更主动，这也是德育工作中应注意“防患于未然”的理论基础。

3．惩罚

惩罚是指当有机体做出某种反应后，呈现一个厌恶刺激或不愉快的情境，以消除或抑制此类反应发生的过程。例如，教师对学生做出的不文明行为予以批评。惩罚与负强化经常容易混淆。而事实上，负强化是通过厌恶刺激的撤除来增加反应在将来发生的概率的，而惩罚是通过厌恶刺激的呈现来降低反应在将来发生的概率的。但惩罚并不能使行为发生永久性的改变，它只是暂时抑制行为，而不能根除行为。因此，惩罚的运用必须慎重，惩罚一种不良行为应与强化一种良好行为相结合，方能取得预期的效果。惩罚与强化的区别具体见表 7-2。

表 7-2　惩罚与强化的区别

| | 强化 | | 惩罚 | |
|---|---|---|---|---|
| 分类 | 正强化 | 负强化 | 正惩罚 | 负惩罚 |
| 特点 | 呈现愉快刺激 | 撤除厌恶刺激 | 呈现厌恶刺激 | 撤除愉快刺激 |
| 目的 | 增加反应概率 | 增加反应概率 | 降低反应概率 | 降低反应概率 |
| 典例 | 给予表扬 | 免做家务 | 打骂孩子 | 没收玩具 |

4．消退

有机体做出以前曾经被强化过的反应，如果这一反应之后不再有强化物伴随，那么此类反应在将来发生的概率便会降低，称为消退。例如，某学生在课堂上做鬼脸以引起老师或同学的关注，老师和同学却对其不予理睬，则今后该学生此类行为发生的概率便会降低，相应的行为会逐渐减少。

### （三）操作性条件作用理论对学习的意义

1．强化的应用

在学习过程中，强化物有很多种，如表扬、奖励、自我强化等。表扬或奖励可以根据具体的情况采用不同的形式：微笑、金钱、关爱、奖品等。没有一种强化形式适合所有的人，当采用的表扬或奖励方式对学生无效时，并不是强化无效，而是没有选择正确的强化方式。

在对学生的行为进行奖励时，应注意避免外部奖励对内部兴趣的破坏。在很多情况下，维持行为的强化物是活动本身带来的快乐，这时再给予外部的奖励，就会使学生活动的目的逐渐变为获得外部奖励。因此，当学生已经自行从事某种活动时，教师应谨慎考虑奖励是否必要，避免给予不必要的奖励。奖励虽然是塑造行为的有效手段，但是奖励的运用必须得当，否则便会强化不良行为。比如，孩子的许多无理取闹的行为，实际上是多次强化的结果。

2．消退的应用

消退是一种无强化物的过程，其作用在于降低某种反应在将来发生的概率，以达到消除某种行为的目的。例如，孩子哭闹着要买玩具，母亲对其不予理睬，孩子便不再哭闹，即是运用消退来达到矫正孩子不良行为的目的，不去强化而去淡化，既可以消除不良的行为，又不会带来诸如惩罚等伤感情的副作用。因此，消退是减少不良行为，消除坏习惯的有效方法。

3．惩罚的应用

惩罚并不能使行为发生永久性的改变，只能暂时抑制行为而不能根除行为。惩罚的运用必须慎重，惩罚一种不良行为应与强化一种良好行为结合起来，方能取得预期的效果，即指出正确的行为方式，在孩子做出正确行为后给予强化。一般来说，要尽可能地少用惩罚，在必要的时候才使用。一个经常惩罚孩子的家长或老师，本身给孩子树立了一个不好的榜样，惩罚的目的可能没有达到，反而使孩子学会了粗暴的不顾别人自尊的处事方式。此外，惩罚的运用应该及时，即在学生做出某种反应之后，立即给予惩罚，惩罚紧紧跟在错误行为之后，与错误的行为之间建立联结。

根据操作性条件作用理论的基本原理，在教育过程中，教师应多用正强化的手段来塑造学生的积极行为，用不予强化的方法来消除消极行为，并应慎重地对待惩罚，因为惩罚只能让学生明白什么不能做，并不能让学生知道什么能做和应该怎么做。

### （四）操作性条件作用理论关于程序教学、行为塑造的意义

操作性条件作用理论在教育实践中的应用主要体现在两个方面，一是程序教学，二是行为塑造与行为矫正。

#### 1. 程序教学

斯金纳将操作性条件作用理论应用到教学活动中，提出了程序教学论及其教学模式。所谓程序教学，是指通过教学机器呈现程序化教材而让学生进行自学的一种方法。斯金纳认为，程序教学也就是将课程学习的总目标分为几个单元，再把每个单元分成许多小步子，学生学完每一步骤的课程后，就会马上知道自己的学习结果，即能够得到及时强化，然后按步骤进入下一步学习，直到学生学完所有的单元。在学习过程中，学生可按自己的学习能力和学习习惯，自定学习步调，自主进行反应，逐步达到总的目标。程序教学的基本原理是采用连续接近法，亦即逐步强化法，通过设计好的程序不断强化，使学生形成教育者希望的行为模式。

斯金纳认为，精心设置知识项目序列和强化程序是程序教学成功的关键所在。为此，他提出了编制程序的五条基本原则。

（1）小步子原则。把学习的整体内容分解成由许多片段知识构成的教材，把这些知识按难度逐渐增加的顺序排序，使学生循序渐进地学习。

（2）积极反应原则。使学生对所学内容做出积极的反应。例如，每一块小的学习内容后面都紧跟着问题，学生通过回答问题及时做出反应。

（3）自定步调原则。学生根据自己的学习节奏和能力进行学习，自己决定学习的进度，以适应学生的个别差异。

（4）及时强化原则。对学生的反应要及时强化，使其获得反馈信息，及时知道学习结果。

（5）低错误率原则。使学生尽可能每次做出正确的反应，使错误率降到最低限度。因此，教材的安排应由易到难，由简到繁，以达到强化效果。

#### 2. 行为塑造

在操作性条件作用的范例中，不但可以通过强化来控制行为，而且可以通过操作性训练来塑造复杂行为。所谓塑造，就是通过小步子强化帮助学生达到目标。斯金纳认为“教育就是塑造行为”，他采用连续接近的方法，对趋向于塑造反应方向的行为不断地给予强化，直到引出所需要的新行为。例如，可以通过逐步强化的方式来训练狗用鼻子去按响蜂鸣器的行为。同样，通过逐步强化，也可以塑造人类的复杂行为，如家长可以通过逐步强化的方式训练儿童的社交

技能。

在课堂教学中，塑造是一个重要的工具。在塑造行为时要注意这样一个原则：学生必须在他们能力所及的行为范围内得到强化，同时，这些行为又必须能向新的技能延伸。例如，学生能在 15 分钟之内解答 6 道数学题，如果能在 12 分钟之内解出就应该强化，但不要要求其必须在 8 分钟之内解出才给予强化。但是，一个能做出 10 道题的学生必须做 10 道题后才强化，不能在少于 10 道题时就给予强化。行为塑造技术包括连锁塑造和逆向连锁塑造两种。

所谓连锁塑造，是指将任务分解成许多小步子，当学生完成每一步时都给予强化：①选择目标，越具体越好（终点行为）。②了解学生目前能做什么，已经知道什么（起点行为）。③列出一系列阶梯式的步子，让学生从他们的目前状态迈向你的目标。步子大小因学生自身的能力而定（步调划分）。④对学生的每一次进步都予以反馈，材料越新，学生要求的反馈就越多（及时反馈）。

所谓逆向连锁塑造，是指“倒序”教授复杂的技能。以作文为例加以说明：①可以给学生提供一段没有总括句的段落，要求学生补充，使之成为一篇完整的段落。②可以提供一段不完整的文字，要求学生加上一个佐证材料和总括性句子。③只提供一个主题句，要求学生写成几个佐证材料和总括句。这种策略的优势在于，每一次练习的成果都是一段完好的文字，以这种方式，学生能更好地看见全貌，且强化的路线较短。

### （五）巴甫洛夫的经典性条件作用与斯金纳的操作性条件作用的比较

巴甫洛夫的经典性条件作用与斯金纳的操作性条件作用之间存在相似性，但也有不同，具体表现见表 7-3。

表 7-3　两种条件作用的比较

| 比较范畴 | 经典性条件作用 | 操作性条件作用 |
| --- | --- | --- |
| 主要代表人物 | 巴甫洛夫 | 斯金纳 |
| 行为 | 无意的、情绪的、生理的应答性行为 | 有意的操作性行为 |
| 顺序 | 行为发生在刺激之后，即S-R过程 | 行为发生在刺激之前，即R-S过程 |
| 学习的发生 | 中性刺激与无条件刺激的匹配 | 行为后果影响随后的行为 |
| 举例 | 考试焦虑的形成 | 小狗学会给人作揖 |

## 四、班杜拉的观察学习理论

按照条件作用理论，学习是在个体的行为表现基础上，经由奖励或惩罚等外在控制而产生的，即学习是通过直接经验而获得的。班杜拉则认为，这种观点对于动物的学习来说也许成立，但对于人类学习而言则未必成立，因为许多人的知识、技能、社会规范等的学习都来自间接经验。他以儿童社会行为的习得为研究对象，形成了关于学习的基本思路，认为观察学习是人们学习的最重要形式。

### （一）学习的实质——观察学习

班杜拉认为学习是个体通过对他人的行为及其强化结果的观察，从而获得某些新的行为反应或已有的行为反应得到修正的过程。简单地说，所谓观察学习，是指个体可以通过观察他人的行为及行为后果而间接地习得新的行为的学习模式。

观察学习有其明显的特点：观察学习并不依赖于直接强化；观察学习不一定具有外显的行为反应，人们可以通过观察他人的示范行为，在自己尚未表现行为时就已经学到了如何去做，这样就可以避免许多不必要的错误和危险的结果；观察学习具有认知性。

### （二）观察学习的过程

班杜拉认为儿童是通过观察榜样的行为及行为后果而进行学习的，人类的大多数行为是通过观察而习得的。人们通过观察他人的行为及行为后果，可获得榜样行为的符号表征和经验教训，并可引导观察者今后的行为。班杜拉认为，这一过程受注意、保持、动作再现和动机四个子过程的影响，如图 7-4 所示。

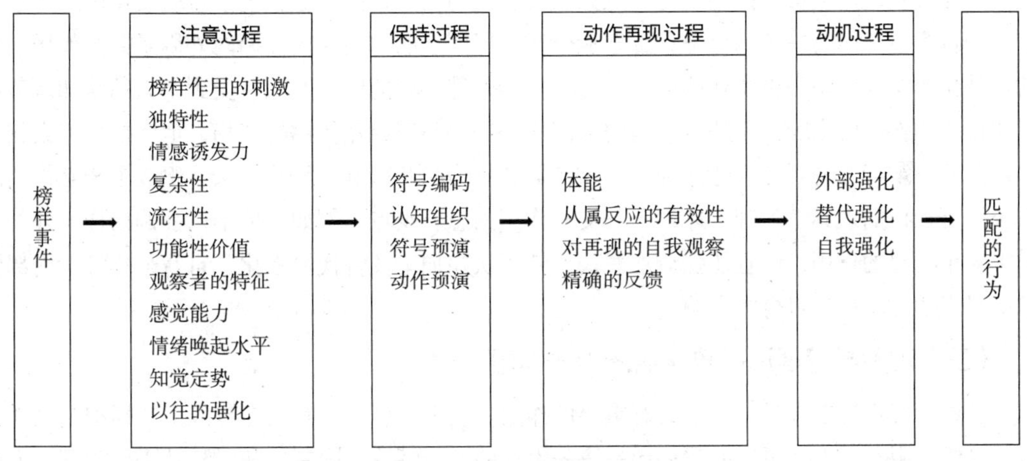


图 7-4　观察学习的基本过程

1. 注意过程

注意过程是观察学习的首要阶段，如果人们对榜样行为的重要特征不加以注意，就无法通过观察进行学习。班杜拉认为注意过程决定着观察者在大量的榜样影响中选择什么作为观察的对象，并决定着从正在进行的榜样活动中抽取哪些信息。影响注意过程的因素主要有：①榜样行为的特征；②榜样的特征；③观察者的特点。

2. 保持过程

如果人们只注意观察他人的示范行为而不能把观察到的示范行为以符号编码的形式保存下来，那么对示范行为的观察就不会对其产生较大的影响。因此，观察学习的第二个过程是保持过程。观察者如果想在以后什么时候再现榜样行为，就必须把这种反应模式以符号的形式保存在记忆系统中。这样，以后个体就可以根据记忆系统中的言语符号来唤醒表象，并指导自己的行动。班杜拉认为，示范信息的保持主要依赖两种符号系统，即表象系统和言语系统。

3. 动作再现过程

观察学习的第三个子过程是把符号性表征转换成适当的行为。一个人即使已经充分意识到了榜样行为，并把它经过编码后良好地保持在记忆中，但是如果没有适当的动作能力，个体仍不能再现这种行为。因此，动作再现过程决定那些已经习得的动作转变为行为表现的范围和程度。班杜拉认为，个体对榜样行为的再现过程可以划分为反应的认知组织、反应的发起和监控、在信息反馈基础上的精练。

4．动机过程

班杜拉认为，任何人都无法复演所学过的所有动作，人们习得的行为并不一定都会表现为外在的动作。因此，班杜拉把行为的习得和行为的表现进行了区分，认为行为的习得能不能转化为行为的表现取决于动机变量。也就是说，在动机过程中，学习者因表现所观察到的行为而受到激励，换句话说，学习者是否能够经常表现出榜样行为受行为结果因素，即强化的影响。与传统思想对强化的解释不同，班杜拉认为并不是强化增强了行为，而强化提供了信息和诱因，对强化的期望影响了观察者注意榜样行为，激励观察者编码和记住可以模仿的、有价值的行为。于是，班杜拉认为强化可以分为三种：直接强化、替代强化和自我强化。

由此可知，虽然班杜拉是新行为主义的代表人物之一，但是他关于学习的观点已经逐渐从传统的行为主义研究中脱离出来，逐渐从偏重外部因素的作用转向强调内外因素共同作用。正如班杜拉的交互作用理论所强调的，学习不但受外部环境的影响，而且受到个人的认知调节和自我调节的作用的影响。人的行为是内部因素和外部环境相互作用的产物，他坚持多因素相互作用共同决定行为的观点。他认为个人、环境和行为相互影响，彼此联系，组成了相互作用的系统。班杜拉的观察学习理论体现了其交互作用的思想观点。例如，他不仅强调榜样（外部因素）对于学习的作用，而且还强调注意、保持等认知加工及替代性强化、自我强化等（内部因素）对于学习者行为习得的影响。

### （三）观察学习理论在教学实践中的作用

观察学习理论在人类学习中具有重要的作用。它不但可以使我们超越经由赏罚控制来学习直接经验的限制，而且可以使我们超越事先设计的学习情境的限制，随时随地进行学习。人的许多社会行为是通过观察学习而获得的。所以，观察学习对我们进行社会规范教育和道德品质培养具有一定的借鉴意义。在实际德育工作中，教师应注意为学生提供良好的可资学习和借鉴的榜样，引导学生学习和保持榜样行为，并为学生创造再现榜样行为的机会，对良好的行为予以及时表扬和鼓励，对错误的行为则给予批评和教育。同时，由于大量因素影响观察者学习，所以即使提出最引人注目的榜样，也不会使观察者产生相同的行为。如果要使观察者最终表现出与榜样行为相匹配的反应，班杜拉认为就要反复示范榜样行为，指导他们如何去再现这种行为，当他们失败时客观地予以指点，当他们成功时及时给予奖励。

## 第三节　认知派学习理论

日常生活中的许多简单行为的习得的确可以用刺激－反应之间联结的形成来解释，但是对于复杂行为的习得而言，仅用刺激－反应的联结的形成来解释则过于简单化。以学生解决某一数学应用题为例，并不是简单地通过练习在问题情境与解决问题的手段之间建立直接的联系，而是需要对整个问题情境进行知觉与理解，领悟各种条件之间、条件与问题之间的关系，最终才能确定解决问题的方案。可见，主体的认知过程在复杂学习中起着主要的作用。认知派学习理论认为，学习并不是在外部环境的支配下被动地形成刺激－反应的联结，而是主动地在头脑内部构造完形、形成认知结构；学习并不是通过练习与强化形成反应习惯，而是通过顿悟与理解获得期待；有机体当前的学习依赖于他长时记忆系统中的认知结构和当前的刺激情境，学习受主体的预期所引导，而不是受习惯所支配。学习的认知派理论主要有以下几种观点。

## 一、格式塔学派的完形-顿悟学习理论

格式塔心理学家主要对知觉和问题解决的过程感兴趣。1913—1917 年，柯勒对黑猩猩运用箱子够香蕉的问题解决行为进行了一系列实验研究，从而提出了与桑代克的联结-试误说相对立的第一个认知学习理论——完形-顿悟说。

### （一）学习的过程——顿悟过程

柯勒通过对黑猩猩够香蕉问题解决行为的分析，发现黑猩猩面对问题情境时，在初次获取食物的行为不成功之后，并未表现出盲目的尝试-错误的紊乱动作，而是坐下来观察整个问题情境，后来突然显出了领悟的样子，并随机采取行动，顺利地解决了问题。他认为用“知觉重组”可以解释这种学习：黑猩猩突然发现了箱子与香蕉之间的关系，它在认知结构中将已有的知识经验进行了重新组合，因而找到了解决问题的新方法。柯勒把这种学习叫作顿悟学习。

格式塔心理学家认为，学习是个体利用自身的智慧与理解力对情境及情境与自身关系的顿悟，而不是动作的累积或盲目的尝试。顿悟虽然出现在若干尝试与错误的学习之后，但不是桑代克所说的那种盲目的、胡乱的冲撞，而是在做出外显反应之前，在头脑中进行一番类似于“验证假说”的思索。动物解决问题的过程似乎是在提出一些“假说”，然后检验一些“假说”，并抛弃一些“假说”。而建立和验证“假说”必须依赖以往的有关经验。因此，学习包括知觉经验中旧有结构的逐步改组和新的结构的豁然形成，顿悟是以对整个问题情境的突然领悟为前提的。动物只有在清楚地认识到整个问题情境中各种成分之间的关系时，顿悟才会出现。换句话说，顿悟是对目标和达到目标的手段与途径之间的关系的理解。因此，格式塔心理学家认为，学习的过程就是顿悟的形成过程。

### （二）学习的实质——形成新的完形

从学习的结果来看，学习并不是形成刺激-反应的联结，而是形成了新的完形。完形是一种心理结构，是在机能上相互联系和相互作用的整体结构，是对事物关系的认知。所谓完形，即德文中“gestalt”（格式塔）一词的译名，德文中含有“形状”“完整”的意思。格式塔学派所说的“完形”实际上就是“结构”。格式塔心理学家认为，学习过程中问题的解决，都是通过对情境中事物关系的理解而构成一种完形来实现的。这种完形倾向具有一种组织功能，能填补缺口或缺陷，使有机体不断发生组织和再组织，不断出现一个又一个完形。例如，在黑猩猩的箱子实验中，黑猩猩不是因为偶然叠箱子才够到笼顶的香蕉的，而是先看到了目标物香蕉，通过直接的方式又够不到，考虑如何达到目的，才开始叠箱子够香蕉的。本来箱子与香蕉之间没有直接的关系，但由于黑猩猩自身的智慧，它将本来没有任何联系的箱子（工具）与香蕉（目的）之间建立了联系，从而通过叠箱子（手段）达到了够香蕉的目的。它的行为是针对香蕉（目的）的，而不是针对箱子（手段和工具）的。这就意味着，黑猩猩领会了香蕉（目标）和箱子（工具）之间的关系，形成了香蕉和箱子的完形，才发生了叠箱子取香蕉的行为。

总之，格式塔心理学家认为，学习在于发生一种完形的组织，并非各部分之间的联结。学习的过程是一个不断地构建完形的过程。

### （三）桑代克的联结－试误学习理论与柯勒的完形－顿悟学习理论的关系

桑代克的联结－试误学习理论认为，刺激－反应之间的关系是直接的，不存在意识的中介作用；柯勒的完形－顿悟学习理论则认为，刺激－反应之间的关系是间接的，是以意识为中介的，这也是完形－顿悟说与联结－试误说的根本分歧所在。与联结－试误学习理论相比，虽然完形－顿悟学习理论不够完善、系统，其实验范围也较有限，但格式塔心理学派对学习理论的发展做出了重要贡献，它肯定了主体的能动作用，强调心理具有一种组织的功能，把学习视为个体主动构造完形的过程，强调观察、理解、顿悟等认知功能在学习中的重要作用，对于反对桑代克的联结－试误学习理论的机械性和片面性具有重要意义。

但是，柯勒的完形－顿悟学习理论与桑代克的联结－试误学习理论并不是相互排斥和绝对对立的。联结－试误往往是顿悟的前奏，顿悟则是练习到某种程度时出现的结果。联结－试误和顿悟在人类学习中均极为常见，它们是两种不同方式、不同阶段或不同水平的学习类型。一般来说，简单的、主体已有经验可循的问题解决，往往不需要进行反复的联结－试误；而对于复杂的、创造性的问题解决，大多需要经过联结－试误的过程，方能产生顿悟。

## 二、布鲁纳的认知－发现学习理论

杰罗姆·布鲁纳是美国著名的认知教育心理学家，他反对以强化为主的程序教学，认为引导学生一步步学习，只能导致学生的呆读死记，而不能保证学生在另一种情境中运用知识。布鲁纳主张，学习的目的在于以发现学习的方式，使学科的基本结构转变为学生头脑中的认知结构。因此，他的理论常被称为认知－发现说。

### （一）学习观

#### 1．学习的实质——主动地形成认知结构

布鲁纳认为，学习的本质不是被动地形成刺激－反应的联结，而是主动地形成认知结构。学习者不是被动地接受知识，而是主动地获取知识，并通过把新获得的知识和已有的认知结构联系起来，积极地建构其知识体系。由此，布鲁纳十分强调认知结构在学习过程中的作用，认为认知结构可以给经验中的规律性以意义和组织，并形成一个模式。所谓认知结构，是指一种反应事物之间稳定联系或关系的内部认识系统，或者说，是某一学习者的观念的全部内容与组织。

#### 2．学习的过程——知识的获得、转化和评价

布鲁纳在研究学生学习活动的具体过程后认为，学习一门学科包含三个几乎同时发生的过程，即新知识的获得、知识的转化和知识的评价。这三个过程实际上就是学习者主动地建构新知识结构的过程。新知识可能是原有知识的精确化，也可能与原有知识相违背。获得新知识以后，还要对它进行转化，超越给定的信息，运用各种方法将它们变成另外的形式，以适合新任务，并获得更多的知识。知识的评价是对知识的转化的一种检查，通过评价可以核对处理知识的方法是否适合新的任务，或运用得是否正确。因此，评价通常包含对知识的合理性的判断。以学生学习斯金纳的强化规律为例，学生理解并掌握正强化可以增加反应在今后发生的概率，

体现了新知识的获得；如果学生能够超越相应规律所给的信息，认识到学生获得奖学金后更加努力学习的现象即属于正强化，即体现了知识转化的过程；若学生在此基础上能够利用所学知识检验知识转化的正确与否，即体现了知识的评价过程。

## （二）教学观

### 1．教学的目的在于理解学科的基本结构

由于布鲁纳强调学习的主动性和认知结构的重要性，所以他主张教学的目标是促进学生对学科基本结构的理解。所谓学科的基本结构，是指学科的基本概念、基本原理和基本方法。当学生理解了一门学科的基本结构，他们就会把该学科看作一个相互联系的整体，就容易掌握整个学科的具体内容，容易记忆学科知识，能够促进学习迁移，并促进其智力和创造力的发展。

### 2．掌握学科的基本结构的教学原则

为了让学生学习和掌握学科的基本结构，布鲁纳提出了以下有关教学的原则。

（1）动机原则。布鲁纳认为所有的学生都有内在学习愿望，内部动机是维持学习的基本动力。他强调的是内在动机而不是外部动机。他认为学生具有三种最基本的内部动机，即好奇内驱力（求知欲）、胜任内驱力（成功的欲望）和互惠内驱力（人与人之间和睦共处的需要）。教师如果善于促进并调节学生的探究活动，便可激发他们的这些内部动机，从而有效地达到预定的学习目标。

（2）结构原则。为了使学习者容易理解教材的一般结构，教师必须采取最佳的知识结构进行传授。布鲁纳认为任何知识结构都可以用动作、图像和符号三种表征形式来呈现。动作表征是凭借动作进行学习，无须语言的帮助；图像表征是借助表象进行学习，以感知材料为基础；符号表征是借助语言进行学习，经验一旦转化为语言，逻辑推导便能进行。为促进学生学习，教师究竟选用哪种呈现方式，要视学生的年龄、知识背景和学科性质而定。

（3）程序原则。布鲁纳认为，教学是引导学习者有条不紊地陈述一个问题或大量知识的结构，以提高他们对所学知识的掌握、转化和迁移的能力。通常每门学科都存在着不同的程序，它们对学习者来说，有难有易，不存在对所有学习者都适用的唯一程序；而且在特定的条件下，任何具体的程序总是取决于许多不同的因素，包括过去所学习的知识、智力发展的阶段、材料的性质特点等。

（4）强化原则。为提高学习效率，学习者还必须获得反馈，知道学习的结果。因此，教学规定适当的强化时间和步调是学习成功的重要环节。知道结果应该恰好在学生评估自己作业的那个时刻。知道结果过早，易使学生慌乱，从而干扰其探究活动的进行；知道结果太晚，易使学生失去受帮助的机会，甚至有可能不接受正确的信息。

## （三）发现学习法

布鲁纳认为发现学习法是教育儿童的主要手段，学生掌握学科的基本结构的最好方法是发现学习法。所谓发现，不只限于寻求人类尚未知晓的事物的行为，确切地说，它包括用自己的头脑亲自获得知识的一切形式。也可以说，发现学习是指给学生提供有关的学习材料，让学生通过探索、操作和思考，自行发现知识、理解概念和原理的教学方法。布鲁纳认为教学不仅应当尽可能使学生牢固地掌握科学知识，还应当尽可能地使学生成为自主、自动的思想者；教学不应当使学生处于被动地接受知识的状态，而应当让学生自己把事物整理就绪，使自己成为发

现者。在教学中运用发现学习法的灵活性和自发性都比较大，一般来说，没有固定的模式，要根据不同学科和不同学生的特点来进行。

发现学习法的一般步骤包括：提出和明确使学生感兴趣的问题；使学生对问题体验到某种程度的不确定性，以激发学生探究的欲望；提出解决问题的各种假设；协助学生收集和组织可用于下结论的资料；组织学生审查相关资料，得出应有的结论；引导学生运用分析思维去验证结论，最终使问题得到解决。研究还发现，发现学习具有四个方面的作用：能提高智慧的潜力，有助于外部动机向内部动机转化，有利于学生学会发现探索的方法，有利于所学材料的保持。但它也受到学生的先前知识、智力水平，学习材料的性质，教师的指导及教学时间等因素的制约。

总之，在整个问题解决过程中，要求教师向学生提供材料，让学生亲自发现应有的结论或规律，使学生成为发现者。

#### （四）对认知 - 发现学习理论的评价

1. 优点

（1）布鲁纳的学习理论，强调学生学习的主动性，强调学生已有的认知结构和学生的独立思考，强调内部动机和思维能力的培养等方面的重要作用，较之建立在动物心理研究基础上的一些学习理论，更能说明人类学习的某些特点和规律。

（2）布鲁纳将认知学习理论付诸教学实践，为教学改革提供了理论基础，引起了教育工作者在教学过程、教材编写等方面观念上的变革。

（3）布鲁纳所倡导的发现学习，有利于激发学生的好奇心及探索未知事物的兴趣，有利于调动学生的内部学习动机和学习的积极性，最大限度地为学生提供自由回旋的余地，并有利于学生批判思维、创造思维的发展。发现学习不仅成为学生学习的一种方式，而且作为一种教学方法得到了广泛的研究和应用。

2. 局限性

（1）布鲁纳的学习理论无视学生学习的特点，过于强调发现学习，歪曲了接受学习的本义，对发现学习的界定缺乏科学严谨性；过分强调学生学习的主观能动性，没有充分考虑到学校教育的特点，教师的主导作用被削弱。

（2）发现学习法在实际教育中的应用范围非常有限，仅适用于部分科目的学习，且发现学习比较浪费时间，不能保证学习的水平。因此，不能成为学生学习的主要方法。

（3）在论述儿童的认知发展时，与皮亚杰相似，布鲁纳也忽视了社会因素对个体认知发展的作用。

### 三、奥苏贝尔的有意义接受学习理论

奥苏贝尔是和布鲁纳同时代的美国著名教育心理学家。他根据学习进行的方式把学习分为接受学习和发现学习，又根据学习材料与学习者原有认知结构的关系把学习分为机械学习和有意义学习，并认为学生的学习主要是有意义的接受学习。

#### （一）有意义学习的实质

奥苏贝尔的有意义学习理论主要说明学生在课堂中的学习。他认为学生在学校学习语言符

号所代表的系统知识，主要是意义学习而不是机械学习。学生在学校中的意义学习应该是有意义的接受学习和有意义的发现学习，但他更强调有意义的接受学习，因为有意义的接受学习可以在短时期内使学生获得大量系统的知识。

所谓意义学习，奥苏贝尔认为就是将符号所代表的新知识与学习者认知结构中已有的适当观念建立非人为的和实质性的联系。意义学习实质上是原有观念对新观念加以同化的过程。相反，如果并未理解符号所代表的知识，只是依据字面上的联系，记住某些符号的词句或组合，则是一种死记硬背式的机械学习。

### （二）意义学习的条件

意义学习的产生既受学习材料本身性质的影响，也受学习者自身因素的影响。前者为影响意义学习的外部条件（客观条件），后者为影响意义学习的内部条件（主观条件）。

#### 1. 客观条件

从客观条件来看，意义学习的材料本身必须具有内在的逻辑性，在学习者的心理上是可以理解的，是在学习者学习能力范围之内的。一般来说，学生所学的教科书或教材，是人类认识世界的概括，都是有逻辑意义的。

#### 2. 主观条件

从主观条件来看，学习者必须具备实现意义学习的心理条件，这些条件主要有以下三个方面。

（1）学习者认知结构中必须具有能够同化新知识的适当的认知结构。

（2）学习者必须具有积极主动地将符号所代表的新知识与认知结构中适当的知识加以练习的倾向性（心向）。

（3）学习者必须积极主动地使这种具有潜在意义的新知识与认知结构中有关的旧知识发生相互作用，使认知结构或旧知识得到改善，使新知识获得心理意义。

上述条件缺一不可，否则就不能进行有意义的学习。

### （三）奥苏贝尔对接受学习的理解

奥苏贝尔认为接受学习是在教师指导下，学习者接受事物意义的学习。接受学习是概念同化过程，是课堂学习的主要形式。它主要适合于年龄较大、有丰富经验的人。在接受学习中，所要学习的内容大多数是现成的、已有定论的科学的基础知识，包括一些抽象的概念、命题、规则等，通过教科书或教师的讲述，用定义的方式直接向学习者呈现。奥苏贝尔认为学习者接受知识的心理过程表现为：首先，在认知结构中找到能同化新知识的有关观念；其次，找到新知识与起固定点作用的观念的相同点；最后，找到新旧知识的不同点，使新知识与原有概念之间有清晰的区别，并在积极的思维互动中融会贯通，使知识不断系统化。由此可见，奥苏贝尔尤其强调学生已有的知识在接受学习过程中的作用。

在奥苏贝尔看来，大量的材料是学生通过接受学习获得的，而各种问题则更倾向于通过发现学习来解决。在儿童的发展中，接受学习比发现学习出现稍晚，接受学习的出现意味着儿童达到了较高水平的认知成熟程度。同时，奥苏贝尔认为必须把接受学习与发现学习区分开。接受学习可能是被动学习，也可能是主动学习，它与被动学习、主动学习都没有必然联系。有不少人将接受学习与被动学习相等同，这种观点是错误的，必须消除人们对接受学习的误解。类似的，接受学习未必都是机械学习，它可以而且也应该是有意义的学习。同样，发现学习未必都是有意义的学习，它也可能是机械的学习。奥苏贝尔认为学校应主要采用有意义的接受学习，当前学校情境中学习的模式虽然千差万别，但它们无外乎有四种表现：有意义的发现学习，有意义的接受学习，机械的发现学习，机械的接受学习。

### （四）组织学习的原则与策略

#### 1. 逐渐分化原则

根据逐渐分化原则（principles of progressive differentiation），首先应该传授最一般、包容性最广的概念，然后根据具体细节对它们逐渐加以分化。奥苏贝尔认为，呈现教学内容的顺序，不仅与人类习得认知内容的自然顺序相一致，而且也与人类认知结构中表征、组织和储存知识的方式相吻合。这样可以为每个知识单元的教学都提供理想的固定点，即对新知识起固定点作用的先前知识。

#### 2. 整合协调原则

整合协调原则（principle of integrative reconciliation），要求学生对认知结构中现有要素重新加以组合。奥苏贝尔认为，所有导致整合协调的学习，同样也会导致学生现有知识的进一步分化。因此，整合协调是在意义学习中发生的认知结构逐渐分化的一种形式，并且，当教材内容无法按纵向序列的形式，而只得用横向并列的形式组织时，整合协调原则也是适用的。

除了上述两个主要原则之外，奥苏贝尔还提出了序列组织（sequential organization）和巩固（consolidation）这两个原则。序列组织原则强调前面出现的知识应为后面出现的知识提供基础。巩固原则强调在学习新内容之前必须掌握刚学过的内容，确保学生为新的学习做好准备，为新的学习的成功奠定基础。

#### 3. 组织学习的策略——先行组织者

（1）先行组织者的概念。奥苏贝尔就如何贯彻逐渐分化和整合协调原则，提出了具体应用的技术：设计先行组织者。

所谓先行组织者（advanced organizers），是先于学习任务本身呈现的一种引导性材料，它的抽象、概括和综合水平高于学习任务，并且能清晰地与认知结构中原有观念和新的学习任务相关联。先行组织者可以分为两类：陈述性组织者和比较性组织者。设计组织者是为新的学习任务提供观念上的固着点，增加新旧知识之间的可辨别性，以促进学习迁移。也就是说，通过呈现组织者，给学习者已知的东西与需要知道的东西之间架设一座知识桥梁，使他更有效地学习新材料。

奥苏贝尔曾研究过先行组织者对学习有关钢的性质的材料的影响。他将被试随机分为实验组和控制组，实验组的学生在学习该材料之前，先学习了一个先行组织者，它强调了金属和合金的异同、各自的利弊和冶炼合金的理由。控制组的学生在学习该材料之前，先学习一段有关炼铁和炼钢方法的历史性说明材料以提高其学习兴趣，但没有学习可作为理解钢的性质的观念框架的概念。结果，两组学生在学习钢的性质的材料之后，实验组的平均成绩明显高于控制组。后来的研究发现：组织者不仅可以是先行的，也可以放在学习材料之后呈现；不仅可以是陈述性的，也可以是比较性的，即比较新材料和认知结构中相类似的材料，从而增强似是而非的新旧知识之间的可辨别性。

（2）先行组织者的作用。奥苏贝尔认为，先行组织者不仅能够帮助学习者学习新知识，而且可以帮助其保持知识。具体表现在：能够将学生的注意力集中在将要学习的新知识中的重点部分；突出强调新知识与已有知识的关系，为新知识提供一种框架；能够帮助学生回忆起与新知识相关的已有知识，以便更好地建立联系。

### （五）奥苏贝尔接受学习的局限性

接受学习是学习者掌握人类文化遗产及先进的科学技术知识的主要途径。在教师的合理指导下，学习者可以尽快在较短时间内掌握大量的间接知识。通过接受学习所获得的知识比较系统、完善和精确，而且便于储存和巩固。由此，奥苏贝尔所倡导的接受学习，对于反对布鲁纳的发现学习是具有积极意义的。但是，奥苏贝尔对接受学习的含义的理解同样模糊不清，他未弄清楚接受学习的本质，对于接受学习的评价存在夸大之处，因而同样不是一种完备的科学理论。

客观地说，奥苏贝尔的有意义接受学习理论和布鲁纳的认知-发现学习理论并不矛盾。布鲁纳的发现学习强调学生利用自己的头脑亲自获得知识，奥苏贝尔的接受学习强调充分利用学生原有的认知结构的同化作用。实际上，学生发现新知识不是建立在空中楼阁之上的，而是利用认知结构中原有的适当知识作为基础；学生同化新知识，也不是消极被动地接受教师所传递的知识，而是通过自己头脑的积极主动反应才实现的。应该说，虽然发现学习和接受学习强调的侧重点不同，但它们都特别重视学生原有认知结构的作用，重视学生认知结构的构建过程。

## 四、加涅的信息加工学习理论

美国教育心理学家加涅，被认为是行为主义学习理论和认知主义学习理论的折中者。他力图将行为主义的刺激-反应学习模式和认知心理学的学习分类模式融合起来，并在吸收了信息加工心理学的思想和建构主义认知学习心理学的思想的基础上，形成了既有理论支持也有操作支持的学习理论——信息加工学习理论。加涅认为，学习是一个有始有终的过程，这一过程可以分成若干阶段，每一阶段需进行不同的信息加工。与此相应，教学过程既要依据学生的内部加工过程，又要影响这一过程。因而教学阶段与学习阶段是对应的关系。教学就是由教师安排和控制这些外部条件构成的，而教学的艺术就在于教学阶段与学习阶段是否完全吻合。

### （一）学习结构模式——学习的信息加工过程

加涅认为，学习结构模式是用来说明学习的结构与过程的，它对于理解教学和教学过程，以及如何安排教学事件具有极大的意义。为此，他提出了影响深远的信息加工学习模式，如图 7-5 所示。

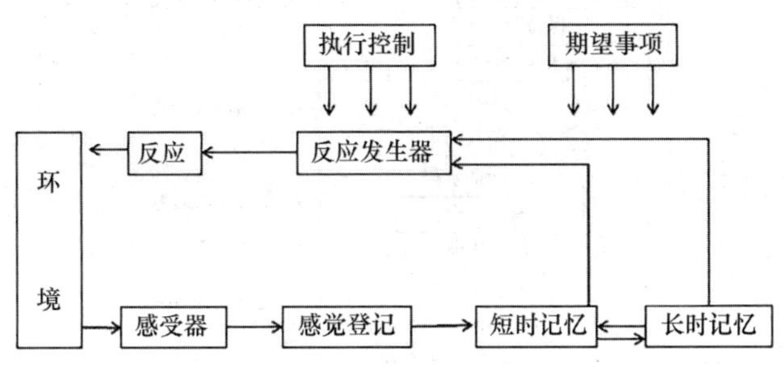


图 7-5 信息加工学习模式

1. 信息流

由图 7-5 可知，信息加工学习模式描述了信息从一个假设的结构流到另一个假设的结构中的过程，也就是信息流。首先，学生从环境中接受刺激，刺激推动感受器，并转变为神经信息。这个信息进入感觉登记，这是非常短暂的记忆存储，涉及注意或选择性知觉的问题。被感觉登记的信息很快进入短时记忆，信息在这里可以持续二三十秒。短时记忆的容量很有限，一般只能储存 7 个左右的信息单元。一旦超过了这个数目，新的信息进来，就会把部分原有信息赶走。如果想要保持信息，就得采取复述策略。但复述只能利于保持信息以便进行编码，并不能增加短时记忆的容量。当信息从短时记忆进入长时记忆时，信息发生了关键性转变，即要经过编码过程。所谓编码，不是把有关信息收集在一起，而是用各种方式把信息组织起来。信息是经编码形式储存在长时记忆中的。一般认为，长时记忆是个永久性的信息储存库。当需要使用信息时，需经过检索提取信息。被提取出来的信息可以直接通向反应发生器，从而产生反应，也可以再回到短时记忆，对该信息的合适性做进一步的考虑，结果可能是进一步寻找信息，也可能是通过反应发生器做出反应。

2. 控制结构

除信息流程之外，学习的信息加工模式中，还包含着期望事项与执行控制。期望事项是指学生期望达到的目标，即学习的动机。正是因为学生对学习有某种期望，教师给予的反馈才会具有强化作用。换言之，反馈之所以有效，是因为反馈能肯定学生的期望。执行控制即加涅学习分类中的认知策略，执行控制过程决定哪些信息从感觉登记进入短时记忆，如何进行编码，采用何种提取策略，等等。由此可见，期望事项与执行控制在信息加工过程中起着极为重要的作用。

### （二）学习过程与教学设计

由信息加工学习模式可知，学习是学生与环境之间相互作用的结果。据此，加涅将学习的过程分解成八个阶段，如图 7-6 所示。图左边是学习阶段，方框上边是学习阶段的名称，方框内是该阶段学生内部的加工过程，即学习事件；右边是教学事件。这样，学生内部的学习过程一环接一环，与此相应的学习阶段把这些内部过程与构成教学的外部事件联系起来了。

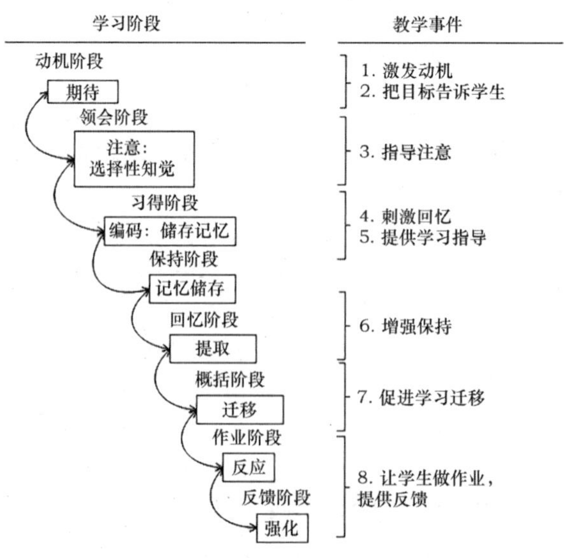


图 7-6　学习阶段与教学事件

1．动机阶段

有效的学习必须要有学习动机，这是整个学习的开始阶段。动机的形式多种多样，在教育教学情境中，首先要考虑的是激发学生进行学习活动的动机，即学生力图达到某种目的的动机。它是借助于学生内部产生的心理期望过程而建立起来的。期望就是指学生对完成学习任务后将会得到满意结果的一种预期，它可以为随后的学习指明方向。但是，有些场合下，学生最初并没有达到某种动机的诱因，这时就要帮助学生确立学习动机，形成学习期望。理想的期望只有通过学生自己形成，而不能仅仅是通过教师告诉学生学习的结果来形成。因此，为使学生形成理想的期望，在学生实际获得某种知识和技能之前，应先把明确的学习目标告诉学生，以便学生在目标的基础上形成学习预期。

2．领会阶段

有了学习动机，面对大量的感觉刺激，学生必须注意与学习目标有关的刺激，而无视其他刺激。具有较高学习动机的学习者容易接受外部刺激，使外部信息进入自己的信息加工系统，并储存到自己的记忆中。但并不是所有的外部刺激都能够被学习者接受，在知觉过程中，学习者会依据他的动机和预期对信息进行选择，从而将注意放在与学习目标有关的刺激上。为了使学生能够有效地进行选择性知觉，教师应采用各种手段来引起学生的注意，如利用手势、声调等；同时，外部刺激的各种特征本身必须是可以被分化和辨别的，学生只有对外部刺激的特征做出选择性知觉后，才能进入其他学习阶段。

3．习得阶段

当学生注意或知觉外部信息之后，学生就可以获得知识。习得阶段涉及的是对新获得的刺激进入知觉编码后储存在短时记忆中，此时短时记忆中暂存的信息与最初的信息并不完全相同，这里的知觉信息已经被转化为一种容易储存的形式，这个过程即为编码过程。经过编码的信息再经过进一步的复述，信息又要经历一次转换，目的是保持在长时记忆系统中。在此过程中，教师可以给学生提供各种编码的程序，鼓励学生选择最佳的编码方式。

4．保持阶段

学生习得的信息经过复述后，最终以语义编码的形式进入长时记忆存储。长时记忆中存储的信息强度并不随时间进程而减弱，但有些信息长期不用会逐渐消退，如曾经习得的单词长期不用会慢慢遗忘。记忆存储可能会受到干扰的影响，新旧信息混淆导致提取失败或难以提取现象的产生。因此，教学过程中，教师应合理安排学习条件，避免同时呈现相似的刺激，一定程度上可以减少信息之间干扰的可能性，提高信息保持的效果。

5．回忆阶段

学生习得的信息要通过作业表现出来，信息的提取是其中必需的一环。相对于其他阶段而言，信息提取阶段最容易受外部刺激的影响。教师可以利用各种方式使学生得到提取线索，这些线索可以增强学生的信息回忆量。但作为教师，最重要的是指导学生，使他们自己提供线索，从而成为独立的学习者。所以，对于教学设计来说，通过外部线索激活提取过程固然重要，但更重要的是使学生掌握为自己提供线索的策略。

6．概括阶段

学生提取信息的过程并不是始终在与最初学习信息时相同的情境中进行的。教学的目的就是使学生能把所学的信息应用到各种类似的情境中去，以达到举一反三、触类旁通的目的。因此，学习过程必然有一个概括的阶段，也就是学习迁移的问题。为促进学习迁移，教师必须让学生在不同情境中学习，并给学生提供在不同情境中提取信息的机会；同时，更为重要的是，要引导学生概括和掌握其中的原理和原则。

7. 作业阶段

一个完整的学习过程离不开作业阶段，因为只有通过作业才能反映学生是否已经习得了所学的内容。作业的一个重要功能是获得反馈；同时，学生通过作业看到自己学习的结果，可以获得一种满足感。一般来说，仅凭一次作业是很难对学生的学习情况做出判断的。因此，教师需要通过几次作业才能对学生的学习状况做出判断。

8. 反馈阶段

通过操作活动，学习者认识到自己的学习是否达到了预定的目标。这种信息的反馈就是强化的重要组成因素。学习者看到学习的结果，在内心得到了强化，因而强化过程对人类的学习来说是很重要的，它证实了预期的事项，从而使学习活动至此而告一段落。教师在提供反馈时，不仅可以通过“对”或“错”等来表达，而且可以使用点头、微笑等许多微妙的方式反馈信息。同时，反馈并不总是需要外部提供的，它也可以从学生内部获得，即进行自我反馈，如学生经过努力正确解决难题本身就是一种自我反馈。

### （三）信息加工学习理论对实际教学工作的启示

信息加工学习理论对实际教学工作具有重要的启示作用，具体表现为以下几个方面：①吸引学生的注意是教学中的一个重要问题。在呈现重要的教学内容之前，教师应该让学生停止手头上的活动，把注意力转移过来。另外，最好能让学生带着问题去学习。例如，在进行物理实验前，让学生预测实验结果，而不同学生的预测可能不同，为解决争议，学生设计和进行实验，并收集和分析数据，把实验同自己的问题结合起来，这样可以把学生的注意力集中到与学习有关的活动上。②教师应该突出教学的重点，在重要的地方做强调，以便学生对信息选择编码。③教师应该引导学生复述这些内容，并用原有的知识来理解和解释这些内容，比如用自己的话概括知识，用自己的经验来解释知识，以增强学生对知识的记忆。

# 第四节　人本主义学习理论

人本主义心理学是20世纪50—60年代兴起于美国的一个心理学流派，是继行为主义和精神分析之后西方心理学中的“第三势力”，以其独特的研究对象和方法，影响了西方心理学的研究取向。它一方面反对行为主义把人看作动物或机器；另一方面也批评认知心理学虽然重视人类的认知结构，但忽视人类情感、态度、价值观等对学习的影响，认为心理学应该探讨完整的人，强调人的价值，强调人有发展的潜能，而且有发挥潜能的内在倾向，即自我实现倾向。人本主义重视的是教学的过程而不是教学的内容，重视的是教学的方法而不是教学的结果。人本主义的学习理论以人本主义心理学的基本理论框架为基础，其主要代表人物美国著名心理学家罗杰斯对学习相关问题进行了专门的论述。

## 一、人本主义学习理论的心理学基础

人本主义学习理论的心理学基础主要有两个方面：一是马斯洛提出来的自我实现的人格理

论，二是罗杰斯所倡导的当事人中心疗法。

### （一）自我实现的人格理论

人本主义心理学家认为人的成长源于个体自我实现的需要，自我实现的需要是人格形成、发展的动力。所谓自我实现的需要，马斯洛认为就是人对于自我发展和完善的欲望，也是一种使自己的潜力得以实现的倾向。通俗地说，自我实现的需要就是“一个人能够成为什么，他就必须成为什么，他必须忠于自己的本性”。正是由于人有自我实现的需要，才使有机体的潜能得以实现、保持和增强。人格的形成就是源于人性的这种自我的压力，人格发展的关键就在于形成和发展自我，而自我的正常发展必须具备两个基本条件：无条件的尊重和自尊。其中，无条件的尊重是自尊产生的基础，因为只有别人对自己尊重，自己才会对自己尊重。如果自我正常发展的条件得以满足，那么个体就能依据真实的自我而行动，就能真正实现自我的潜能，成为自我实现者。人本主义心理学家认为，自我实现者能以开放的态度对待经验，他的自我认知与整个经验结构是和谐一致的，他能体验到一种无条件的尊重，并能与他人和谐相处。

马斯洛还认为，人的潜能是自我实现的，而不是教育的作用使然。因此，在环境与教育的作用问题上，他认为文化、环境、教育只是阳光、食物和水，而不是种子，自我潜能才是人性的种子。他认为，教育的作用只是提供一个安全、自由、充满人情味的心理环境，使人类固有的优异潜能自动地得以实现。

### （二）当事人中心疗法

受马斯洛自我实现的人格理论的影响，罗杰斯相信人有一种自我实现的、似本能的、善良的天性，并认为人格发展的关键在于形成正确的自我认知。因此，他提出了区别于行为主义和精神分析的“当事人中心疗法”。

罗杰斯认为，一个人的自我认知极大地影响着他的行为。心理变态者主要是他有一种被歪曲的、消极的自我概念。如果想要获得心理健康，就必须改变他的自我认知。因此，罗杰斯认为，心理治疗的目的在于帮助当事人创造一种有关他自己的更好的概念，使他能自由地实现他的自我，成为功能完善者。罗杰斯认为，人有自我实现的潜能，这种潜能不是被咨询师所创建的，而是自由释放出来的。因此，咨询师只需要鼓励当事人自己叙述问题，自己解决问题，不为当事人解释压抑于潜意识中的经验与欲望，也不对当事人的自我报告加以评价，只是适当地重复当事人的话，帮助当事人澄清自己的思路，使当事人自己克服自我认知的不协调，接受和澄清当前的态度和行为，达到自我治疗的效果。

罗杰斯认为，当事人中心疗法是否有效，关键在于治疗时心理氛围的塑造。他认为有效运用当事人中心疗法需要具备三个条件：①无条件的积极关注：即咨询师对当事人应表现出真诚、热情、尊重、关心、喜欢和接纳，即使当事人叙述某些可耻的感受时，也不表示冷漠或鄙视。②真诚一致：咨询师的想法与他对当事人的态度与行为应该表里如一，不虚伪，不做作。③移情性理解：咨询师要深入了解当事人的感情和想法，设身处地地理解和体会当事人的感受。

深受马斯洛自我实现的人格理论的影响，罗杰斯进一步肯定了人的潜能是自我实现的思想，并将之引入教育教学领域。他认为对于学生学习而言，教育的作用只在于提供一个安全、自由、充满人情味的心理环境，使人类固有的潜能自动地得以实现。在这一思想指导下，罗杰斯将他的“当事人中心”逐渐演变成“以人为中心”，引入教育领域便是“以学生为中心”的教育主张。他认为“以学生为中心”的学习是有意义的、自由的学习。

## 二、知情统一的教学目标观

罗杰斯认为，情感和认知是人类精神世界中两个不可分割的有机组成部分，彼此是融为一体的。因此，罗杰斯的教育思想就是要培养既用认知的方式也用情感的方式行事的知情合一的人。这种知情合一的人，他称为“完人”或“功能完善者”。当然，这只是一种理想化的模式，而要想最终实现这一教育理想，应该有一个现实的教学目标，这就是“促进变化和学习，培养能够适应变化和知道如何学习的人”。他说：“在现代世界中，变化是唯一可以作为确立教育目标的依据，这种变化取决于过程而不是静止的知识。”可见，人本主义重视的是教学的过程而不是教学的内容，重视的是教学的方法而不是教学的结果。

## 三、有意义的自由学习观

人本主义强调教学的目标在于促进学习，而学习是学生在好奇心的驱使下去吸收任何他觉得有趣和需要的知识。罗杰斯认为，学生学习主要有两种类型，即认知学习和经验学习。依据学习对学习者的个人意义，他将学习分为无意义学习和有意义学习。认知学习和无意义学习、经验学习和有意义学习是完全一致的。因为认知学习的很大一部分内容对学生自己是没有个人意义的，它只涉及心智，而不涉及感情或个人意义，与完人无关，是一种无意义学习。而经验学习以学生的经验生长为中心，以学生的自发性和主动性为学习动力，把学习与学生的愿望、兴趣和需要有机地结合起来，因为经验学习必然是有意义的学习，必能有效地促进个体的发展。

无意义学习是指学习没有个人意义的材料，类似于心理学上的无意义音节，不涉及感情或个人意义，仅仅涉及经验累积与知识增长，与完人无关，学得吃力而且容易遗忘。

有意义学习不仅是一种增长知识的学习，而且是一种与每个人各部分经验都融合在一起的学习，是一种使个体的行为、态度、个性及在未来选择行动方针时发生重大变化的学习。例如，让一个孩子取一杯冰水，他就可以学到“冷”这个词的意思，并知道冰加热能融化，而在夏天，装冰水的杯子外面会有水滴，等等。这里我们必须注意罗杰斯的有意义学习和奥苏贝尔的意义学习的区别。前者关注的是学习内容与个人之间的关系；后者则强调新旧知识之间的联系，它只涉及理智，而不涉及个人意义。因此，按照罗杰斯的观点，奥苏贝尔的意义学习只是一种“在颈部以上发生的学习”，并不是罗杰斯所指的有意义学习。

对于有意义学习，罗杰斯认为主要具有四个特征。①全神贯注：学习具有个人参与的性质，整个人的认知和情感均投入学习活动之中。②自动自发：学习者由于内在愿望主动去探索、发现和了解事物的意义。③全面发展：学习者的行为、态度、人格等获得全面发展。④自我评估：学习者自己评估自己的学习需要是否满足，学习目标是否完成，等等。因此，学习能对学习者产生意义，并能纳入学习者的经验系统中。

人本主义者倡导有意义的自由学习观，有意义学习关注学习内容与个人之间的关系。它不仅是理解记忆的学习，而且是学习者所做出的一种自主、自觉的学习，要求学习者能够在相当大的范围内自行选择学习材料，自己安排适合于自己的学习情境。人本主义者认为，只要教师信任学生，信任学生的学习潜能，并愿意让学生自由学习，就会在与学生的交往中形成适应自己风格的、促进学习的最佳方法。

## 四、学生中心的教学观

人本主义的教学观是建立在其学习观的基础之上的。罗杰斯从人本主义的学习观出发提出了学生中心的教学观，又称为非指导性教学模式。他认为凡是可以教给别人的知识，相对来说都是无用的；能够影响个体行为的知识，只能是他自己发现并加以同化的知识。因此，教学的结果，若不是毫无意义的，就可能是有害的。教师的任务不是教学生学习知识（这是行为主义者所强调的），也不是教学生如何学习（这是认知主义者所强调的），而是为学生提供各种学习的资源，提供一种促进学习的气氛，让学生自己决定如何学习。为此，罗杰斯对传统教育进行了猛烈的批判。他认为：在传统教育中，教师是知识的拥有者，而学生只是被动的接受者；教师可以通过讲演、考试甚至嘲弄等方式来支配学生的学习，而学生无所适从；教师是权力的拥有者，而学生只是服从者。因此，罗杰斯主张废除“教师”这一角色，代之以学习的“促进者”。学生自身具有学习的潜能，促进者只需为他们设置良好的学习环境，提供各种学习资源，使他们知道如何学习，他们就能学到所需要的一切。在非指导性教学模式中，罗杰斯强调，以学生为本，让学生自发地学习，排除对学生自身的威胁，给学生安全感。人本主义理论提出自我激励、自我调节的学习、情感教育等。

罗杰斯认为，促进学生学习的关键不在于教师的教学技巧、专业知识、课程计划、视听辅导材料、演示和讲解、丰富的书籍等（虽然这中间的每一个因素有时候均可作为重要的教学资料），而在于特定的心理气氛因素，这些因素存在于促进者与学习者的人际关系之中。那么，促进学习的心理气氛因素有哪些呢？罗杰斯认为，这和心理治疗领域中咨询师对来访者（患者）的心理气氛因素是一致的，分为三类：①真诚一致，即学习的促进者表现真我，没有任何矫饰、虚伪和防御。②无条件的积极关注，即学习的促进者尊重学习者的情感和意见，关心学习者的方方面面，接纳作为一个个体的学习者的价值观念和情感表现。③同理心，即学习的促进者能了解学习者的内在反应，了解学习者的学习过程。在这样一种心理气氛下进行的学习，是以学生为中心的，教师只是学习的促进者、协作者，或说伙伴、朋友，学生才是学习的关键，学习的过程就是学习的目的所在。

## 五、人本主义学习理论在教育实践中的应用及评价

罗杰斯等以自我实现的人格理论与当事人中心疗法为基础，在教育实践中倡导以学生经验为中心的“有意义的自由学习”，强调教学要把学生当人来看，相信学生的潜能，促进学生个性发展，培养学生学习的积极性与主动性，对传统的教育理论造成了冲击，推动了教育改革运动的发展。这种冲击和促进主要表现在：突出情感在教学活动中的地位和作用，形成了一种以知情协调活动为主线、以情感作为教学活动的基本动力的新的教学模式；以学生的自我完善为核心，强调人际关系在教学过程中的重要性，认为课程内容、教学方法、教学手段等都维系于课堂人际关系的形成和发展；把教学活动的重心从教师引向学生，把学生的思想、情感、体验和行为看作教学的主体，从而促进了个别化教学运动的发展。

当然，由于人本主义学习理论是植根于自然人性论及自我实现论的基础上的，所以，在实际教学中，它仍然存在一定的不足。首先，它片面强调以学生为中心，忽视了教师的指导作用，

从根本上排斥了后天教育对学生应该实施的系统的、有目的的影响，把教育的功能贬低到了最低限度。其次，人本主义学习理论直接来源于心理治疗的理论和实践，是以“当事人中心疗法”为基础而提出“以学生为中心”的教学观的，忽视了学校教育的特殊性。最后，它在反对传统教育轻视情感的基础上，又走向了另一个极端，过分轻视系统科学知识的学习，片面强调情感的重要性，并最终走向情感至上的歧途。

虽然人本主义学习理论有其自身固有的缺陷，但也有许多可取之处。它重视对学生的尊重和爱护，充分发挥学生的主动性和创造性，主张教学工作要注意创设良好的人际关系和课堂气氛，使学生身心健康地成长，以适应时代的变化和社会的要求，这些对于我国的教育改革具有重要的启发作用，值得我们借鉴。

## 第五节　建构主义学习理论

建构主义是20世纪80年代中期以来兴起的一种学习理论思潮，其形成与发展深受皮亚杰的发生认识论、维果斯基的社会文化历史理论、杜威（美国心理学家）的经验理论等思想的影响，强调学生在学习过程中对知识的主动建构。该理论目前对教育研究和教育实践产生越来越重要的影响。在教育心理学领域，一般将建构主义划分为认知建构主义和社会建构主义两大类。其中，认知建构主义也称为个人建构主义，强调个体自身在知识建构中的作用，主要以皮亚杰的发生认识论为基础；社会建构主义也称为文化建构主义，强调社会互动、历史文化在个人知识建构中的重要作用，主要以维果斯基的社会文化历史理论为基础。

### 一、建构主义学习理论的思想渊源与理论取向

#### （一）建构主义学习理论的思想渊源

建构主义是行为主义发展到认知主义以后的进一步发展。行为主义的基本主张是：强调客观主义，认为分析人类行为的关键是对外部事件的考察；强调环境主义，认为环境是决定人类行为的最重要因素；强调强化的作用，认为人们行为的结果影响着后续的行为。行为主义认为：学习是通过强化建立刺激与反应之间的联结；教育者的目标在于传递客观世界的知识，学习者的目标是在知识传递过程中达到教育者所确定的目标。行为主义者无视知识传递过程中学习者自身的理解，即心理加工过程。信息加工的认知主义者基本上还是采取客观主义的传统，认为世界是由客观实体及其特征、客观事物之间的关系所构成的。他们与行为主义者的不同之处在于强调学习者内部的认知过程，看到了已有知识在新知识获得过程中的作用。但是仍然假定信息或知识是事先以某种形式存在的，个体首先必须接受它们，才能对其进行加工，即肯定了已有知识在新知识获得过程中的作用，但基本不把这种影响看成是新旧经验的反复的、双向互动的过程，认为教学的目标在于帮助学习者把外界的客观事物内化为学习者内部的认知结构。

建构主义是认知主义的进一步发展。早在皮亚杰的思想中已经有了建构的思想。皮亚杰认为，知识既非来自主体，也非来自客体，个体是在与周围环境相互作用的过程中，逐步建构起关于外部世界的知识，从而使自身认知结构得到发展的。个体与环境的相互作用涉及同化和顺应两个基本过程。其中，同化是指个体把外界刺激所提供的信息整合到自身原有的认知结构中

去的过程，顺应是个体的认知结构因外部刺激的影响而发生变化的过程。个体通过同化与顺应达到与周围环境的平衡。

20世纪70年代末，布鲁纳等将苏联教育心理学家维果斯基的思想引入美国，对建构主义思想的发展起到了极大的推动作用。维果斯基强调个体的学习是在一定的文化、社会历史背景中进行的，社会可以为个体高级心理机能的发展起到重要的促进作用，尤其是强调活动与社会交往在人的心理发展中的突出作用；认为人的高级心理机能来源于外部动作的内涵，这种内化可以通过教学、劳动、游戏、交往等活动来实现。另外，内在智力动作也可以外化为实际动作，使主观见之于客观。人的活动是内化与外化的中介和桥梁。同时，维果斯基的最近发展区的思想对建构主义也产生了很大的影响。

此外，杜威的经验性学习理论对建构主义也产生了重要的影响。该理论认为，教育必须建立在经验的基础之上，教育的实质就是经验的生长和经验的改造，学习是在经验中、由于经验和为着经验的一种发展过程，学生从经验中产生问题，而问题又可以激发他们去探索知识，产生新的观念。

从现实缘起来看，建构主义是针对传统教学的诸多弊端而提出的。有人认为，在传统教学中，学生习得的知识存在不完整、不灵活等缺陷，无法在需要的时候加以应用，也无法在新的情境中有效迁移。如何缩小学生学习与现实生活之间的差距，实现知识广泛而灵活的迁移，是建构主义所关心的核心问题之一。

正是基于上述心理学理论、教育学思想及现实需要，建构主义走向了与客观主义相对立的一面。

### （二）建构主义学习理论的不同取向

建构主义是一种理论思潮，正处于发展阶段，尚未达成一致意见，目前对教育实践影响比较大的建构主义理论取向主要有以下四种。

#### 1. 激进建构主义

激进建构主义是以皮亚杰的思想为基础发展而来的，以美国哲学家冯·格拉赛斯费尔德和美国教育心理学家斯泰费为代表。该取向认为，知识不是通过感觉被个体被动接受的，而是由认知主体主动地建构起来的，建构是通过新旧经验的相互作用而实现的；认识的机能是适应自己的经验世界，帮助组织自己的经验世界，而不是去发现本体论意义上的现实。世界的本来面目是无法知道的，我们所知道的只是我们的经验。所有的知识都是在个体与经验世界的对话过程中建构起来的，而这要以个体的认知过程为基础。由此可见，该取向关注个体与物理环境的相互作用，对学习的社会性的一面则重视不够。

#### 2. 社会建构主义

社会建构主义是以维果斯基的理论为基础而建构起来的，以鲍尔斯菲尔德和西罗伯特·波恩德为代表。该取向也在一定程度上质疑知识的确定性和客观性，认为世界是客观存在的，对每个认识世界的个体来说是共通的。知识是在人类社会范围里建构起来的，又在不断地被改造。它把学习看成是个体建构自己的知识和理解知识的过程，更关注这一建构过程的社会性一面。它认为知识是个体与物理环境相互作用内化的结果，语言符号等对这一过程具有极其重要的作用。学习者在自己的日常生活、交往和游戏等活动中，形成了大量的个体经验，这可以叫作“自下而上的知识”。它从具体水平向知识的高级水平发展，走向以语言实现的概括，具有理解性和随意性。而在人类的社会实践活动中则形成了公共文化知识。在个体的学习中，这种知识首先以语言符号的形式出现，由概括向具体经验领域发展，所以也可以称为“自上而下的知识”。儿童在与成人或比自己成熟的社会成员的交往活动中，在他人的帮助下，解决自己还不能独立解决的问题，理解体现在成人身上的“自上而下的知识”并以自己原有的知识为基础，使之获得一定的意义，从而把最近发展区变成现实的发展，这也是儿童知识经验发展的基本途径。

#### 3．社会文化取向建构主义

社会文化取向建构主义也是基于维果斯基的思想而形成的，与社会建构主义有很大的相似之处，也把学习看成是建构过程，关注学习的社会性的一面。但它又与社会建构主义有所不同。它认为心理活动是与一定的文化、历史和风俗习惯背景密切联系在一起的，知识与学习都存在于一定的社会文化背景中，不同的社会实践活动是知识的来源。它侧重研究不同文化、不同时代背景和不同情境下个体的学习和问题解决等活动的差异。个体以自己原有的知识经验为基础，通过一系列的活动，解决所出现的各种问题，最终达到活动的目标。学生在问题的提出及解决的过程中都处于主动地位，并且可以获得一定的支持。

#### 4．信息加工建构主义

信息加工建构主义不同于信息加工学习理论。信息加工学习理论认为认知加工是一个积极的心理加工过程，学习不是被动的形成刺激与反应之间的联结，而是包含了信息的选择、加工和存储的复杂过程。在此意义上，信息加工学习理论比行为主义学习理论前进了一大步。但是，信息加工理论假定，信息或知识事先是以某种形式存在的，个体必须接受它们才能对其进行加工，复杂的认识活动才能得以进行。虽然它看到了已有的知识在新知识获得过程中的作用，但基本不把它看成是新旧经验之间的反复的、双向的相互作用的过程，只是片面强调原有知识经验在新知识编码中的作用，而忽视了新经验对原有知识经验的影响。信息加工建构主义仍然坚持信息加工的基本范式，但完全接受了知识是建构而成的观点，强调外部的信息与已有知识经验之间存在双向的、反复的相互作用。新经验意义的获得要以原有的知识经验为基础，从而超越所给的信息，而原有知识经验又会在此过程中被调整或改造。美国学者斯皮罗的认知灵活性理论就是信息加工建构主义的典型代表。

## 二、建构主义学习理论的基本观点

虽然建构主义学习理论的不同取向在具体观点上仍存在差异，但是它们在有关知识、学习、学生、教学及教师等方面也存在一些共识，下面我们主要探讨这些基本的共识与观点。

### （一）建构主义知识观

建构主义与客观主义相对立。它强调意义不是独立于个体而存在的，个体的知识是由个体主动建构起来的。对事物的理解不仅取决于事物本身，同时还取决于个体自身原有的知识经验背景。不同的人由于原有经验不同，对同一事物会有不同的理解。也就是说，建构主义者在一定程度上质疑知识的客观性和确定性，强调知识的动态性，具体体现在以下三个方面。

（1）知识不是对现实的准确表征，只是一种解释、一种假设，不是问题的最终答案，会随着人类的进步而不断地被“革命”，并随之出现新的假设。

（2）知识并不能精确地概括世界的法则，不能拿来便用，一用就灵，而是需要针对具体情境进行再创造。

（3）知识不能以实体的形式存在于具体个体之外，尽管我们通过语言符号赋予了知识一定的外在形式，甚至这些命题还得到了较普遍的认可，但这并不意味着学习者对这些命题有同样的理解。因为这些理解只能由个体基于自己的经验背景而建构起来，取决于特定情境下的学习历程。

总之，尽管建构主义有不同倾向，但它们都以不同的方式在某种程度上对知识的客观性和确定性提出了质疑，虽然过于激进，但它向传统的教学和课程理论提出了挑战，值得我们深思。按照这种观点，课本知识只是一种关于各种现象的较为可靠的假设，而不是解释现实的“模板”。科学知识包含真理性，但不是绝对正确的最终答案，只是一种对现实的可能正确的解释。学生对知识的接受只能靠自己去建构来完成，以自己的经验背景为基础来分析知识的合理性。学生的学习不仅是对新知识的理解，而且是对新知识的分析、检验和批评。教学过程中，教师应鼓励学生敢于质疑知识的客观正确性，避免用科学家、教师、课本的权威性来压服学生。

### （二）建构主义学生观

建构主义者强调学生经验世界的丰富性和差异性。他们强调学生并不是空着脑袋走进教室的。在日常生活中，在以往学习中，学生已经形成了丰富的经验，对人和事都有自己的一些看法。而且，虽然有时有些问题他们没有接触过，但当问题呈现时，他们往往可以根据相关经验，依靠推理和判断，形成对问题的某种解释。因此，教学不能无视学生先前的经验，另起炉灶，从外部装进新知识，而是要把学生现有的知识经验作为新知识经验的生长点，引导学生从原有知识经验中“生长”出新的知识经验。教学不是知识的传递，而是知识的处理和转换。教师应该重视学生自己对各种现象的理解，洞察他们这些想法的由来，引导他们丰富或调整自己的理解。这不是简单的“告诉”就能奏效的，需要与学生共同针对某些问题进行探索，并在此过程中相互交流和质疑，了解彼此的想法，做出某些适宜的调整。此外，由于学生经验的差异性，学生对问题的理解常常各异，他们可以在一个学习的共同体中相互沟通、互相合作，对问题形成更丰富、多角度的理解。因此，学生经验世界的差异性本身便是一种宝贵的学习资源。教学就是要增进学生之间的交流合作，使他们看到彼此之间的不同观点，从而促进学习的进行。

### （三）建构主义学习观

基于知识观和学生观，建构主义者认为学生的学习具有以下三个特点。

#### 1. 主动建构性

建构主义者认为，学习不是知识由教师传递给学生的过程，而是学生建构自己的知识的过程；学生不是被动的信息接收者，而是信息意义的主动建构者。学习是个体建构自己的知识的过程，意味着学习是主动的，学生不是被动的刺激接受者。面对新信息，学生要激活头脑中先前的知识经验，提供给高层次思维活动，对刺激进行选择、加工、转换等活动。知识也不是简单地由外部信息所决定，外部信息本身并没有意义，意义是学生通过新旧知识经验之间反复的、双向的相互作用过程而建构起来的。每个学生都在以自己原有的经验系统为基础对新信息进行编码，建构自己的理解。而原有知识又因为新经验的进入而发生调整和改变，所以，学习并不是信息的积累，而是新旧经验的冲突引发的观念的转变和结构重组。学习过程并不是信息的输入、存储和提取，而是新旧经验之间双向的相互作用过程。

2．社会互动性

传统的观点把学习看作每个学生单独在头脑中进行的活动，往往忽视了学习活动的社会情境，或将它仅仅看成一种背景，而非实际学习过程的一部分。建构主义者强调，学习是通过某种社会文化的参与而内化相关知识和技能、掌握有关工具的过程，而这一过程常常需要通过学习共同体的合作互助来完成。所谓学习共同体，即由学习者及其助学者共同构成的团体，他们彼此之间经常在学习过程中进行沟通交流，分享各种学习资源，共同完成一定的学习任务，因而在成员之间形成了相互影响、相互促进的人际关系，形成了一定的规范和文化。学习共同体的协商、互动和协作对于知识建构具有重要的意义。

3．情境性

传统教学观念认为，概括化的知识是学习的核心内容，这些知识可以从具体情境中抽象出来，让学生脱离具体物理情境和社会实践情境进行学习，而所习得的概括化知识可以自然而然地迁移到各种具体情境中。但是，情境总是具体的，千变万化的，抽象概念和规则的学习无法灵活适应具体情境的变化，学生常常难以灵活应用所学的知识来解决现实世界中的真实问题，难以有效地参与社会实践活动。据此，建构主义者认为，知识是不可能脱离活动情境而抽象存在的，学习应该与情境化的社会实践活动结合起来。具体表现在以下三个方面。

（1）知识是生存在具体的、情境性的、可感知的活动之中的。概念不是一套独立于情境的知识符号，不可能脱离活动情境而抽象地存在。它只有通过实际情境中的应用活动才能真正被人所理解。

（2）学习应该与情境化的社会实践活动结合起来，就如同手工作坊中师傅带徒弟一样。

（3）学习和理解的关键是形成对具体情境中的“所限”和“所给”的调适，即学习者能理解该情境中的限制规则，理解在社会互动和实践活动中存在的“条件-结果”关系，从而能对自己的活动过程及结果做出预期。

## （四）建构主义教学观

由于知识的动态性和相对性，以及学习的主动建构性，教学不再是传递客观而确定的现成知识，而是激活学生原有的相关知识经验，促进知识经验的“生长”，促进学生的知识建构活动，以促成知识经验的重新组织、转换和改造。教学要为学生创设理想的学习情境，激发学生的推理、分析、鉴别等高级思维活动，同时，给学生提供丰富的信息资源、处理信息的工具及适当的帮助和支持，促使他们自己建构意义及解决问题。基于建构主义者的观点，研究者提出了许多新的教学思路，如情境性教学（常见的有认知学徒制和抛锚式教学）、支架式教学、合作学习等，这些教学模式对教学实践产生了巨大的影响。

建构主义批评传统教学使学生去情境化的做法，提倡情境性学习与教学。情境性学习与教学模式以情境性认知理论为基础，主张学习与教学应着眼于解决生活中的实际问题。因此，教学应该使学习在与现实相类似的情境中发生。在情境性学习中，教师不是将已经准备好的内容教给学生，而是提供解决问题的原型，并指导学生主动探索。情境性教学的测验是融合式测验，即在学习具体问题的解决过程中便可了解学习的效果。情境性教学有利于激发学生的学习积极性和探索精神，也有利于培养学生解决问题的能力。

### （五）建构主义教师观

信息加工学习理论更多地把教师看成是学生学习的指导者、设计者，而建构主义学习理论更愿意把教师看成是学生学习的帮助者、合作者。建构主义者认为教学不是由教师将知识简单地传给学生，而是师生在共同的社会实践活动中，教师通过给学生提供学习所需要的帮助、支持，引导学生从原有的知识经验中“生长”出新的知识经验，为学生的理解提供梯子，使学生对知识的理解能逐步深入；帮助学生形成思考、分析问题的思路，启发他们对自己的学习进行反思，逐渐让学生对自己的学习进行自我管理、自我负责；创设良好的、富有挑战性的学习情境，鼓励并协助学生在其中通过实验、独立探究、合作讨论等方式进行学习；组织学生与不同领域的专家或实际工作者进行广泛交流，为学生的探索提供有力的社会支持。此外，建构主义者还认为教师在复杂内容的教学过程中，应注重用多种途径来表征，如类比、例证、比喻等，以促使学生从深层次上理解所学的内容和促进知识的良好应用。因此，建构主义教师观不是排斥教师在教学中的作用，而是对教师提出了更具有挑战性的新职责。

综上所述，当今建构主义者对学习和教学做了新的解释，强调知识的动态性，强调学生经验的丰富性和差异性，强调学习的主动建构性、社会互动性和情境性。学生是自己知识的建构者，教学需要创设理想的学习环境，促进学生的自主建构活动。教师在教学过程中扮演着学生学习的帮助者和合作者的角色。

## 三、建构主义学习理论对当前教育实践的启示

建构主义学习理论的形成与发展对当代教育理论与教育实践都具有广泛的影响。基于建构主义的思想，教师在教学时要注意调动学生原有的知识经验，为学生创设有利于学习的环境，给学生提供帮助和支持，让学生在相应的情境中通过参与社会实践活动从而主动建构自己的知识体系，促进知识的迁移。教学中教师要尊重学生已有的相关经验，不断强化学生的能动意识，使学生认识到学习的过程不是消极的“等、靠、听、记”，也不仅仅是信息的累积过程，而是一个新旧经验之间双向的、反复的相互作用过程。建构主义学习理论对当前教育实践的启发作用具体体现在以下几个方面。

#### 1. 鼓励学生敢于质疑知识的正确性

建构主义认为知识只是一种解释、一种假设，随着人类的进步会不断发生变化，意义的建构受学习者已有经验及所处的社会文化的影响。每个人对知识的理解都是不同的，哪怕是对同一知识载体的建构。因此，教师在教育教学过程中，在尊重书本知识的同时，不能用知识的权威来压制学生的创造性，要在重视学生个性化特点的基础上因材施教，培养学生的批判性思维，使其敢于质疑知识的正确性。

#### 2. 引导学生主动建构事物意义，充分发挥学习共同体的作用

建构主义认为学生的学习具有主动建构性、社会互动性和情境性。因此在教学过程中教师应注意以下几方面。

（1）认识到自主学习的重要性，为学生创设问题情境，引导和帮助学生主动建构自己的认知结构。

（2）注意学习共同体在学生学习中的作用，运用合作学习等方式帮助学生建立认知结构。

（3）注意理论联系实际，积极开展实践活动课，在实践活动中帮助学生合理运用、领会知识。

**3．重视学生原有知识经验，充分发挥学生学习的主观能动性**

建构主义的学生观告诉我们，学生并不是空着脑袋走进教室的，他们都具有丰富的经验，是意义的主动建构者，而不是外部刺激的被动接受者。因此，在教学过程中除了传统知识的传授，还应当充分发挥学生的主体地位，激活学生原有的知识经验，在学生原有知识经验的基础上生长出新的知识，从而充分发挥学生学习的自主性和能动性。使学生由被动的知识接受者变为主动的信息搜集者，使教师由知识的灌输者变为引导学生建构意义的领路人，教师在学生心目中的地位不再是不可亵渎的权威，而是学生学习的辅助者、引导者和支持者，师生之间成为共同的学习伙伴和合作者，彼此互相学习、共同进步和成长。

## 课后巩固练习

1．简述学习的含义及学生学习的特点。

2．简述巴甫洛夫经典性条件作用的主要规律。

3．简述班杜拉观察学习的含义及过程。

4．简述人本主义学习理论的基本思想。

5．简述建构主义学习理论的基本观点。

## 感悟与提升

1．观察学习理论对于教师教学与学生学习有何启发指导作用？

2．人本主义学习理论的基本思想及其对教学工作的启发有何指导作用？

3．建构主义学习理论的基本观点及其对教学工作有何启发作用？

拓展阅读

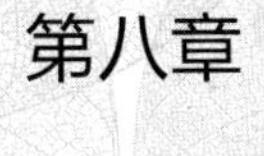

# 第八章

# 学习心理

只有学会如何学习和学会如何适应变化的人，只有意识到没有任何可靠的知识，只有寻求知识的过程才是可靠的人，才是真正有教养的人。

——卡尔·兰塞姆·罗杰斯（Carl Ransom Rogers，1902—1987年）

## 学习目标

1. 掌握学习动机、学习策略、学习迁移、知识与技能、态度与品德的含义。
2. 掌握学习动机的培养与激发、学习策略的分类、学习迁移的教学原则。
3. 掌握动作技能和心智技能的形成过程与培养、创造性的培养、优良品德的培养方法。
4. 理解学习动机的理论、学习迁移的理论、知识与技能学习的类型和过程、影响创造性思维的因素、态度与品德学习的一般过程和条件。

## 学习重点

1. 学习动机的理论。
2. 学习动机的培养与激发。
3. 学习迁移的教学原则。
4. 学习策略的分类。
5. 问题解决的影响因素。
6. 创造性的培养。
7. 优良品德的培养方法。

## 学习难点

1. 学习迁移的理论。
2. 动作技能和心智技能的形成过程与培养。
3. 品德发展的阶段理论。

最先把“学”和“习”这两个字联在一起讲的是孔子,《论语》曰:“学而时习之，不亦说乎？”意思是，学了之后及时、经常地进行温习和实习，不是一件很愉快的事情吗？那么，我们怎样才能学习快乐，快乐学习呢？

# 第一节 学习动机

## 一、学习动机的含义与种类

### （一）学习动机的含义

动机是指引起和维持个体的活动，并使活动朝向某一目标的内在心理过程或内部动力。所谓学习动机就是推动学生进行学习活动的内在原因，是激励、指引学生学习的强大动力。所以，学习动机指的是学习活动的推动力，又称“学习的动力”。

### （二）学习动机的种类

#### 1．根据学习动机内容的社会意义分类

根据学习动机内容的社会意义，可以将学习动机分为高尚的学习动机与低级的学习动机。高尚的学习动机的核心是利他主义，学生把当前的学习同国家和社会的利益联系在一起。例如，中小学生勤奋、努力学习各门功课，是因为他们意识到自己在不久的将来是国家建设的中坚力量，肩负着祖国繁荣昌盛的重任，所以现在要打好基础，踏实地掌握科学知识。低级的学习动机的核心是利己的、自我中心的，学习动机只来源于自己眼前的利益。例如，有的学生努力学习只是为了个人的名誉、地位或报答父母的养育之恩等，这是自私的、狭隘的，因而也是低级的。

#### 2．根据学习动机的作用与学习活动的关系分类

根据学习动机的作用与学习活动的关系，可以将学习动机分为近景的直接性动机和远景的间接性动机。近景的直接性动机是与学习活动直接相连的，源于对学习内容或学习结果的兴趣。例如，学生的求知欲望、成功的愿望、对某门学科的浓厚兴趣、老师生动形象的讲解、教学内容的新颖等都直接影响到学生的学习动机。远景的间接性动机是与学习的社会意义和个人的前途相连的。例如，中小学生意识到自己的历史使命、为不辜负父母的期望、为争取自己在班集体中的地位和荣誉等都属于间接性的动机。

#### 3．根据学习动机的动力来源分类

根据学习动机的动力来源，可以将学习动机分为内部动机和外部动机。这是在所有动机划分中，得到心理学家公认的。内部动机是指由个体内在的需要引起的动机。例如，学生的求知欲、学习兴趣等内部动机因素，会促使学生积极主动地学习。外部动机是指个体由外部诱因所引起的动机。例如，某些学生为了得到老师或父母的奖励或避免受到老师或父母的惩罚而努力学习，他们从事学习活动的动机不是在学习任务本身，而是在学习活动之外。我们在教育过程中强调内部学习动机，但也能不忽视外部学习动机的作用。教师一方面应逐渐使学生的外部动机转化成为内部动机，另一方面应利用外部动机使学生已经形成的内部动机处于持续的激起状态。

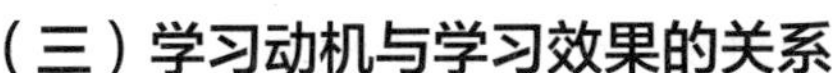

### （三）学习动机与学习效果的关系

学习动机与学习效果的关系并不是直接的，它们之间往往以学习行为为中介，而学习行为又不单纯受学习动机的影响，它还要受一系列主客观的因素，如学习基础、教师指导、学习方法、学习习惯、智力水平、个性特点、健康状况等的制约。因此，只有把学习动机、学习行为、学习效果三者放在一起加以考查，才能看出学习动机与学习效果之间既一致又不一致的关系，见表 8-1。

表 8-1 学习动机与学习效果的关系

| | 正向一致 | 负向一致 | 正向不一致 | 负向不一致 |
|---|---|---|---|---|
| 学习动机 | + | - | - | + |
| 学习行为 | + | - | + | - |
| 学习效果 | + | - | + | - |

注："+" 表示好或积极，"-" 表示坏或消极。

从表 8-1 可以看出，在四种学习动机与学习效果的关系类型中，有两种类型的学习动机与学习效果的关系是一致的，另两种类型的学习动机与学习效果的关系则不一致。一致的情况是，学习动机强，学习积极性高，学习行为也好，则学习效果好（正向一致）；相反，学习动机弱，学习积极性不高，学习行为也不好，则学习效果差（负向一致）。不一致的情况是：学习动机不强，如果学习行为好，其学习效果也可能好（正向不一致）；相反，学习动机强，学习积极性高，如果学习行为不好，其学习效果也不会好（负向不一致）。

## 二、学习动机的理论

由于学习动机的多样化，导致对学习动机作用的解释也多种多样。心理学家提出了种种不同的理论观点，这些理论从不同的角度解释了人类的学习行为。

### （一）强化理论

学习动机的强化理论是由行为主义学习理论家提出来的，他们不仅用强化来解释学习的发生，而且用它来解释动机的产生。在他们看来，人的某种学习行为倾向完全取决于先前的这种学习行为与刺激因强化而建立起来的稳固联系，而不断强化则可以使这种联结得到加强和巩固。按照这种观点，任何学习行为都是为了获得某种报偿。因此，在学习活动中，采取各种外部手段如奖赏、赞扬、评分、竞赛等，均可以激发学生的学习动机，引起其相应的学习行为。

一般来说，强化起着增进学习动机的作用，如适当的表扬与奖励、获得优秀成绩、取消频繁无谓的考试等便是强化的手段；惩罚则一般起着削弱学习动机的作用，如当众辱骂学生、过度重复抄写作业等便是惩罚的手段。在学习中如能合理地运用强化，减少惩罚，将有助于提高学生的学习动机水平，改善他们的学习行为及其结果。

### （二）需要层次理论

需要层次理论是人本主义心理学理论在动机领域中的体现，美国心理学家马斯洛是这一理论的提出者和代表人物。马斯洛认为人的基本需要有五种，它们由低到高依次排列成一定的层次，即生理需要、安全需要、归属和爱的需要、尊重的需要、自我实现的需要。

自我实现作为一种最高级的需要，包括认知、审美和创造的需要。从学习心理的角度看，人们进行学习就是为了追求自我实现，即通过学习使自己的价值、潜能、个性得到充分而完备的发挥、发展和实现。因此，可以说自我实现是一种重要的学习动机。

### （三）成就动机理论

成就动机是个体努力克服障碍、施展才能、力求又快又好地解决某一问题的愿望或趋势。成就动机理论的主要代表人物阿特金森认为，个体的成就动机可以分成两类，一类是力求成功的动机，另一类是避免失败的动机。力求成功的动机，即人们追求成功和由成功带来的积极情感的倾向性。避免失败的动机，即人们避免失败和由失败带来的消极情感的倾向性。根据这两类动机在个体的动机系统中所占的强度，可以将个体分为力求成功者和避免失败者。力求成功者的目的是获取成就，所以他们会选择有所成就的任务，而成功概率为50%的任务是他们最有可能选择的，因为这种任务能给他们提供最大的现实挑战。当他们面对完全不可能成功或稳操胜券的任务时，动机水平反而会下降。相反，避免失败者则倾向于选择非常容易或非常困难的任务，如果成功的概率大约是50%时，他们就会回避这项任务。因为选择容易的任务可以保证成功，使自己免遭失败，而选择极其困难的任务，即使失败，也可以找到适当的借口，得到自己和他人的原谅，从而减少失败感。

在教育实践中，对力求成功者，应通过给予新颖且有一定难度的任务，安排竞争的情境，严格评定分数等方式来激起其学习动机；而对于避免失败者，则要安排少竞争或竞争性不强的情境，如果取得成功则要及时对其进行表扬给予强化，评定分数时要求稍稍放宽些，并尽量避免在公众场合下指责其错误。

### （四）成败归因理论

人们做完一项工作之后，往往喜欢寻找自己或他人取得成功或遭受失败的原因。美国心理学家韦纳对行为结果的归因进行了系统探讨，并把归因分为三个维度：内部归因和外部归因；稳定性归因和非稳定性归因；可控制归因和不可控制归因。他又把人们活动成败的原因即行为责任主要归结为六个因素，即能力高低、努力程度、任务难度、运气（机遇）好坏、身心状态、外界环境等。如果将此三维度和六因素结合起来，就可组成成败归因模式，见表8-2。

表8-2　成败归因模式

| 归因因素 | 稳定性 | | 内在性 | | 可控性 | |
|---|---|---|---|---|---|---|
| | 稳定 | 不稳定 | 内在 | 外在 | 可控 | 不可控 |
| 能力高低 | + | | + | | | + |
| 努力程度 | | + | + | | + | |
| 任务难度 | + | | | + | | + |
| 运气好坏 | | + | | + | | + |
| 身心状态 | | + | + | | | + |
| 外界环境 | | + | | + | | + |

由于归因理论是从结果方面来阐述行为动机的，所以它的理论价值与实际作用主要表现在三个方面：一是有助于了解心理活动发生的因果关系，二是有助于根据学习行为及其结果来推断个体的心理特征，三是有助于从特定的学习行为及其结果来预测个体在某种情况下可能产生的学习行为。正因为如此，在实际教学过程中，运用归因理论来了解学习动机，对于改善学生的学习行为，提高其学习效果，也会产生一定的作用。

### （五）自我效能感理论

班杜拉认为，自我效能感指人们对自己是否能够成功地从事某一成就行为的主观判断。

自我效能感具有以下功能：影响学习活动的选择；影响学习活动的坚持性；影响对困难任务的态度；影响学习活动的情绪。

影响自我效能感的因素主要有以下两个方面。

（1）个体自身行为的成败经验。一般来说，成功经验会提高效能期待，反复的失败则会降低效能期待。

（2）归因方式也直接影响到自我效能感的形成。如果个体把成功的经验归因于外部的不可控的因素（如运气、难度等）就不会增强自我效能感，把失败归因于内部的可控的因素（如努力）可能会使自我效能感有一定提高。

## 三、学习动机的培养与激发

### （一）学习动机的培养

#### 1. 利用学习动机与学习效果的互动关系培养学习动机

学习动机作为引起学习活动的动力机制，是学习活动得以发动、维持、完成的重要条件，并由此影响学习效果。而学习动机之所以能影响学习效果，是因为它直接制约学习积极性。学习动机强的学生，必然在学习活动中表现出较高的学习积极性，他们在学习中能专心一致，具有深厚持久的学习热情，遇到困难时有顽强的自制力和坚强的毅力；反之，缺乏学习动机的学生，必然学习积极性低。而学习积极性的高低将直接影响学习效果。因此，学习动机可以影响到学习效果。

#### 2. 利用直接发生途径和间接转化途径培养学习动机

教育心理学研究表明，新的学习需要可以通过两条途径来形成：一是直接发生途径，即因原有学习需要不断得到满足而直接产生新的更稳定、更分化的学习需要；二是间接转化途径，即新的学习需要由原来满足某种需要的手段或工具转化而来。

利用直接发生途径，主要应考虑的就是如何使学生的原有学习需要得到满足。由于认知内驱力是最稳定、最重要的学习动机，所以满足学生的认知需要有利于培养新的学习需要。为此，教师应耐心有效地解答学生提出的问题，精心组织信息量大、有吸引力的课堂教学，以满足学生的求知欲。

从间接转化途径考虑，主要应通过各种活动，提供各种机会，满足学生其他方面的要求和爱好。就各种课外活动小组而言，很多参加的学生，最初可能并不是由于对某一门学科的爱好，而很可能是追求活动中的娱乐和与同伴交流的快乐。

### （二）学习动机的激发

#### 1．创设问题情境，实施启发式教学

启发式教学与传统的“填鸭式”教学相比，具有极大的优越性。而要想实施启发式教学，关键在于创设问题情境。所谓问题情境，指的是具有一定难度，需要学生努力克服，而又是力所能及的学习情境。

要想创设问题情境，首先要求教师熟悉教材，掌握教材的结构，了解新旧知识之间的内在联系。其次要求教师充分了解学生已有的认知结构状态，使新的学习内容与学生已有水平构成一个适当的跨度。这样，才能创设问题情境。问题情境创设的方式多种多样，并应贯穿在教学过程的始终。

#### 2．根据作业难度，恰当控制动机水平

一般情况下，动机水平提高，学习效果也会提高。但是，动机水平也并不是越高越好，动机水平超过一定限度，学习效果反而更差。耶基斯和多德森认为，中等程度的动机激起水平最有利于学习效果的提高。同时，他们还发现，最佳动机激起水平与作业难度密切相关，任务较容易，最佳激起水平较高；任务难度中等，最佳动机激起水平也适中；任务越困难，最佳动机激起水平越低。

由此可知，教师在教学时，要根据学习任务的不同难度，恰当控制学生学习动机的激起程度。在学习较容易、较简单的课题时，应尽量使学生集中注意力，使学生尽量紧张一点；而在学习较复杂、较困难的课题时，则应尽量创造轻松自由的课堂气氛；在学生遇到困难或出现问题时，要尽量心平气和地慢慢引导，以免学生过度紧张和焦虑。因此，平日流传的“大考大耍，小考小耍，不考不耍”的调皮话，在一定程度上是有积极意义的。

#### 3．充分利用反馈信息，妥善进行奖惩

心理学研究表明，来自学习结果的种种反馈信息，对学习效果有明显影响。这是因为，一方面学习者可以根据反馈信息调整学习活动，改进学习策略；另一方面学习者为了取得更好的成绩或避免再犯错误而增强了学习动机，从而保持了学习的主动性和积极性。当然，如果在提供定量的信息反馈的基础上，再加上定性的评价，效果会更明显，这就是奖励与惩罚的作用。

心理学研究表明，表扬与奖励比批评与指责能更有效地激发学生的学习动机，因为前者能使学生获得成就感，增强自信心，而后者恰恰起到相反的作用。虽然表扬和奖励对学习具有推进作用，但使用过多或使用不当，也会产生消极作用。

#### 4．正确指导结果归因，促使学生继续努力

不同的结果归因方式会影响到主体今后的行为，因此可以通过改变主体的归因方式来改变主体今后的行为，这对于学校教育工作是有实际意义的。在学生完成某一学习任务后，教师应指导学生进行成败归因。一方面，要引导学生找出成功或失败的真正原因；另一方面，教师也应根据每个学生过去一贯的成绩的差异，从有利于今后学习的角度进行归因，哪怕这时的归因并不真实。一般而言，无论对成绩好的学生还是成绩不好的学生，归因于主观努力的方面均是有利的。因为归因于努力，可使成绩好的学生不至于过分自傲，能继续努力，以便今后能继续成功；使成绩不好的学生不至于过于自卑，也能进一步努力学习，以争取今后的成功。

# 第二节 学习策略

## 一、学习策略概述

### （一）学习策略的概念

学习策略的概念界定是学习策略研究中的基本课题，对于学习策略是什么，人们从不同角度、用不同方法对学习策略进行了概念界定，但始终没有达成统一的认识。目前学术界对学习策略的定义甚多，国内外学者主要从学习策略的内涵、结构及教学实验方面开展研究，以此不断丰富学习策略的内涵和理论基础。比较可靠的一些定义有以下几点。

（1）学习策略是特定的能力或技能，通过这些技能可以使学习更加有效率，诸如复述、想象、列提纲等。

（2）学习策略是一个学习的程序和步骤，它不是简单的事件，而是用于提高学习效率，从而对信息进行编码、存储、分析和提取的智力活动，是选择、整合、应用学习技巧的一套操作过程。

（3）学习策略是一种学习计划，是学习者为了完成学习目标而制订的复杂学习计划，并且包含着一般的自我管理活动，诸如计划、领会、监控等。

### （二）学习策略的特征

1. 主动性

一般学习者采用学习策略都是有意识的心理过程。学习者在学习时会根据学习材料和自身的特点，制订适当的学习方案，对于较新的学习任务，学习者总是在有意识、有目的地思考着学习过程的计划。对于反复使用的策略才能达到自动化的水平。

2. 有效性

策略，实际上是相对效果和效率而言的。好的学习策略能够使学习更有效率，取得更好的效果。一个人在完成一项学习任务时，假如使用的是最原始的方法，最终也可能达到学习目的，但效果可能不太好，效率也不会高。例如，记忆一列英语单词表，如果一遍又一遍地朗读，只要有足够的时间，最终也能记住，但是保持时间不会太长，记忆也不会很牢固；如果采用分散复习或尝试背诵的方法，记忆的效果和效率就会有所提高。

3. 过程性

学习策略是有关学习过程的策略。它规定学习时做什么不做什么、先做什么后做什么、用什么方式做、做到什么程度等诸多方面的问题。

4. 程序性

学习策略是学习者制订的学习计划，由规则和技能构成。每一次学习都有相应的计划，每一次学习的学习策略也不同。但是，相对于同一种类型的学习，存在着基本相同的计划，这些基本相同的计划就是我们常见的一些学习策略，如PQ4R阅读法，PQ4R分别代表预览（preview）、设问（question）、阅读（read）、反思（reflect）、背诵（recite）和回顾（review）。

## 二、学习策略的分类

基于学习策略内涵的多样性，研究者从各自的角度对学习策略的结构给出了不同的划分，有学者将学习策略划分为两类，如美国学者加里·R.卡比将其分为微观策略与宏观策略，我国学者胡斌武提出学习策略是由操作性方式和操作性控制方式构成，我国心理学教授史耀芳和美国心理学家丹塞伦认为学习策略可分为基本学习策略和辅助策略。还有将学习策略分为三类的，如美国心理学家邓克梅尔提出学习策略由复述策略、组织策略和精加工策略构成，美国教育心理学家威尔伯特·麦基奇认为学习策略分为认知策略、元认知策略和资源管理策略。

### （一）丹塞伦学习策略分类法

美国心理学家丹塞伦认为学习策略是由相互作用的两种成分组成的：基本策略和辅助性策略。基本策略用来直接操作课本材料，包括获得和存储信息的策略（领会和保持策略）及提取和使用这些存储信息的策略（提取和利用策略）。领会和保持策略又包括理解、回想、消化、扩展和复查五个子策略。提取和利用策略又包括理解、回想、详述、扩展和复查五个子策略。

### （二）加涅学习策略分类法

按学习策略使用范围的不同，加涅把学习策略分为通用学习策略和学科学习策略。通用学习策略是指不与特定学科知识相联系，适合各门学科知识的学习程序、规则、方法、技巧及调控方式。通用学习策略即是适用于所有学科的通法、通则，包括信息选择策略、记忆策略、组织策略等。学科学习策略是指与特定学科知识相联系，适合特定学科知识的学习程序、规则、方法、技巧及调控方式。例如，小学语文学习策略包括形象识字策略、看图说话策略、手舞足蹈背诵策略、快速阅读策略、范文启发策略等；中学英语学习策略包括词汇联想记忆策略、歌谣学语法策略、构词法学词汇策略、语法公式化学习策略、巧听策略、细节检索策略、词义猜测策略、写作要素策略、范文临摹策略等。

### （三）麦基奇学习策略分类法

麦基奇的分类可以全面涵盖学习策略。因此，下面做重点介绍。

#### 1．认知策略

认知策略是加工信息的一些方法和技术，有助于有效地从记忆中提取信息。一般而言，认知策略主要有复述策略、精细加工策略、组织策略。

（1）复述策略。复述策略是在工作记忆中为了保持信息，运用内部语言在大脑中重现学习材料或刺激，以便将注意力维持在学习材料上的方法。使用复述策略时，应该注意以下几点：①利用记忆规律；②要进行合理的复习；③合理使用过度学习。此外，有效的复习策略还包括集中和分散复习、部分学习和整体学习、自问自答或尝试背诵等。

（2）精细加工策略。精细加工策略是一种将新学材料与头脑中已有知识联系起来从而增加新信息的意义的深层加工策略。例如，学习“医生讨厌律师”这一句话时，我们附加一句“律师对医生起诉了”，如此一来，以后回忆就相对容易一些。

（3）组织策略。组织策略是整合所学新知识之间、新旧知识之间的内在联系，形成新的知识结构。组织是学习和记忆新信息的重要手段，其方法是将学习材料分成一些小的单元，并把这些小的单元置于适当的类别之中，从而使每项信息和其他信息联系在一起。

#### 2．元认知策略

元认知策略是学生对自己认知过程的策略，包括对自己认知过程的了解和控制策略，有助于学生有效地安排和调节学习过程。计划策略、监控策略和自我调节策略都属于元认知策略。

（1）计划策略。计划策略是指根据认知活动的特定目标，在认知活动开始之前计划完成目标所涉及的各种活动、预计结果、选择策略、设想解决问题的方法并预估其有效性等。学习中的计划策略包括设置学习目标、浏览阅读材料、设置思考题及分析如何完成学习任务。策略水平高的学生并不只是被动地听课、做笔记和等待教师布置作业，他们会预测完成作业需要多长时间，在写作前获取相关信息，在考试前复习笔记，在必要时组织学习小组，以及使用其他各种方法。

（2）监控策略。监控策略是指在认知过程中，根据认知目标及时检测认知过程，寻找两者之间的差异，并对学习过程及时进行调整，以期顺利实现有效学习的策略。监控策略主要使学习者警觉自己在认知过程中注意和理解方面可能出现的问题，并及时加以调节，因而不同于对整个认知活动过程的监控。它具体包括领会监控、集中注意及调节监控三个方面。

（3）自我调节策略。自我调节策略是对认知活动过程和结果的检查，如发现问题，则采取相应的补救措施，根据对认知策略的效果的检查及时修正、调整认知策略。自我调节策略与监控策略有关。例如，当学习者意识到他不理解课的某一部分时，他就会退回去学习困难的段落、在阅读困难或不熟的材料时放慢速度、测验时跳过某个难题先做简单的题目等。自我调节策略能帮助学习者纠正学习行为，弥补理解上的不足。

### 3．资源管理策略

资源管理策略是辅助学生管理可用环境和资源的策略，有助于学生适应环境并调节环境以适应自己的需要，对学生的学习有重要的作用。它包括学习时间管理策略、学习环境管理策略、努力管理策略和学业求助策略等。

（1）时间管理策略。首先，统筹安排学习时间。人生犹如一张大的时间表，每个人都应当根据自己的总体目标，对时间做出总体安排。总体时间表必须通过阶段性的时间表来落实，例如，将中学时期的时间表转变为不同的学年时间表、学期时间表、每月时间表、每周时间表及每天时间表。其次，高效利用最佳时间。要在人生理功能旺盛、精力充沛的时候，从事最重要、最紧张的学习活动，以便最有效地利用学习时间。最后，灵活利用零碎时间。可以利用零碎时间处理学习上的杂事，也可以进行讨论和交流，在轻松的气氛里与人交流，有助于创造性思维的发展。

（2）学习环境管理策略。学习环境是可以人为地选择、改善与创设的。设置学习环境是为了使周围的环境更有利于学习活动的展开。首先，要注意调节自然条件，如流通的空气、适宜的温度、明亮的光线及和谐的色彩等。其次，要设计好学习的空间，如空间范围、室内布置、用具摆放等因素。如果条件容许，应当有一个相对固定的学习场所，以减少家庭成员之间的相互干扰，形成一个相对安静的学习环境。要注意桌面的整洁，各种学习用具要摆放在固定的地方，用完后归还原处。学习时，尽量减少可能的干扰和分心的因素。例如，最好将手机关机或静音，以免分心和打乱思绪。

（3）努力管理策略。系统性的学习大都是需要意志努力的。对学习本身就有兴趣、好奇心和求知欲都是重要的内在学习动机，可以使人持续学习下去，敢于克服障碍，迎接挑战，从学习活动中获得快乐。学习的内在动机是可以自我培养的。例如，可以设法通过某些活动，如参观博物馆或展览会、听讲座、观看影像资料等，了解某一学科知识在现实生活中的意义，以及对将来学习的重要性，激发学生进一步了解相关知识的愿望，并使学生在求知过程中获得愉快的情绪体验。

此外，要树立为了掌握知识而学习的信念，学习不仅是为了获得高分，更重要的是掌握某一门知识；在挑选学习任务时，要挑选那些具有中等难度的任务，增加学习成就感；适时调整自己内在的成败标准，维持自己的学习自信心；经常从努力水平不够的角度进行归因，保持较强的学习动机、较好的学习态度和学习效果；当获得了满意的效果后，学生可以设法对自己进行奖励。

（4）学业求助策略。学习总是需要与人交流，老师和同学是学习的最重要的社会性人力资源，必须善于利用。学业求助策略主要表现为向老师求助和向同学求助，相互合作和讨论有助于彼此相互启发、达成对事物的全面理解。同学之间的合作存在许多形式，如双方或小组学习同样的内容，相互讨论，彼此提问和回答；双方或小组共同完成同一项任务；同学之间相互辅导；等等。

## 三、学习策略教学

### （一）学习策略的训练原则

人们在学习、阅读时常常使用各种不同的策略，但很少有什么学习策略总是有效，也很少有什么学习策略总是无效。显然，学习策略的价值依赖于其具体情况和使用。在进行学习策略的训练时，教什么策略、怎么教这些策略，可以遵循以下基本原则。

1．主体性原则

主体性原则指任何学习策略的使用都依赖于学生主动性和能动性的充分发挥。这是学习策略训练的目的，也是必要的方法和途径。如果学生处于一种被动状态，学习目标、过程、方法都由他人包办，学习的效果也由他人评价，那么学生还是处于不会学习的状态。因此，教师要向学生阐明策略教学的目的和原理，使其领会，同时应指导他们何时、何地与如何使用策略。

2．内化性原则

内化性原则是指训练学生不断实践各种学习策略，逐步将其内化成自己的学习能力，并能在新的情境中加以灵活应用。

3．特定性原则

特定性原则指学习策略一定要适于学习目标和学生的类型。已有的一些研究发现，同样一个学习策略，年长的和年幼的、成绩好的和成绩差的，用起来的效果是不一样的。因此，教师必须针对学生的发展水平来确定学习策略。不仅要有一般的策略，还要有非常具体的策略，如前面提到的记忆术。

4．生成性原则

生成性原则指学生要利用学习策略对学习材料进行重新加工，生成某种新的东西。这就要求学习者进行深度心理加工。要想使一种学习策略有效，这种心理加工是必不可少的。生成性程度高的策略有写内容提要、向别人提问、将笔记列成提纲、图解要点之间的关系、向同伴讲授课的主要内容。生成性程度低的策略有不加区分地画线、不抓要点地记录、不抓重要信息而写肤浅的提要等，这对学习都是不利的，应注意避免。

5．有效的监控原则

有效的监控原则指学生应当知道何时、如何应用他们的学习策略并能反思和描述自己对学习策略的运用过程。

6．自我效能感原则

自我效能感原则指教师给学生一些机会使他们感觉到策略的效力及自己使用策略的能力。学习策略不可能强加给学生，学习策略的有效使用与学生对其效果的信任程度有关。如果他们知道怎样使用策略，但是他们又不愿意使用这些策略，那么他们的学习是不会得到改善的。因此，教师不但要给学生一些机会使学生感受到策略的效力，还要让学生有信心学好学习策略，树立学习策略的自我效能感。同时，教师要在学生具体学习时，不断向学生提问和检查，并根据这些评价给学生定成绩，促进学生使用学习策略，以使其体验到使用学习策略的收获。

### （二）学习策略教学模式

教师在教学实践中，涉及学习策略教学的比例少得可怜；学生在学习中，面对复杂的学习任务可能只会熟练运用几种学习策略，这些都可能成为学习效果不好和效率不高的原因。因此，我们应该加强学习策略的教学，典型的学习策略教学模式有以下两种。

1．直接教学

直接教学与传统的讲授法极为相似。由激发、讲演、练习、反馈和迁移等环节组成。在教学中，教师先向学生解释选定的教学策略的具体步骤和条件，在具体应用时不断给予提示，让学生口头叙述和明确解释所操作的每一个步骤，同时报告自己在使用学习策略时的思维，这种内部定向思维可以加强学生对学习策略的感知、理解和保持。

2．交互式教学

交互式教学主要帮助学习成绩差的学生阅读领会，它是由教师和一小组学生一起进行的。交互式教学要教会学生四种策略：总结、提问、澄清、预测。以提问为例，一开始，教师示范这种策略，例如，朗读一段课文，就其核心内容进行提问，直到概括出本段课文的中心大意。提问是为了引起讨论，概括大意则有助于小组成员为下一段课文阅读做准备。然后教师指定一个学生当“教师”，模仿教师的步骤，带领小组成员分析下一段内容。学生们轮流当“教师”。通过这种教学模式，学生能够较好地掌握学习策略，提高成绩。

实际教学中，教师无论采用什么方法促进学生掌握学习策略，都要结合学科知识，学习策略不是孤立的，不能脱离专门知识。教师要善于不断探索优化自己的教学步骤，为学生提供可以模仿的学习程序，同时要根据学生原有的学习方式来启发学生的思路，使其有意识地内化有效的学习策略。

## 第三节 学习迁移

### 一、学习迁移的含义

学习迁移也称为训练迁移，指一种学习对另一种学习的影响，或习得的经验对完成其他活动的影响。学习迁移现象在生活中非常普遍，例如，数学知识的掌握会有助于物理的学习，熟练骑自行车的技术会对骑摩托车的学习有帮助的作用，等等。学习迁移既包括原有的知识、技能、态度、学习策略等，会对新学习的知识、技能、态度、学习策略等产生影响，也包括新学习的知识、技能等对原有的知识系统产生的影响，简单概括起来就是，“一种学习对于另一种学习的影响”。20 世纪以来，教育心理学家关于学习迁移的研究，就是通过设计两种学习情境，看一种学习对另一种学习的影响进行的。

## 二、学习迁移的分类

### （一）根据迁移的影响效果分类

根据迁移的影响效果，可以把迁移分为正迁移和负迁移。正迁移是指一种学习对另一种学习起到了积极的促进作用。正迁移积极的促进作用主要表现在一种学习使另一种学习有了良好的心理准备状态、花费的时间减少、学习的效果提高等。例如，掌握了阅读技能会有助于掌握写作技能；在数学中掌握了方程的求解过程，在物理中使用公式求解时会更加轻松。负迁移是指一种学习对另一种学习产生了消极的干扰和阻碍。例如，学完汉语拼音再来学习英文字母容易造成混淆；方言的学习影响普通话的学习。负迁移消极的干扰主要表现在产生了僵化的思维定式，在遇到新的、不同的情境时难以灵活变通，导致在新的学习中花费更多的时间或做更多的练习。

### （二）根据迁移内容本身不同的抽象水平和概括水平分类

根据迁移内容本身不同的抽象水平和概括水平，可以把迁移分为水平迁移与垂直迁移。水平迁移也称为侧向迁移、横向迁移，是指处于相同抽象和概括水平的知识经验的相互影响。例如，钝角、直角、锐角等角的概念，正方形、长方形、菱形等四边形的概念，它们的抽象程度和概括层次相同，这些概念学习之间的相互影响即为水平迁移。垂直迁移也称为纵向迁移，是指抽象和概括程度不同的经验之间的相互影响。可以是抽象程度高的影响抽象程度低的，即自上而下的迁移，如掌握了“角”的概念对掌握钝角、锐角等下位概念的影响；也可以是抽象程度低的影响抽象程度高的，即自下而上的迁移，如学完苹果再来掌握水果，学完锐角三角形再来学习三角形，具体的样例会有助于对所学概念、原理的理解。

### （三）根据迁移内容和迁移范围的不同分类

根据迁移内容和迁移范围的不同，可以把迁移分为一般迁移和具体迁移。一般迁移也称为非特殊迁移、普遍迁移等，是指将依照学习中获得的普遍的原理、策略或一般的方法、态度等迁移到另一种学习中去。例如，数学上的认真审题的态度和方法会影响到化学、物理等学科中的审题；在数学中学会了乘法口诀，可以把乘法口诀这个一般原理运用到生活中进行结账。布鲁纳认为一般的原理、基本的态度更具有广泛的适应性，能够应用于结构特征相同的不同情境中。具体迁移也称为特殊迁移，是指在一种学习中掌握的具体的、特殊的经验直接迁移到另一种学习中去。例如，英语中学习“eye”和“ball”之后学习“eyeball”时更容易。具体迁移的范围一般较窄，适用的情境较为有限，不如一般迁移的范围宽广，但是对于具体领域相似知识的学习有着非常重要的作用。

### （四）根据迁移的时间顺序分类

根据迁移的时间顺序，可以把迁移分为顺向迁移和逆向迁移。在学习中，先学习的知识对后学习的知识的影响即为顺向迁移。顺向迁移并不总是有助于新知识的掌握。举例来说，当我们学习英语单词时，我们以前学习过的汉语拼音对我们的记忆存在干扰，我们把之前学习过的材料对保持和回忆以后学习的材料的干扰作用称为前摄抑制。后学习的知识对原先所学知识的影响即为逆向迁移，逆向迁移能够补充和修正原有的知识经验，使原有的知识结构变得更加丰富和完善。例如，学习了鲸鱼之后，我们对哺乳动物这一概念的理解会更加丰富和完善。同样地，与前摄抑制相反，当我们能熟练使用英语单词时，英语单词又对我们回忆汉语拼音会有干扰，这就是倒摄抑制。

### （五）根据迁移的程度分类

根据迁移的程度，可以把迁移分为近迁移和远迁移。近迁移是指将所学的经验迁移到与原初学习情境较相似的情境中。远迁移是指将所学的经验迁移到与原初学习情境极不相似的其他情境中。例如：学生学习解决有关汽车的路程问题的应用题后，能够利用路程、速度、时间之间的关系，解决飞机、轮船或自行车等情境下的路程问题，这属于近迁移；如果能够利用这种三量关系解决工程问题（这种问题隐含着天数、每天完成的工作量与总工作量之间的关系）的应用题，就属于远迁移。

### （六）根据迁移时上下位结构关系分类

根据迁移时上下位结构关系，可以把迁移分为同化性迁移、顺应性迁移与重组性迁移。

同化性迁移是指不改变原有的认知结构，直接将原有的认知经验应用到本质特征相同的一类事物中去，以揭示新事物的意义与作用，或将新事物纳入原有的经验结构中去。同化性迁移的特点是自上而下，原有的经验结构是上位结构，新的经验结构是下位结构。在同化性迁移过程中，原有认知结构不发生实质性的改变，只是得到某种充实。如原有认知结构中的概念“鱼”，由带鱼、草鱼、黄鱼等概念组成，现在要学习鳗鱼，把它纳入“鱼”的原有结构中，既扩充了鱼的概念，又获得了鳗鱼这一新概念的意义。平时所讲的举一反三、闻一知十等都属于同化性迁移。

顺应性迁移是指将原有的经验应用于新情境时所发生的一种适应性变化。当原有的经验结构不能将新的事物纳入其结构内时，需调整原有的经验或对新旧经验加以概括，形成一种能包容新旧经验的更高一级的经验结构，以适应外界的变化。顺应性迁移的根本特点是自下而上。比如，我们在日常生活中形成了报纸、书刊、广播、电视等概念，当这些前概念不能解释“计算机网络”这个概念时，就要在我们原有的经验系统中建立一个概括性更高的科学概念“媒体”来标志这一事物。可见，新的科学概念的建立过程是一种顺应的过程。

重组性迁移是指重新组合原有经验系统中的某些构成要素或成分，调整各成分之间的关系或建立新的联系，从而应用于新的情境。在重组过程中，基本经验成分不变，只是各成分之间的结合关系进行了调整或重新组合。例如，对一些原有舞蹈或体操的动作进行调整或重新组合后，编排出新的舞蹈或体操动作；对网络、战争、游戏等概念进行重新组合，就会形成网络战争游戏的新概念。同样，对知识和技能的重新组合，能产生出新的知识和技能。例如，把蜂鸣器和水壶组合在一起，成为蜂鸣器报警水壶；把眼镜片放入眼睛中的想象，形成新产品隐形眼镜。可以看出，通过重组性迁移，不仅扩大了基本经验的适用范围，还包含有创造性的成分。

## 三、学习迁移的基本理论

学习迁移现象一直为人们所关注，不同的研究者对迁移产生的原理进行了深入的研究，从不同的角度对迁移产生的原因、迁移发生的过程、影响迁移的因素等方面进行了解释，比较有代表性的主要以下几种。

### （一）形式训练说

形式训练说的理论基础是官能心理学，认为注意、记忆、思维等心理的各种官能需要经过一定的训练才能得到发展，迁移就是这些官能接受训练而发展的结果。形式训练说认为，各种官能可以像训练肌肉一样通过不同形式的训练而得到增强。比如数学有助于训练推理能力，拉丁语有助于训练记忆能力，等等。要发展和提高各种官能，除了“训练”之外，没有别的办法，如感觉是越用越敏锐，记忆能力由记忆而增强，推理能力、想象能力则由推理和想象而长进，这些能力如果不用、不训练，便会变弱的。

该理论认为在学校教育中，训练官能比传递知识更加重要，因为在学校中学到的知识只是众多知识中的极小一部分，而在学校学习的时间是有限的，如果学生的官能得到了发展，就可以随时去吸收任何需要的知识。因此，发展官能比掌握知识重要。

### （二）相同要素说

桑代克通过一系列实验后认为，对某一官能的训练不能保证自动地迁移到其他方面，迁移发生的前提是两种情境之间要有相同的要素，即相同的刺激-反应联结，并且刺激和反应都要相似，两种情境之间才有迁移发生。在桑代克的实验中，他把大学生作为被试，首先让他们估计长方形、三角形、圆形和不规则图形的面积，以了解他们判断面积的初始能力。然后对被试进行训练，让每个被试估计平行四边形的面积（10 $cm^2$~100 $cm^2$），之后把被试分为两组，一组来估计与平行四边形类似图形的面积，另一组来估计三角形、圆形和不规则图形的面积，结果表明，受过估计平行四边形面积训练之后有助于判断类似于平行四边形的长方形的面积，但对于估计三角形、圆形和不规则图形的面积没有帮助。在关于长度、重量等的实验中也发现了类似的结果。因此，桑代克认为迁移是有条件的，只存在于有相同要素的领域。桑代克认为，相同的因素是指相同的联结，其含义很广，包括目的、方法、普遍原则和经验上的基本事实四个方面。

尽管相同要素说否定了形式训练说，促进了迁移研究的发展，但是仅把迁移局限于相同的联结上，把迁移看作相同联结的转移，忽视了其他因素的影响，未免有些片面。

### （三）概括化理论

美国心理学家贾德在 1908 年提出了概括化理论，他认为通过经验学到的原理原则是导致迁移发生的主要原因，并通过实验进行了证明。在实验中他让两组十一二岁的小学生练习水中打靶，其中一组在打靶前学习光的折射原理，然后再打靶；另一组不学习原理，只进行尝试和练习。当两组都能取得相同的训练成绩后，改变靶子距离水面的深度继续打靶，结果发现，学过光的折射原理的一组能够迅速适应情境，成绩好于没学过光的折射原理的一组。贾德认为，学过原理的一组已经把折射原理概括化，能够根据概括化的原理和通过练习获得的经验迅速做出调整，把原理应用到不同的情境中去。后来的研究者在贾德实验的基础上进行了更为严格的实验，得到了类似的结论，同时指出，概括化的过程不是自动的，它与教学方法关系密切，如果在教学中强调如何概括，正迁移的可能性就会提高。

### （四）关系转化理论

格式塔心理学派从理解事物关系的角度对概括化迁移理论进行了新的解释，其代表人物是柯勒。柯勒用“小鸡啄米实验”证明了关系转换的学习迁移理论。他让小鸡在深、浅不同的两种灰色的纸下面寻找食物。通过条件反射学习，小鸡学会了只有从深灰色纸下才能获得食物奖赏。然后，变换实验情境，保留原来的深灰色纸，用黑色纸取代浅灰色纸。问题是：如果小鸡仍然到深灰色纸下面寻找食物，那就证明迁移是由于相同要素的作用；如果小鸡是到两张纸中颜色更深的那张（黑色纸）下面寻找食物，那就证明迁移是对关系做出的反应。实验表明：小鸡对新刺激（黑色纸）的反应为70%，对原来的阳性刺激（深灰色纸）的反应是30%。而幼儿在做同样的实验时始终对黑色纸的刺激做出反应。他认为这是情景中的关系对迁移起了作用，被试选择的不是刺激的绝对性质而是比较其相对关系（把在前一种情景中学会的关系即“食物总是在颜色较深的纸下面”迁移到后一种情景中，从而做出了正确的反应）。

### （五）现代迁移理论

现代部分心理学家认为，课堂中各个学科的学习都不是孤立进行的，彼此都有一定的联系，学习和学习迁移都遵循相同的机制。如布鲁纳认为，迁移的过程可以看作学习者把习得的认知结构应用于新情境的过程。奥苏贝尔认为，所有有意义学习都必然包含了迁移的过程，因为有意义学习是在原有知识基础上发生的，都会受到原有认知结构的影响。因此，他提出了先行组织者的概念。所谓先行组织者，就是在有意义学习中，在呈现正式的学习材料之前，先用浅显、易懂的语言介绍的一些引导性材料，它们能充当新旧知识“认知桥梁”的作用。

学习的信息加工论认为，个体在记忆搜索过程中能够遇到相关信息或相关技能的可能性影响着迁移的可能性。而建构主义认为，学习迁移的实质是在新情境中对知识的应用。不同的学者从不同的角度对迁移进行了解释，为教学中促进迁移提供了丰富的思路。

## 四、促进迁移的教学原则

影响迁移的因素很多，客观因素有学习材料的特点、学习情境的相似程度、老师的教学方法等，个体方面的因素有学习者的年龄、智力、原有的知识结构、对学习的态度等。鉴于迁移在知识学习中的重要作用，教育工作者在教学中需要从实际出发，结合迁移的规律，综合考虑多方面的因素，以提高教学成效。

### （一）精选教学内容

学生在课堂上的学习时间是有限的，要促进学生的良好成长，最好的途径是精选最具有广泛迁移价值的基本知识、基本技能和基本行为规范作为学习内容进行教学。在教授基本概念、原理的时候，要精选有代表性的样例，并在概念、原理应用的过程中说明其适用的条件和可以应用的领域。同时需要注意，在教学内容的选择上要与生活相联系，与不同的学科相联系，与当代的科技发展相联系，这样既有助于学生理解概念和原理的基本思想，又能够联系相关的生活实例，促进知识的迁移。要善于整合各个独立的教学内容，既要注意知识技能之间的横向联系，也要注意知识技能之间的纵向联系。

### （二）教授学习策略

教授良好的学习策略是帮助学生高效学习、发展迁移能力的有效途径，特别是教师应有意识地帮助学生掌握认知策略和元认知策略。例如，认知策略中的摘录，列提纲，使用结构图、表格等，这些策略不但有助于学生有效地完成当前的学习任务，而且这些策略本身具有广泛的迁移性，是很有价值的学习内容。尽管学生在学习的过程中通过摸索会形成一些适合自己的学习方法，但是很多学习策略需要老师的指导和传授，如有效的阅读策略、解题策略等，教师在授之以“鱼”的同时需要注意授之以“渔”。

### （三）重视概括与总结

概括与总结的目的是把握现象背后深层的规则和原理，这些规则和原理能够促进迁移的发生。贾德的水中打靶实验告诉我们，对于光的折射原理的掌握有助于提高打靶成绩，只有尝试和练习而缺乏概括和总结，学习只能停留在经验层面，难以把握现象背后的原理。在实际的学习过程中，每一个单元的知识都有其使用的范围和应用的规律，教师不仅仅要帮学生对知识进行总结和概括，更重要的是要引导学生学习总结和概括。

### （四）培养迁移意识

教师应注意通过反馈和归因控制等方式使学生形成关于学习和学校的积极态度，当学生用其他学科的知识来解决某一学科的问题时，应予以鼓励。例如，假如学生在历史课上引入地理知识进行分析和讨论，这个时候教师应该循循善诱、鼓励引导学生打开思路，从多角度、多维度进行问题分析。

另外，在教学中还要注意结合学生的特点，创设良好的学习环境和学习氛围，提高学生的学习兴趣，从“为迁移而教”的理念出发，从多个方面保证教学的效果。

# 第四节　知识与技能

## 一、知识及其分类

### （一）知识的含义

一般认为，知识是通过主客体的相互作用产生的，是人类在长期的社会实践中积累起来的经验的概括和总结，是主客观相统一的产物。对于知识，可以从两个方面进行认识：一方面，知识是指全人类的知识，通常以书籍、磁介质或光盘等载体进行储存；另一方面，知识是个体的知识，即个体的头脑中所具有的信息总和。从知识的产生基础来看，它是在主客体的相互作用的基础上，通过人脑的反映活动产生的，从这个意义上讲，知识来源于客观存在的事物，具有客观性。但对于个体来讲，知识虽然是对客观事物的反映，但知识并不是客观事物本身，而是客观事物在人脑中的主观映象。因此它又具有主观性，是个体在客观的基础上进行主观建构的产物。

### （二）知识的类型

知识的分类方法有多种，总的来看，有广义与狭义之分。在广义知识观中，知识泛指人们所获得的各种知识经验、技能和态度等。而狭义的知识观仅指个体获得的各种知识经验，不包括技能、策略和态度。在狭义的知识观中，知识可以从以下角度进行分类。

1. 根据知识反映的不同深度分类

根据知识反映的不同深度，可以把知识分为感性知识与理性知识。感性知识主要是主体对事物外部特征和外部联系的反映，包括对事物形成的感性知觉和表象。理性知识反映了事物的本质特征与内在联系，主要包括对事物形成的概念或规律。例如，日常生活中观察到的“飞机比火车跑得快”等属于感性知识；而“速度等于位移$s$跟发生这段位移所用时间$t$的比值”则反映了速度、位移和时间三者之间的联系，属于理性知识。

2. 从信息加工的角度分类

美国心理学家安德森从信息加工的角度出发，把知识分为陈述性知识与程序性知识。陈述性知识主要是对各种事实、规则等的描述，是回答“是什么”的知识，如教材中的概念、原理。而程序性知识是回答“怎么做”的知识，主要反映了活动的具体过程和操作步骤。程序性知识往往与特定的问题相联系，比如怎样解答一道数学题、如何修理摩托车等。所以，陈述性知识可以通过词汇或其他符号系统表述出来，程序性知识通过人的实际活动体现出来。

3. 从知识管理的角度分类

从知识管理的角度来看，知识可以分为显性知识和隐性知识。显性知识是指可以用语言、文字符号、图表等记录和传播的知识，它通常是客观的、持久的、容易传播的知识，如我们通过课本、报纸等学到的知识。隐性知识是指蕴含在个人经历或行动中但未被表述出来的知识，它通常是主观的、即时的、难以用语言、文字符号和图表等记录和传播的知识，如音乐家的演奏、书法家的创作等，其中蕴含着丰富的隐性知识。

## 二、知识学习的类型

### （一）根据知识存在的形式和复杂程度分类

奥苏贝尔根据知识存在的形式和复杂程度，将知识学习分为符号学习、概念学习和命题学习。

符号学习是指学习单个符号或一组符号所代表的意义。较为典型的符号学习是字词学习。字词所代表的事物或观念往往是约定俗成的，个体需要通过学习来把握这些符号所传达的意义。比如，儿童通过学习，可以用“猫”这个符号来指代生活中见到的具体的猫。除了字词学习，对一些非语言符号，如图像、图表，以及瓜果蔬菜等具体实物的认识也属于符号学习。另外，对于历史事件、历史人物、地理位置等事实性知识的学习，也都属于符号学习。

概念代表事物的基本属性和基本特征，概念学习便是掌握同类事物的基本属性和共同关键特征的过程。有些概念较为具体，如“三角形”，学习这个概念需要认识“三条边、三个角、封闭的图形”这些关键信息，掌握了这些共同特征就掌握了三角形这个概念的一般意义。有些概念较为抽象，没有明显的外部特征，如大气压、电磁场、智力等，这些抽象概念的学习不像具体概念的学习那样依靠大量的正反例证，而是在学习者理解抽象概念时所使用的各种概念的含义和关系的基础上进行的，需要在一定的学习情境中进行专门的讲解和指导。

命题用于表述一个事实或描述一个状态，一般由若干个概念组成。命题学习便是对由若干个概念组成的句子含义的学习。例如，要学习“在时间一定时，汽车的速度与位移成正比”这个命题，如果对“时间”“速度”“位移”“正比”等这些概念不了解，就不能获得这一命题的意义。可以看出，命题学习是以符号学习和概念学习为基础的，是为了掌握事物之间联系、事物运动变化规律等更为复杂的学习。

### （二）根据新知识与原有认知结构的关系分类

根据新知识与原有认知结构的关系，可以将知识学习分为下位学习、上位学习和并列结合学习。

下位学习又称类属学习，可以分为派生类属学习和相关类属学习两种类型。当新学习的知识是原有认知结构的特例或例证时，便产生了派生类属学习。例如，原有的观念“水果”包括“橘子”“苹果”“香蕉”等从属的下位概念，现在要学习“奇异果”，把它纳入“水果”这个概念之中，那么随后对“奇异果”的学习就属于派生类属学习，因为“奇异果”是“水果”的又一个例证，对“奇异果”的学习不但使原有“水果”的认知结构得到了扩充，同时也使新学习的知识“奇异果”在认知结构中有了适当的位置上（相对于“水果”来说，属于下位范畴）。可以看出，通过派生类属学习，不仅可使新概念或命题获得新的意义，而且可使原有概念或命题得到充实或证实。而当新知识扩展、修饰或限定学生已有的旧知识，并使其精确化时，便产生了相关类属学习。

上位学习也称为总括学习，是把概括程度上高于原有知识的新知识纳入认知结构中的学习，是一种自下而上的学习。例如，以前学习过“马”“牛”“羊”等概念，后来又学习了新的概念“动物”，这个概念是对前几个具体概念的概括，在范畴水平上比前几个概念更高，是对原有这些概念的抽象，新概念通过这种上位关系与原有的概念发生了联系，新概念就具备了意义。

并列结合学习是指新知识与认知结构中的原有观念既非类属关系又非总括关系时所进行的学习。很多新概念、新命题的学习都属于这类学习，如物理中的时间与路程，经济中的需求与价格，数学中的长度与角度，等等。在并列结合学习中，新旧知识往往处于同一层次，既有一定的联系，又有本质的区别，需要学生使用认知结构中的多种知识经验，通过比较新旧知识的联系与区别才能掌握。

## 三、知识学习的过程

知识学习主要是学生对知识的内在加工过程。现代认知心理学认为，这一过程一般分为三个阶段。

### （一）知识的获得

知识的获得，包括知识的感知与理解，是指新的知识信息进入短时记忆，与长时记忆中被激活的相关知识建立联系，从而出现新意义的建构。知识的获得是通过知识直观和知识概括两个环节来实现的。

#### 1. 知识直观

在实际的教学过程中，知识直观主要有三种方式，即实物直观、模像直观和言语直观。实物直观是指通过直接感受要学习的实际实物而进行的一种直观方式。比如观看演示实验、到工厂实地参观等都属于实物直观。模像直观是指在对实物模像的直接感知基础上进行的一种直觉的能动反映。图片、模型、电影、电视等都属于模像。言语直观是指在形象化的言语指导下，学生通过对语言的物质形式（语音、字形）的感知及对语义的想象而进行的一种直观的能动的反映形式。例如，在对人物形象的领会上、对历史事件的把握上，均离不开言语直观。提高知识直观效果的方法：灵活运用各种直观形式；运用感知规律，突出直观对象的特点；培养学生的观察能力；让学生充分参与直观过程。

2．知识概括

知识概括的类型包括感性概括和理性概括。感性概括即直觉概括，它是在直观的基础上自发进行的一种低级的概括形式。低年级儿童主要通过感性概括的方式来获得日常概念。理性概括是在前人认识的指导下，通过对感性知识经验进行自觉的加工改造，来揭示事物一般的、本质的特征与联系的过程，是一种高级的概括形式。有效地进行知识概括的方法主要有以下几种。

（1）配合运用正例和反例。正例又称肯定例证，指包含着概念或规则的本质特征和内在联系的例证；反例又称否定例证，指不包含或只包含了一小部分概念或规则的主要属性和关键特征的例证，如麻雀、燕子是鸟的正例，蝙蝠是鸟的反例。一般而言，概念或规则的正例传递了最有利于概括的信息，反例则传递最有利于辨别的信息。

（2）正确运用变式。所谓变式，就是用不同形式的直观材料或事例说明事物的本质属性，即变换同类事物的非本质特征，以便突出本质特征。例如，讲果实的概念时，不仅要选可食的果实（如苹果、西红柿、花生等），还要选一些不可食的果实（如橡树子、棉籽等），这样才有利于学生看到一切果实都具有“种子”这一关键属性，而舍弃其“可食性”等无关特征。

（3）科学地进行比较。比较主要有两种方式：同类比较和异类比较。同类比较是关于同类事物之间的比较，如对“三角形”与“四边形”等概念的比较。异类比较即不同类但相似、相近、相关的事物之间的比较，如对“重量”与“质量”、“压力”与“压强”、“岛”与“半岛”、“主语”与“谓语”等概念的比较。

（4）启发学生进行自觉概括。教师启发学生进行自觉概括的最常用方法是鼓励学生主动参与问题的讨论。

### （二）知识的保持

知识的保持，又称知识的巩固，是指对新建构意义的持久记忆。在巩固阶段，新建构的意义储存于长时记忆中，如果没有复习或新的学习，这些意义会随着时间的流逝而出现遗忘现象。

### （三）知识的应用

知识的应用，是指把学到的知识应用于作业和解决有关问题的过程，是抽象知识具体化的过程。知识的应用是知识掌握的最后一个环节，它与知识的获得、知识的保持紧密相连，共同构成知识学习过程。它既以前两者为前提，又是检验知识掌握与否及掌握程度的手段。知识的应用实质上是运用已有的认知经验去解决相关问题。知识的应用过程包括：审题、联想有关知识、课题类化并做出解题判断、验证。

## 四、技能及其分类

### （一）技能的含义

关于技能含义的界定，较有权威的有以下几种。《教育大辞典》对技能的定义是，主体在已有知识经验的基础上，经练习形成的执行某种任务的活动方式。我国心理学家皮连生认为，技能是在练习的基础上形成的按某种规则或操作程序顺利完成某种智慧任务或身体协调任务的能力；冯忠良认为技能是通过学习而形成的合法则的活动方式；陈琦认为，个体运用已有的知识经验，通过练习而形成的一定的动作方式或智力活动方式称为技能。因此，技能可以概括为，个体在相关的知识基础上并通过练习后所掌握的合乎法则的肢体活动方式和智力活动方式。

### （二）技能的类型

根据技能的性质和特点，可以将技能分为动作技能和心智技能两大类。

1．动作技能

动作技能也称为操作技能或运动技能，是经过学习形成的、由身体运动来实现的合乎法则的动作活动方式。动作技能主要靠身体运动来实现，运动中离不开肌肉、骨骼、神经系统等的参与，活动过程较为稳定，其形式一般是外显可见的。动作技能主要有以下四方面的特点：客观性、精确性、协调性和适应性。

2．心智技能

心智技能也称为智力技能或智慧技能，是通过学习而形成的合乎法则的心智活动方式。典型的心智技能有写作技能、运算技能、阅读技能等，其特点主要体现在三个方面：观念性、内潜性和简缩性。

3．动作技能与心智技能的关系

动作技能与心智技能既有区别又有联系。它们的不同之处在于动作技能主要表现为外显的肌肉骨骼的操作活动，而心智技能主要为内隐的思维操作活动。同时它们又密切地联系在一起。心智技能是动作技能的调节者和必要的组成部分，动作技能又是心智技能形成的最初依据和外部体现的标志。两者是相辅相成、互相制约、互相促进的。例如，在学生的学习活动中，不仅需要心智技能参与，而且需要动作技能参与，常常是这两种技能的有机统一，即手脑并用。

## 五、动作技能的形成过程与培养

### （一）动作技能形成的阶段模型

动作技能是由身体运动来实现的合乎法则的动作活动方式，是个体在成长过程中通过学习逐渐获得的。不论是跑步、唱歌等徒手型的动作技能还是写字、打篮球等器械型动作技能，其形成都具有一定的阶段性和规律性。为了更好地理解动作技能的形成过程，研究者们提出了各种阶段模型，这里介绍两种较为流行的阶段模型。

1．菲茨与波斯纳的三阶段模型

美国工程心理学家菲茨和美国心理学家波斯纳将动作技能的形成过程分为认知阶段、联系阶段和自动化阶段三个阶段。

（1）认知阶段。掌握一种技能首先要学习与它有关的知识，了解完成这种技能动作的基本要求。在头脑中形成这种技能的最一般的、最粗略的表象。学习者要将组成某种动作技能的活动方式反映到头脑中而形成动作映象，并对自己的任务水平进行估计以明确自己能够做得如何，这就是认知阶段。例如，学习安装一个书架就需要参照说明书上列出的步骤进行尝试，一边做一边按照书中的步骤进行检查。

（2）联系阶段。如果说认知阶段是形成对技能整体的理解并熟悉每一个技能的具体动作，那么，形成联系阶段就是对各个独立的步骤进行合并或组合，以形成更大的单元，例如，"选择合适的螺丝""把合适的螺丝放在合适的位置"两个步骤要能发生自然的联系，动作之间形成连锁。

（3）自动化阶段。经过联系阶段，动作技能的学习进入自动化阶段，整个动作的完成不用经过刻意的注意。这是动作技能形成的最后阶段。在这个阶段中，学生所学习的动作技能的各个动作在时间和空间上已联合成为一个有机的整体并巩固下来。各个动作之间相互协调已经达到自动化的水平，意识对动作的控制作用减小到最低限度，整个动作系统从始至终几乎是一气呵成的。许多体育技能的训练也表明一个运动员要达到自己的最高水平需要多年的练习，此外，技能的保持也需要大量的练习。

### 2. 冯忠良的四阶段模型

冯忠良等从教学实际出发，把动作技能的形成过程分为四个阶段，即操作的定向、操作的模仿、操作的整合和操作的熟练。

（1）操作的定向。操作的定向是指了解操作活动的结构与要求，在头脑中建立相应操作活动的定向映象的过程。建立正确动作定向映象的目的是确保学习者知道应该做什么、知道应该如何做才是合适的，是动作技能形成的一个首要环节。操作活动的定向映象首先包括动作本身的各种信息，如整体动作由哪些部分构成，不同动作的展开顺序，动作呈现时的方向、幅度、速度等；其次包括与动作相联系的内外各种刺激信息，如哪些信息可以使用，哪些刺激会引起分心等，这些信息使得学习者在头脑中建立更加全面的动作定向映象。

（2）操作的模仿。操作的模仿是指在实际中再现特定的动作方式或行为模式。学习者在形成了初步的定向映象之后，在头脑中对动作的结构及其执行方式有了一定的认识，在此基础上需要通过模仿，把动作映象的信息与外在的肌肉活动相联系，形成外在的动作表现。模仿动作的过程是通过外化的动作检验并巩固已经形成的动作映象的过程。

（3）操作的整合。操作的整合是指把模仿阶段习得的动作固定下来，并使各动作成分互相结合，成为定型的、一体化的动作。在该阶段学习者通过不断地模仿和练习，能够较好地把握各个动作之间的动态联系，使得各动作成分互不干扰、协调一致。在外界条件不变时，整体动作较为准确和稳定，并表现出一定的灵活性。在动作控制方面以动觉控制为主，视觉控制为辅，注意力集中在动作的进一步改善上，心理能量消耗趋于减少，紧张感和疲劳感有所降低。

（4）操作的熟练。操作的熟练是指所形成的动作方式对各种变化的条件具有高度的适应性，动作的执行达到高度的完善化和自动化。在该阶段，动作的执行对意识的依赖大大降低，无须意识的高度控制，动作的执行非常连贯，衔接非常流畅，并且动作具有高度的灵活性，在不同的环境中动作都能顺利完成，受外界环境的影响较小。动觉控制在动作控制中的作用进一步增强，能够根据条件的变化自动地对动作进行调整，并且心理能量消耗降到最低，具体的表现是在完成该项动作时还可以同时从事其他活动。

### （二）动作技能的保持

动作技能一旦学会便不易忘记，动作技能的保持与知识的保持有较大的差异。我国心理学家许尚侠在 1986 年曾以大学生为被试，对动作技能的遗忘进程进行了实证研究。在研究中，他让学生学习一套徒手操，在 45 分钟内学生都可以学会，在 1 分钟内可以做完整套动作。结果发现，动作技能遗忘较为缓慢。动作技能之所以遗忘缓慢，首先与动作技能本身具有系列性关系密切，动作技能一般是由一系列动作成分构成的，各个动作成分衔接紧密，易于提取，熟练后更不易遗忘。其次与学习中的过度训练关系密切。

### （三）动作技能的培训

在动作技能培训中，需要根据动作技能形成的规律进行有效的训练，为了达到理想的培训效果，需要结合学生的实际情况，根据动作技能学习的具体内容，从示范与讲解、练习与反馈等方面综合考虑。

#### 1. 准确的示范与讲解

提供有效的示范是动作技能培训中的重要任务。首先，示范要准确。为保证示范的准确性，常用的方法是让专家进行示范，既可以让专家在现场示范，也可以使用记录了专家示范动作的录像、图片，或使用计算机动画模拟，保证信息的准确性才能保证学习的效果。在训练中，如果能够将专家与学习者配对训练，进行一对一的示范指导，学习效果将会更好。其次，要注意示范的时机和频率。英国心理学家马库斯・威克斯和美国心理学家安德森发现，练习前反复观看示范对动作技能学习非常重要。另外，在动作技能学习的中间阶段也需要提供一定的示范，以便及时通过对比保证动作的准确性。

#### 2. 必要而适当的练习

动作技能的掌握和熟练离不开练习，为了保证练习的效果，需要注意练习的规律。在练习过程中，有些动作技能的进步具有先快后慢的特点，如推铅球；还有一些动作技能的进步则呈先慢后快的趋势，如打字。需要注意的是，动作技能的进步会在练习的某个阶段出现暂时停顿甚至下降的现象，这种进步暂时停顿的现象被称为高原现象。在高原期之后技能往往会有进一步的改善，甚至是突破性的提高。

#### 3. 有效而充分的反馈

动作技能的提高需要关注不同的反馈信息，一般将反馈分为外部反馈和内部反馈。外部反馈是学习者之外的人和事提供的反馈，如老师告诉学习者，投篮动作是否准确、问题在哪里，如何改进等。内部反馈是指学习者通过自身的动觉、触觉等渠道获得的反馈。特别是在训练的中后期，教师要结合动作学习的结果，提醒学生关注内部反馈，让学生充分体验肌肉运动的感觉，以提高动作技能的精确性和稳定性。

#### 4. 建立稳定清晰的动觉

动觉是复杂的内部运动知觉，它反映的主要是身体运动时各种肌肉活动的特性，如紧张、放松等内部知觉。由于这些与肌肉活动有关的感知觉常常会受到外部因素的影响而被忽视，使学习者难以意识到错误的动作，影响动作技能的学习，所以需要对动觉进行专门的训练。

在动觉训练中，除依赖辅助工具，还要注意与语言讲解配合，使动作的形象更加清晰，从而对动作的感受更加明晰。

## 六、心智技能的形成过程与培养

心智技能也称为智慧技能，是通过学习而形成的合乎法则的心智活动方式。对于心智技能的形成，苏联心理学家加里培林、美国心理学家安德森和我国心理学家冯忠良都对此作出了解释，这些理论为心智技能的培训奠定了基础。

### （一）心智技能的形成过程

冯忠良教授从原型的角度出发，把原型定义为心智活动的原样，即物质化了的心智活动方式或操作活动程序，提出了心智技能形成的三阶段理论。

#### 1. 原型定向

原型定向是指在心智技能学习的初期阶段从整体上了解心智活动的实践模式或操作程序，包括原型中的动作构成、动作执行顺序和动作执行要求。在该阶段，个体借助物质化的原型建立活动方式的定向映象。例如，在复合应用题解析技能的训练中，可以使用 4 张卡片，分别写出解题的四个步骤，具体包括“一提（提出问题）、二判（判明问题的数量关系性质）、三选（选择算法）、四找（找出已知数）”，把卡片作为物质化的原型，让学生初步了解心智活动的步骤，帮助学生建立初步的思维模式。

#### 2. 原型操作

原型操作是指个体依据心智技能的实践模式，把头脑中需要建立的操作程序以外显的方式付诸执行。该阶段活动的典型特点是活动的对象是可见的实物、标本或图像。通过对这些实物进行操作，如让学生动手使用小卡片把解析的过程摆出来，边摆边说步骤，把动作的执行与外部言语结合起来，帮助其在大脑中建立完备的动觉映象，进而保证操作过程的正确性和稳定性。

#### 3. 原型内化

原型内化是指心智活动的实践模式向头脑内部转化，由物质的、外显的、展开的形式变成观念的、内潜的、减缩的形式的过程。该阶段的动作操作对象是内部的观念，主要依靠内部言语来完成。原型内化的过程是一个逐步摆脱外部客体依赖、向内部言语活动过渡的过程，最终达到自动化的程度。以解析复合应用题为例，在完成审题之后能够迅速完成“一提、二判、三选、四找”的操作过程，当心智活动程序自动化后，可直接用简化为“提—找”过程，解题更为迅速。

### （二）心智技能的培养

心智技能的掌握对于学生的成长有着重要的意义，教师在心智技能培训中需要根据学生的特点，并结合心智技能学习的规律进行教学。

#### 1. 激发学习的积极性与主动性

心智技能的学习离不开学生的积极性与主动性，如果学生的积极性不高，不愿参与到学习中来，就难以保证学习的效果。因此，教师在心智技能培训中要密切关注学生学习的积极性，通过不同的措施激发学生的学习热情。例如，在培训前可以强调该项学习的重要性，引起学生的重视；在培训过程中把心智技能的学习与生活相联系，增加学习内容的趣味性；在与学生互动过程中注意关注学生的优点和进步及时予以肯定和表扬。

2．注意原型的完备性、独立性与概括性

心智技能的学习一般从建立正确的原型定向映象开始，正确的原型定向映象要具有完备性、独立性和概括性的特点。完备性是指对动作的构成要素、执行的顺序和执行要求等方面要了解清楚。独立性是指学生独立地理解或确定活动的结构及其操作方式，而不是教师灌输给学生现成的模式。概括性是指通过变换操作对象，使原型具有广泛的适用性，进而具有迁移的价值。

3．创造运用心智技能的机会

心智技能的形成和发展离不开练习和实践，教师要积极地创设情境，引导学生积极应用所学的技能，只有经过不同的情境中的应用，学生才能够达到熟练掌握的水平。在学生应用的过程中，教师要加强指导，特别是要关注个体差异及时发现处于不同学习阶段的学生存在的问题，并根据每个学生的进步程度进行针对性的引导。

## 第五节　问题解决与创造性思维

### 一、问题解决概述

#### （一）问题解决的含义

美国学者纽厄尔和西蒙认为，问题就是这样一种情境：个体想做某件事，但不能马上知道完成这件事所需要采取的一系列行动。一般认为，每一个问题必然包括三种成分：已知信息、目标和障碍。障碍指从已知信息到达目标状态所需要克服的困难。而解决问题实质上就是指人们在活动从已知状态到达目标状态所需要的不断克服困难、缩小障碍并使障碍最终消失的心理活动过程，这个过程中还要有方法的使用，方法是可以用来解决问题的程序和步骤。解决问题的活动是十分复杂的，它不但包括了整个认识活动，而且也渗透了许多非智力因素的作用，如动机、情绪、行为习惯，但思维活动是解决问题的核心成分。

#### （二）问题解决的基本阶段

1．发现问题

发现问题就是认识到问题的存在，并产生解决问题的需要和动机。“学贵存疑”“小疑则小进，大疑则大进”，历史上许多重大发明和创造都是从发现问题开始的。一般来说，问题是客观存在的，但有的人善于发现问题，有的人则对问题熟视无睹。善于发现问题的人，思维具有较高的积极性，有着强烈的求知欲，他们能从司空见惯的现象中发现问题，提出问题。善于发现问题是思维发展水平的重要标志。爱因斯坦曾说：发现一个问题比解决一个问题更重要，因为后者仅仅是方法和实验的过程，而发现问题则是要找到问题的关键要害。

2．分析问题

分析问题主要是指弄清问题的特点和条件，其依赖的基础是搜集并占有与问题有关的大量材料。问题总是在具体事实上表现出来的。因此，如果没有大量的与问题有关的有价值的信息，要顺利解决问题是不可能的。中国古代诗人李贺“诗囊”的典故，中国古代思想家、教育家孔子“韦编三绝”的典故，德国无产阶级领袖卡尔·马克思为创作《资本论》而研读了 1 500 本以上的著作的典故，均说明占有大量有关信息的重要性。另外，分析问题依赖于个体的已有经验。经验越丰富，越容易分析问题抓住主要矛盾，正确地对问题进行归类，找出解决问题的方法和途径。认知心理学家西蒙认为，专家之所以优于一般人员，主要在于他们头脑内部存在大量的认知图式，这些认知图式可以使他们迅速地明确问题的性质，合理地表征问题，并且合理地运用头脑中储存的条件产生式，从而解决问题。

3．提出假设

提出假设就是指出解决问题的途径、原则和方法，也就是要凭借已有的知识经验来推测解决问题的可能途径。提出假设是问题解决的关键阶段，只有提出合理的假设，找出正确的方法或答案，问题才能得以解决，离开合理的假设问题就无法解决。

4．检验假设

检验假设就是通过一定的方法确定所提出的假设是否符合实际，是否与某些原理、原则、公式相符合。检验假设的方法主要有两种，一种是直接检验，就是通过实践进行实际操作，检验成功，说明假设正确，检验失败，说明假设错误，那就需要寻找新的解决问题的方案，重新提出假设。例如，科学家的新发明、生产中的设计方案都要通过实践检验。另一种是间接检验，即通过思维活动来检验。有的假设不能在实践上立即进行检验，如作战方案、医疗方案、下棋方案等，必须通过逻辑推理，从理论上检验假设的正确性，确定方案的可行性。当然，所有假设最终还得由实践来检验。

以上是问题解决的思维过程的四个阶段，它的划分并不是绝对的。在解决问题时，由于过程短，难以区分它们的界限。在解决复杂问题时，这些阶段往往相互重叠，循环往复，需要在不同的方向和问题的情景中进行探索，最后才能找到正确的答案。

## （三）问题解决的策略

1．算法

算法策略就是在问题空间中随机搜索所有可能的解决问题的方法，直至选择一种有效的方法解决问题。简而言之，算法策略就是把解决问题的方法一一进行尝试，最终找到解决问题的答案。陈琦认为，“一个算法就是为了达到某一个目标或解决某个问题而采取的一步一步的程序”。比如，计算 $1+2+3+4+\cdots+1000=?$，只要按照步骤一步一步算下来，最终就会得到正确答案。但是在现实中，算法的明显缺点是过于烦琐，算法只适用于解决简单的问题，面对既复杂又没有明确解决步骤的问题，不宜用算法。

2．启发法

启发法是人根据一定的经验，在问题空间内进行较少的搜索，以达到问题解决的一种方法。比如，在解决上面的连加题时，就可以分析题干特点，转换成 $[(1+1000)\times(1000\div2)]$ 进行简便计算。启发法不能完全保证问题解决的成功，但用这种方法解决问题较省时省力。下面是几种常用的启发性策略。

（1）手段－目的分析。所谓手段－目的分析就是将需要达到的问题的目标状态分成若干子目标，通过实现一系列的子目标最终达到总目标。它的基本步骤是：①比较初始状态和目标状态，提出第一个子目标；②找出完成第一个子目标的方法或操作；③实现子目标；④提出新的子目标。如此循环往复，直至问题的解决。

（2）逆向搜索。逆向搜索就是从问题的目标状态开始搜索直至找到通往初始状态的通路或方法。例如，人们要去城市的某个地方，往往是在地图上先找到目的地，然后查找一条从目的地退回到出发点的路线。

（3）爬山法。爬山法是类似于手段－目的分析法的一种解题策略。它是采用一定的方法逐步降低初始状态和目标状态的距离，以达到问题解决的一种方法。这就好像登山者，为了登上山峰，需要从山脚一步一步登上山峰一样。有时爬上的山顶只是一座矮山的山顶，并不是最高峰的山顶，这时需要下山，重新去爬最高峰。

（4）类比思维。当面对某种问题情境时，个体先寻求与此有些相似的情境的解答。当人们第一次发明潜艇后，工程师们要思考如何让战舰确定潜艇隐藏在海下的方位，于是通过研究蝙蝠导航机制，导致了声呐的发明。

## 二、问题解决的影响因素

影响问题顺利解决的因素很多。既有社会因素和自然因素，也有客观因素和心理因素；各种因素既可以发挥积极作用，也会产生消极的影响。认真研究这些因素及其作用的规律性，有利于发挥其积极作用，克服其消极影响，促进问题的解决。

### （一）知觉情境的影响

解决问题往往会受知觉情境的影响。一般情况，知觉情境越简洁明显，有关的条件越容易感知，问题就越容易解决；知觉情境越复杂越隐匿，问题就越不易解决。例如，在解决以已知圆半径为条件，求圆的外接正方形面积的问题中，由于两种不同的图形（图 8－1）造成了问题解决顺利与否的不同情况。在图 8－1 的图（a）中，圆的半径似乎和外切正方形毫不相干，而在图 8－1 的图（b）中，半径所在位置易被看作正方形边长的一半，有利于问题的解决。

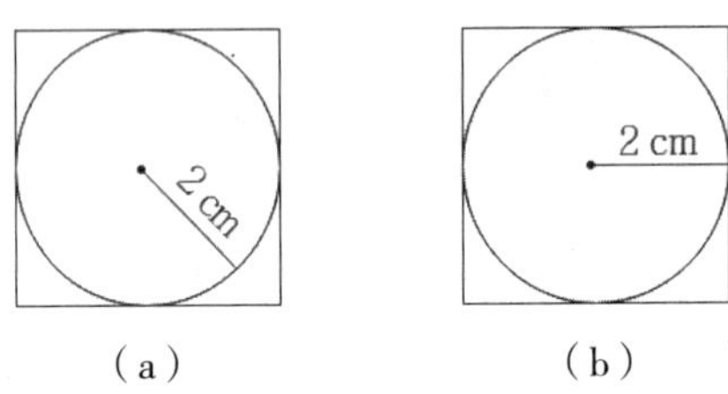


图 8－1 知觉情境对问题解决的影响

### （二）已有的知识经验

问题解决的任何一个阶段都涉及有关知识，没有相应的知识不仅难于发现问题，而且缺乏分析问题的基础和提出假设所必需的依据，即使检验假设也必须具有相应的知识。已有经验的质与量都影响着问题解决，与问题解决有关的经验越多，解决该问题的可能性也就越大。

### （三）定式的影响

定式指心理活动的一种特殊的准备状态。也就是说，以前多次运用某一思维程序（方法、思路）去解决同一类问题，逐步形成了习惯性反应，以后仍然用习惯了的程序（方法、思路）去解决问题。思维定式对那些简单的只需靠记忆或熟练操作即可解决的问题起着积极作用；对解决那些复杂的、创新的问题则起干扰作用和阻碍作用。

### （四）功能固着

功能固着是指个体在解决问题时只看到某种物体的通常功能，而看不到它的其他方面的功能。绝大多数的事物，在习惯上都有其明确而固定的功能。例如，粉笔是用来写字的，茶杯是用来盛水的。在问题情景中，有时需要改变事物固有的功能才能解决问题。在功能固着的影响下，人们不容易摆脱物体固有功能的局限，从而易影响到问题的解决。例如，给出蜡烛、图钉、火柴、线绳四个条件，要求学生利用这四个条件，把蜡烛点燃，固定在教室直立的墙壁上（图8-2）。对于这个问题，只有不仅仅把火柴盒看作装东西的盒子，而是换一个角度看成是一个平台，才能想出解决办法。

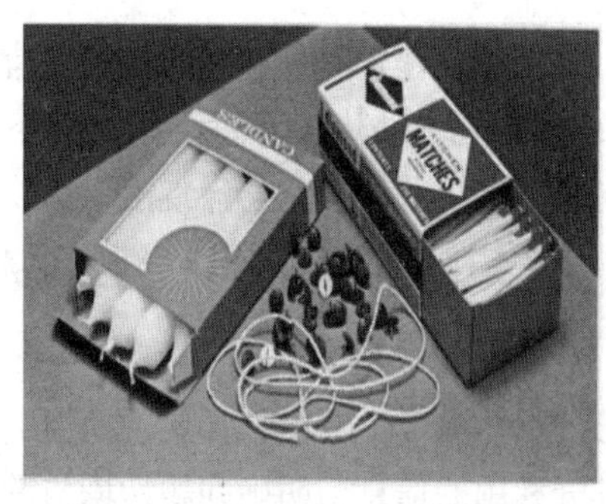


（a）

（b）

图8-2 功能固着图析

### （五）动机和情绪状态

每个人在解决各种问题时，总会产生各式各样的动机与情绪。动机是促使人去解决问题的动力。没有解决问题的动机，没有动力，问题自然不会顺利解决；但动机过强，同样不利于问题的解决；动机强度只有保持在一个恰当适中的水平上，才有利于问题的解决。研究表明，动机强度与解决问题的关系，可以描绘成一条“倒转的U型曲线”。

一般地，积极情绪会使问题顺利解决，消极情绪会阻碍问题的解决。但也会有特殊情况，有时过度兴奋反而会阻碍问题的解决，而过度消极有时也会促进问题的解决。

### （六）原型启发

原型启发是指在其他事物或现象中获得的信息对解决当前问题的启发，而使人获得解决问题启发的事物叫作原型。例如，鲁班根据草叶发明了锯子；莫扎伊斯基受鸟的飞行和鸟体的解剖构造启发，设计制造了俄罗斯第一架飞机；阿基米德从身子进入浴缸的现象获得启发，发现了浮力定律；贝尔从吉他助音箱获得启示，解决了电话音轻的问题。原型之所以具有启发作用，是因为它与解决的问题有相同或相似的地方，而人又具有联想和类推的能力，才能获得启示，从而解决问题。

## 三、学生问题解决能力的培养

### （一）鼓励质疑

教师向学生提出问题，相对来说学生比较被动，我们要尽量从教师提出问题过渡到学生主动发现问题，从而培养学生主动质疑的内在动机。因此，要鼓励学生在课堂上主动提问，形成一种自由探究的气氛，给予学生充足思考的时间，增加学生对知识的质疑精神，提高发现问题的能力和敢于表达独特见解的勇气。

### （二）设置难度适当的问题

教师给学生的问题应该是可以解决的，但要有一定的难度，要了解学生学习该知识的起点行为，即要对已有知识、原则进行重新组合，而不是重新学习。题目过难，学生不理解，解答题目的期望就会降低，甚至会挫伤学生解决问题的积极性；反之，过分容易也起不到应有的作用。

### （三）帮助学生正确表征问题

学生用所学知识解释问题或画草图、列表、写方程式等，这对回忆相关信息都有很好的作用，有研究表明，试图将解决问题的计划及选择这个计划的理由说出来或写下来，有利于成功的解决问题。生活中有时向别人解释某个问题时，头脑中可能会涌现出一个新的解决方案。学生实在有困难时，教师要给学生提供适当的线索或补充必要的知识，以弥补其起点行为的不足。

### （四）辅导学生从记忆中提取信息

因为解决问题需要对原有知识、原则进行重新组合，所以教师要帮助学生从记忆中迅速提取与解决问题有关的信息，并能很快找出可资利用的信息，明确问题情境与欲达到的目的，迅速做出判断。这里要注意，教师只是帮助学生回忆、提取信息，而不是代替他们，要鼓励学生进行类比，善用原型启发。但是也要防止从过去的方式中找答案，造成一定的定式。

教师要鼓励学生从不同的角度去看问题。有的学生习惯于按一种逻辑进行思考，教师应该让他们运用水平思考法突破原来的事实和原则的限制。

### （五）训练学生陈述自己的假设及其步骤

教师要培养学生从引来别人的言语指导到自行指导思考，然后再让他们自己用言语表达出来，最初教师做指点、提醒，后面就可由学生自己来陈述问题解决的步骤，这样可以进行自我反馈和强化。

## 四、创造性思维概述

### （一）创造性思维的概念

创造性思维是指运用新颖的、独创的方法，创造性地解决问题，产生新思想、新假设、新原理的思维。创造性思维不仅能揭露客观事物的本质和规律，而且能引导人们去获得新知识或以前未曾发现的问题的新解释，从而产生新颖的、前所未有的思维成果。创造性思维能力是创造型人才的重要标志。

### （二）创造性思维的特点

#### 1. 变通性

创造性思维的变通性指思维变化多端、触类旁通，能举一反三、闻一知十，不容易受功能固着和定式等因素的消极影响，能大胆想象，创造出奇特而又有价值的事物来。美国著名心理学家吉尔福特曾编制一套“非常用途测验”，用以测定人们的思维变通性。一般来说，能变通的种类越多，每一种类中的数量越多，则一个人的创造性思维水平越高；单有数量而忽略了种类不能对一个人的思维的创造性做正确的评价。

2. 独特性

创造性思维的独特性指对问题有独特的见解，在思考问题时能摆脱思维惯性，阐发自己的独到见解。例如，对于问题“你能想到的所有圆形的东西有哪些？”有的回答纽扣、盘子、皮球等，没有什么独特性；而有的回答救生圈、老鼠洞、水滴等，这些回答显然比前一类更具独特性。

3. 流畅性

创造性思维的流畅性是指能在较短时间里表达较多的观念，也就是反应迅速而众多，其主要指标是单位时间里发散项目的数量。

## 五、影响创造性思维的因素

### （一）环境

家庭与学校的教育环境及社会文化是影响个体创造性思维的重要因素。

（1）父母的受教育程度、管教方式及家庭气氛等都在不同程度上影响孩子的创造性。研究发现，父母受教育程度较高者、对子女的要求不过分严格者、对子女的教育采取适当辅导策略者，以及家庭气氛比较民主者，都比较有利于孩子创造性思维的培养。

（2）在学校教育方面，如果学校气氛较为民主，教师不以权威管理学生，教师鼓励学生的自主性，允许学生表达不同意见，学习活动有较多自由，教师允许学生在自行探索中去发现知识，这样的教育就有利于创造性思维的培养。

（3）社会文化也会影响学生创造性思维的发展。如果一个社会过分强调社会规范、因循守旧，不敢探索那些有可能失败的未知事物，个体创造性就会被限制；如果团体压力过大，不能容纳那些标新立异的人，那么个体就会有更多的从众行为。相反，如果人人对创造、发明表示羡慕和敬意，创造就会受到鼓励，就必定人人乐于开拓冒险、推陈出新，个体的创造性就会得到张扬，创新人才也就会大量涌现。因此，创设具有一定开放性和自由空间的成长环境，尊重学生的独立性、尊重他们的差异，是创造性培养的另一重要方面。

### （二）智力

创造性的研究表明，创造性与智力并非成简单的线性关系，二者既有独立性，又在某种条件下具有相关性，在整体上呈正相关趋势。高智力是高创造性的必要条件，但不是充分条件。其关系表现为：①低智力不可能具有高创造性。②高智力可能有高创造性，也可能有低创造性。③低创造性者的智力水平可能高，也可能低。④高创造性者必定有高于一般水平的智力。

### （三）个性

一般而言，创造性与个性之间具有互为因果的关系。综合有关研究，高创造性者一般具有以下一些个性特征：①具有幽默感。即使面对困难和严肃的问题时，高创造性的人也能表现较多的幽默感。②有抱负和强烈的动机。对工作有热忱、有决心，即使遇到困难，或面对单调乏味的工作情境，他们也能坚持，并乐在其中。③能够容忍模糊与错误。承认矛盾，对无结构的问题或错综复杂的问题，对那些违反"常识"的假设和观念都能够坦然接受，反对以武断、虚假、简化等草率的方式处理复杂或矛盾的问题。具有较高的挫折忍受力，愿意付出无报酬的代价，去从事无法预期的工作。④喜欢幻想。在日常生活中比一般人有更多的梦想，但能够自由地往返于现实与幻想之间。⑤具有强烈的好奇心。不断地提出问题，有浓厚的认识兴趣，喜欢猎奇，喜欢尝试新奇的方法来探究问题，不怕失败。

## 六、创造性的培养

创造性是由人的认知能力、个性倾向和社会环境相互作用产生的行为结果。因此可以从以下四个方面来探索创造性的培养途径。

### （一）培养创造性认知能力

（1）培养创造性的知识基础，知识是提高创造性的基础。

（2）创造性思维的培养。

### （二）注重创造性个性的塑造

由于创造性与个性之间具有互为因果的关系，所以从个性入手来培养创造性，这也是促进创造性产生的一条有效途径。

（1）保护好奇心。应接纳学生任何奇特的问题，并赞许其好奇求知，不应忽视或讥讽。

（2）解除个体对答错问题的恐惧心理。对学生所提的问题，无论是否合理，均以肯定态度进行接纳。对出现的错误不应全盘否定，更不应指责，应鼓励学生正视并反思错误，引导学生尝试新的探索，而不循规蹈矩。

（3）鼓励独立性和创新精神。应重视学生与众不同的见解、观点，并尽量采取多种形式支持学生以不同的方式来理解事物。对平常的问题的处理能提出超常见解者，教师应给予鼓励。

（4）重视非逻辑思维能力。非逻辑思维是创造性思维的重要成分，在各种创造活动中都起着重要作用，贯穿创造活动的始终。教师应鼓励学生大胆猜测，敢于想象，不必拘泥于常规的答案。给学生机会进行猜测，并尽量让他们有猜测的成功体验。在丰富学生的想象力方面，可以应用多种教学手段和形式，使学生头脑中的表象更为鲜明、完整。

（5）给学生提供具有创造性的榜样。

### （三）创设有利的社会环境

（1）创设宽松的心理环境。教师应给学生创造一个能支持或容忍标新立异者或偏离常规思维者的环境，让学生感受到"心理安全"和"心理自由"，即给学生创造较为宽松的学习心理环境。

（2）给学生留有充分选择的余地。在可能的条件下，应给学生一定的权利和机会，让有创造性的学生有时间、有机会干自己想干的事，为创造性行为的产生提供机会。

（3）改革考试制度与考试内容。应使考试真正成为选拔有能力、有创造性人才的有效工具，在考试的形式、内容等方面都应考虑如何测评创造性的问题。

### （四）培养创造型的教师队伍

要培养学生的创造性，必须对教师进行有关创造性的相应培训和专门指导。具体表现在以下几个方面。

（1）要转变教师的教育教学观念，使教师形成理解并鼓励学生的创造，把培养创造性作为一种教学目标的现代教育理念。

（2）要教给教师必要的创造技法和思维策略，提高他们自身的创造意识和创造能力。

（3）要为教师提供比较明晰的具有实际应用价值的关于创造性的操作定义、相应的评价标准和程序、有效的教学策略和技能。

## 第六节　态度与品德

### 一、态度与品德的含义

#### （一）态度的概念和成分

心理学家弗里德曼认为，态度是个体对某一特定事物、观念或他人的稳固的心理倾向。他的定义包含了态度的组成和特性，是目前大家公认的对态度较好的解释。

一般来说，态度包括以下三个成分：认知成分，与表达情境和态度对象之间关系的概念或命题有关；情感成分，与伴随概念或命题的情绪或情感有关，被认为是态度的核心成分；行为倾向成分，与行为的预先安排或准备有关。例如，一个学生对数学的积极态度，其中的认知成分可能是在同学当中，数学成绩总是第一，这可以带来荣誉；情感成分可能是得第一名时获得的尊重需要的满足感或是解题顺畅时的兴奋感；行为倾向成分意指这个学生偏爱数学的行动的预备倾向。

#### （二）品德的概念和成分

品德或称道德品质，是指个人依据一定的道德行为准则行动时所形成和表现出来的某些稳固的特征。品德不是天生就有的，而是在一定的社会与教育环境中习得的，经历着外在准则规范不断内化和内在观念外显的复杂过程，这一过程也是个体性格形成的社会定向过程，品德是性格的一个方面，是性格中具有道德评价意义的核心。

一般认为，品德包括道德认知、道德情感和道德行为三个相互联系的心理成分。道德认知，亦称道德观念，是指对道德行为准则及其执行意义的认识，其中包括道德的概念、命题、规则等。道德情感是人的道德需要是否得到满足而引起的一种内在体验，它伴随着道德观念并渗透到道德行为中。道德行为是指人们在一定的道德认知或道德情感及道德意志支配下采取的行动。

#### （三）态度与品德的关系

通过对态度与品德这两个概念的定义及其构成成分的分析，我们可以发现，两者涉及的问题基本上是同质性的，有时我们甚至难以把两者严格区分开来。例如，说某学生有尊老的品德，这里所说的品德也是指这个学生遇到老人时做出行为选择的内部准备状态或反应的倾向性，我们也可称为尊老的态度。但是，态度与品德这两个概念仍有区别。

1.价值（或行为规范）的内化程度不同

美国心理学家克拉斯沃尔和布卢姆在《教育目标分类学，手册Ⅱ：情感领域》中提出，只有价值内化到最高级水平的态度，也就是价值标准经过组织成为个人性格系统中的稳定态度，方有可能称为品德。幼儿由于价值内化水平低，尚未具有价值标准，所以他们的一些行为表现，如常常损坏别人的东西或讲假话，不应视为品德的表现，只能看作态度的表现。

2. 涉及的范畴有别

在诸如对祖国、对集体、对学习、对劳动、对事物、对事件及对人、对己的种种态度中，有些涉及社会道德规范，有些并不涉及社会道德规范。例如，某学生做作业马马虎虎，粗心大意，我们可以说这个学生学习态度不认真，而不应说他品德不良。只有涉及社会道德规范的那部分稳定的态度，才能称为品德。个人的品德是其性格系统中与道德感、道德观有关的部分，简言之，品德是性格的一个重要方面。鉴于态度和品德是同性质的概念，下面将二者合并一起讨论。

## 二、品德发展的阶段理论

### （一）皮亚杰的道德发展阶段论

皮亚杰的理论受康德哲学的影响。德国哲学家伊曼努尔·康德假定在人类行为中有天赋的道德因素：道德意识、道德观念和绝对真理。如果一个人的行为不够高尚，那是因为这种天赋的道德价值观还未展示出来。皮亚杰开始着力研究这种天赋因素的本质，从而产生道德发展阶段论。根据皮亚杰的观点，儿童道德判断的发展有一个有序列、合逻辑的模式。这方面的发展根植于以逻辑思维的出现为特征的阶段中。皮亚杰认为，教儿童道德准则并不比教儿童数量守恒更容易。随着儿童在智力上越来越能够应付同他们相互作用的环境，他们就自然地发展了新的更高层次的道德准则。通过主动理解周围世界和组织自己的社会经验，产生出是非观念，儿童的认知发展进入一个新的阶段，儿童的道德认识也会进入一个新的层次。

皮亚杰在他的《儿童的道德判断》一书中，根据他的理论和大量临床研究的事实，分析了儿童对游戏规则的理解及遵守过程，并通过一些两难故事的观察实验，把儿童的品德发展划分为四个阶段。

1. 自我中心阶段

自我中心阶段（2~5 岁）是从儿童能够接受外界的准则开始的。例如，儿童在游戏中总是自己玩自己的，按照自己的想象去执行规则。这是因为儿童还不能把自己同外在环境区别开来，而是把外在环境看作他自身的延伸。规则对他来说，还不具有约束力。

2. 权威阶段

权威阶段（6~8 岁）的儿童绝对地尊敬和顺从外在权威。儿童尊重道德的权威，认为服从有权威地位的人就是好的。正因为这样，他们把人们规定的准则看作固定的、不可变更的。

3. 可逆性阶段

可逆性阶段（8~10 岁）的儿童已不把准则看成是不可改变的，而把它看作同伴间共同约定的。儿童一般都形成这样的概念：如果所有人都同意，规则是可以改变的。儿童已经意识到一种同伴间的社会关系，且应相互尊重。准则对他们来说已具有一种保证他们相互行动、互惠的可逆特征。同伴间这种可逆关系的出现，标志着品德由他律开始进入自律阶段。

4. 公正阶段

公正阶段（11~12 岁），儿童的公正观念是从可逆的道德认识脱胎而来的。他们开始倾向于主持公正、平等。公正的奖惩不能是千篇一律的，应根据各人的具体情况进行。

皮亚杰认为，品德发展的阶段不是绝对孤立的，而是连续发展的。儿童品德的发展是一个连续的统一体，应用时加以解说只是为了研究的方便，并不表明发展的连续统一体的中断。

### （二）科尔伯格的道德发展阶段论

像皮亚杰一样，美国心理学家劳伦斯·科尔伯格等描述了个人在不同的生命阶段是如何进行道德问题推理的。他主张品德发展具有固定顺序的六个阶段，儿童和青少年逐渐由一个阶段进入另一个阶段，要达到任何阶段都需要通过前面几个阶段，而且后续阶段高于前面阶段。

由低级阶段进入高一级阶段，不表现出文化价值知识方面的增长，只是包含道德判断早期形式的重组和转换。因此，道德发展不是通过直接的生物成熟，也不是通过直接的学习经验，而是通过有机体与环境相互作用的心理结构的重新组织这个发展过程出现的。

虽然个体可能停留在这个固定顺序的某个阶段，但是能够促使他向上进步。因此，科尔伯格断言，教育的基本目的是促进这些阶段的发展。

科尔伯格是通过询问儿童一些假设的故事中的问题来收集资料的。其中一个经典的道德困境故事是“海因茨偷药救妻”：在欧洲，一位患有癌症的妇女快要死了，医生认为有一种药可以挽救她，它是同一城市一位药剂师最近研制的一种镭制剂。该药造价昂贵，药剂师又索取比造价高 10 倍之多的药价。病妇的丈夫海因茨向他的每一个熟人借钱才够药价的一半。他对药剂师说，他的妻子快要死了，要求把药廉价卖给他，或者让他延期付款。但药剂师却说：“不行，我研制了这种药，我将用它赚钱。”海因茨是那样强烈地想得到这种药，于是闯入药剂师的仓库，为他的妻子偷窃了药物。这个丈夫应该那样做吗？

基于儿童和成人对这类道德困境的反应，科尔伯格在道德判断的发展方面鉴别出了六个阶段。他将这些阶段划分为三种道德水平：前习俗水平、习俗水平和后习俗水平。表 8-3 归纳了这些水平和阶段的含义及其心理特征。

表 8-3 科尔伯格的道德判断发展阶段

| 道德水平 | 发展阶段 | 心理特征 |
| --- | --- | --- |
| 前习俗道德期（9 岁及以下） | 避罚服从取向 | 只从表面看行为后果的好坏。盲目服从权威，旨在逃避惩罚 |
| | 相对功利取向 | 只按行为后果是否带来需求的满足以判断行为的好坏 |
| 习俗道德期（10~20 岁） | 寻求认可取向 | 寻求别人认可，凡是他人赞赏的，自己就认为是对的 |
| | 遵守法规取向 | 遵守社会规范，认定规范中所定的事项是不能改变的 |
| 后习俗道德期（20 岁以上） | 社会法制取向 | 行为规范是为维护社会秩序而经大众同意所建立的。只要大众达成共识社会规范是可以改变的 |
| | 普遍伦理取向 | 道德判断以一个人的伦理观念为基础。个人的伦理观念用于判断时，具有一致性与普遍性 |

根据我国心理学家韩进之等的观点，科尔伯格与皮亚杰在儿童道德判断发展问题上的主要差别在于，前者认为儿童道德判断的发展比较迟缓，后者认为发展比较早。这也许是由于两位

研究者调查儿童道德判断的课题不一样。皮亚杰主要是通过儿童的现实课题对品德发展阶段做了考察，而科尔伯格则完全是通过两难故事进行考察的。

## 三、态度与品德学习的一般过程与条件

### （一）态度与品德学习的一般过程

#### 1. 依从

依从包括从众和服从两种。从众是指人们对于某种行为要求的依据或必要性缺乏认识与体验，跟随他人行动的现象。一般来说，缺乏自信心的人更容易产生从众的行为。例如，某人看见大家都加入某个学校社团，所以自己也加入，就是一种从众现象。服从是指在权威命令、社会舆论或群体气氛的压力下，放弃自己的意见而采取与大多数人一致的行为。服从可能是由于自愿，也可能是被迫的。服从现象的发生是由于权威的命令及现实的压力。例如，刚入伍的军人不想将被子叠成“豆腐块”，但根据纪律必须叠成“豆腐块”。依从阶段的特征是，依从阶段的行为具有盲目性、被动性、不稳定性，随情境的变化而变化。此阶段态度与品德水平较低，但它是一个不可缺少的阶段，是态度与品德建立的开端环节。

#### 2. 认同

认同是在思想、情感、态度和行为上主动接受他人的影响，使自己的态度和行为与他人相接近。认同实质上就是对榜样的模仿。认同阶段的特征是，认同不受外界压力控制，行为具有一定的自觉性、主动性和稳定性等。影响认同的因素有榜样的特点、榜样行为的性质、示范的方式。认同的类型包括偶像认同和价值认同：偶像认同，指出于对某人或某团体的崇拜、仰慕等趋同心理而产生的遵从现象；价值认同，指个体出于对规范本身的意义及必要性的认识而发生的对规范的遵从现象。

#### 3. 内化

内化指在思想观点上与他人的思想观点一致，将自己所认同的思想和自己原有的观点、信念融为一体，构成一个完整的价值体系。例如，有人看见红灯时，就立刻想到不能闯红灯，如果闯红灯会威胁到自己和他人的生命安全，那么即使他看见别人都闯红灯，自己也不会闯，这种现象就是内化。内化阶段的特征：在内化阶段，个体的行为具有高度的自觉性和主动性，并具有坚定性，表现为“富贵不能淫，贫贱不能移，威武不能屈”。此时，稳定的态度和品德即形成了。

### （二）态度与品德学习的条件

#### 1. 外部条件

（1）家庭环境。家庭环境对个体品德形成和发展起着重要作用。家庭是孩子最初加入的社会群体和最基本的社会关系，家庭教育是最基本的教育，也是个体社会化的重要场所。因此，父母是孩子天然的、不可选择的第一任老师。家庭的物质生活条件、结构，家长自身的受教育程度、职业类型和文化修养，家长对孩子的教养方式和行为等都是对孩子品德形成和发展起奠基作用的因素。

（2）学校环境。相对于一般环境影响的自发性、偶然性和片段性，学校教育具有更大的自

觉性和系统性，因而，学校教育在学生品德发展中起着主导作用。这是由于学校教育是一种有目的、有计划、有系统地对学生品德发展施加影响的过程。学校教育通过创设特殊的社会生活条件、社会生活形式，对各种环境做出取舍，克服不利于学生发展的消极因素，充分挖掘积极因素，促进学生品德发展。

（3）社会环境。社会环境是态度与品德形成和发展的外部条件。我国古代思想家孔子也十分重视环境，特别是人际关系对人的品德形成的作用，他曾说："性相近，习相远也。"其认为一个人"独学而无友，则孤陋而寡闻"，坚持"三人行，则必有我师焉，择其善者而从之，其不善者而改之"。人的品德的形成和发展直接受社会生活条件、生产方式和精神文化的影响和制约。社会环境对人品德的影响是以潜移默化的方式实现的，这种潜移默化的过程一般是通过社会顺从、暗示与模仿等社会心理因素实现的，环境的影响就其性质和效果来说也具有正面和负面的双重性特征。

（4）同伴群体。同伴群体是由地位相近，年龄、兴趣、爱好、价值观、行为方式大体相同的人们组成的一种非正式群体，同伴群体是一个重要的社会文化因素。同伴群体的影响在青少年时期达到顶点。良好的同伴关系不仅能使青少年情绪社会化，具有安全感和归属感，而且有利于青少年自我概念和人格的发展。

2．内部条件

（1）已有道德认知。态度与品德的形成与改变取决于个体头脑中已有的道德准则、规范的理解水平和掌握程度，取决于已有的道德判断水平。根据皮亚杰和科尔伯格的研究，要改变或提高个体的道德水平，必须考虑其接受能力，遵循先他律后自律、循序渐进的原则。

（2）认知失调。按照美国社会心理学家利昂·费斯廷格的认知失调理论，人类有一种维持认知平衡和一致性的需要，即力求维持自己的观点、信念一致，以保持心理平衡。比如，我们一般认为，平时努力学习的同学期末考试成绩优秀，不努力的同学期末考试成绩会不好。但当我们看到平时不努力的同学期末考试成绩也优秀时，我们的认知就会失衡。当认识不平衡或不协调时，内心就会有不愉快或紧张的感受，个体就会试图通过改变自己的观点信念，以达到平衡。

（3）态度定式。态度定式是个体由于先前的经历而形成的一种心理准备状态。比如，有的学生根据所见所闻，认为心理学老师能看透所有人的心理活动，数学老师古板严谨、不苟言笑。这些态度定式一定程度上影响着学生对教师所教课程的喜爱程度、师生关系甚至学业成绩。因此，学校或教师应帮助学生形成对教师、对集体积极的态度定式或心理准备，以利于态度和品德的教育。

## 四、学生优良品德的培养

学生优良的道德品质不是自发形成的，它的形成有其自身发展的特点和规律。一般来说，学生品德的形成是由社会道德要求转化为道德行为习惯的过程。这个过程又主要表现为学生道德认知、道德情感和道德行为的形成和发展。

### （一）提高学生的道德认知

道德认知是产生道德情感、支配道德行为的前提。一个人道德上的发展和成熟，必然包含着道德认知的发展和成熟。这是因为人们的大部分行为是受认识支配的，观念对人的行为具有导向作用。有时学生出现一些不符合道德要求的行为时，往往是由于道德概念模糊不清，如把破坏纪律当作“勇敢”，把尊重老师当作讨好老师，是拍马屁的行为。“知之深，爱之切”，只有认识深刻，情感体验才会丰富强烈，才能把道德行为坚持下去。因此，道德认知始终贯穿于品德形成的各个方面。要促进学生道德认知的形成与发展，应主要做好下面工作：促进学生对道德概念的掌握，引导学生把道德知识转变为道德信念，发展学生的道德评价能力。

### （二）丰富学生的道德情感

道德情感是人的道德需要是否得到满足时产生的内心体验。道德情感是在道德认知的基础上形成的，是品德心理活动中的一个重要环节。道德情感一旦形成，对个体深化道德认知、践行道德行为都具有重要的动力功能。

引导和培养学生的道德情感发展，一要通过知情结合，激起学生的道德情感体验，即教师在进行道德教育时，既要晓之以理，又要动之以情，分析、讲解道德规范和准则时，可创设道德情境或体验，激起学生的相应的道德情感体验。二要重视移情能力的培养。心理学研究表明，移情是激发和促进个体亲社会行为的重要动因，培养移情能力有利于学生品德的形成和发展。因此，德育工作者要利用一切机会去唤醒、提高学生对他人情绪状态的觉知能力，丰富学生的道德体验，善于激起对他人情绪状态的共鸣，促进学生移情能力的发展。三要把开展有意义的教育活动作为培养学生多样情感的重要途径。活动可以起到激起或巩固学生相应情感的作用。

### （三）训练学生的道德行为

指导和训练学生道德行为习惯首先要指导、帮助学生掌握道德行为方式。教师要注意通过讲解把道德规范变成生活中具体的道德行为要求；通过讲述和组织讨论使学生明确哪些行为是正确的，哪些行为是错误的，使学生了解在某种道德情境中一些先进或典范人物行为方式的合理性，并让学生分析与总结自己道德行为的成功经验与失败教训等。通过这种指导和训练，让学生逐渐形成独立地、主动地和创造性地选择合理的道德行为方式的能力。同时，通过群体约定来增加每位学生的道德自律，由于道德行为规则是大家讨论后确定的，所以具有较高的约束力。

学生道德行为习惯的培养还要特别注意：第一，教师要善于激发学生形成良好道德习惯的需要和愿望，激起道德行为训练的积极性和主动性，开启学生道德行为习惯训练的动力系统。第二，教师要提供优秀的榜样。榜样的力量是无穷的，对学生道德行为能起到很好的示范作用。但要注意所提供的榜样切忌“高大空”和整齐划一，应提供一些与观察者的条件相近似的典型人物，这样才能更好地激发观察者产生模仿的意向。第三，教师要注意引导学生与不良的行为习惯作斗争。学生在道德行为习惯形成过程中，教师可通过表扬、批评等强化手段和耐心细致的思想工作，帮助学生矫正不良的行为习惯。第四，创设良好的校园文化氛围。学校良好的校风、教风和学风，以及良好的人际关系、师生关系对学生都能起到感染、熏陶作用，产生潜移默化的影响，促进学生形成好的行为习惯，改掉不好的行为习惯。

## 课后巩固练习

1. 简述成就动机理论的内容。
2. 简述学习策略中的认知策略。
3. 简述学习迁移的教学原则。
4. 简述创造性的培养方法。
5. 简述品德发展的阶段理论。

## 感悟与提升

1. 如何运用成败归因理论来了解自己的学习动机，改善学习行为并提高学习效果？

2. 根据学习实际情况，你有哪些独特的学习策略？结合自身特点，总结适合自己的有效学习策略。

3. 在“大众创业、万众创新”背景下，学生的创造性思维如何加以开发和利用？

拓展阅读

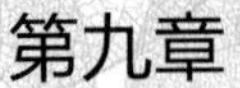

第九章

# 教学设计与课堂管理

> 师者，所以传道授业解惑也。
>
> ——韩愈（唐代，768—824 年）

## 学习目标

1. 理解并掌握教学设计的概念及内容。
2. 理解并掌握布卢姆的教学目标分类。
3. 理解并掌握教学策略的概念、类型。
4. 了解课堂管理的概念、功能、目标。

## 学习重点

1. 教学设计的概念及内容。
2. 布卢姆的教学目标分类。
3. 课堂纪律的维持方法。
4. 课堂问题行为的处置与矫正。

## 学习难点

1. 教学设计的概念及内容。
2. 群体动力的概念、作用。

教学与学习是一个问题的两个方面，恰如一枚硬币的正反面。教学的目的是学习，而学习是教学存在的先决条件。20 世纪 60—70 年代，教育心理学中出现了专门研究课堂教学过程的分支学科——教学心理学。

# 第一节　教学设计

教师在教学过程中起着主导作用，要使这一主导作用发挥最好的效果，教师必须对自己的教学活动进行周密的思考和精心的设计。

## 一、教学设计概述

教学设计，是指教师在实施教学之前，对其教学目标、教学方法、教学评价等进行规划和组织，并形成设计方案的过程。教学设计包含以下四个方面的内容：教学目标设计、教学策略设计、教学媒体设计、教学评价设计。教学设计的意义与教学最优化有着最密切的联系，从某种意义上讲，教学设计的意义主要体现在能够实现教学最优化这一教学理想的追求上。

在制定教学设计时，应严格遵循以下理论及现实依据：现代教学理论，学习理论与传播理论，系统的原理和方法，教学的实际需要，教师的教学经验，学生的需要和特点。

## 二、教学目标设计

### （一）教学目标的概念及作用

确定教学目标是教学设计的首要环节和最重要的部分，它要求从心理学角度对教学目标予以分析和表述。教学目标是指在教学活动中所期待得到的学生的学习结果。教学活动是以教学目标为导向，且始终围绕实现教学目标而进行的。教学目标是对教学活动提出的具体要求，不仅规范着教师教的活动，而且也规范着学生学的活动。教学目标具有导向、激励、评价和聚合功能。

教学目标的作用主要体现在三个方面：教学目标是选择教学方法的依据；教学目标是进行教学评价的依据；教学目标具有指引学生学习的作用。

### （二）教学目标的分类

#### 1. 布卢姆的教学目标分类

布卢姆把教学目标分为三类：认知的、情感的和动作技能（运动）领域。这三类目标的每一类又排成由低到高的若干层级，其中认知领域教学目标分为知识、领会、应用、分析、综合和评价六个等级；情感领域教学目标分为接受、反应、形成价值观念、组织价值观念系统、价值体系个性化五个等级；动作技能（运动）领域教学目标分为知觉、模仿、操作、准备、连贯和习惯化六个等级。

#### 2. 加涅的教学目标分类

加涅的教学目标分类是最有名的一种学习结果或教学目标的分类，被公认为具有处方性。因为这种分类不只是条目的说明，还进一步告诉教师怎样设置情境去达成预定的教学目标，并且特别强调了与实现学生的学习结果密切相关的学习的内在条件。

加涅认为，学习的结果导致了人的能力和倾向变化。他用“性能”一词代表人的能力和倾向。通过学习活动，人的性能发生哪些变化呢？加涅认为，无论中小学生学习何种学科，其学习结果都可以划分为五种类型，即言语信息、智慧技能、认知策略、动作技能和态度。

### （三）教学目标的陈述

教学目标设计的前提是教学目标的明确化。为了做到这一点，根据学生特点的不同、教学内容的专门性、教学情境的复杂性，陈述良好的教学目标应符合以下标准：教学目标要用可观察的行为来表述，使教学目标具有可操作性；教学目标的表述要反映学生行为的变化，陈述学生的学习结果。依据这两点，下面具体介绍两种教学目标的陈述方法。

#### 1. 行为目标陈述法

行为目标也称操作目标，是指用可观察和可测量的学生行为来陈述的目标。以研究行为目标著称的美国心理学家马杰提出教学目标应具备三个要素：可观察的行为、行为发生的条件和可接受的行为标准。后有学者在马杰三要素的基础上增加了一个要素，他们将教学目标的要素简称为ABCD模式，即行为主体、行为动词、情境或条件、表现水平或标准。

#### 2. 心理与行为相结合的目标陈述法

根据认知学习理论，教学活动中学生学习的实质是内在的心理变化。但内在的心理变化无法直接观察。行为目标强调行为结果而未注意内在的心理过程。为了弥补这个不足，有人提出了内部心理与外部行为相结合的目标陈述方法，即先陈述内部心理过程的目标，然后列出表明这种内部心理变化的可观察的行为样例，使目标具体化。

### （四）教学目标设计的基本要求

#### 1. 一般目标和具体目标相结合

教学目标系统中的各项一般目标和具体目标应当呈现出互相联系、互相支持、互为因果的关系。没有具体目标，一般目标便失去了依托，从而成为空中楼阁；没有一般目标，具体目标就缺乏统一的指导，从而变为一盘散沙。

#### 2. 集体目标和个人目标相结合

集体目标是对特定学生集体的共同要求，是全体学生都应该达到的最基本的目标。个人目标则是在集体目标的基础上，根据学生本人的原有基础、志趣、能力倾向和发展方向确定的适合学生个人特点的目标。无论个人目标偏重什么，都必须全面达到最基本的集体目标，否则就等于没有完成普通基础教育的任务。这也就是说集体目标和个人目标是统一的，不应该人为地加以割裂。

#### 3. 难度适中

无论是一般目标还是具体目标，集体目标还是个人目标，都要难度适中。既要使学生“跳一跳，摘桃子”，又要使他们跳一跳就能“摘到”桃子。

#### 4. 便于检测

教学目标必须是便于检测的。如果教师提出的目标是含糊、笼统的，那就难以检测；如果教师提出的目标是明确的、具体的，那就便于检测。

## 三、教学策略设计

教学策略的选择和制订是教学设计的中心环节。为适应当前素质教育的要求，我们要认真研究教学策略，以提高教学效率，提高教育质量。

### （一）教学策略的概念

教学策略，简单地说就是教师教学时旨在优化教学效果的教学操作指南。具体来说，教学策略指教师采取的有效达到教学目标的一切活动计划，包括教学事项的顺序安排、教学方法的选用、教学媒体的选择、教学环境的设置及师生相互作用的设计等。

### （二）教学策略的特征

1．指向性

教学策略的产生是为了解决现实的教学问题，掌握特定的教学内容，达到预定的教学目标，收到预期的教学效果。任何教学策略都指向特定的问题情境、特定的教学内容、特定的教学目标，规定着师生的教学行为。

2．操作性

任何教学策略都是针对教学目标的每个具体要求而制订的，具有与之相对应的方法、技术和实施程序，它要转化为教师与学生的具体行动。这就要求教学策略必须是可操作的。

3．整体综合性

教学策略包括教学活动的元认知过程、教学活动的调控过程和教学方法的执行过程。这三个过程并不是彼此分割的，而是相互关联的一个整体，彼此之间相互作用，每一个过程依据其他两个过程而做出相应的规定和变化。

4．调控性

由于教学活动元认知过程的参与，教学策略具有调控的特性。元认知实质上是人对自身认知活动的自觉意识和自觉调节。它表现为主体能够根据活动的要求，选择适当的解决问题的方法，监控认知活动的进程，不断取得和分析反馈信息，及时调控自己的认知过程，维持和修正解决问题的方法和手段。

5．灵活性

教学策略不是“万金油”式的“教学处方”，不存在一个能包揽一切的大而全的教学策略。同一策略可以解决不同的问题，不同的策略也可以解决相同的问题。这就说明了教学策略应具有灵活性。

6．层次性

教学具有不同的层次，不同的教学层次就有不同的达到教学目的的手段和方法，也就有不同的教学策略。不同层次的教学策略具有不同的适用条件和范围，具有不同的功能，不能相互代替。

另有其他说法认为，教学策略具有三个方面的特征：①综合性；②创新性；③高效性。

### （三）教学策略的主要类型

教学策略的制订一般是以教学过程的某个主要构成因素为中心建立框架的，然后将其他相关要素有机地依附于这个中心，形成一类相对完整的教学策略。据此可按教学策略的构成因素区分出内容型、形式型、方法型和综合型四种主要类型。

1．内容型策略

在教学过程中如何有效地提供学习内容是教学策略的核心内容。具体来说，内容型策略有强调知识结构和追求知识发生过程两个类别，也就是说有两条途径：结构化策略和问题化策略。前者强调知识结构，主张抓住知识的主干部分，削枝强干，构建简明的知识体系。后者认为，未来的学习应着重于考虑、发掘问题，及时培养问题求解能力。

2. 形式型策略

形式型策略就是以教学组织形式为中心的策略。美国教学设计专家肯普提出了下列三种形式：集体教学的形式、个别学习的形式和小组教学的形式。英国教育技术学家波西瓦尔则提出两种基本策略：以教师或学校为中心的策略和以学生为中心的策略。

3. 方法型策略

方法型策略是以教学方法和技术为中心的策略，这是一个包含着各种各样的方法、技术、程序和模式的领域。

4. 综合型策略

综合型策略与前面所述的三种策略不同，它不是以教学过程的某个构成因素为中心，而是直接从教学目标、任务出发，以教学经验为基础多方面综合展开的教学策略。

### （四）可供选择的教学策略

1. 以教师为中心的教学策略

（1）直接教学（指导教学）。直接教学是以学习成绩为中心，在教师指导下使用结构化的有序材料的课堂教学策略。在直接教学中，教师向学生清楚地说明教学目标，在充足而连续的教学时间里给学生呈现教学内容，监控学生的表现，及时向学生提供学习方面的反馈。由于在这种教学策略中，由教师设置教学目标、选择教学材料、控制教学进度、设计师生之间的交互作用，所以这是一种以教师为中心的教学策略。

直接教学尤其适用于教授那些学生必须掌握的、有良好结构的信息或技能。当教学的主要目标是深层次的概念转变、探究、发现，或者是开放的教学目标时，直接教学就不太适用了。

（2）接受学习。接受学习是奥苏贝尔所倡导的，是基于其认知结构同化理论提出来的，也是我们通常所提到的讲授式教学策略。接受学习中最重要的概念是先行组织者，关于先行组织者的概念我们已经在学习理论中提到了。接受学习的教学过程主要有三个环节：呈现先行组织者，提供学习任务和学习材料，增强认知结构。

接受学习在讲授知识间的抽象关系时可能更有效，也能为学生提供好方法以帮助他们保持重要的信息。

2. 以学生为中心的教学策略

（1）发现学习。发现学习的首创者布鲁纳认为，教学不仅应当尽可能使学生牢固地掌握科学知识，还应当尽可能使学生成为自主、自动的思想家。这样，学生在结束正规的学校教育后，才能独立地向前迈进。

一般来说，发现学习的教学要经过四个阶段：①创设问题情境，使学生在这种情境中发现其中的矛盾，提出问题；②促使学生利用教师所提供的某些材料，针对所提出的问题，提出要解答的假设；③从理论或实践上检验自己的假设；④根据实验获得的一些材料或结果，在仔细评价的基础上引出结论。

当学生具有成功所需的技能和动机时，发现学习最为有用。有人认为，发现学习的教学在教授基本技能时并不如直接教学效率高。因此，发现学习的教学可以不作为常规基础课的首选教学策略，但是在教授解决问题的技能、激发好奇心、鼓励自我指导的学习时它能作为一种补充的程序。

（2）情境教学。情境教学是指在应用知识的具体情境中进行知识的教学的一种教学策略。在情境教学中：教学的环境是与现实情境相类似的问题情境；教学的目标是解决现实生活中遇到的问题；学习的材料是真实性的任务，这些任务未被做人为的简化处理，隐含于现实问题情境之中，并且由于现实问题往往同时涉及多方面的原理和概念，因此这些任务最好能体现学科交叉性；教学的过程要与实际解决问题的过程相似，教师不是直接将事先准备好的概念和原理告诉学生，而是先提出现实问题，然后引导学生进行与现实中专家解决问题的过程相类似的探索过程。

（3）合作学习。合作学习指学生以主动合作学习的方式代替教师主导教学的一种教学策略。它是一种由能力各异的多名学生组成小组，一起互相帮助，共同完成一定的学习任务的教学方法。合作学习的目的不仅包括培养学生主动求知的能力，而且包括发展学生合作过程中的人际交往能力。

合作学习的基本形式有：学生小组成绩分工、小组游戏竞赛、切块拼接、共学式、小组调查法。合作学习在设计与实施上必须具备以下五个特征：分工合作、密切配合、各自尽力、社会互动、团体过程。

### 3. 个别化教学

个别化教学指让学生以自己的水平和速度进行学习的一种教学模式。个别化教学大致包括这样几个环节：诊断学生的初始学业水平或学习不足；提供教师与学生或机器与学生之间的一一对应关系；引入有序的和结构化的教学材料，随之加以操练和练习；允许学生以自己的速度向前学。下面简单介绍几种经典的个别化教学模式。

（1）程序教学。程序教学是一种能让学生以自己的速度和水平自学，以特定顺序和小步子安排材料的个别化教学方法。其创始者通常被认为是教学机器的发明者普莱西（美国心理学家），但对程序教学贡献最大的却是斯金纳。程序教学以精心设计的顺序呈现主题，要求学习者通过填空、选择答案或解决问题，对问题或表述做出反应，在每一个反应之后出现及时反馈，学生能以自己的速度进行学习。学生对问题的回答相当于反应，反馈信息相当于强化。程序学习的关键是编制出好的程序。为此，斯金纳提出了编制程序的五条基本原则：小步子、积极反应、及时强化（反馈）、自定步调、低错误率。

（2）掌握学习。掌握学习是由美国心理学家布卢姆提出来的一种适应学习者个别差异的教学方法。该方法将学习内容分成小的单元，学生每次学习一个小的单元并参加单元考试，直到学生以 80%~100% 的掌握水平通过考试，才能进入下一个单元的学习。它代表着一种非常乐观的教学方法，它假设只要给以足够的学习时间和相应的教学，大多数学生都能够学会学校里的课程。

掌握学习通常包括下列组成成分：小而分离的单元；逻辑序列；在每一单元结束时，通过考试检验掌握水平；每一单元要有一个具体的、可观察的掌握标准；为需要额外帮助或练习的学生提供“补救”措施，以使他们达到掌握水平。

当我们运用掌握学习模式进行教学时，也要考虑其适用范围：掌握学习更适合基础知识和基本技能的教学；掌握学习更适合学习能力较低的学生及有各种特殊需要的学生。

（3）计算机辅助教学。计算机辅助教学简称CAI，是指使计算机作为一个辅导者呈现信息，给学生提供练习机会，评价学生的成绩及提供额外的教学。

## 四、教学媒体设计

### （一）教学媒体的概念

教学媒体是指在教学过程中传递信息的物质工具。按感官来分主要包括听觉媒体、视觉媒体、视听型媒体和交互型媒体，按媒体的表达手段可分为口语媒体、印刷媒体和电子媒体。

### （二）教学媒体的选择

选择教学媒体时，教师要综合权衡教学情境、学生的学习特点、教学目标的性质及教学媒体的特性等因素。使用教学媒体是为了使教学遵循这样一个顺序进行：从经验的直接动作表征、经验的图像表征直到经验的符号表征。因此，教师要确定学生的当前经验水平，利用教学媒体融入一定程度的具体经验，帮助学生整合新旧经验，促进学生对抽象概念的理解。

### （三）教学多媒体的呈现

当信息呈现包括两种或两种以上的方式时，该信息就是多媒体信息。学生在处理多媒体信息时的记忆容量有限，所以，教师在呈现多媒体信息时要遵循以下原则：文字以言语叙述的方式呈现；课程以学生可控的片段呈现，在信息组块之间留出时间；预先训练学生对呈现的教学内容及其特征形成初步印象；清除有趣但无关的材料；提供线索引导学生怎样处理材料以减少对无关材料的处理；当文字以言语叙述的方式呈现后，避免以完全一致的书面文字重复呈现；在播放动画的同时呈现相应的叙述，以便学生在记忆中保持表象。

多媒体教学的优点：多媒体教学是激发学生兴趣的重要手段；多媒体教学可以形象、方便地突破教学重难点；多媒体教学可扩大课堂教学容量，提高教学效率；多媒体教学的应用可提高教师的综合素质；多媒体教学有利于实现资源共享，全面提高教学质量。

多媒体教学的隐患：颠倒教学内容与形式的关系；大容量导致教学重难点模糊不清；盲目利用，浪费教学可用资源；不顾实际，强求使用多媒体教学。

### （四）信息技术与教学

#### 1. 计算机辅助教学

随着多媒体技术、通信网络技术的发展，人们把以计算机为核心的所有个别化教学技术都称为计算机辅助教学。与传统的教学相比，CAI具有几个优越性：交互性，即人机对话；即时反馈；以生动形象的手段呈现信息；自定步调，等等。计算机还能用于管理，如确定错误率，了解学生的进步情况，通过诊断布置学习任务，等等。

#### 2. 专门的学习系统、多媒体网络学习环境

专门的学习系统通过一个中央服务器连成网络并统一提供课程、资源和进行其他核心控制，系统直接根据学生的需要面向学生提供内容演示、过程模拟，并支持学生的实验和探究。

多媒体网络学习环境则为学生营造一个虚拟的教学环境和平台，学生可以通过利用其中的问题情境、学习资源、学习工具、交流平台及评价工具，进行有效的学习和交流。

## 五、教学评价设计

教学评价的含义有广义与狭义之分。广义的教学评价是对影响教学的所有因素的评价，它既包括对办学水平的评价（如对教学管理的评价等），又包括对教学质量的评价（如对学生的学和老师的教的评价等），还包括对德育、体育、美育等诸多方面的评价；狭义的教学评价是指以教学目标为依据，通过一定的标准和手段，对教学活动及其结果给予价值上的判断，即对教学活动及其结果进行测量、分析和评定的过程。

### （一）教学评价的类型

根据不同的标准，教学评价的类型有以下几种划分方式。

#### 1．按对教学评价的处理方式不同分类

按对教学评价的处理方式不同，分为常模参照评价与标准参照评价。

常模参照评价以学生团体测验的平均成绩即常模为参照点。比较、分析某一学生的学业成绩在团体中的相对位置。它采用相对的观点解释学生的学业成就，着重于学生之间的比较，主要用于选拔编组等。

标准参照评价则以教学目标所确定的作业标准为依据，根据学生在试卷上答对题的多少来评定学生的学业成就。学校教学评价一般都采用标准参照评价。

#### 2．按教学评价中使用测验的来源分类

按教学评价中使用测验的来源，可将教学评价分为标准化学业成就测验和教师自编测验。

标准化学业成就测验是指由学科专家和测验编制专家按照一定标准和程序编制的测验，其在国外得到普遍使用。

教师自编测验是教师根据教学需要自行设计与编制的，通常没有统一、具体的规定，内容及取样全部由任课教师决定，操作过程容易，适用于测量教师设定的特殊教学目标，作为班内比较的依据。它在学校教学评价中应用最多，也是教师最愿意用的测验。

#### 3．按教学评价的功能分类

按教学评价的功能，可将教学评价分为配置性评价与诊断性评价。

配置性评价，也称准备性评价。一般在教学开始前进行，旨在摸清学生的现有水平及个别差异，以便安排教学。通过配置性评价，教师可以了解学生对新学习任务的准备状况，确定学生当前的基本能力和起点行为。

诊断性评价，也称教学性评价。它是指在某项教学活动开始之前对学生的知识、技能以及情感等状况进行的预测。通过这种预测可以了解学生的知识基础和准备状况，以判断他们是否具备实现当前教学目标所要求的条件，为实现因材施教提供依据。

#### 4．按教学评价的严谨程度分类

按教学评价的严谨程度，可将教学评价分为正式评价与非正式评价。

正式评价指学生在相同的情况下接受相同的评估，且采用的评价工具比较客观，如测验、问卷等。非正式评价则是针对个别学生的评价，且评价的资料大多是采用非正式方式收集的，如观察、谈话等。有时教师可以采用非正式评价作为正式评价的补充。

### （二）教学评价的方法与技术

在教学评价工作中，人们都在运用着一定的方法和技术对事物进行衡量和判断。离开了具体方法和技术，教学评价就无法进行，评价也就失去了意义。因此，弄清楚评价方法是保证进行科学评价的重要任务。

与教学目标一致，教学评价也应包括认知、情感和技能三个方面。对于认知和技能领域的学业成就，最常用的教学评价手段是标准化学业成就测验和教师自编测验。而对于情感及道德行为表现则常常采用非测验性的评价手段，如观察、问卷及谈话等。当然，这些非测验性的评价手段也可作为学业成就评价的补充。

#### 1. 量化教学评价的方法

学校教学评价中使用最多的是教师自编测验。传统的课堂测验通常采用纸笔考试的形式来测量学生对课程内容的掌握情况。典型的纸笔测验题包括选择题、是非题、填空题、简答题、论述题和问题解决题等。其中，选择题评分客观、可靠，但编写困难，难以排除学生猜测的成分，且不易测量学生的综合能力。论述题能评价学生对所学知识的组织、分析、综合等较高级的认知能力，但评分困难，且主观性强，涵盖的教学内容较少。

有效自编测验的特征有：信度、效度、区分度。

#### 2. 质化教学评价的方法

（1）观察评价。观察评价是指教师在教学过程中对学生的学习表现和学习行为进行自然观察，并对所观察到的现象做客观、详细的记录，然后根据这些观察和记录对教学效果做出评价。观察评价设计常采用行为检查单、逸事记录和等级评价量表等方式进行。

（2）档案袋评价。

①档案袋评价的内涵。档案袋评价，又称档案评价、文件夹评价、学生成长记录袋评价等，是为了取代传统的标准化考试、以体现学生实际发展水平而产生的评价方法。档案袋评价法是教师依据教学目标与计划，请学生持续一段时间主动收集、组织与省思学习成果的档案，以评定其努力、进步、成长情形的一种评价方法。档案袋评价的实施过程分为组织计划、资料收集和成果展示三个阶段。

②档案袋的类型。美国教育心理学家格莱德勒根据功能的不同，将档案袋划分成理想型、文件型、展示型、课堂型、评价型五种类型：a.理想型档案袋。其设计的意图在于帮助学生成为对自己的学习历史具有思考能力和进行非正式评价能力的人。它的构成内容在档案袋的评定中也具有典型意义。理想型档案袋主要由三个部分构成，分别是作品产生过程的说明、系列作品及学生的反思。b.文件型档案袋。它不强调学生的反省，重点反映学生的努力、进步和成就。它在内容上除了学生作品外，还包括由教师完成的检查表、课堂观察记录，以及表现性测试的结果。c.展示型档案袋。它收集的是学生最好或最喜爱的作品，基本上由学生自己选择。其目的是向家长和其他感兴趣的人展示。d.课堂型档案袋。它是一种总结性的文件，用于向家长和管理者报告学生的情况。它通常包括依据课程目标对所有学生表现的总结、教师给每个学生的评语，以及教师本年度的课程和教学计划。e.评价型档案袋。它用于向大众或政府机构作报告。它要根据预定的目标，对学生作品进行标准化的评价。五种档案袋类型中，以其中第一种，即理想型档案袋最具有代表性。

# 第二节 课堂管理

课堂管理是学校教育管理的重要组成部分，良好的课堂管理能够保证教学目标的实现，并能促进教育质量的提高。因此，如何进行课堂管理，便成为教育学家、心理学家及广大教育实践工作者广泛关注的问题。

## 一、课堂管理概述

### （一）课堂管理的概念及功能

1．课堂管理的概念

课堂管理是指教师为有效利用时间、创造愉快的和富有建设性的学习环境及减少问题行为，而采取的组织教学、设计学习环境、处理课堂行为等一系列活动与措施。

2．课堂管理的功能

（1）维持功能。所谓维持功能，是指课堂管理能够在课堂教学中持久地维持良好的学习环境，有效地排除各种干扰因素，使学生充分地参与到学习活动中。维持功能是课堂管理的基本功能。

（2）促进功能。课堂管理的促进功能，是指良好的课堂管理能够增强、提升课堂教学的效果，促进学生的学习。

（3）发展功能。课堂管理本身可以教给学生一些行为准则，促进学生从他律走向自律，帮助学生获得自我管理能力，使学生逐步走向成熟。

### （二）课堂管理的目的

课堂管理的目的是建立一个积极的、有建设性的课堂环境。一般来说，课堂管理有三个重要目标：①为学生争取更多的学习时间；②增加学生参与学习活动的机会；③帮助学生形成自我管理的能力。

### （三）课堂管理的模式

1．权威型课堂管理模式

权威型课堂管理认为，整个课堂是由教师负责的，因而教师负有控制学生行为的责任，而教师控制学生行为通常是通过建立和强化课堂规则和有关规定来实现的。

因此，权威型课堂管理模式把管理过程视为教师对学生课堂行为的控制过程，强调教师对于运用控制策略建立和维持课堂秩序的重要作用，并且较多地采用主控的方式来控制学生，规则倾向于周密而严谨，约束多而弹性少。

2．放任型课堂管理模式

放任型课堂管理强调学生个人自由和个人选择，旨在发展学生的自治，让学生自己做出决定，对其行为自己负责。教师允许学生做他们想做的事情。教师的作用在于促进学生的自由，培养其自然发展。

因此，放任型课堂管理模式要求教师尽可能少地干预学生的行为，主要由学生自行处理。同时，课堂规则不宜过多，应让学生拥有较多的行为空间和较高的自由度。

3．教导型课堂管理模式

教导型课堂管理基于这样的认识：认为认真设计和实施的教学可以预防和解决大多数课堂行为问题。有效的行为管理是高质量教学的必然结果。

因此，教师的作用在于认真设计教学，使教学变得有趣，也就是要让教学适宜学生的能力与需要，为每一个学生提供获得成功的恰当机会，始终激发学生的学习兴趣与动机。

4．行为矫正型课堂管理模式

行为矫正型课堂管理基于行为心理学原则，以为无论是良好行为还是不良行为，都是通过学习而获得的。学生之所以有不良行为，要么是因为他已经习得了不良行为，要么是因为他尚未习得正常行为。这一模式坚持两个主要的假设，即学习受行为过程的制约，学习在很大程度上受环境的影响。

因而，教师的主要任务在于掌握和运用行为主义原理，对学生的课堂行为正确实施积极强化和消极强化，鼓励、发展期望行为，以及削弱、消退非期望行为。

5．人际关系型课堂管理模式

人际关系型课堂管理侧重于健康的课堂心理气氛，认为有了健康的课堂气氛，学生的学习便会自动产生，也就不会产生问题行为。而健康的课堂心理气氛主要靠良好的师生关系和学生同伴关系来建立。

因此，建立良好的、积极的师生关系和学生之间的关系，促成建设性的课堂气氛，便成为教师的中心任务，这也是人际关系型课堂管理的主要内容。

6．群体过程课堂管理模式

群体过程课堂管理模式（集体过程课堂管理模式）是一种建立在社会心理学和群体动力学原则基础上的课堂管理模式。

群体过程课堂管理模式基于这样的认识：学校教育产生于特殊的群体环境——课堂群体之中；教师的主要任务是建立和维持有效的、积极的课堂群体；课堂群体也是一种社会系统，具有所有社会系统共同的特征，有效的、积极的课堂群体决定于与这些特征相一致的特定条件；教师在课堂行为管理中的任务就在于建立和维持这些条件。

## 二、课堂群体管理

### （一）群体的概念、特征及对个体的作用

1．群体的概念

群体是指人们为了实现共同的目标，以一定方式的共同活动为基础而结合起来的联合体（人群）。例如，课堂里的每个学生都不是孤立存在的个体。他们通过相互交往，形成各种群体。学校可以说是个大群体，年级、班级则是不同层次上的小群体。

2．群体对个体的作用

群体是由个体组成的，但群体中的个体不是孤立存在的。群体会对其中的个体产生影响，而个体在群体情境下会出现心理和行为上的变化。表现为以下几个方面。

（1）社会助长与社会惰化。

①社会助长是指个体与别人在一起活动或有别人在场时，个体的行为效率提高的现象。例

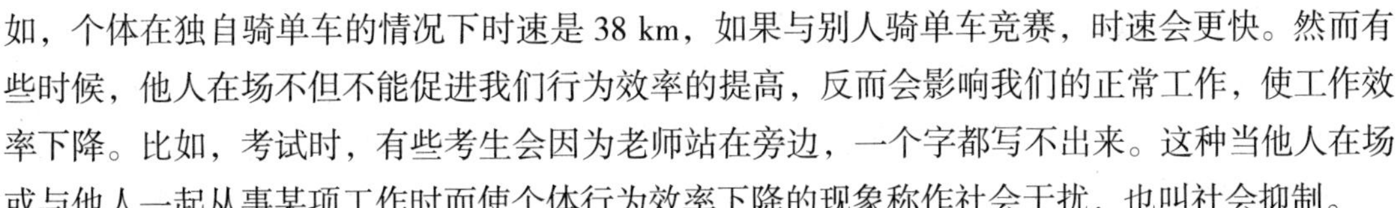



如，个体在独自骑单车的情况下时速是 38 km，如果与别人骑单车竞赛，时速会更快。然而有些时候，他人在场不但不能促进我们行为效率的提高，反而会影响我们的正常工作，使工作效率下降。比如，考试时，有些考生会因为老师站在旁边，一个字都写不出来。这种当他人在场或与他人一起从事某项工作时而使个体行为效率下降的现象称作社会干扰，也叫社会抑制。

②社会惰化主要指当群体一起完成一件工作时，群体中的成员每人所付出的努力会比个体在单独情况下完成任务时偏少的现象。这种现象一般发生在多个个体为了一个共同的目标而合作，自己的工作成绩又不能单独计算的情况下。

（2）去个性化（个体意识消退）。去个性化是由费斯廷格等人提出来的。他们认为，在群体中，人们有时会感到自己被湮没在群体之中。于是，个人意识和理解评价感丧失，个体的自我认同被群体的行动与目标认同所取代，个体难以意识到自己的价值与行为，自制力变得极低，结果导致人们加入重复的、冲动的、情绪化的，有时甚至是破坏性的行动中去，这种现象叫作去个性化。去个性化具有三个特征：成员的匿名性、责任分散、相互感染。

（3）群体的决策行为。

①群体极化。所谓群体极化，是指群体成员中原已存在的倾向性，通过群体的作用而得到加强，使一种观点或态度从原来的群体平均水平加强到具有支配性水平的现象。当群体成员最初的意见倾向于保守时，群体讨论的结果将导致意见更加保守；当最初的意见倾向于冒险时，群体讨论将导致意见更倾向于冒险。造成群体极化的原因主要有：群体使个人的责任得到分散，群体内的信息交流使个体倾向于认为自己掌握了足够多的信息，群体领导者的冒险信息促进了整个群体的冒险性，社会比较的机制使群体成员之间互为影响，竞争性的群体气氛鼓励冒险。

②群体思维。高凝聚力的群体在进行决策时，成员的思维会高度倾向于一致，以至于其他变通行动路线的现实性评估受到压抑。这种群体决策时的一致倾向性思维方式叫作群体思维。

（4）从众与服从。

①从众。从众是个体在群体的压力下，放弃自己的意见而采取与大多数人一致的行为的社会现象。根据外显行为与内在的自我判断是否一致，可将从众行为分为：真从众，权宜从众，不从众。

②服从。服从是指在权威命令、社会舆论或群体气氛的压力下，放弃自己的意见而采取与大多数人一致的行为。服从可能是出于自愿，也可能是被迫的。被迫的服从也叫顺从，即表面接受他人的意见或观点，在外显行为方面与他人相一致，而在认识与情感上与他人并不一致。

影响服从的因素有：命令者的权威性；服从者的道德水平和人格特征；情境压力；权威的靠近程度，权威越接近个体，个体服从权威者的比例越高；受害者的靠近程度。

（5）模仿与暗示。

①模仿。模仿是指个体有意无意效仿他人的言行而引起的与之相类似的行为活动。模仿是由非强制性刺激引起的，使个人再现某一样行为的一种社会心理现象。模仿既可能是行为模仿，也可能是心理倾向的模仿。

模仿是社会学习的重要形式，可分为自发模仿与自觉模仿，积极模仿与消极模仿。在班集体教学中，模仿主要用于对榜样的学习上。引起模仿的方法可以通过号召、动员、示范等形式来实现，但要注意，既要树立校外或社会的榜样，也要树立校内、班内榜样，如学习校内或班内的好人好事。在班集体教学中，教师本身的榜样作用有特殊意义。

模仿的作用非常多，教师在课堂教学中应注意：利用积极的模仿学习帮助学生学习良好的态度和行为，利用模仿心理改变学生不良的态度和行为，防止、清除学生的消极模仿，重视教师自己的榜样作用。

认同，是模仿的深化结果。具体指群体中的个体从认识情感与行为上，把社会行为内化成个体行为体系的社会心理行为。

②暗示。暗示是指用含蓄或间接的方法，使某种信息在他人的心理与行为方面产生影响，从而使他按照一定的方式行动或接受某种信念与意见。由于暗示不需要论证和说明，所以接受暗示的行为往往缺乏理解性，有更浓的直观和感觉色彩。接受正确的暗示有利于学生的发展，而接受错误的暗示，则会阻碍学生的发展。

中学生容易接受暗示的原因体现在：学生的成熟水平不高，对事物的判断缺乏主见，所以容易接受暗示；学生的向师性也是他们容易接受教师暗示的原因；暗示没有明显的说教，不会挫伤学生的自尊心，也是学生易于接受的一种心理因素；在迷惑不解时，为了寻求解脱则容易接受暗示。

（6）流行。群体中有相当数量的人在短时间内争相模仿、追求某种行为方式，从而使人们相互之间发生了连锁性感染，这就是流行。例如，青少年的好奇心强，在服装、发式、行为方式上都喜欢追求时髦，常常会形成一定的风气。流行的特征，一般表现为突然迅速地扩展与蔓延，又在较短时间内消失。

一般来说，流行只要不违反社会规范，可以允许人们自由去选择，但不良的流行必须予以禁止。例如，中小学生抽烟、喝酒，应该在禁止之列。此外，作为教育单位的学校，应该从有益学生身心健康出发，对社会上流行的事物有意识地加以选择与引导。

### （二）正式群体与非正式群体

#### 1. 正式群体

在学校，正式群体是指在学校行政部门、班主任或社会团体的领导下，按一定章程组成的学生群体。班级、小组、少先队等都属于正式群体。正式群体的目标与任务明确，成员稳定，有一定的组织纪律和工作计划，这对增强集体凝聚力起到非常重要的作用。

#### 2. 非正式群体

在学校环境下的同伴交往过程中，一些学生自由结合、自发形成的小群体，称为非正式群体。它是同伴关系的一种重要形式。非正式群体具有这样一些特点：成员之间相互满足心理需要；成员之间具有强烈的情感联系和较强的凝聚力，但有可能存在排他性；受共同的行为规范和行动目标的支配，行为上具有一致性；成员的角色和数量不固定。

#### 3. 正式群体与非正式群体的协调

课堂管理必须注意协调正式群体和非正式群体的关系，需要注意的是：要不断巩固和发展正式群体，使班内学生之间形成共同的目标和利益关系，产生共同遵守的群体规范，并以此协调大家的行动，满足成员的归属需要和彼此之间的相互认同，从而使班级成为团结的集体；要正确对待非正式群体，在支持、保护积极型非正式群体的同时，还要对消极型非正式群体给予教育、引导和改造，必要时依据校规、法律加以惩处或制裁。

## （三）群体动力

不管是正式群体还是非正式群体，其中都包括群体凝聚力、群体规范、群体气氛及群体成员的人际关系。所有这些影响群体与个人行为发展变化的力量的总和就是群体动力。关于群体动力的研究，最早始于心理学家勒温。

### 1．群体凝聚力

群体凝聚力是指群体对成员的吸引力和成员之间的相互吸引力。它可以通过群体成员对群体的忠诚、责任感、荣誉感、成员之间的友谊和志趣等来表明。关系融洽、凝聚力强的班级，会使学生产生强烈的自豪感和认同感，顺利完成课堂教学任务。所以，凝聚力常常成为衡量一个班集体成功与否的重要标志。

教师应采取措施提高班级的群体凝聚力，要做到，了解群体凝聚力的情况；帮助班级里所有学生对一些重大事件和原则问题保持共同的认识和评价，形成认同感；引导所有学生在情感上加入群体，形成归属感；当学生表现出符合群体规范和群体期待的行为时，给予赞许和鼓励，形成力量感。

### 2．群体规范

群体规范是约束群体内成员的行为准则，包括成文的正式规范和不成文的非正式规范。正式规范是有目的、有计划的教育的结果。非正式规范的形成则是成员们约定俗成的结果，受模仿、暗示和顺从等心理因素的制约。群体规范会形成群体压力，使学生保持认知、情感和行为上的一致，并为学生的课堂行为划定方向和范围，成为引导学生行为的指南。

### 3．课堂气氛

（1）课堂气氛的概念。课堂气氛是指在课堂上占优势地位的态度和情感的综合状态。它具有独特性，不同的课堂往往有不同的气氛，即使是同一课堂，也会形成不同教师的气氛区。一种课堂气氛形成后，往往能维持相当长的一段时间，而且不同的课堂活动也会被同样的课堂气氛所笼罩。

（2）课堂气氛的类型及特征。根据师生相互作用的方式不同，可以将课堂气氛划分为以下几个类型。

①积极的课堂气氛。其特征是，课堂纪律良好，师生关系融洽；学生精神饱满，注意力集中，专心听讲，积极思维，反应敏捷，发言踊跃；教师善于点拨和积极引导。

②消极的课堂气氛。其特征是，课堂纪律问题较多，师生关系疏远；学生无精打采，情绪压抑，注意力分散，反应迟钝；多数学生处于被动应付教师的状态；不少学生做小动作；等等。

③一般型课堂气氛。教学中大量的课堂气氛属于一般型课堂气氛，它介于积极型和消极型之间，即课堂教学能正常进行，教学效果一般。

④对抗的课堂气氛。其特征是，课堂纪律问题严重，师生关系紧张；学生随心所欲，各行其是；学生注意力指向无关对象；教师无法正常上课，时常被学生打断或不得不停下来维持课堂纪律，基本上是一种失控的课堂状态。

（3）影响课堂气氛的因素。课堂气氛是师生在课堂活动中相互作用而产生的，主要受教师、学生、课堂内物环境三方面因素的影响。

①教师因素。教师是课堂教学中的主导者，教师的领导方式、教师移情、教师对学生的期

望、教师的情绪状态、教师的教学能力是影响课堂气氛的决定因素。

②学生因素。学生是课堂活动的主体。因此，学生的一些特点也是影响课堂气氛的重要因素。学生群体之间彼此团结、心理相容、凝聚力强，就易于形成良好的课堂气氛。学生能自觉地遵守课堂纪律，不仅有助于学生的个体社会化、良好品德的形成和良好纪律习惯的养成，而且有利于形成良好的课堂气氛。此外，课堂中学生的集体讨论、角色期待及学生之间的合作与竞争等，都会影响课堂气氛。

③课堂内物环境因素。课堂内物环境又称作教学的时空环境，主要指教学时间和空间因素构成的特定的教学环境。其包括教学时间的安排，班级规模，教室内的设备、教具，乐音或噪声，光线充足与否，空气清新或浑浊，高温或低温，座位编排方式，等等。这些因素虽然不是决定课堂气氛的主要原因，但是它们的优劣会对课堂气氛的形成起着促进或阻碍作用。

（4）创设积极的课堂气氛的方法。

①发挥教师的主导作用。如果教师能精心组织课堂教学，巧妙把握语言艺术，善于用良好的情绪与情感去感染学生，并善于处理课堂问题，就更容易创造出良好的课堂氛围。

②尊重学生的主体地位。创造良好的课堂气氛，关键在于教师能否切实调动学生学习的主观能动性，使学生真正成为教学的主体、学习的主人。因此，教师必须调动学生参与的积极性和主动性，让学生保持最佳的学习心态。

③构建和谐的师生关系。课堂中的师生关系，直接影响课堂气氛，可以采取以下措施来使师生关系更加和谐：首先，尽量做到师生民主、平等；其次，教师要树立一定的威信，同时不忘关心爱护学生。

### 4. 课堂中的人际关系与人际交往

（1）人际关系。

①人际关系的概念。人际关系是人与人之间通过交往与相互作用而形成的直接的社会心理关系。它反映了个人或群体满足其社会需要的心理状态，其发展变化决定于交往双方社会需要满足的程度。

②人际关系需要和基本人际关系取向。美国心理学家舒茨提出了人际需要的理论，最基本的人际关系需要有三类：a. 包容需要。这种需要表现为希望与别人发生相互作用，建立联系并维持和谐关系的愿望。b. 控制需要。这种需要表现为在权力或权威基础上与别人建立和维持良好关系的愿望。控制需要较强的人，其行为特征表现为运用权力支配和领导他人，而反向的表现则比较复杂，或是抗拒权威、忽视秩序，或是受人支配、追随别人等。c. 感情需要。这种需要表现为在情感上与他人建立和维持良好关系的愿望。由此产生的积极动机和行为包括喜爱、亲密、关怀等，需要缺乏时则表现为冷漠、厌恶、怨恨、疏远等。

③学生人际关系发展的特点。中小学生主要的人际关系包括亲子关系、师生关系和同伴关系。进入小学后，儿童与父母的交往时间、发生冲突的数量以及儿童被父母关注的程度均减少，而中学生更易与父母产生隔阂，亲子交往水平从初一到初二迅速下降，会出现诸如情感上、行为上、观点上的脱离以及父母的榜样作用削弱等现象。中学生的师生关系有所削弱，不再像小学生那样视老师为至高无上的权威，他们对教师的态度变得富有批判性。同伴关系方面，小学生倾向于选择与自己的兴趣、习惯、性格和经历相似的人做朋友。在中学生心目中，友谊占据

了十分重要和特殊的地位，“结伙”的小团体现象十分突出，个体非常需要同伴的认同和肯定，即在这种小团体中找到成就感、被认可感。

（2）人际交往。人际变往是指人与人之间传递信息、沟通思想和交流情感等方面的联系过程。在课堂里，师生之间、学生之间不断地进行人际交往，在此基础上形成了师生之间和学生之间的各种人际关系。

①学生之间的人际交往与人际关系。学生之间主要的人际交往与人际关系表现为吸引与排斥、合作与竞争。

②师生之间的人际交往与人际关系。师生之间的人际交往与人际关系有四种：单向交往、双向交往、师生保持双向交往、教师为中心的师生之间的双向交往。

课堂中的人际关系直接影响课堂气氛，教师应该善于处理师生关系及学生之间的人际关系。课堂管理应注重建立师生之间、学生之间良好的人际关系，为有效地开展教学创造条件。

## 三、课堂纪律管理

### （一）课堂纪律概述

课堂纪律是指为保障或促进学生的学习而设置的行为标准及施加的控制。良好的课堂纪律是课堂教学得以顺利进行的重要保障条件，有助于维持课堂秩序，减少学习干扰，也有助于学生获得情绪上的安全感。根据形成途径，课堂纪律一般可分为以下四类。

#### 1．教师促成的纪律

教师促成的纪律即在教师的指导帮助下形成的班级行为规范。刚入学的学生往往需要较多的监督和指导，其课堂纪律主要是由教师制订的。随着年龄的增长和自我意识的增强，学生开始反对教师的过多限制，对教师促成的纪律的要求降低，但它始终是课堂纪律中的一种重要类型。

#### 2．集体促成的纪律

集体促成的纪律即在集体舆论和集体压力的作用下形成的群体行为规范。从学生入学开始，同辈人的集体在促进学生社会化方面就开始发挥重要的作用。随着年龄的增长，学生受同伴群体的影响会越来越大，开始以同伴群体的集体要求和价值判断作为自己的行为准则，以“别人也都这么干”为理由而做某件事情。

#### 3．自我促成的纪律

自我促成的纪律简单说就是自律，即在个体自觉努力下由外部纪律内化而成的个体内部约束力。形成自我促成的纪律是课堂纪律管理的最终目标。

#### 4．任务促成的纪律

任务促成的纪律即某一具体任务对学生行为提出的具体要求。在日常学习过程中，每项学习任务都有它特定的要求，或者说特定的纪律。

### （二）课堂结构与课堂纪律

学生、学习过程和学习情境是课堂的三大要素，这三大要素相对稳定的组合模式就是课堂结构。课堂结构包括课堂情境结构和课堂教学结构。

1．课堂情境结构

（1）班级规模的控制。班级规模过大容易限制师生交往和学生参加课堂活动的机会，阻碍课堂教学的个别化，有可能导致课堂出现较多的纪律问题。

（2）课堂常规的建立。课堂常规是每个学生必须遵守的最基本的日常课堂行为准则。它赋予学生的课堂行为一定的意义，使学生明白行为所依据的价值标准，具有约束和指导学生课堂行为的功能。

（3）学生座位的分配。研究发现，分配学生座位时教师主要关心的是减少课堂混乱。其实，分配学生座位时，最值得教师关注的应该是对学生人际关系的影响。所以，学生座位的分配，通常要考虑两点：第一，课堂行为的有效控制，预防纪律问题的发生；第二，促进学生间的正常交往，形成和谐的师生关系，并有助于学生形成良好的人格特征。

2．课堂教学结构

（1）教学时间的合理利用。学生在课堂里的活动可以分为学业活动、非学业活动和非教学活动三种类型。在通常情况下，学生用于学业活动的时间越多，学业成绩越好。

（2）课程表的编制。课程表是使课堂教学有条不紊地进行的重要条件，它的编制首先应尽量将语文、数学和外语等核心课程安排在学生精力最充沛的上午第一、二、三节课，将音乐、美术、体育和习字等技能课安排在下午。其次将文科与理科、形象性的学科与抽象性的学科交错安排，避免同类刺激长时间地作用于大脑皮层的同一部位而导致疲劳和厌烦。

（3）教学过程的规划。教学过程的合理规划是维持课堂纪律的又一个重要条件，不少纪律问题就是因教学过程的规划不合理造成的。

### （三）维持课堂纪律的策略

1．建立有效的课堂规则

建立有效的课堂规则是课堂成员应遵守的课堂基本行为规范和要求。积极、有效的课堂规则有以下特点：由教师和学生充分讨论、共同制定；尽量少而精，内容表述多以正面引导为主。

2．合理组织课堂教学

教师应合理组织课堂教学：增加学生参与课堂的机会；保持紧凑的教学节奏，合理布置学业任务；处理好教学活动之间的过渡。

3．做好课堂监控

教师应能及时预防或发现课堂中出现的一些纪律问题，并采取言语提示、目光接触等方式提醒学生注意自己的行为，做好课堂监控。

4．培养学生的自律品质

促进学生形成和发展自律品质，是维持课堂纪律的最佳策略之一。教师应做到：要对学生提出明确的要求，加强课堂纪律的目的性教育；引导学生对学习纪律持有正确、积极的态度，产生积极的纪律情感体验，进行自我监控；集体舆论和集体规范是促使学生自律品质形成和发展的有效手段，教师应对其加以有效利用。

### （四）课堂问题行为及其应对

1．课堂问题行为的概念

课堂问题行为指不能遵守公认的正常行为规范和道德标准，不能正常与人交往和参与学习的行为。这样的行为不仅影响学生的学习，而且常常引起课堂纪律问题，影响教学质量。

2．课堂问题行为的性质

课堂问题行为是一种普遍行为、消极行为，是一个教育性概念。课堂问题行为是可以接受的，也是可以矫正的，属于教育中的常态问题。

课堂问题行为的基本特征可概括为：普遍性、消极性、程度以轻度为主。

3．课堂问题行为的产生原因

课堂问题行为具有普遍性，是教师经常遇到而又非常敏感的问题，如果处理不好，就会损害师生关系破坏课堂气氛，影响教学效果。导致学生问题行为的原因概括起来有三点：学生的人格特点、生理因素、挫折经历；教师的教学技能、管理方式、威信；校内外的环境，如大众传媒、家庭环境、座位编排。

4．课堂问题行为的处置和矫正

一般来说，课堂行为有积极的、中性的和消极的三种。对于积极的课堂行为要给予肯定和鼓励。对于中性的课堂行为，教师不宜在课堂里停止教学而公开指责，以免干扰其他同学的注意。教师一般可采取给予信号、邻近控制、向其发问、暗示制止和课后谈话等措施，制止中性的课堂行为向消极的课堂行为转化。对于消极的课堂行为，适当的惩罚是必要的。

（1）对于课堂问题行为，有效的惩罚应注意以下几点。

①明确惩罚目的，它是让学生最终经过努力避免惩罚，而不是一定要让学生不断地去“体验”惩罚。

②惩罚应尽可能及时，延时实施则须先说明原委。

③惩罚强度应适当，太轻当然无效，过严也会抑制正常的行为。

④惩罚应基于爱和尊重，由态度温和、满怀深情者来实施效果更佳。

⑤惩罚应按特定的时间或程序安排来规范地进行，惩罚务必与说理相结合。

⑥不要期望通过惩罚一步到位地消除课堂消极行为。要先将消极行为转化为中性行为，然后再将其转化为积极行为。

（2）课堂问题行为的矫正同样非常重要，教师要做到以下几点。

①预防。这是处理一般问题行为的最好方式。在教学中，教师可以通过呈现生动有趣的课程、确定清晰的课堂规则和程序、使学生进行有意义的活动等来预防问题行为的发生。此外，变化课程内容、运用不同的材料和方法进行教学、教师显示出幽默和热情，以及让学生进行合作学习等都能够减少学生因疲劳而引发问题行为的可能性。

②非言语暗示。由于一般问题行为大都是一些暂时性的干扰，教师在处理这些行为时，通常只需要运用简单的非言语线索进行暗示，就可以得到既制止问题行为又不影响课堂教学进程的双重效果。

③表扬。对许多学生来说，表扬是一种强有力的激励。减少一般课堂问题行为的一个重要策略就是表扬学生做出了正确行为。也就是说，通过表扬正确行为来减少问题行为。

④言语提醒。当非言语线索不能制止学生的问题行为时，教师采用适当的言语提醒也有助于让学生回到学习活动中来。在使用言语提醒时，教师要注意不要去追究学生的问题行为，而是要告诉学生他应该怎么做。

⑤有意忽视。个别学生有时为了引起教师和其他同学的注意，会做出一些问题行为。这时

如果教师直接干预，正好迎合了学生的目的，从而对其问题行为起到强化作用。在这种情况下，教师应采取有意忽视的态度，装作视而不见。

⑥转移注意。对于一些自尊心比较强的学生所表现出来的问题行为，如果教师当众直接制止，可能会产生适得其反的效果。这时，教师可以采用比喻、声东击西等方法加以暗示，并转移其注意力，从而终止其问题行为。有时，对于个别学生来说，也可以采用暂时隔离的办法。由于这种方法很可能引起学生对教师的不满甚至对抗，教师在使用时应当特别慎重，不宜滥用。

总之，无论采取什么方法处理学生的问题行为，教师首先一定要认清真正的问题行为所在，找出行为发生的原因，然后针对症结做出有效处理。

## 课后巩固练习

1. 简述教学设计的概念及内容。
2. 简述布卢姆的教学目标分类理论。
3. 简述教学策略的特征和类型。
4. 简述教学评价的类型、方法、技术。
5. 简述课堂问题行为的处置与矫正的方法。

## 感悟与提升

1. 教师可以利用哪些课堂管理策略去调动学生学习的积极性？
2. 不同的课堂管理模式分别有哪些优缺点？

拓展阅读

第十章

# 学生心理健康与教师职业心理

世界上最宽阔的东西是海洋，比海洋更宽阔的是天空，比天空更宽阔的是人的心灵。

——维克多·雨果（Victor Hugo，1802—1885 年）

## 学习目标

1. 理解健康与心理健康的概念和标准。
2. 掌握中小学生常见的心理问题及调适。
3. 了解教师职业角色的类型及教师职业角色的形成与影响。
4. 掌握教师心理特征与职业成就之间的关系。
5. 了解教师心理健康的意义、影响因素及应对策略。

## 学习重点

1. 心理辅导的概念、目标、原则及方法。
2. 中小学生常见的心理问题及调适。
3. 教师威信的影响因素和维护方法。
4. 专家型教师与新手型教师之间的区别。

## 学习难点

1. 教师心理特征与职业成就之间的关系。
2. 专家型教师与新手型教师之间的区别。

教师是人类社会最古老的职业之一。在社会发展中，教师是人类文化科学知识的继承者和传播者。因此，教师除了要有渊博的学识和优良的教学技能，还要有健全的人格和高尚的品德，即成为心理健康的职业人。

# 第一节　心理健康概述

健康是人人都在追求的目标，随着人类社会的发展，人们不断认识到心理健康对个人生活幸福、社会和平稳定、国家繁荣昌盛都起着至关重要的作用。心理健康是学生发展和成长的基础。只有心理健康，学生的德智体美等才能得到全面发展。因此，无论是教师还是学生，都要了解心理健康，树立心理健康的观念。

## 一、健康

健康是一个随历史发展不断完善的概念。过去，人们普遍认为健康就是身体没病，能吃能喝、身体强壮。可是，在现实生活中可以看到，有的人身体健康，但精神错乱、行为异常，这样的人很难称为健康者。人们逐渐认识到"健康就是身体没病"是一种片面的健康观，其片面性在于只看到了人的生物属性而忽视了人的社会属性。

基于对人类自身认识的深化，世界卫生组织对健康下了这样的定义：健康不仅仅是没有躯体疾病，还是身体上、精神上和社会行为上的完好状态。由此可见，完整的健康概念包括生理健康、心理健康、社会健康、道德健康四个方面。

世界卫生组织提出健康定义的同时，也给出了健康的十条标准：①有充沛的精力，能从容不迫地应付日常生活和工作；②态度积极，乐于承担责任，心胸开阔；③善于休息，睡眠良好，精神饱满，情绪稳定；④能适应外界环境的各种变化，应变能力强；⑤能够抵抗一般性感冒和传染病；⑥体重适当，身材匀称；⑦反应敏锐，眼睛发亮，眼睑不发炎；⑧牙齿清洁，无空洞，无痛感，无出血现象；⑨头发有光泽，无头屑；⑩肌肉和皮肤富有弹性，步态轻松自如。

## 二、心理健康

心理健康是健康概念的重要维度，也是一个非常复杂的问题，至今尚未形成一个统一的定义。

世界心理卫生联合会对心理健康所下的定义是：身体、智力、情绪十分调和；适应环境，人际关系中彼此谦让；有幸福感；在工作和职业中能充分发挥自己的能力，过着有效率的生活。

英国《简明不列颠百科全书》对心理健康所下的定义是：心理健康是指个体心理在本身及环境条件许可范围内所能达到的最佳功能状态，但不是十全十美的绝对状态。

日本学者松田岩男认为：所谓心理健康，是指人对内部环境具有安定感，对外部环境能以社会认可的形式适应这样一种心理状态。

我国学者樊富珉教授认为：心理健康有广义和狭义、消极和积极之分。从广义上讲，心理健康是指一种高效而满意的、持续的心理状态，个体在这种状态下能良好地适应，具有生命的活力，能充分发挥其身心的潜能；从狭义上讲，心理健康指人的基本心理活动的过程内容完整、协调一致，即认识、情感、意志、行为、人格完整和协调，能顺应社会，与社会保持同步。

那么，究竟什么是心理健康呢？事实上，尽管国内外关于心理健康的定义繁多，但我们仍然能够从以上的列举中找出它们的若干共同点：基本上都承认心理健康是一种心理状态；大都视心理健康为一种内外协调统一的良好状态；都把适应（尤其是社会适应）良好看作心理健康的重要表现或重要特征；都强调心理健康是一种积极向上发展的心理状态。基于这些共同点，

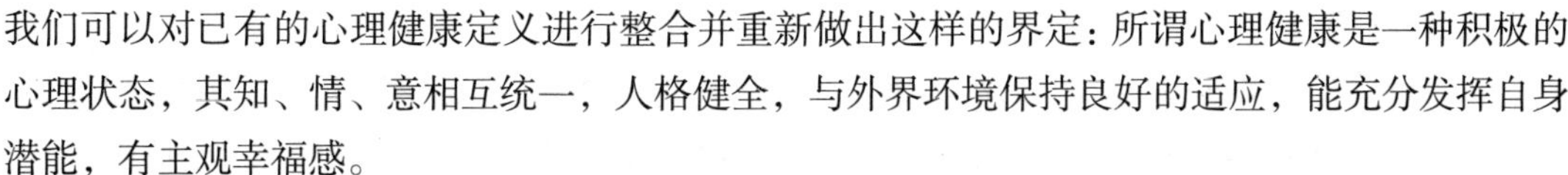

我们可以对已有的心理健康定义进行整合并重新做出这样的界定：所谓心理健康是一种积极的心理状态，其知、情、意相互统一，人格健全，与外界环境保持良好的适应，能充分发挥自身潜能，有主观幸福感。

我们对心理健康应有正确的理解。如果把心理健康比作白色，心理不健康比作黑色，那么，在白色与黑色之间存在着一个巨大的灰色区。灰色区理论认为，心理健康与不健康之间无明显界限，两者不是截然分开的，而是一个连续变化的过程。灰色区理论表明心理健康具有以下特征。

（1）相对性。心理绝对健康只是一种理想状态，心理不健康的也是极少数人，绝大多数人或多或少都存在一些心理问题。一个人有心理问题，并不等于这个人的心理就是不健康的，这正如一个人患了一次感冒，不能就此给他下一个身体不健康的结论一样。心理健康具有相对性提示我们，在现实生活中出现一些心理问题，大多数属于正常反应，不要轻易给自己扣上心理不健康的帽子。

（2）连续性。心理健康与心理不健康之间不是突然的质变，这种非此即彼的判断是不对的。心理健康与心理不健康之间存在着一个巨大的量变过程：从发展性问题到适应性问题，再到障碍性问题，心理问题严重程度逐渐增加。心理健康具有连续性提醒我们，有了心理问题要及时消除，防止心理问题越积越多，由量变到质变，导致心理不健康。

（3）动态性。心理健康不是静止不变的，而是处在不断变化之中。换句话说，心理健康只是反映某一段时间内的心理状态，一个人的心理健康状况会随着个人成长、环境变化及是否讲究心理卫生而变化。心理健康具有动态性启发我们，在日常生活中要讲究心理卫生，使心理状态向积极方向转化，提高心理健康水平。

## 三、心理健康的标准

### （一）心理健康的标准

由于对心理健康有不同的理解，因而不同的学者对心理健康的标准也有不同的论述。例如，奥尔波特提出六条标准：力争自我的成长；能客观地看待自己；人生观的统一；有与他人建立亲睦关系的能力；人生所需的能力、知识和技能的获得；具有同情心，对生命充满爱。王登峰则认为心理健康的标准有四条：良好的生理状态；个体的内在和谐；个体的外在和谐；主观幸福感。

### （二）学生心理健康的标准

根据心理健康的基本理论，结合学生的实际情况，一般认为学生心理健康的标准有如下八条。

#### 1. 智力正常

智力正常是一个人正常生活最基本的心理条件，是心理健康的首要标准。一般来说，衡量学生的智力，关键在于看其智力是否正常地、充分地发挥了效能。智力在认识活动和实践活动中能有效地发挥作用，学生有强烈的求知欲望和浓厚的学习兴趣，能愉快地完成学习任务，这是心理健康的表现。如果学习成为沉重的负担，学生厌学情绪严重，学习效率低下，不能坚持正常的学习，则是心理不健康的表现。

2．情绪积极

心理健康的人积极情绪多于消极情绪，主要表现为：愉快、乐观、满意等积极情绪状态总是占优势，虽然也会有悲伤、忧愁、愤怒等消极情绪体验，但一般不会持续太久；情绪稳定，善于控制和调节自己的情绪，既能适度表达，又能克制约束，喜不狂、忧不绝、胜不骄、败不馁，使情绪表现既符合自身需要，也符合社会要求；情绪反应由相应的原因引起，反应的性质、强度和引起这种反应的原因相符合。如果对痛苦的事情做出愉快的反应，或对愉快的事情做出痛苦的反应，都是情绪异常的表现。

3．意志健全

意志健全者在行动的自觉性、果断性、坚定性和自制力等方面都表现出较高的水平。意志健全的学生在各种活动中都有自觉的目的性，能适时地做出决定并运用切实有效的方法解决所遇到的各种问题，在困难和挫折面前能采取合理的反应方式，能在行动中控制情绪和言行，而不是行动盲目、优柔寡断、动摇不定、任意放纵。

4．人格完整

完整的人格具有统一性，把自己的需要、愿望、目标和行为统一起来，个人的所想、所说、所做协调一致，这种统一性是确保一个人具有良好社会功能和有效地进行活动的心理学基础。完整的人格具有稳定性，一般不会在很短的时间内发生很大的变化，如果一个乐观、爽朗的人无缘无故地突然变得悲观、沉闷，可能就是心理不健康的征兆。

5．悦纳自我

一个心理健康的人是能够正确地评价自己、悦纳自己的。表现为，对自己的优点和缺点能做出客观的评价，有自知之明，能体验到自己存在的价值；对自己的生活目标制定得切合实际，不对自己提出过于苛刻的期望，因而对自己总是满意的；努力发挥自身的潜能，即使对自己无法补救的缺陷，也能安然接受。一个心理不健康的人则缺乏自知之明，并且不能接纳自己。由于总是要求自己十全十美，而又无法做到完美无缺，于是总是自责、自怨、自卑，由于所定目标不切实际，主观与客观的距离相差太远而总是对自己不满，结果使自己的心理状态永远无法平衡。

6．人际和谐

心理健康者的人际关系是和谐的。他们乐于交往，善于交往，不仅悦纳自己，也能接受他人，能认可别人存在的重要性，有广泛的人际关系和稳定的知心朋友；对人宽容大度，既能容人之长也能容人之短，既能容人之功也能容人之过，尊重、信任、友爱等肯定的态度总是多于敌视、怀疑、嫉妒等否定的态度；他们在生活的集体中能与他人融为一体，能正确处理竞争与协作的关系，既能与朋友共享快乐，也能独处而无孤独之感。而心理不健康的人，总是自我封闭，与周围的人格格不入。

7．适应良好

适应具有重要意义，生物学家达尔文曾说，物竞天择，适者生存；心理学家皮亚杰认为，适应是智慧的本质。心理健康的学生社会适应良好，能积极地面对、认识、改造社会现实，当自己的理想与现实发生矛盾时，不是怨天尤人，而是主动调整个人与社会现实的矛盾冲突，保持与社会协调一致。相反，逃避社会现实，看破红尘，玩世不恭，以及与社会背道而驰的各种反社会行为，都是心理不健康的表现。

8．心龄相符

在人的生命发展的不同年龄阶段都有相应的心理行为表现，从而形成不同年龄阶段独特的心理行为模式。心理健康的人应具有同自己年龄相符合的心理行为表现，如果一个人的心理行为经常严重偏离自己的年龄特征，则是心理不健康的表现。例如，中小学生朝气蓬勃，天真活泼，勤学好问，勇于创新，这些都是心理健康的表现。作为一名中小学生，如果老气横秋，老态龙钟，或像幼儿一样喜怒无常，幼稚可笑，那就是心理不健康的表现。

需要指出的是，判断一个学生的心理健康与否，要根据上述标准全面地、综合地衡量，不能简单地根据一时一事就轻易地下一个心理不健康的结论。

上述心理健康标准是一种理想标准，既可以作为我们衡量心理健康与否的尺度，又可以作为我们实现心理健康的努力方向。

## 四、心理评估

### （一）心理评估的概念

心理评估，指依据用心理学方法和技术搜集得来的资料，对学生的心理特征与行为表现进行评估以确定其性质和水平并进行分类诊断的过程，心理评估是有针对性地进行心理健康教育的依据，是检验心理健康教育效果的手段，也是学生自我认识的途径。

心理评估既可以采用标准化的方法，如各种心理测验；也可以采用非标准化的方法，如评估性会谈、观察法、自述法等。

### （二）心理评估的两种参考架构

现有的心理评估手段是在两种参考架构的基础上制定的，即疾病模式与健康模式。疾病模式的心理评估旨在对当事人心理疾病的有无及心理疾病的类别进行诊断。健康模式的心理评估旨在了解个体健康状态下的心智能力及自我实现的倾向，关注的是人的潜能和价值实现的程度、心理素质改善的程度，这在学校心理健康教育中应受到高度重视。

### （三）主要的心理评估方法

1．心理测验

心理测验是一种特殊的测量，是测量一个行为样本的系统的程序。测验通过测量人的行为，去推测受测者个体的智力、人格、态度等方面的特征与水平。按照所要测量的特征大体上可把心理测验分成认知测验、人格测验和神经心理测验。

2．评估性会谈

评估性会谈是心理咨询与辅导的基本方法。教师通过评估性会谈既可以了解学生的心理与行为，也可以对学生的认知、情绪、态度施加影响。这种会谈法的优点有：在会谈中可以当面澄清问题，以提高所获得资料的准确性；通过观察会谈过程中双方的关系及学生的非言语行为，可以获得许多重要的附加信息。

此外，观察法、自述法等也是心理评估常用的方法。其中，观察法是指教师在自然情境中或预先设置的情境中对学生的行为进行观察记录，而后进行分析以期获得其心理活动变化和发展规律的方法。自述法是指通过学生书面形式的自我描述来了解学生的生活经历及内心世界的一种方法。

## 五、心理健康教育

### （一）进行学生心理健康教育的意义

对于大部分学生来说，由于身心正处于一个过渡的时期，再加上环境因素、学业压力等原因，可能会导致出现不同程度的心理健康问题。因此，必须重视对学生进行科学的、常规的心理健康教育。这一工作的意义具体体现在以下几个方面。

**1．心理健康教育是预防精神疾病，保障学生心理健康的需要**

有关调查表明，一些严重的心理问题与精神疾病之间具有一定相关性。预防大于治疗，进行常规性的心理健康教育可以一定程度上预防某些心理疾病甚至是精神疾病的产生。

**2．心理健康教育是提高学生心理素质，促进其人格健全发展的需要**

心理健康教育的意义不单是对各种心理疾病的防治而言的，更主要的是促进全体学生的心理健康地发展。从更积极的意义上来说，心理健康教育可以提高学生的心理素质，促进其人格健全地发展。

**3．心理健康教育是学校日常德育教学工作的配合与补充**

心理健康教育与德育是教育体系中两个不同的部分，它们之间相互联系、相互作用。长期的学校德育实践表明，学生在行为上表现出来的违反道德和纪律的现象，有相当一部分并不是思想道德问题，而是由于心理素质不高和心理失衡、心理障碍引起的。所以，心理健康教育可以为有效地实施道德教育提供良好的心理背景。

### （二）心理健康教育的目标和任务

**1．心理健康教育的总目标**

心理健康教育的总目标是，提高全体学生的心理素质，充分开发学生的潜能，培养学生乐观、向上的心理品质，促进学生人格的健全发展。

**2．心理健康教育的具体目标**

心理健康教育的具体目标是，使学生不断正确地认识自我，增强调控自我、承受挫折、适应环境的能力；培养学生健全的人格和良好的个性品质；对少数有心理困扰或心理障碍的学生，给予科学有效的心理咨询和辅导，使他们尽快摆脱障碍，调节自我，提高心理健康水平，增强自我教育能力。

**3．心理健康教育的任务**

心理健康教育的任务有，针对大多数心理健康的学生，培养他们良好的心理素质，预防心理障碍的发生，促进学生心理机能、人格的发展与完善；针对有心理障碍的学生，心理健康教育的任务是排除学生的心理障碍，预防心理疾病的发生，提高学生的心理健康水平；针对少数有心理疾病的学生，进行心理咨询与治疗。

### （三）心理健康教育的途径

加强学生心理健康教育工作是新形势下全面贯彻党的教育方针、实施素质教育的重要举措，是促进学生全面发展的重要途径和手段。在实际工作中，学生心理健康教育主要有以下几个途径。

1．开设相关心理健康教育课程

学校要普及学生心理健康教育，充分发挥课堂教学在学生心理健康教育中的重要作用。要结合实际，不断丰富心理健康教学内容，改进教学方法，通过案例教学、体验活动、行为训练等形式提高课堂教学效果。

2．开展学生心理辅导或咨询工作

在学校开展学生心理辅导或咨询工作，对于解决学生的心理问题，具有重要作用。心理辅导或咨询工作要通过个别咨询、团体辅导活动、书信咨询、热线电话咨询、网络咨询等多种形式，有针对性地向学生提供及时、有效的心理健康指导与服务。辅导或咨询机构要科学地把握学校心理健康教育工作的任务和内容，严格区分心理辅导中心或心理咨询中心与专业精神卫生机构所承担工作的性质、任务。在心理辅导或咨询工作中发现严重心理障碍和心理疾病的学生，要将他们及时转介到专业精神卫生机构治疗。

3．开展心理健康第二课堂活动

学校要积极支持学生成立心理健康教育方面的社团，通过举办生动活泼、丰富多彩的活动，强化学生的自觉参与意识，提高广大学生学习心理健康知识的兴趣，加深对心理知识的理解，解决一些在学习、生活中产生的心理困扰，达到自助与助人的目的。开展心理健康第二课堂活动，要配备专门的指导教师，以正面教育引导为主。

4．营造有利于心理健康的文化氛围

充分利用学校广播、电视、计算机网络、校刊、校报、橱窗、板报等宣传媒体，多渠道、多形式地正面宣传、普及心理健康知识。要加强校园文化建设，营造积极、健康、高雅的氛围，陶冶学生高尚的情操，增强学生相互关怀与支持的意识。

5．构建心理问题高危人群预警机制

学校要认真开展学生心理健康状况摸排工作，积极做好心理问题高危人群的预防和干预工作，要特别注意防止因严重心理障碍引发自杀或伤害他人事件，做到心理问题及早发现、及时预防、有效干预。要建立心理咨询教师值班制、异常情况及时报告制，建立从学生骨干、班主任或辅导员到年级或院系、部门、学校的快速危机反应机制，建立从心理健康教育机构到校医院、专业精神卫生机构的快速危机干预通道。

上述多种途径相互补充，以课堂教学、课外指导为主要渠道，形成课内与课外、教育与指导、咨询与自助紧密结合的心理健康教育工作体系。

## 第二节　学生心理辅导

### 一、学生心理辅导及其目标

#### （一）心理辅导的概念与原则

1．心理辅导的概念

心理辅导是指学校教育者根据学生心理发展的特征与规律，在一种新型的建设性的人际关系中，运用心理学等专业知识技能，通过组织各种教育性活动，以帮助学生形成良好的心理素质，充分发挥个人潜能，进一步提高学生的心理健康水平的过程。

理解心理辅导的概念，要特别注意以下几点：学校心理辅导是强调面向全体学生的；心理辅导以正常学生为主要对象，以发展性辅导为主要内容；心理辅导是一种专业活动，是专业知识和技能的运用。

2. 心理辅导的原则

要做好心理辅导工作，必须遵循的原则主要有：面向全体学生；预防与发展相结合；尊重与理解学生；发挥学生主体性；个别对待学生；促进学生整体性发展。

### （二）学校进行心理辅导的目标

学校心理辅导的一般目标可归纳为两个方面：学会调适和寻求发展。学会调适是基本目标，以此为主要目标的心理辅导可称为调适性辅导；寻求发展是高级目标，以此为主要目标的心理辅导可称为发展性辅导。简言之，这两个目标分别是要引导学生达到基础层次的心理健康和高层次的心理健康。

## 二、影响学生行为变化的方法

### （一）行为改变的基本方法

1. 强化法

强化法用来培养新的适应行为。根据学习原理，一个行为发生后，如果紧跟着一个强化刺激，这个行为就会再一次发生。例如，一个学生不敢同老师说话，学习上遇到了疑难问题也没有勇气向老师求教，当他一旦敢于主动向老师请教，老师就给予表扬，并耐心解答问题时，这个学生就能学会主动向老师请教的行为方式。

2. 代币奖励法

代币是一种象征性强化物，筹码、小红星、盖章的卡片、特制的塑料币等都可作为代币。当学生做出教师所期待的良好行为后，就发给他们数量相当的代币作为强化物，学生用代币可以兑换有实际价值的奖励物或活动。代币奖励的优点是可使奖励的数量与学生良好行为的数量、质量相适应，代币不会像原始强化物那样产生“饱”现象而使强化失效。

3. 行为塑造法

行为塑造是指通过不断强化逐渐趋近目标的反应，来形成某种较复杂的行为。有时候我们所期望的行为在某学生身上很少出现或很少完整地出现，此时，我们可以依次强化那些渐趋目标的行为，直到合意行为的出现。

4. 示范法

观察、模仿教师呈现的范例（榜样），是学生学习社会行为的重要方式。模仿学习的机制是替代强化。由于范例的不同，示范法有以下几种情况：辅导教师的示范；他人提供的示范；电视、网络、有关读物提供的示范；角色的示范。

5. 处罚法

处罚的作用是消除不良行为。处罚有两种：在不良行为出现后，呈现一个厌恶刺激，如否定评价、给予处分；在不良行为出现后，撤销一个愉快刺激，如有一种可以用来纠正儿童不良行为的方法叫暂时隔离法。

6. 自我控制法

自我控制法是让当事人自己运用学习原理，进行自我分析、自我监督、自我强化、自我惩罚，以改善自身行为。从理论指导来说，它是一种经过人本主义心理学改善过的行为改变技术，其好处是强调当事人（学生）的个人责任感，增加了改善行为的练习时间。

## （二）行为演练的基本方法

1. 全身松弛法

全身松弛法，或称全身松弛训练，由美国医生雅可布松在 20 世纪 20 年代首创，经后人修改完成；是通过改变肌肉紧张、减轻肌肉紧张引起的酸痛，以应对情绪上的紧张、不安、焦虑和气愤。训练有不同的操作方式，紧张—松弛对照训练是最常见的一种。全身松弛法的要点是训练者要学会接受自身生理状态的信息，辨认肌肉紧张、放松的感觉，对肌肉做“紧张—坚持—放松”的练习，从紧张与放松的感觉对比中学会放松。训练时，对全身多处肌肉按固定次序依次放松，每日练习，坚持不断。

2. 系统脱敏法

系统脱敏法是指当某些人对某事物、某环境产生敏感反应（害怕焦虑不安）时，我们可以在当事人身上发展起一种不相容的反应，使其对本来可引起敏感反应的事物，不再发生敏感反应。例如，一个学生过分害怕猫，我们可以让他先看猫的照片，谈论猫，再让他远远观看关在笼中的猫，让他靠近笼中的猫，最后让他摸猫、抱起猫，消除对猫的惧怕反应。这就是“脱敏”。系统脱敏法由美国行为治疗心理学家沃尔普首创。首先，进行全身放松训练。其次，建立焦虑刺激等级表。焦虑等级评定以受辅导学生的主观感受为标准，排在最前面的是仅能引起最弱程度焦虑的刺激。最后，焦虑刺激与松弛活动相配合。让受辅导学生轻松地坐在椅子上，闭上双眼做肌肉放松运动。等达到完全放松后，要求学生想象焦虑刺激等级表上第一个刺激情境，然后转入想象第二个刺激情境。如果学生感到紧张，就留意肌肉紧张，同时做肌肉放松运动。然后再想象同一刺激情境，直到不再感到焦虑为止。进行 30 s~40 s的肌肉放松运动后，想象等级表上第三个刺激情境。如此训练，直到通过等级表上的全部刺激情境，如果经过“放松　想象”过程训练有了一定成果，以后就可以在现实情境中加以验证。

3. 肯定性训练

肯定性训练，也叫自信训练、果敢训练，其目的是促进个人在人际关系中公开表达自己真实的情感和观点，维护自己的权益也尊重别人的权益，发展人的自我肯定行为。自我肯定行为主要表现在三个方面：第一，请求他人为自己做某事，以满足自己合理的需要。第二，拒绝他人的无理要求而又不伤害对方。第三，真实地表达自己的意见和情感。肯定性训练是通过角色扮演以增强自信心，然后再将学得的应对方式应用到实际生活情境中。通过训练，当事人不仅降低了焦虑程度，而且发展了应对实际生活的能力。

## （三）改善学生认知的方法

1. 认知疗法

认知疗法于 20 世纪 60—70 年代在美国产生，是根据人的认知过程，影响其情绪和行为的理论假设，通过认知和行为技术来改变求助者的不良认知，从而矫正适应不良行为的心理治疗方法。认知疗法一般分为以下四个治疗过程。

①建立求助的动机。在此过程中，要认识适应不良的认知—情感—行为类型。求助者和治疗者对其问题达成认知解释上意见的统一，对不良表现给予解释并且估计矫正所能达到的预期结果。比如，可让求助者自我监测思维、情感和行为，治疗者给予指导、说明和认知示范等。

②适应不良性认知的矫正。在此过程中，要使求助者发展新的认知和行为来替代适应不良的认知和行为。例如，治疗者指导求助者广泛应用新的认知和行为。

③在处理日常生活问题的过程中，用新的认知对抗原有的认知。在此过程中，要让求助者将新的认知模式运用到社会情境之中，取代原有的认知模式。例如，可使求助者先用想象的方式来练习处理问题或模拟一定的情境或在一定条件下让求助者以实际经历进行训练。

④改变有关自我的认知。在此过程中，作为新认知和训练的结果，要求求助者重新评价自我效能及自我在处理认识和情境中的作用。例如，在练习过程中，让求助者自我监察行为和认知。

#### 2. 求助者中心疗法

求助者中心疗法是罗杰斯于1938—1950年创立的一种独特的理论方法体系。多年来，这种理论方法不仅对心理卫生的理论和实践，而且对教育心理学和管理心理学的理论和实践，产生了越来越广泛的影响。罗杰斯认为，每个人都具有生存、成长和促进自身发展的本能的自我实现倾向。治疗者应集中于求助者此时此地的内部心理表现，对求助者始终坚持坦诚和共情、无条件积极关注、感情移入性理解的基本治疗态度，这样就能开发出治疗资源，使求助者最终具有自我实现倾向。因此，不必采用什么治疗技术，更不应采取直接指导的态度对待求助者。

#### 3. 理性－情绪疗法

理性–情绪疗法，又称合理情绪疗法，是20世纪50年代由美国心理学家阿尔伯特·艾利斯在美国创立的，它是认知疗法的一种，因其采用了行为治疗的一些方法，故又被称为认知–行为疗法。艾利斯认为，人的情绪是由其思想决定的，合理的观念导致健康的情绪，不合理的观念导致负向的不稳定的情绪。人有许多非理性的观念，如我“必须”成功，并得到他人赞同；别人“必须”对我关怀和体贴；事情“应该”做得尽善尽美；课堂上回答问题有错误是很糟糕的事；等等。人们持有的不合理信念总结起来有三个特征：绝对化的要求、过分概括化、糟糕至极。他提出了一个解释人的行为的ABC理论。

A：个体遇到的客观事实、行为、事件。

B：个体对A的认知、信念、观点。

C：事件造成的情绪结果。

我们的情绪反应C是由B（我们的信念）直接决定的。可是许多人只注意A与C的关系，而忽略了C是由B造成的。B如果是一个非理性的观念，就会造成负向情绪。若要改善情绪状态，必须驳斥（D）非理性信念B，建立新观念并获得正向的情结效果（E）。这就是艾利斯理性情绪治疗的ABCDE步骤。

## 三、中小学生常见的心理问题及调适

### （一）注意缺陷多动障碍

注意缺陷多动障碍（也称多动症）是小学生中常见的一种以注意力缺陷和活动过度为主要

特征的行为障碍综合征。高峰发病年龄为 8~10 岁。患有注意缺陷多动障碍的学生可能有学习困难的表现，但其学习困难主要是由于好动、冲动、注意力缺陷和行为障碍造成的。

1．注意缺陷多动障碍的特征

（1）活动过多。这类学生的多动与一般学生的好动不同，他们的活动是杂乱无章的、缺乏组织性和目的性。

（2）注意力不集中。注意力集中困难是该类学生突出的、持久的临床特征。

（3）冲动行为。多动症学生的行动多先于思维，即他们经常未考虑就行动。

2．注意缺陷多动障碍形成的原因

注意缺陷多动障碍形成的原因主要有以下两个方面：第一，先天体质上的原因。例如，母亲产前、产中和产后缺血、缺氧引起的轻微脑损伤和遗传因素的作用。第二，社会因素。不安的环境可能引起他们的精神高度紧张，如父母的经常性批评等。

3．注意缺陷多动障碍的治疗方法

（1）可以在医生指导下采用药物治疗。

（2）可使用行为疗法。采用各种行为疗法的重点在于培养和发展其自制力、注意力，比如强化奖励法、代币法等。

（3）可采用一些自我指导训练的方法，即发展学生的自我对话，加强内部言语对自身行为的引导和控制作用。

### （二）学习困难

学习困难，又称学习障碍，即学习技能缺乏，指在知识的获取、巩固和应用的过程中缺乏策略和技巧，也就是我们说的没有掌握学习方法，学习上非常努力和勤奋，投入了大量的时间和精力，可是学习成绩不理想。由于学生在主观上提高学习成绩的良好愿望与客观上获得的学习效果之间存在着极大的反差，对他们心理的打击特别大，如果得不到正确的引导，很容易引发一系列的心理问题。

学习困难综合征是指某些智力正常或接近正常的儿童，因神经系统的某种或某些功能性失调，使其在听、读、写、算方面能力降低或发展较慢，以致陷入学习困难。学习困难综合征在小学生中比较多见。

1．学困生的主要表现

（1）学困生在知识水平方面的差异主要表现在：知识背景贫乏，概念水平差，基本知识技能的熟练程度差，知识结构水平差。

（2）学困生在认知方面的差异主要表现在：注意力差、感知觉能力差、观察力差、感觉受损、感知觉统合困难；逻辑记忆发展较差，偏向于动作记忆，学困生在记忆广度、记忆速度、记忆精准度、短时记忆、长时记忆等方面都低于学优生；阅读困难，阅读理解水平低，阅读速度慢；言语落后；思维水平低；学习策略与学习方式差。

2．学困生应对策略

（1）多赞扬鼓励学生，培养学生的自信心理。

（2）学法指导，即教会他们怎样找到自己所需要的信息，提高学生主动学习的热情。

（3）注重培养学生的学习动机，学习兴趣，学习的情感、意志和态度。

### （三）学习倦怠

学习倦怠是指学生因长期的课业压力和负荷而产生精神耗损，对学校课业及活动的热忱逐渐消失等一系列负面态度的现象。

1．造成学习倦怠的原因

（1）心理原因。学生对学习缺乏学习兴趣，学习动机不强，学习活动过于紧张，学习材料过于复杂，学习内容单调乏味，学生感到枯燥没意思，心情紧张、压抑等，都容易导致学生疲劳不堪，产生学习倦怠。

（2）生理原因。学习倦怠的产生，直接与大脑皮层的内抑制有关。由于长时间紧张学习，皮层的能量消耗过程逐渐超过恢复过程，工作能力就会下降，兴奋性降低并出现保护性抑制。大脑皮层若长期处于疲劳状态，就会使学生出现视力减退、食欲不振、面色苍白、血压增高、大脑供血不足、头晕、失眠、乏力、手足发冷等症状。

（3）社会原因。学生的学习倦怠现象，与社会激烈的竞争、学校片面追求升学率、学生长时间陷入学习的苦役之中、学生缺乏合理的娱乐和休息时间、缺少充足的睡眠、缺少科学的心智训练和适时的心理调适有直接的关系。

（4）家庭环境因素。许多父母可能脱离孩子的实际情况，给孩子定下一些违背其意愿的目标，结果使得孩子负担很重，压力自然就增大，甚至产生逆反心理，更加厌恶学习。

2．预防或调适学生倦怠的方法

（1）防止负担过重，保证学生充足的休息和睡眠。

（2）建立与执行符合卫生要求的作息制度。

（3）培养学生的学习动机与学习兴趣。

（4）指导学生积极参加体育锻炼，适当注意休息和营养。

（5）教师和家长要对学生抱有合理的期望。

（6）教师要对每个学生一视同仁。

（7）教师要善于营造和谐的班级气氛。

（8）学校和教师要建立家校联系网，开展心理健康教育。

### （四）焦虑症和考试焦虑

焦虑症是以与客观威胁不相适应的焦虑反应为特征的神经症。正常人在面临各种压力情境或威胁时，也会出现焦虑反应，但他们的焦虑与客观情境的威胁程度是相适应的。

1．焦虑症的主要表现

（1）情绪方面：紧张不安，忧心忡忡。

（2）注意和行为方面：注意力集中困难，极端敏感，对轻微刺激做过度反应，难以做出决定。

（3）躯体症状方面：心跳加快、过度出汗等。

学生中常见的焦虑反应是考试焦虑。考试焦虑是一种复杂的情绪现象，是在一定的应试情境下，受个体认知评价能力、人格倾向与其他身心因素制约，以担忧为基本特征，以逃避或防御为行为方式，通过一定程度的情绪反应所表现出来的心理状态。其表现是：随着考试临近，心情极度紧张；考试时注意力不集中、知觉范围变窄、思维刻板、表现慌乱，无法发挥正常水平。

2．学生考试焦虑的原因

（1）学校的统考和应试教育体制使学生缺乏内在自尊。

（2）家长对子女期望过高。

（3）学生的个性过于争强好胜，缺乏对失败的耐受力，知识准备不足，缺乏相应的应试技能，等等。

3．考试焦虑的调适方法

（1）使用肌肉放松、系统脱敏等方法。

（2）认知矫正程序，指导学生在考试中使用正向的自我对话，如“我能应付这个考试”等。

（3）锻炼学生的性格，提高挫折应对能力。

（4）往最好处做，但不要过于计较最后的结果。

（5）考前要注意调节情绪。

### （五）厌学症

厌学症又称学习抑郁症，是由于人为因素造成的学生厌恶学习的一系列症状。

1．厌学症主要表现

厌学症主要表现在对学习不感兴趣，讨厌学习。厌学的学生对学习有一种说不出的苦闷感。提到学习就心烦意乱、焦躁不安。他们对教师或家长有抵触情绪，学习成绩不好，有的学生还兼有品德问题。学生厌学情绪严重或受到一定的诱因影响时，往往会发生旷课、逃学或辍学现象。

2．造成学生厌学症的原因

（1）学校教育的失误，如“填鸭式”教育。

（2）家庭教育的不当。

（3）社会不良风气的影响。

3．厌学症的治疗方法

（1）教师通过灵活多样的课堂教学活动和丰富多彩的第二课堂活动来调动学生的学习积极性。

（2）家长需要改变自己的教养态度，采用民主型教养方式，建立和谐的家庭气氛。

（3）纠正一些不良的社会风气，尽量避免这些风气对学生造成不良影响。

（4）作为学生自身来说，要调整好心态，要有自信心，以坚毅的性格、乐观的态度为人处世，坚信付出必有收获。

（5）要彻底遏制“厌学”的根源，还必须从根本上改造目前的应试教育体制，必须将素质教育的推广落到实处。

### （六）恐怖症

恐怖症是对特定的无实际危害的事物与场景的非理性的惧怕。恐怖症可分为单纯恐怖、广场恐怖和社交恐怖等。学校恐怖症是指学生一进入学校就不由自主地产生一种严重的焦虑和恐惧感，在小学生中较为常见。

1．学生相关恐怖症的主要表现

学校恐怖症主要表现为学生害怕上学，严重者还会害怕与学校有关的东西，如怕老师、怕去教室等。也有些学生会产生上学前身体不舒服等保护性行为。学校恐怖症会导致学生不能正常学习，成绩落后。

学生中社交恐怖也较为常见，主要表现为：害怕在社交场合讲话，担心自己因双手发抖、脸红、声音发抖、口吃而暴露自己的焦虑，觉得自己说话不自然，因而不敢抬头，不敢正视对方的眼睛。

2. 恐怖症产生的原因

（1）直接经验刺激。

（2）观察学习。

（3）对某些事物或情境的危险做出了不切实际的评估。

学校恐怖症产生的原因与学生过分恋家、还没有适应学校生活、害怕学业失败、教师严厉的管教和处理问题不当、家长过高的期望等有关。

3. 恐怖症的治疗方法

（1）系统脱敏法是治疗恐怖症最常用的方法。

（2）改善人际关系，营造宽松、自由的氛围，适当减轻当事人的压力。

### （七）强迫症

学生正常的强迫行为包括反复玩弄手指，摇头，走路时喜欢反复数栏杆，等等。不应把学生在特定发育年龄出现的这种现象视为异常行为，只有在这类呆板、机械地重复行为造成严重的适应不良时，才可考虑是否属于强迫症。研究发现，7~8 岁是继 2 岁之后正常儿童出现强迫现象的又一高峰年龄。

1. 强迫症的表现

强迫症的表现有强迫性计数、强迫性洗手、强迫性自我检查、刻板的仪式性动作或其他强迫行为。

2. 强迫症产生的原因

（1）社会心理原因，如学生学习过度紧张、家庭要求过于严格、学习困难、人际关系不良等。

（2）个人原因，如胆小怕事、优柔寡断、偏执刻板。

3. 强迫症的治疗方法

（1）药物治疗。

（2）行为治疗。例如，暴露与阻止反应，主要用于控制当事人的刻板行为。

（3）建立支持性环境。

（4）森田疗法。强调放弃对强迫行为做无用控制的意图，而采取“忍受痛苦，顺其自然”的态度。

### （八）抑郁症

抑郁症是以持久的心境低落为特征的神经症。个体有过度的抑郁反应，通常伴随有严重的焦虑感。

1. 抑郁症的表现

（1）情绪消极、悲观、颓废、淡漠，失去满足感和对生活的乐趣。

（2）消极的认知倾向，低自尊、无能感，对未来没有期望。

（3）动机缺乏、被动、缺乏热情。

（4）肢体疲劳、失眠、食欲不振。

2. 抑郁症的产生原因

抑郁症是由心理原因造成的，有各种不同理论的解释。

（1）行为主义者认为抑郁症是由于多次不愉快的经历、生活中缺乏强化鼓励造成的。

（2）精神分析学派认为抑郁来源于各种丧失和失落（失去爱、失去地位）。

（3）认知学派认为，抑郁源于个人自我贬低式的思维方式或不适当的归因方式。

3. 抑郁症的治疗方法

（1）要给当事人以情感支持与鼓励。

（2）采用合理情绪疗法，调整当事人消极的认知状态。

（3）积极行动起来，从活动中体验成功与愉快。

（4）服用抗抑郁药物。

### （九）人际交往问题

学生在人际交往方面主要存在这样一些心理问题：恐惧心理、自卑心理、孤僻心理、嫉妒心理、逆反心理、逃避心理及放任心理等。

1. 人际交往问题产生原因

（1）受错误的思想观念的影响，对人际关系缺乏正确的认识。

（2）以往生活中遭到“挫折”，造成心理创伤。

（3）个性上的缺陷，严重的表现为人格障碍。

（4）缺乏人际交往的经验，尤其是成功愉悦的经验。

2. 人际交往问题调适方法

（1）克服怕羞的毛病。

（2）学会清除误会。

（3）正确对待被人嫉妒和嫉妒别人。

（4）消除厌世心理。

### （十）自我意识方面

学生常见的自我意识偏差主要表现在过于追求完美、过度自我接受、过度自我拒绝等。过于追求完美的人对自己要求过高，用绝对化的完美标准衡量自己，希望自己完美无缺，不容自己有丝毫的差错。因此，常因不能达到完美而影响自己的情绪。过度自我接受的人往往高估自己，对自己的肯定评价有过之而无不及，盲目乐观、自以为是，他们容易在人际交往中受挫而产生消极情绪。过度自我拒绝的人往往自我否定，认识不到或贬低自己的价值，夸大自己的不足，感到自己处处不如别人，丧失信心。

自我意识方面调适方法：首先，教师与家长应该正确引导中小学生进行自我认知，比如通过多渠道、多方法去认识自我；其次，在认识自我的前提下，鼓励中小学生尽量客观、全面地去评价自己，既不能过于追求完美、苛求他人或自己，也不能过于自大、妄自菲薄；最后，教师与家长也要向中小学生灌输进行积极的自我提升、关注自我成长的理念。

### （十一）性偏差

性偏差是指青少年性发育过程中的不良适应，如过度手淫、迷恋黄色书刊、早恋、不当性游戏、轻度性别认同困难等，性偏差一般不属于性心理障碍。但对这些不适应行为，应给予有效的干预。

性偏差调适方法：首先，对于有不同类型的性偏差行为的青少年来说，教师、同学与家长发现之后的态度一定要是理解的、接纳的，而不应该是否定的、责备的，因为绝大多数的性偏差问题是心理问题而不是思想品质问题，单纯批评教育是不能解决问题的；其次，家长、同学和教师等应给予有问题的青少年更多的关心爱护，必要时还需配合医疗部门进行治疗，而不能歧视他们，如帮助他们适应环境、改善人际关系、发挥其特长等。

### （十二）网络成瘾

网络成瘾，又称网络成瘾综合征，临床上是指由于患者对互联网过度依赖而导致的一种心理异常症状及伴随的生理性不适。

网络成瘾的原因很复杂，是个体、网络环境和外部环境多方面相互作用的结果。网络成瘾既取决于青少年自身的易感性特征，又取决于网络提供的内容及网络对现实社会生活环境的影响，是个体、网络环境和外部环境多方面相互作用的结果。前者是成瘾的内部原因，后者是成瘾的外部原因。

网络成瘾的矫正方法有：当事人本身可采用行为疗法，通过控制上网时间和次数，形成良好的上网习惯；教师对网络成瘾的学生可以采用认知疗法，针对问题本身及背后的问题，如学业不良、自卑心理、人际交往障碍等，与当事人进行谈话沟通，探讨如何正确使用互联网，以及网络成瘾的危害；由于家庭功能失调造成的网络成瘾，还可以通过调整家庭成员间的关系，营造良好的家庭氛围，为矫正网络成瘾提供条件。

## 四、学生心理健康的维护

对于每一个学生而言，心理健康的维护是一个大工程。这个工程要求学生、学校、家长、社会等多方的相互联系、相互支持，在许多方面共同努力，最终保障每一个学生的心理健康得到有效的维护。

### （一）学生个体进行积极的自我调适

自我调适的方法主要有放松训练、认知压力管理、时间管理、社交训练和态度改变、归因训练、加强身体锻炼等。这里主要谈以下三个方面。

1. 观念改变

学生要学会正确看待学习，培养乐观的人生态度，树立信心，并正确认识自己，勇于接纳自己。

2. 积极的应对策略和归因方式

学生应努力使自己成为更加内控的人，把原因归结为个体可以控制的因素；积极认知，理智、客观地看待压力对自身的影响，形成面对压力的良好心态。

3. 合理的饮食和锻炼，保持身体健康

身体健康与心理健康之间息息相关。学生只有在平时的学习和生活中保持合理的饮食与锻

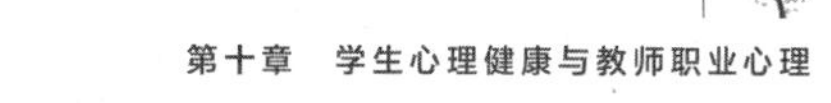


炼习惯，才能保障自己身体的健康，继而为积极的自我调适提供一个良好的生理基础。

### （二）学校通过多种方式进行心理健康教育

学生群体在日常生活中，相当一部分的时间都是处于学校这一环境中的，师生关系、朋辈关系等无时无刻不在影响着每一个学生。另外，学校作为教书育人的主要场所，对学生的心理健康维护可以起到非常大的作用。因此，学校应重视开展相关的课程或活动，达到一定的积极效果。具体可以从以下几个方面进行。

（1）学校积极开展专门的心理健康教育课和心理卫生教育课，教给学生心理健康的知识和调适心理的方法。

（2）学校组织专门的心理老师对学生进行个别心理辅导。

（3）平时的课堂教学中注意穿插心理健康教育知识，培养学生积极的心理品质。

（4）改变传统应试教育的教学方式和教育理念，提高教师的素质，培养学生对学习的兴趣，杜绝教师伤害事件的发生。

### （三）与家长合作构建社会支持网络

维护学生心理健康同时要求家长、学校及社会的共同作用，形成一个科学、稳固的支持系统。主要表现在以下几个方面。

（1）学校积极与家长配合，通过班会等形式，共同关注学生的心理健康问题，并且针对问题进行积极交流。

（2）学校专门的心理健康教育机构应该为家长提供支持，对家庭教育中存在的问题及其解决提出建议。

（3）国家采取切实措施，重视优化学校周边环境，打击不良媒体对学生心理健康的侵蚀，创造有利于学生心理健康发展的社会环境。

# 第三节　教师职业心理

## 一、教师职业角色心理

### （一）教师职业角色内涵

职业角色，也称社会角色，它指个人在特定的社会环境中相应的社会身份和地位，按照一定的社会期望，运用一定权力架构来履行相应社会职责的行为。父母、子女、农民、工人、干部、售货员、旅客等都是社会角色，教师也是一种社会角色。

从社会职业角色来解释，教师角色是指由教师的社会地位决定的并为社会所期待的行为模式。这个定义首先反映了教师职业的基本要求，即受过专门的教育训练并在学校工作的专业人员；其次明确了教师职业任务是传递人类科学文化知识和技能，培养学生高尚的审美情趣、道德情操及发展学生的体质；最后指出了教师服务的对象是学生，服务的宗旨是为社会培养所需人才。

## （二）教师职业角色分类

在传统教学中，教师角色是比较单一的。教师在教学中处于中心地位，以文化权威的身份出现，在知识、技能和道德方面具有不可动摇的权威性。然而在当代，随着科技的飞速发展及社会的急剧变化，从教育目标到教育过程、教育方法等都在发生着巨大变化，教师的角色也相应发生了重大变化。

从当前社会对教师的角色期待及教师的社会职责来看，教师承担了以下六种角色。

### 1．教学设计者

教师作为传统的教学的设计者，要回答这样三个问题：教学目标是什么？达到这个目标，选择什么样的教学策略和教学方法？如何评估教学效果，即选择什么样的测验手段？教师在此基础上，还要更多地考虑学生因素、因材施教。

### 2．学习的指导者和促进者

教师承担着系统地、准确地向学生传递文化科学知识，指导学生学习和发展学生智力的任务，即教师应充当学习指导者的角色。促进者指教师要从过去作为单纯灌输者的角色中解放出来，促进以学习能力为中心的学生整个个性的和谐、健康发展。

### 3．班集体活动的领导者

学生的学习是在班级集体这种特有的社会群体条件下进行的，担任班主任工作的教师是班集体正式的领导者，没有担任班主任工作的教师在班集体活动中也担负着领导者的责任。要充当好领导者的角色，首先，要求教师在课堂教学活动中建立良好的课堂秩序，在教学的同时督促全体学生遵守课堂纪律，使学生养成自觉遵守纪律的习惯；其次，教师要建好班集体，必须注意选择学生干部，培养积极分子，形成有力的领导核心，塑造良好的集体气氛和舆论，建立和谐的人际关系。

### 4．行为规范的示范者

在培养学生道德品质和人格特性的过程中，教师不仅要指导学生掌握社会价值观念和行为规范，更要充当起示范者的角色，通过自己的一举一动，给学生提供活生生的榜样。教师要不断反省自己的思想品德、行为作风、处世态度，充分意识到自己的榜样作用，使自己的言行成为学生的表率。

### 5．学生心理健康的保健者

随着现代社会生活节奏的加快，竞争日趋激烈，在生活条件和生活质量逐渐提高的同时，学生也面临着许多选择和挑战，他们的心理压力不断增大，心理问题日趋增多。这就要求教师做好学生的心理健康教育工作，担当学生心理健康的保健者角色。

### 6．教育科研者

要充当好教育科研者的角色，首先，要求教师具有探讨问题的意识，注意收集资料，勤于思考和反思，不满足于工作中的“轻车熟路”；其次，要求教师能够掌握教育科研方法，并注重运用所掌握的方法来解决自己在教育实践中所遇到的问题。

## （三）教师职业角色的形成

角色期望反映了社会对从事某一职业的要求，而从事这一职业的人会逐步认识到自己所对应的职业角色，产生职业角色意识，形成从事某种职业的能力与素养。教师职业角色的形成有时间、程度等差异，而这些差异将影响一个教师的成长，并直接影响教学工作的开展。教师职业角色的形成主要包括三个阶段：教师角色认知阶段；教师角色认同阶段；教师角色信念阶段。

### （四）教师威信

#### 1．教师威信概述

（1）教师威信的概念及其作用。教师威信是由教师的资历、声望、才能和品德等因素决定的，指教师个人或群体在学生或社会中的影响力。教师威信实质上反映了一种良好的师生关系，是教师成功扮演教育者角色、顺利完成教育使命的重要条件。

（2）教师威信的分类。教师的威信有两种：一种是权力威信，另一种是信服威信。权力威信是教师根据教育法律法规、学校规章制度、教育传统及社会心理优势而建立起来的威信。信服威信是由于教师良好的思想品德、教学能力、教学态度与民主作风而使学生自愿接受、内心佩服而树立起来的威信。教师应该树立信服威信，而不应该追求权力威信。

（3）教师威信的结构。教师威信主要包括人格威信、学识威信和情感威信三个方面的内容。

#### 2．影响教师威信形成的因素

（1）教师威信形成的客观条件。影响教师威信形成的客观因素是多方面的，包括社会对教师职业的态度，教育行政机关及学校领导干部对教师的态度，学生家长对教师的态度，学生对教师工作的认识和态度，等等，这些因素对教师威信的形成有着重要影响。其中，最重要的是社会对教师职业的态度和教师职业的社会地位。

（2）教师威信形成的主观条件。

①教师的专业素质。教师高尚的思想道德品质、渊博的知识和高超的教育教学艺术是教师获取威信的基本条件。

②教师的人格魅力。教师的仪表、作风和习惯，是教师获得威信的必要条件。

③师生关系。师生平等交往是教师获得威信的重要条件。

④教师的评价手段。教师的评价手段包括教师对学生评价的时机是否适当、评价的场合是否适宜、评价的强度是否适中、评价的方式是否合适等。

教师威信的建立在不同年龄、不同发展水平的学生中是不同的。一般来说，在小学低年级学生中，教师较容易迅速建立威信；小学高年级学生由于思维水平和判断能力的发展，具备了初步评价教师的能力，希望教师尊重他们；初、高中学生逐步地发展了对教师思想觉悟、知识水平和教学水平的评价能力，他们对教师的评价较多地偏向于理智方面，德、识、才、学四者兼备的教师，才会在他们中获得较高或持久的威信。

#### 3．教师威信的形成与发展

（1）威信形成的过程，一般来说是由“不自觉威信”向“自觉威信”发展。建立教师威信的途径有以下几个方面。

①培养自身良好的道德品质。

②培养良好的认知能力和性格特征。

③注重良好仪表、风度和行为习惯的养成。

④给学生以良好的第一印象。

⑤做学生的朋友与知己。

（2）教师威信建立后，具有一定的稳定性，但不是一成不变的。因此，教师在建立威信后，需维护和发展已经形成的威信。

①教师要有坦荡的胸怀、实事求是的态度。教师勇于承认自己的缺点错误，不但不会降低自己的威信，反而会提高自己在学生心目中的威信。

②教师要正确认识和合理运用自己的威信。教师要维护和提高自己的威信，很重要的一点是必须对威信有正确的认识，把威信和威严严格区分开来。只有这样，教师才能正确维护自己的威信，否则，就可能出现教师为了维护自己的威信而不恰当地运用威信，损害学生的自尊心，挫伤学生的积极性和对教师的亲近感，从而削弱学生对教师的信赖感和尊崇心理，最终导致教师威信的降低。

③教师要有不断进取的敬业精神。教师不断进取的敬业精神能激起学生的敬佩之情，提高其在学生心目中的地位和威信。

④教师要言行一致，做学生的楷模。

## 二、教师的职业心理特征

教师特殊的社会角色和职业特点，决定了教师不仅要具有良好的政治思想素质和业务素质，而且要有良好的职业心理特征，这些心理特征会影响教师的职业成就。教师的心理特征与职业成就的关系主要表现在以下几个方面。

### （一）教师知识结构与职业成就之间的关系

#### 1. 教师应精通自己的专业知识

对教师来说，要熟悉所教教材的基本内容，形成完整的知识体系，同时还要加强专业进修和广泛的学习，跟踪学科学术动态，了解新观点、掌握新知识、不断更新信息，站在学科的前沿，从而实现由经验型到科研型教师角色的转化。

#### 2. 教师应具有广博的知识

教师的知识越渊博，也就越能有效启迪学生的创新思维。教师要通晓基本的人文学科、自然学科等方面的知识，做到博学而多才。对于实施素质教育，培养学生的综合素质和创新能力，教师的渊博知识是至关重要的。随着教材的改革，相邻学科之间的联系日益加强，文理知识相互渗透。因此，教师应注重与其他学科的沟通，形成“大教学观”，为学生创设更加开放的教学情景，培养学生的创新意识和思想。

#### 3. 教师应具有教育科学理论修养

苏霍姆林斯基说：“教师不懂心理学，这就如同一个心脏专业医生不了解心脏的构造。”科学的教学需要科学理论的指导，教师要较好地实施素质教育，必须掌握教育学、心理学及学科教学法等基本的知识。教师不仅要知道教什么，还要知道怎样教和为什么选择这样教，用科学的理论去武装自己的教学实践。

### （二）教师人格特征与职业成就之间的关系

教师的人格特征对学生知识学习及人格发展的影响是直接而重大的。教师的个性特征不仅关系到教师的行为及其在学生心目中的形象，而且对学生的情绪、智力发展、学习效果和品德形成都会产生深刻的影响。研究材料表明，在教师的个性特征中，对学生有显著影响的特征：

一是教师的热情和同情心；二是教师富于激励和想象的倾向性。

### （三）教师认知能力与职业成就之间的关系

教师专业需要某些特殊能力，其中最重要的是语言表达能力、组织能力和研究能力。

1．语言表达能力

苏霍姆林斯基说过："教师的语言修养，在很大程度上决定着学生在课堂上的脑力劳动的频率。"语言表达是一切教育工作者所必备的主要能力之一。教师需要依靠语言来把丰富的知识传授给学生，这就要求教师语言具有如下特征：简明练达，具有逻辑性；准确清晰，具有科学性；抑扬顿挫，具有和谐性；生动活泼，具有形象性。

2．组织能力

组织能力是一个教师取得教育和教学成功的保证。缺乏组织能力和指导能力的教师，无论其知识多么广博，都难以完成教育和教学任务。

3．研究能力

教师要成为教书育人的专家型人才，成为教学研究的复合型教师，实现从"教书匠"向"学者型"教师的转化，研究能力是应具备的素质之一，具体包括教学研究能力和学术科研能力。教师只有成为学者型的教师，才能适应信息时代的挑战和素质教育的需求。

## 三、教师的职业成长心理

### （一）专家型教师与新手型教师的区别

教师的成长、发展是指教师在整个专业生涯中，通过终身专业训练，习得教育专业知识技能，实施专业自主，并逐步提高自身从教素质，成为一个良好的教育专业工作者的成长过程，以及从新手型教师到专家型教师的过程。我国心理学教授张大均等认为，专家型教师的主要特征表现在五个方面：丰富的特定领域的专门化知识；高效率解决教学领域问题；善于创造性地解决问题，有很强的洞察力；完善的教学监控能力；较强的个人教学效能感。专家型教师和新手型教师的区别主要体现在以下几个方面。

1．课时计划的差异

对教师课时计划的分析表明，与新手型教师相比，专家型教师的课时计划简洁、灵活，以学生为中心，并具有预见性。具体表现在以下几个方面。

（1）在课时计划的内容上，专家型教师的课时计划只是突出了课程的主要步骤和教学内容，并未涉及细节。而新手型教师的课时计划内容十分详细。

（2）在教学的细节方面，专家型教师认为，教学的细节方面是由课堂教学活动中学生的行为决定的。他们可以从学生那里获得一些有关教学细节的问题。而新手型教师的课时计划往往依赖于课程的目标，无法把教学计划与学生的行为联系起来。

（3）在制订课程计划时，专家型教师能根据学生的先前知识来安排教学进度。他们认为实施计划是要靠自己去发挥的。因此，他们的课时计划就有很大的灵活性。新手型教师的课时计划则是以教学目标、教学大纲等为依据，严格制订，没有根据实际教学过程进行适当的调整和改动。

（4）在备课时，专家型教师表现出一定的预见性。新手型教师由于教学经验尚且不足，所以备课时预见性不强，对于一些可能在授课过程中出现的问题无法提前预知。

2．教学过程的差异

（1）课堂规则的制订与执行。专家型教师制订的课堂规则明确，并能坚持执行；而新手型教师的课堂规则较为含糊，不能坚持下去。

（2）吸引学生的注意力。专家型教师有一套完善的维持学生注意的方法，新手型教师则相对缺乏这些方法。

（3）教材的呈现。专家型教师在教学时注重回顾先前知识，并能根据教学内容选择适当的教学方法，新手型教师则不能。

（4）课堂练习。专家型教师将练习看作检查学生学习的手段，新手型教师仅仅把它当作必经的步骤。

（5）家庭作业的检查。专家型教师具有一套检查学生家庭作业的规范化、自动化的常规程序，而新手型教师往往缺乏相应的规范。

（6）教学策略的运用。专家型教师具有丰富的教学策略，并能灵活运用，新手型教师或缺乏或不会运用教学策略。

3．课后评价的差异

新手型教师的课后评价要比专家型教师更多地关注课堂中发生的细节，而专家型教师则多谈论学生对新材料的理解情况和他认为课堂中值得注意的活动，很少谈论课堂管理问题和自己的教学是否成功。

4．其他差异

（1）在师生关系方面，专家型教师能热情、平等地对待学生，师生关系融洽，具有强烈的成就体验。某些新手型教师可能尚且无法像专家型教师那样懂得与不同类型的学生打交道，进而形成恰当的师生关系。

（2）在人格魅力方面，专家型教师具有注重实际和自信心强的人格特点，能更好地控制和调节情绪，理智地处理面临的教育教学问题，并在课后进行评估和反思。新手型教师在教学、师生关系处理等方面的经验不足，可能会导致自我效能感不足。在遇到一些课堂突发状况时的应对能力、情绪控制能力还相对比较弱。

（3）在职业道德方面，专家型教师对职业的情感投入程度高，职业义务感和责任感强。部分新手型教师对教师这一职业的认可度可能尚不稳定，职业流动性相对较高。

### （二）教师成长的阶段和途径

1．教师成长的阶段

（1）关注生存阶段。这一阶段教师关注自己的生存适应性，最担心的问题是“学生喜欢我吗”“同事们如何看我”“领导是否觉得我干得不错”。因而有些新教师会把大量的时间花在与学生搞好关系上，有些新教师则可能想方设法控制学生。

（2）关注情境阶段。当教师感到自己完全能够生存时，便把关注的焦点投向提高学生的成绩上。在此阶段，教师关心的是如何教好每一堂课的内容。一般来说，老教师比新教师更关注此阶段。

（3）关注学生阶段。教师将考虑学生的个别差异，认识到不同发展水平的学生有不同的需要，某些教学材料和方式不一定适合所有学生。能否自觉关注学生是衡量一个教师是否成熟的重要标志。

2. 教师成长的途径

教师成长与发展的基本途径主要有两个方面。一方面是通过师范教育培养新教师作为教师队伍的补充；另一方面是通过实践训练提高在职教师的综合素养，具体包括观摩和分析优秀教师的教学活动、开展微格教学、进行专门训练、反思教学经验等等。

## 四、教师职业心理健康

与教师相比，其他职业的工作者如果存在心理不健康，其所造成的损失往往是局部的、个人的，而一个教师如果心理不健康，它的影响则是总体的、社会的、深远的。由于教师不仅是社会活动者，而且是青少年的表率，他们的心理必须是健康的，甚至是非常健康的。

### （一）教师心理健康的标准

（1）能客观评价自我、积极地悦纳自我，即真正了解、正确评价、乐于接受并喜欢自己。承认人与人之间是有个体差异的，允许自我不如别人。

（2）热爱教师职业，积极地爱学生。对教师身份的认同，要勤于教育工作，热爱教育工作。

（3）有良好的教育认知水平，能面对现实并积极地去适应环境与教育工作要求。例如，具有敏锐的观察力及客观了解学生的能力，具有获取信息、适宜地传递信息和有效运用信息的能力，具有创造性地进行教育教学活动的能力。

（4）有和谐的人际关系。具体表现在：教师良好的人际关系在师生互动中表现为师生关系融洽，教师能建立自己的威信，善于领导学生，能够理解并乐于帮助学生，而不满、惩戒则相对较少。

（5）能创造性开展教育活动。能根据学生的生理、心理和社会性特点富有创造性地理解教材，选择适当的教学方法，设计教学环节以适应学生的需要。

（6）能自我控制各种情绪。由于教师劳动和服务的对象是学生，所以情绪健康对于教师而言尤为重要。

### （二）教师心理健康的影响因素

国内外关于教师职业压力来源的研究成果很多。例如，我国学者陈德云的研究发现：我国中小学教师的压力来自工作负荷重、升学指挥棒的压力、经济待遇低、社会赋予教师角色太多、课程改革、人事制度改革（聘任制）、校长负责制等。归纳起来，影响教师心理健康的因素主要有如下几点。

（1）社会因素。随着教育事业的发展，教育领域对教师的各个方面要求不断提高，增加了教师心理压力。

（2）学校因素。学校把教学列为学校工作的重点，多数教师工作负担过重，工作项目繁多，如业务学习、教学研究、作业教案、专题探讨、心得体会等，超负荷运转情况严重。

（3）学生与家长方面的因素。教师对学生的管理越来越难：部分学生的特点表现为以自我为中心、任性而为，造成教师管理困难。教师与学生家长矛盾：家长望子成龙、望女成凤的思想迫切，有些家长把孩子发展的希望过多寄托在教师身上，表现为对学校工作、教师教学的过于关心，继而把孩子的学习成绩好坏、品德的优劣归咎于教师，这样势必对教师造成心理压力。

（4）个人因素。社会和科学技术的迅速发展、教育教学改革的高要求导致许多教师感到难以胜任工作而产生压力，教师的个体特征影响着自我如何缓冲这些压力。具有不同背景特征的教师，如不同性别、年龄、教龄、所在学校类别、任课学年段，不同的人格特征、自我效能感、自我期望值、能力素质等，即使客观的外部环境相同，对压力事件的感知与反应也是不同的。这是因为在个体面对压力时，人格特征起着非常重要的作用：内向的人对压力性刺激的感受性和反应性更高，具有明显神经过敏倾向的人更易受到压力的影响，而且恢复很慢。

### （三）常见的教师心理问题

有关调查研究表明，尽管教师群体中多数人的心理健康状况良好，但无论国内还是国外，教师的心理问题是客观存在的。这些心理问题主要涉及职业心理问题及职业倦怠两方面，且其中的职业心理问题的类型与教师本人的职业心态有直接关系。

#### 1. 职业心态

根据调查，可以把教师的职业心态分为以下几种。

（1）事业型。深知教师辛苦，但还是乐意从事教育事业，愿做教师。

（2）良心型。平时也有这样那样的意见，甚至情绪，但是仍能努力工作，宗旨是要对得起学生。

（3）情绪型。在工作遇到困难、不顺心、心情不愉快时，很想离开教育战线。

（4）无奈型。也想从事其他工作，但没有合适的去处，只有从事教育工作。

（5）动摇型。很想离开学校，又怕找不到工作，或找到的工作还不如做老师。因此拿不定主意。

（6）离职型。不热爱教师工作，决心只要有机会就离开学校，从事其他工作。

#### 2. 职业倦怠

（1）职业倦怠概念。长期的职业压力会导致教师的职业倦怠。职业倦怠是个体在长期的职业压力下，缺乏应对资源和应对能力而产生的身心耗竭状态。教师的职业倦怠是在长期工作压力和自身心理素质的互动下形成的，并带来生理、情绪、认知和行为等方面的问题，导致教师出现严重的身心疾病。

（2）职业倦怠的特征。美国心理学家克里斯蒂娜·马斯拉奇等认为职业倦怠主要表现为三个方面。

①情绪耗竭，指个体情绪与情感处于极度的疲劳状态，工作热情完全丧失。

②去人性化，即刻意在自身和工作对象间保持距离，对工作对象和环境采取冷漠和忽视的态度。

③个人成就感低，表现为消极地评价自己，贬低工作的意义和价值。

（3）职业倦怠的原因。教师职业倦怠产生的原因有以下几个方面。

①社会因素，即教师职业的声望压力。

②职业因素，即领导、同事之间的人际关系压力，学校的考评、聘任制度所带来的压力。

③个人因素，即教师个人的认知方式和应对紧张的策略所带来的压力。

（4）职业倦怠的干预。合理的预防、积极的应对可减少和消除职业倦怠，其方法主要有以下三种。

①个体的自我干预。个体的自我干预的目的是通过改变个体自身的某些特点来增强其适应工作环境的能力。个体的自我干预的主要方法有：态度改变、归因训练、放松训练、认知压力管理、时间管理、社交训练、合理的饮食和锻炼等。

②组织有效的干预。组织干预的思路是通过削减过度的工作时间、降低工作负荷、明确工作任务、积极沟通与反馈、建立有效的社会支持系统来防止和缓解职业倦怠。学校对教学的评价机制是影响教师工作的积极性和创造性的重要因素，改善学校领导方式是缓解教师职业压力的有效途径。

③构建社会支持网络。学校应提倡过程性和发展性评价，为教师建立有效的社会认同支持系统，正确认识教师的教育教学成果。另外，要为教师提供深造及参与学校民主决策的机会，增强教师对学校的认同感和归属感。

### （四）教师心理健康的维护

教师心理健康的维护可以从宏观、中观和微观三个方面进行，即社会管理、学校组织管理和教师个人管理。

#### 1. 宏观策略

（1）通过培训提高教师应对压力的技能。不仅要培训如何教学，唤起教师对本职工作的责任感和兴趣，还应传授人际交往的技巧，特别是准教师培训时，应让其对教师职业特性有充分的认识，使他们对未来可能面临的压力有充分的心理准备。

（2）正确实行改革。教育教学改革必须采取适当的方式进行，包括请教师提供建议、参与策划，逐步进行改革，为教师提供足够的改革信息，等等。

（3）提高教师的社会和经济地位。

（4）社会合理调整对教师的期望值。

（5）帮助提高教师的形象。一是通过媒介对教师进行积极的正面报道，改变公众对教师的印象。二是通过职业素质的提高和团体有效性的发挥重塑教师职业形象。良好的职业形象有助于教师取得社会的支持，这可减轻教师的各种压力。

#### 2. 中观策略

（1）创设和谐的校园氛围，让教师有一个美好的、清新的工作环境和和谐的人际关系。

（2）领导要深入教师队伍中去，关心教师的疾苦，了解他们所面临的压力并进行耐心细致的剖析，帮助教师应对种种压力。

（3）完善学校的管理制度。通过管理机制为教师提供更多的时间、改善必要的教学条件、完善评估机制等。

（4）为教师提供减轻压力的场所。例如，学校工会的“教工之家”可经常开展活动，让教师在丰富多彩的体育文化娱乐活动中调节放松。

#### 3. 微观策略

老师必须学会自身减轻压力的正确方法，学会应对压力的策略。

（1）培养科学健康的生活方式，经常锻炼身体。

（2）改变不良的行为特征。

（3）提高利用时间的技巧。

（4）采取积极的态度。

（5）形成正确的自我认知。

（6）学会换个角度看问题。

（7）建立和谐的人际关系。

（8）学会合理宣泄。

（9）学会自我放松。

总之，教师职业的特殊性给教师心理带来了种种压力，这种压力一方面要依靠教师学会自我心理调节，提供自我支持；另一方面还有待于社会各界对教师的关心与支持，让教师拥有一个良好的心态，使教师在“传道、解惑”的教学活动中传递给学生正面形象。

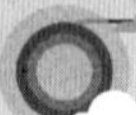

## 课后巩固练习

1. 如何正确理解健康与心理健康的概念和标准？
2. 心理辅导的概念、目标、原则及方法分别是什么？
3. 简述中小学生常见的心理问题及调适方法。
4. 影响教师威信形成的因素有哪些，如何维护教师威信？
5. 简述教师成长的阶段和途径。

## 感悟与提升

1. 作为一名新手型教师，应如何不断提升自己的专业素养和心理素质？
2. 教师应如何利用自己的威信来促进师生关系、提高学生的学习效率？

拓展阅读

# 主要参考文献


［1］ 蔡笑岳. 心理学［M］. 3 版. 北京：高等教育出版社，2014.

［2］ 陈琦，刘儒德. 当代教育心理学［M］. 3 版. 北京：北京师范大学出版社，2019.

［3］ 樊富珉，费俊峰. 青年心理健康十五讲［M］. 北京：北京大学出版社，2006.

［4］ 冯忠良，任新春，姚梅林，等. 教育心理学［M］. 3 版. 北京：人民教育出版社，2015.

［5］ 韩永昌. 心理学［M］. 5 版. 上海：华东师范大学出版社，2009.

［6］ 何先友. 教育心理学［M］. 北京：中国人民大学出版社，2019.

［7］ 黄希庭，郑涌. 大学生心理健康与咨询［M］. 2 版. 北京：高等教育出版社，2007.

［8］ 梁宁建. 基础心理学［M］. 2 版. 北京：高等教育出版社，2011.

［9］ 彭聃龄. 普通心理学［M］. 5 版. 北京：北京师范大学出版社，2019.

［10］ 皮连生. 教育心理学［M］. 4 版. 上海：上海教育出版社，2011.

［11］ 许远理，孙天义. 公共心理学教程［M］. 上海：华东师范大学出版社，2010.

［12］ 许远理，孙天义. 教师教育心理学［M］. 北京：教育科学出版社，2013.

［13］ 张大均. 教育心理学［M］. 3 版. 北京：人民教育出版社，2015.

［14］［美］杰瑞·伯格. 人格心理学［M］. 8 版. 陈会昌，译. 北京：中国轻工业大学出版社，2016.

［15］［美］里赫曼. 人格理论［M］. 8 版. 高峰强等，译. 西安：陕西师范大学出版社，2005.